W0190070

Über den Autor:

Klaus-Rüdiger Mai studierte Germanistik, Geschichte und Philosophie in Halle-Wittenberg und arbeitete als Regisseur und Autor für das Theater. Über viele Jahre war er als Drehbuchautor, Dramaturg und Produzent von Fernsehproduktionen tätig. In der Verlagsgruppe Lübbe erschien von ihm 2005 »Benedikt XVI. Joseph Ratzinger: sein Leben – sein Glaube – seine Ziele«. Im Jahr 2008 erscheint von ihm »Der Vatikan. Geschichte einer Weltmacht im Zwielicht«.

Karl-Rüdiger Mai

GEHEIM BÜNDE

Mythos, Macht und
Wirklichkeit

BASTEI LÜBBE TASCHENBUCH
Band 60605

1. Auflage: September 2008

Bastei Lübbe Taschenbücher und Gustav Lübbe Verlag
in der Verlagsgruppe Lübbe

Copyright © 2006 by Verlagsgruppe Lübbe GmbH & Co. KG,
Bergisch Gladbach
Textredaktion: Dr. Ulrike Brandt-Schwarze, Bonn
Umschlaggestaltung: Kirstin Osenau
unter Verwendung eines Entwurfs von
© HildenDesign, München
Titelbild: © HildenDesign, München
Satz: Dörlemann-Satz, Lemförde
Gesetzt aus der Weiss Antiqua
Druck und Verarbeitung: CPI – Ebner & Spiegel GmbH, Ulm
Printed in Germany
ISBN 978-3-404-60605-4

Sie finden uns im Internet unter
www.luebbe.de
Bitte beachten Sie auch: www.lesejury.de

Der Preis dieses Bandes versteht sich einschließlich
der gesetzlichen Mehrwertsteuer.

INHALT

WO RAUCH IST, GIBT ES AUCH EIN FEUER

Der Morgennebel hatte sich gerade über der Themse gelichtet und zerstreut, da entdeckte man unter der Brücke der Schwarzen Brüder in London einen gut gekleideten Mann, der mit einem Strick um den Hals von einem Baugerüst hing. Es war der 17. Juni 1982. Die Armbanduhr des Mannes war stehen geblieben und zeigte 1.56 Uhr an.

Die englische Polizei ging zunächst von einem Selbstmord aus, womit sie treffsicher die unwahrscheinlichste aller in Frage kommenden Hypothesen wählte – der Mann hatte Ziegelsteine in seinen Taschen und trug 15000 US-Dollar in gebrauchten Scheinen bei sich. Rasch stellte sich heraus, dass der vermeintliche Selbstmörder kein Engländer, sondern italienischer Staatsbürger war, und zudem nicht irgendein Italiener, sondern der in diesen Tagen meistgesuchte. Für ein Interview mit diesem Mann hätten Journalisten ihre Seele verkauft.

Zu spät: Unter der Blackfriars Bridge hing der Leichnam des milliardenschweren Bankrotteurs Roberto Calvi, der wegen seiner engen Beziehungen zum Vatikan den Beinamen »Bankier Gottes« trug. Beim Abschied ein paar Tage zuvor hatte er seiner Tochter angedeutet, dass ein Papst zurücktreten müsse, wenn er aussagen würde. Und damit nicht genug, ließ er sie wissen: Selbst wenn die Priester den ganzen Petersdom verkauften, würde es doch nicht reichen, um der Finanzkrise zu entkommen, die aufgrund seiner Aussage über sie hereinbräche.

Roberto Calvi,
der »Bankier Gottes«, den
man unter einer Brücke
in London erhängt
auffand.

Aus gutenglischen Gründen vermutete Scotland Yard, dass
sich der italienische Signore aus Trübsal über den Zusammenbruch seines Banco Ambrosiano das Leben genommen habe.
Entspräche diese Hypothese der Wahrheit, dann hätte Calvis
Sekretärin ebenfalls den Freitod gewählt, als sie wenige Stunden
nach dem Ableben ihres Chefs aus dem Fenster eines Bürogebäu-
des in Mailand stürzte – oder gestürzt wurde. Und auch der
später des Mordes an Calvi verdächtigte Sergio Vaccari dürfte
sich dann in seiner Londoner Wohnung den Schädel selbst ein-
geschlagen und die Messerstiche, die zu seinem Tod führten,
eigenhändig beigebracht haben. Der zweite Tatverdächtige, Vin-
cenzo Casillo, hätte seinen »Freitod« etwas aufwändiger insze-

niert, indem er sich in Rom mittels einer Autobombe in die
Luft sprengte. Nicht zu vergessen der Geldwäscher und Mafioso
Michele Sindona, der in Untersuchungshaft aus purer Aussage-
und Lebenslust Espresso mit Zyankali trank, um sich die Zunge
zu lockern.

Die Liste der »Selbstmörder«, die mit dieser Affäre in Verbindung standen, kann beträchtlich verlängert werden, und der
Skandal, der losbrach, erschütterte die italienische Politik bis in
die Grundfesten. Alles, was ein Romanautor sich für eine spannende Story wünschen könnte, traf hier zusammen: der Vatikan,
von jeher der Ort der Geheimnisse und undurchdringlichen Machenschaften schlechthin; der Geheimbund in Gestalt der Freimaurerloge *Propaganda Due* (P2), der sich anschickte, die Macht
zu übernehmen, die demokratische Gesellschaft im Nachkriegs-
italien bereits unterwandert und sich mit der Mafia arrangiert
hatte; ein unbequemer Papst, Johannes Paul I., der unter bis
heute nicht geklärten Umständen 33 Tage nach Amtsantritt starb.
Dazu mysteriöse Selbstmorde und Unglücksfälle in der guten
und weniger guten Gesellschaft in Hülle und Fülle ... und ein
Land, das scheinbar im Terror von linken und rechten Geheimbünden zu versinken drohte.

Der rätselhafte Tod des exzentrischen Verlegers Giangia-
como Feltrinelli 1972, der sich unter einer Starkstromleitung angeblich selbst in die Luft gesprengt hatte, und die Ermordung
des Christdemokraten Aldo Moro 1978 durch die *Roten Brigaden*
spiegeln die gesellschaftlich brisante Situation im Italien der
siebziger und achtziger Jahre wieder.

Das alles liegt zwar nun schon eine Weile zurück, und seither
wurde viel darüber geschrieben und gemutmaßt, ohne dass
wirklich etwas er-, geschweige denn geklärt werden konnte.
Doch mindestens drei Ereignisse der jüngeren Zeit enthüllen,
wie aktuell, wie folgenreich und wie wenig vergangen diese
scheinbare Vergangenheit tatsächlich ist.

MORD UND MACHTKAMPF
IM VATIKAN

Am 6. Oktober 2005 begann in Rom der Prozess gegen den Ma-
fiaboss Pippo Calo und vier weitere Personen – darunter zwei
Österreicher, man lese und staune – in der Mordsache Roberto
Calvi. Über 20 Jahre waren seit dem Mord an dem »Bankier Gottes« vergangen. Die Italiener hatten sich endlich des Falles angenommen und Calvi bereits 1992 exhumiert, und die gerichtsme-
dizinische Analyse ließ als einzigen Schluss zu, dass der Bankier
tatsächlich ermordet worden war. Dennoch dauerte es viele Jahre
bis zum Prozessbeginn, weil einflussreiche Kräfte den Ermittlern
immer wieder Steine in den Weg legten. Unter jenen soll kein
Geringerer als der Christdemokrat Giulio Andreotti, ehemaliger italienischer Ministerpräsident und Außenminister gewesen
sein.

Der Prozess gegen Pippo Calo, der – kaum eröffnet – vertagt
werden musste, soll nun die Umstände klären, die zur Ermordung Calvis führten. Mit Sicherheit wird man dabei in dem Ge-
strüpp herumstochern, das dank der langjährigen Beziehungen
zwischen dem Vatikan, der Freimaurerloge P2 und dem italienischen Geheimdienst wuchern konnte. Und zu den Mitgliedern
der P2 zählte – oder zählt (?) –, wenn man den veröffentlichten
Listen der Geheimloge glauben darf, ein Mann, der bis vor kurzem die Geschicke Italiens lenkte – Silvio Berlusconi. Es fragt
sich, ob hinter dem Exministerpräsidenten ein Netzwerk steht,
das aus der guten alten P2 hervorgegangen ist. Erinnerungen
weckt darüber hinaus ein veritabler Finanzskandal: Im Januar
2006 trat der italienische Notenbankchef vorsorglich zurück, hat
aber wohl aus historischer Erfahrung nicht die Absicht, nach
London zu fliehen. Schließlich gab es da ein bizarres Ereignis,
das mit diesen Vorgängen von vor 20 Jahren eng zusammen-
hängt, obwohl es kaum jemand mit der P2-Affäre und dem Mord
an Calvi in Verbindung bringen würde.

Angeblich war es eine Ordensschwester, die am 4. Mai 1998 kurz nach 21 Uhr im Kasernengebäude der Schweizergarde, das sich gleich beim Sankt Anna Tor des Vatikanstaats befindet, in der Dienstwohnung des Kommandanten der Garde, Alois Estermann, diesen selbst, seine Frau und den Vizekorporal tot auffand. Alle drei waren – unschwer zu erkennen – mit einer Pistole erschossen worden.

Kurz nach Bekanntwerden des Verbrechens traf Joaquín Navarro-Valls, Pressesprecher des Vatikans und *Opus-Dei*-Mitglied, am Tatort ein. Gleich seine ersten Aktivitäten sorgten für Verblüffung und Irritation: Zum einen hielt er die Ermittlungsbehörden des italienischen Staates konsequent aus dem Mordfall heraus, obwohl der Vatikan über keine Kriminalisten verfügt. Zum anderen, und im gewissen Sinn folgerichtig, zauberte er noch am selben Abend die offizielle Lesart des Doppel- oder Dreifachmordes aus dem Hut: Angeblich hatte der Vizekorporal seinen Chef und dessen Frau in einer Art Wahnsinnsanfall oder Amoklauf erschossen, weil er sich von Estermann gedemütigt und zurückgesetzt fühlte, bevor er nach verübtem Doppelmord die Pistole auf sich selbst richtete und abdrückte.

Dieser offiziellen Version wurde bald darauf in einem Manifest widersprochen, das ein italienischer Verlag veröffentlichte. Verfasst hatte es eine anonyme Gruppe von Angehörigen des Vatikans, die sich in bester Geheimbundmanier »Discepoli di verità« nennen, Jünger der Wahrheit. In ihrem Manifest, das einige Zweifel aufwirft, taten sie kund, dass die Verhältnisse innerhalb der geheiligten Mauern angeblich zum Himmel stinken und dass sie die Wahrheit ans Licht der Öffentlichkeit bringen wollten. Den Aussagen der Wahrheitsjünger zufolge waren die Morde ein Unfall infolge ungezügelter Rivalitäten, ein unerwünschtes Ereignis beim rücksichtslos geführten Machtkampf im Vatikan, und zwar zwischen Anhängern der Freimaurer und Mitgliedern von *Opus Dei*.

Seit dem Skandal um den Bankrott des Banco Ambrosiano

und dem mysteriösen Tod von Roberto Calvi gilt es als sicher, dass in den siebziger und achtziger Jahren zumindest auf wirtschaftlicher Ebene enge Beziehungen zwischen dem Vatikan und der Freimaurerloge P2 bestanden. Beschränkten sich diese Beziehungen wirklich nur auf die wirtschaftliche Ebene?

So verheerend sich der Skandal um Calvi auch in der Öffentlichkeit darstellte, im Vatikan war man sich bewusst, noch relativ glimpflich davongekommen zu sein. Man führte sich vor Augen, dass man in dieser Angelegenheit im wahrsten Sinne mehr Glück als Verstand gehabt hatte – und natürlich engagierte, verlässliche Helfer in allen Behörden des Staates, in den wichtigen Büros der Politik. Nun schlug die Stunde für einen eigenen katholischen Geheimbund, der von nun an mehr und mehr im Vatikan Fuß zu fassen begann.

Das spanische *Opus Dei* (Werk Gottes) verfügte über exzellente Verbindungen zur Wirtschaft und konnte daher hervorragende Dienste bei den stets heiklen Fragen der Finanzen leisten. Einen wichtigen Fürsprecher fand diese Organisation in dem neuen Papst Johannes Paul II., dem Polen Karol Wojtyła. Er begann sie in Aufsehen erregender Weise zu fördern.

Das Manifest der »Discepoli di verità« lässt darauf schließen, dass der Vatikan von zwei Geheimbünden unterwandert wird, den Freimaurern (P2) und *Opus Dei*. Der Machtkampf zwischen beiden Seiten ist gnadenlos, wie sich an der sogenannten Affäre Estermann, diesem »unerwünschten Unfall«, zeigte: Die unzähligen Intrigen hatten sich zu einer mörderischen Mischung verdichtet, die nur eines kleinen Funkens bedurften, um zu explodieren – genügend Druck befand sich im Kessel. Man fühlt sich fast in André Gides Roman »Die Verliese des Vatikans« und ans Ende des 19. Jahrhunderts versetzt. Nur braucht man heute niemanden mehr in ein unterirdisches Verlies zu sperren, um sich seiner zu bemächtigen, man muss nur seine Informationszugänge kontrollieren. Um eben diese Zugänge, um das »Ohr des Papstes«, geht es in diesem Machtkampf.

DIE UNTERWANDERTE WELT

Diese Vorgänge erstrecken sich nun schon über Jahrzehnte. Einmal wirken sie unter der Oberfläche, dann wieder treten sie offen und unerwartet zu Tage, sie verlieren nicht an Aktualität, büßen keine Intensität ein – mehr noch, jeder Tag bringt neues Wissen. Die Geschehnisse belegen nicht nur, dass die Geheimbünde bis auf den heutigen Tag tätig sind und Einfluss auf unsere Geschicke haben. Sie sind auch deshalb ans Licht der Öffentlichkeit geraten, weil sie so gern geglaubt werden möchten. Dabei vollzieht sich das Wirken der Geheimbünde viel unauffälliger, aber auch sehr viel effektiver, als es uns die italienischen Skandale unter lautstarker Medienbegleitung vorgaukeln.

Italien ist nun einmal das Land der großen Gefühle und vor allem der großen Oper. Nur in Italien kann ein Geheimbund den Gesetzen der großen Oper folgen, und wahrscheinlich muss er das auch. Diese große Oper ist im Wesentlichen das Werk bestimmter Komponisten, die als Grundthema einen alten Gassenhauer variieren: Den Katholiken, den Rechten, den Reichen, dem Militär, dem Geheimdienst – man kann die Liste nach Belieben ergänzen –, ist ohnehin alles Böse und Hinterhältige zuzutrauen. Nach einem reichlich platten zweigeteilten Weltverständnis sind also die einen für das Gute, Edle und Wahre zuständig, die andern für das Verschwörerische, Düstere und Menschenfeindliche. Dass dieses Klischee wunderbar funktioniert, hängt mit einem Gefühl zusammen, das jeden von uns irgendwann einmal überkommt, nämlich dem Staat und den offiziellen Mächten ausgeliefert zu sein – nach dem Motto, die da oben machen ja sowieso, was sie wollen, und dabei werden sie auch geheime Absprachen treffen.

Verschwörungstheorien haben zu allen Zeiten reiche Blüten getrieben und tun es noch. Obwohl etwa die Geheimbünde im 18. Jahrhundert ein hohes Maß an Öffentlichkeit erlangten, wurden sie – vor allem ihre radikalste Loge, die *Illuminaten* – für die

Französische Revolution verantwortlich gemacht. Wurde Ludwig XVI. nicht von den Jakobinern in den Turm des Tempels zu Paris verschleppt, um genau dort auf seine Hinrichtung zu warten, wo Jacques de Molay, der letzte Großmeister des Templerordens, 500 Jahre zuvor seinen letzten Gang angetreten hatte? War das nicht ein Triumph für die Freimaurer, die sich doch als Erben der Templer verstanden und auf Rache sannen für den Verrat des Königs von Frankreich an den Tempelrittern?

Seit Leopold Alois Hoffmann im ausgehenden 18. Jahrhundert in Wien die Mär verbreitet hatte, die Revolution sei durch die deutsche *Freimaurerei* und ihre Logen in Paris angezettelt worden, erlebte das Gerücht von der freimaurerischen Weltverschwörung eine Weltkarriere. Aus der freimaurerischen wurde die jüdische und dann die jüdisch-bolschewistische Weltverschwörung.

Der angebliche Beweis für die jüdische Weltverschwörung wiederum wurde von den russischen *Tschornye Sotni* (Schwarze Hundertschaften) in Gestalt der gefälschten »Protokolle der Weisen von Zion« zu Beginn des 19. Jahrhunderts in Paris vorgelegt. Die *Schwarzhunderter* waren eine brutale antisemitische Geheimgesellschaft, deren Hauptbeschäftigung in der Anzettelung blutiger Pogrome bestand. Ihnen gelang, man muss es leider sagen, eine der wirkungsvollsten Fälschungen der Geschichte. So haltlos solche Gerüchte auch waren und immer sein werden, so folgenreich waren sie auch. Hier dienten sie als Rechtfertigung für das Verbrechen, Massenmord zu begehen.

Geheimgesellschaften sind nicht eitel Schabernack und gutmütiger Mummenschanz, denn sie haben Ereignisse von welthistorischem Ausmaß in Gang gebracht oder unterstützt. Ihre Rituale mögen einem manchmal ein Lächeln auf die Lippen zaubern, ihre Taten tun es mit Sicherheit nicht.

Im Laufe der Jahrhunderte haben sich immer wieder Menschen zusammengefunden, die sich für auserwählt hielten, zur höchsten Vollkommenheit – und wenn es nur Machtvollkommenheit war – zu gelangen und Geheimnisse zu bewahren. Diese Menschen sahen sich dazu berufen, im Sinn höherer Weisheit, höherer Ideale wie Freiheit, Gerechtigkeit oder Gottwohlgefälligkeit (Heiligkeit) geistlich oder politisch Einfluss zu nehmen.

Aus moralisch hehren Gründen entstanden manchmal auch eindeutig kriminelle Geheimbünde. So war zum Beispiel der Boxeraufstand im 19. Jahrhundert in China zunächst ein erfolgreiches Geheimbundunternehmen. Freiheitswille, Tradition und konservative Kräfte führten damals zur Bildung eines der imposantesten Geheimbünde der Geschichte: der Vereinigung der *Yihequan* (Faust der Eintracht und Gerechtigkeit). Manche Forscher gehen davon aus, dass sich daraus die Triaden, die kriminellen chinesischen Banden, entwickelten. Selbst die Mafia begann als eine Gesellschaft, die sich – nach einem literarischen Mönchsorden – *Beati Paoli* nannte und deren Ziel es war, die armen sizilianischen Bauern vor den Übergriffen der spanischen Fremdherrscher oder vor den reichen einheimischen Landbesitzern zu schützen. In dieser Geschichte schwingt ein wenig von den Legenden über Robin Hood, den Stülpnerkarl oder den Schinderhannes mit.

Geheimgesellschaften erschaffen immer eine Gegenwelt zu einer als unvollkommen erachteten Gegenwart, die es zu verändern gilt. Tatsächliche Verschwörungen, Verschwörungstheorien und -legenden gehören deshalb untrennbar dazu: Bereits die Bildung eines Geheimbundes, einer im wahrsten Sinne des Wortes verschworenen Gemeinschaft, enthält die Verschwörung als wesentlichen Bestandteil und tragendes Element für die Gruppe der Auserwählten, die das Geheimnis zu bewahren haben.

Man kann sich also nicht mit Geheimbünden beschäftigen, ohne die Verschwörungen auf der einen und das Geheimwissen auf der anderen Seite einzubeziehen. Auch wahnhafte Vorstellungen können große Verbrechen hervorbringen, und deshalb

müssen die krankhaften Seiten des Phänomens ebenfalls in den
Blick genommen werden. So absurd bestimmte Verschwörungstheorien sind – sie haben Energien freigesetzt und Geschichte
mitgeschrieben.

Ein weiterer wichtiger Punkt ist die Tatsache, dass es für die
Bildung von Geheimbünden immer bestimmte Gründe gibt, sie
entstehen nicht im luftleeren Raum. So wurde zum Beispiel die
Freimaurerloge P2 vornehmlich aus einem, allerdings sehr starken, Motiv ins Leben gerufen: Sie sollte eine kommunistische
Machtübernahme in Italien verhindern. Der Zusammenbruch
der Sowjetunion förderte die Beweise dafür zu Tage – allerdings
nur für kurze Zeit, bis Wladimir Putin sie als gelernter Geheim-
dienstmann wieder unter Verschluss nehmen ließ. Nach Frankreich und vor allem nach Italien flossen aus dem Ostblock die
höchsten Summen zur Unterwanderung des Westens mittels der
fünften Kolonnen, Kommunistische Parteien genannt. Denkt
man an deren Wahlerfolge in Frankreich und Italien in den siebziger Jahren, schien die Strategie damals aufzugehen. Spätestens
seit der Aprilrevolution 1974 durch geheimbündlerische Offiziere
in Portugal bestand die Gefahr der kommunistischen Einkrei-
sung Europas von Osten und nun auch vom äußersten Westen, die durch Wahlsiege der Kommunisten in Frankreich und
Italien zum berühmten Dominoeffekt geführt hätten. Es waren
damals die Sozialisten, François Mitterrand in Frankreich und
Mário Soares in Portugal, die das erfolgreich und, wenn man so
will, in letzter Minute verhinderten.

GEHEIMBUND, NETZWERK
ODER SEKTE?

Ein Geheimbund wäre nicht geheim, wenn man ihn ohne weiteres als solchen erkennen könnte. Deshalb fehlt es auch an festen
Konturen, die eine klare Abgrenzung zu anderen Vereinigungen

erlaubten, und man läuft immer Gefahr, über alles und nichts zu berichten.

Ist *Opus Dei* ein Geheimbund, eine Sekte oder einfach ein christlicher Orden? Ist Al-Qaida ein Geheimbund oder eine islamistische Terrororganisation? Gilt die in Sizilien aus der Taufe gehobene *Cosa Nostra* als kriminelle Vereinigung oder als Geheimbund? Stellen die russischen *Narodniki* (Volkstümler) einen Geheimbund dar, oder sind sie eine Sekte, die zu einer Partei wurde? Wie steht es mit der *Prieuré de Sion*, der Bruderschaft vom Berg Zion, die es nachweislich nie gegeben hat und die eine reine Erfindung ist, allerdings mit ein paar hübschen, sehr realen Mordgeschichten, die bis ins Umfeld von François Mitterrand reichten?

Und schließlich die Freimaurer: Im 18. Jahrhundert gab es kaum einen Intellektuellen, der nicht Mitglied einer ihrer Logen war. Goethe, Mozart und Friedrich der Große, mit einem Wort: Künstler, Schriftsteller, Philosophen, höhere Verwaltungsbeamte und Militärs, bis hin zu gekrönten Häuptern – alle gingen sie der *Freimaurerei* nach.

Bis heute ist es mitunter kaum möglich, zwischen Geheimbund und Netzwerk zu unterscheiden. Ist Bushs Machtbasis, die Neocons, ein Netzwerk, ein »think tank« oder ein Geheimbund? Will man verstehen, wie heute Politik im Geheimen funktioniert, sozusagen unterhalb der Demokratie, lohnt es sich, dieser Frage nachzugehen. Provokant gefragt: Ist die gegenwärtige Demokratie am Ende nur die Benutzeroberfläche einer verborgenen und für uns unverständlichen Welt? Sind Freiheit und Autonomie nur ein Selbstbetrug der schönen Seele, und sind wir in Wahrheit lediglich Schachfiguren der großen Spieler im Hintergrund? Beherrschen dunkle Mächte unser Leben?

Es war schon fast Folklore in Sachen Verschwörungstheorien, als sich 2004 mit John Kerry und George W. Bush zwei Präsidentschaftsbewerber, Amtsinhaber und Herausforderer, gegenüberstanden, die nicht nur einem, sondern auch noch dem gleichen Geheimbund angehörten, und zwar dem legendären studentischen *Skull & Bones* in Yale. In Interviews gaben Kerry und Bush zwar zu, dieser Vereinigung angehört zu haben, wichen aber weiteren Fragen dazu aus und blockten sie schließlich ab. Manche Leute spielen diesen Geheimbund gern als Studentenulk herunter, andere sehen in ihm ein einflussreiches Karrierenetzwerk, denn wer einmal Mitglied ist, bleibt es für den Rest seines Lebens.

Die Vielfalt der im Verborgenen ablaufenden Aktivitäten macht die Einordnung nicht gerade leichter. Wann kann man von einem Geheimbund, wann muss man von einer religiösen Sekte oder von einem Elite-Netzwerk sprechen? Sind die Netzwerke die moderne Erscheinungsform der Geheimbünde im Computerzeitalter und unter den Bedingungen der offenen Gesellschaft?

Bereits der Begriff Geheimbund legt ja eine Kommunikation unter Ausschluss der Öffentlichkeit nahe. Deshalb muss die Form einer geheimen Vereinigung mit ihren speziellen Kommunikationsweisen, Regeln, Verboten und Geboten in Zusammenhang gebracht werden. Das Variable besteht in den besonderen Kommunikationswegen, aber worin finden wir das Konstante? Im Geheimnis? Worin besteht das Geheimnis?

Schlägt man in Lexika oder anderen Werken nach, die sich mit diesem Thema befassen, stößt man zwar auf verschiedene Definitionen, die aber meist ebenso abstrakt wie vieldeutig sind – hilfreich und befriedigend sind sie leider alle nicht. Es kann eben keine starre Definition für etwas höchst Lebendiges geben, das überdies zu einem gewissen Teil im Verborgenen stattfindet. Der Geheimbund als Modell, wie er Grundlage einer Definition sein könnte, existiert nicht, zu vielschichtig sind die Erscheinungsformen. Tatsächlich waren manchmal Geheimbünde, die es nie gegeben hat, von größerer Wirkung auf Geschichte, Politik oder andere geheime Vereinigungen, als existierende.

Zu den Anhängern von Definitionen gehört Charles William Heckethorn, ein exzellenter Kenner der geheimen Vereinigungen des 19. Jahrhunderts. In seinem Werk über die Geheimbünde führt er diese auf zwei Grundtypen zurück, die politischen und die religiösen. Doch selbst diese Unterscheidung bleibt schwierig, denn ein religiös motivierter Geheimbund kann durchaus auch politische Absichten verfolgen.

Klarere Konturen ergeben sich aus den angestrebten Wirkungen oder Zielen. Unter diesem Aspekt kristallisieren sich vier Arten von Geheimbünden heraus:

1. die Geheimbünde, die politisch Einfluss erlangen wollen, um weltanschaulich-politische Ziele durchzusetzen,
2. die Geheimbünde, die von Regierungsstellen, wie beispielsweise von Geheimdiensten, gegründet werden und für die Regierung bestimmte Aktionen durchführen sollen, mit denen man weder die Regierung noch ein Organ der Regierung noch eine Partei in Verbindung gebracht sehen möchte, sondern Taten, die aussehen sollen wie der blinde oder gerechte Volkszorn,
3. Geheimbünde, die nicht die Welt verändern wollen, sondern sich in ihren Mauern eine gesonderte Gegenwelt schaffen, und
4. die esoterischen Geheimbünde.

Ein weites Feld für Missverständnisse. So wenig, wie man die erstgenannten Organisationen mit politischen Parteien oder rein terroristischen Vereinigungen verwechseln darf, kann man den zweiten Typus einfach als eine Art Geheimdienstabteilung abtun, denn diese Vereinigungen entwickeln oft ein unkontrollierbares Eigenleben. Und die dritte Form ist nicht mit rein religiösen Sekten gleichzusetzen.

Der Begriff Esoterik schließlich wird durch die gleichnamige boomende Branche häufig als eine Art Wohlfühlreligion missverstanden, als Wellness für die Seele. Es wird sich zeigen, dass Esoterik nichts weniger ist als das, sondern eine konsequente Art des Lebens und Denkens, die das Martyrium einschließt – die meisten Ketzer waren Esoteriker.

Von dem Moment an, als es in den Glaubensbewegungen zu Kirchenbildungen kam, entstand eine Spannung zwischen exoterischer (auf die Öffentlichkeit gerichteter) und esoterischer (nur für Eingeweihte zugänglicher) Kirche und damit auch in der Überlieferung ein Gemisch von exoterischem und esoterischem Wissen. Letzteres galt und gilt oft als Geheimwissen, als das große Geheimnis – das Arkanum –, das bis auf den heutigen Tag im Mittelpunkt von Geheimbünden steht.

Dass sich die vier Arten der Bünde in ihren mehr oder weniger verwandten Formen berühren und überschneiden, liegt auf der Hand. Wie sie sich in Geschichte und Gegenwart in diesen Formen verwirklichen, enthüllt dieses Buch. Die folgenden Elemente der Geheimgesellschaften werden dabei immer wieder zur Sprache kommen.

AUFNAHME UND MITGLIEDSCHAFT. Genau genommen kann man einem Geheimbund, welchem auch immer, nicht beitreten. Man kann sich zwar um die Mitgliedschaft bemühen, aber letztlich ist es der Geheimbund, der die Aufnahme beschließt oder ablehnt und der darüber entscheidet, wie weit der neu Aufgenommene, der sogenannte Neophyt, initiiert, das heißt in die Geheimnisse des Bundes eingeweiht wird.

Streng genommen gehört man nach der Aufnahme anfangs noch nicht ganz dazu. Man muss sich erst als würdig erweisen, um Stufe für Stufe aufzusteigen. Jeder höhere Grad verbindet sich mit größeren Kenntnissen über Wesen, Struktur und vor allem die Geheimnisse des Bundes. Auf der ersten Ebene ist man eine Art Anfänger, Lehrling, einer, der sich zu bewähren hat. Der Grad, den man erreicht, steht immer in einem Verhältnis zu den Geheimnissen, die einem anvertraut werden. Die Mitglied-

Aufstieg zu den Freimaurer-Geheimnissen über die Jakobsleiter. Die Säulen stehen
für Stärke (S), Weisheit (W) und Schönheit (B). (19. Jh.)

schaft in einem Geheimbund gestaltet sich so als eine lange
Reise vom Rand bis ins Zentrum.

Es gehört zum Wesen von Geheimgesellschaften, dass man
nicht nach Belieben eintreten oder sie wieder verlassen kann.
Wer einmal aufgenommen wurde, darf sich dem Bund – wie
schon gesagt – zeitlebens nicht mehr entziehen. Ansonsten ris-
kiert man drakonische Strafen, die die wirtschaftliche Existenz
oder gar Leib und Leben bedrohen. Geheimbünde verstehen in
dieser Hinsicht überhaupt keinen Spaß. Schließlich geht es um
die Wahrung von Geheimnissen und die Zugehörigkeit zu einer
Elite. Wer Mitglied in dem erlauchten Zirkel wird, den der Bund
selbstverständlich darstellt, ist der meist als minderwertig ange-
sehenen Gesellschaft entkommen und gehört nun einem Kreis
von Auserwählten an, die sich über die gemeine Menschheit erheben.

DAS ARKANUM, DAS GROSSE GEHEIMNIS. Menschen,
die in Geheimbünde gehen, wollen in einer anderen, in einer eigenen Welt leben, die sie entweder im Bund finden oder die sie
mit Hilfe des Bundes zu verwirklichen versuchen. Geheimes
Wissen wurde über Jahrhunderte, ja sogar über Jahrtausende
transportiert. Die Frage nach dem Geheimbund wird immer
auch die Frage nach dem Geheimnis sein, das eine tiefere und
verborgene Wahrheit meint, die es zu enthüllen gilt. Wir müssen den Geheimbund bei seinem Geheimnis packen.

Im Mittelpunkt der geheimen Gesellschaft wirkt das unaus-
sprechliche Geheimnisse des Bundes, dem man sich annähern
kann, indem man sich Stufe für Stufe vervollkommnet und im
Bund aufsteigt. Die Vereinigungen heißen nicht nur deshalb Geheimbünde, weil ihre Mitglieder und seine Existenz geheim
sind – das ist nicht unbedingt notwendig –, sondern vor allem,
weil der Schlussstein des geistigen Gebäudes in einem Geheimnis besteht, das nie veröffentlicht werden darf.

Das Arkanum, das Geheimnis im wohlbehüteten Zentrum

des Bundes, kann magisch, spirituell, naturwissenschaftlich oder es kann Herrschaftswissen sein, das den Zugang zu speziellen Informationen erlaubt. Daneben gibt es Geheimnisse, die, wie wir sehen werden, erst ihre wahre Gestalt annehmen, wenn sie erlebt werden. Sie realisieren sich erst im Handeln, das hinter den Worten verborgen ist. Das Geheimnis und die Einweihung in dieses Geheimnis stellen nicht Sein, sondern Werden, nicht Worte, sondern Taten, nicht Wissen, sondern Handeln dar. Das große Geheimnis oder Geheimwissen wird bewahrt, oder es wird ein großes Ziel im Geheimen verfolgt, ein Ziel, das für die Mitglieder wichtiger ist als ihr Leben.

MYTHEN UND TRADITIONEN. Die Geheimbünde versuchen, sich eine möglichst ehrwürdige Vergangenheit zur eigenen Beglaubigung anzueignen. Deshalb übernehmen sie viele der früheren Riten, Gedanken, Bräuche, Organisationsformen und Benennungen. Bedenkenlos schöpfen sie aus der Realität, viel mehr aber noch aus dem Mythos ihrer Vorgänger. Wenn man beides beleuchtet – von den frühesten nachweisbaren bis zu den heute noch aktiven Geheimbünden –, werden Gemeinsamkeiten und Unterschiede sichtbar.

Jeder Geheimbund orientiert sich an der Geschichte der geheimen Vereinigungen vor ihm. Obwohl die Templer, der in der Zeit der Kreuzzüge gegründete Ritterorden, kein Geheimbund waren, wurden sie zum wichtigen Vermittler von geheimem Wissen. Die mittelalterlich-alchimistische Tradition wie auch das ägyptisch-esoterische Wissen spielten und spielen eine wesentliche Rolle in den abendländischen Geheimbünden.

DIE MITGLIEDER. Im Zentrum dieses Buches wie der Geheimbünde stehen suchende Menschen. Charismatische Gestalten und Betrüger, Idealisten und Verbrecher, Aufklärer und Fanatiker, Helden der Moral und Artisten des Frevels, Anwälte der Menschlichkeit und ruchlose Nihilisten – vor allem aber begeg-

nen uns auf den folgenden Seiten Menschen, die sich auf die
Suche nach einer wahren Heimat begeben haben, die sie in den
Geheimbünden zu finden hoffen. Ihre Taten und Ansichten,
ihre Sehnsüchte und Hoffnungen sind es, die den Geheimbund
Gestalt gewinnen lassen. Diese Menschen richten ihr Leben
ohne Einschränkung auf eine Idee aus und geraten deshalb in
Widersprüche, in geheimnisvolle Riten und in mysteriöse geis-
tige Zusammenhänge.

Um diese Menschen geht es, um die Mitglieder eines Geheimbundes mit seinen festgelegten, oftmals abenteuerlichen,
mystischen oder magischen Ritualen. Interessant sind die konkreten Persönlichkeiten, die Typisches, Wichtiges oder Aufse-
henerregendes für ihren Bund geleistet haben und leisten. Jene
also, durch deren Handeln die geheime Vereinigung erst ihre
Bedeutung erlangt.

In diesem Buch geht es schließlich auch um die These, dass
unsere modernen europäischen Parteien – die demokratischen
eingeschlossen – aus den europäischen Geheimbünden hervorgegangen sind: Die Sozialdemokraten und Kommunisten leiten
sich von den Geheimbünden der Handwerker her, deren ein-
flussreichster der *Bund der Gerechten* war. Marx und Engels form-
ten diese Geheimgesellschaft zum Bund der Kommunisten um,
zu einer politischen Partei, der sie mit dem »Kommunistischen
Manifest« ein Programm gaben. Aus der *Freimaurerei* und den *Rosenkreuzern* bildete sich das große Spektrum der bürgerlichen Parteien.

I DIE STUMME MACHT DER VERSCHWÖRUNG

»(...) suchen sie Gesellschaft junger Leute: beobachten
sie; und wenn ihnen einer darunter gefällt, legen sie
Hand an. Ich habe auch wieder einen, der ein ansehn-
licher und einsichtsvoller Mensch ist. Was sie nicht
selbst thuen können, thuen sie durch andere. Wenn ihre
Reise nicht hinderlich ist, in dortigen Arbeiten; so sehe
ich nicht, warum sie nicht gehen sollten.
Hat doch Christus auch seine Apostel in die Welt
geschickt, und warum sollte ich meinen Petrus zu
Hause lassen.«

Adam Weishaupt, der Gründer des Illuminatenordens
an Franz Anton von Massenhausen, Illuminat,
19. September 1776

»Unsere Leute müßen einnehmend, unternehmend,
intriguant und geschickt sein.«

Weishaupt an Massenhausen, Oktober 1776

GEHEIMBÜNDE UNTERWANDERN ITALIEN

Troppau war im frühen 19. Jahrhundert ein abgelegenes Kaff in Österreichisch-Schlesien, genauer, die Provinzhauptstadt des kleinen Teils von Schlesien, der Österreich nach dem Siebenjährigen Krieg verblieben war, nur allzu fern der großen und selbst der kleinen Politik, kurzum ein Ort, an dem sich Fuchs und Hase Gute Nacht sagten. Aber Troppau besaß eine Besonderheit: Es lag nicht nur sehr nahe an der Grenze der preußischen Provinz Schlesien, sondern es befand sich auch unweit von Russlands Galizien. Mit anderen Worten: Aus Berliner, Wiener und Petersburger Sicht konnte man dem Städtchen eine zentrale Lage bescheinigen. So kam es, dass dieses verschlafene Nest sozusagen über Nacht zum Mittelpunkt der Weltgeschichte, zum Schauplatz einer weltpolitischen Weichenstellung erster Ordnung wurde, dazu vorübergehende Residenz des russischen Kaisers Alexander I., des Preußenkönigs Friedrich Wilhelm III. und natürlich des Gastgebers, Österreichs Kaiser Franz und dessen berühmten Kanzlers Metternich.

Im Dezember 1820 hatte Fürst Metternich eilig einen »Kongress der Pentarchie« zusammengerufen. Unter Pentarchie verstanden die Zeitgenossen jene europäischen Mächte, die den Kontinent nach dem Wiener Kongress von 1815 tatsächlich beherrschten und diese Vormacht nach Metternichs Wunsch in steter Abstimmung und gemeinschaftlich ausüben sollten: England, Frankreich, Preußen, Russland und Österreich. Grund für

die Zusammenkunft waren die nationalen Unabhängigkeitsbestrebungen in verschiedenen europäischen Staaten, die darauf
abzielten, liberale Verfassungen durchzusetzen. In Spanien war
das jüngst gelungen, in Italien brodelte es in Neapel und an anderen Orten, und der Geheimbund der *Carboneira* kämpfte für
die Befreiung Italiens vom österreichischen Joch. Das brachte
die Vorherrschaft der Pentarchie in Gefahr – Fürst Metternich
sah sich zum Handeln gezwungen.

Unerwartet und quasi über Nacht stand Troppau nun vor der
Aufgabe, zwei Kaiser, einen König und Heerscharen von Minis-
tern, Räten, Botschaftern, nebst den diversen Kanzlisten und
Bediensteten, unterzubringen. Kein Wunder, dass das Städtchen
schlicht überfordert war. Die großen Herren, die die besten
Quartiere bekamen, scherte das wenig, und die kleinen wurden
nicht gefragt. So schimpfte man auf den niederen, teilweise auch
auf den mittleren Rängen hinter vorgehaltener Hand und erinnerte sich der schönen Zeiten, als die Kongresse noch in Wien
oder Aachen stattfanden und nicht in der schlesischen Einöde.

Doch nicht nur die Unterbringung des zahlreichen bürokratischen Personals bereitete Schwierigkeiten, auch der Ort selbst
musste einigermaßen den Anforderungen angepasst werden.
Der Stadtrat ließ eilig für die hohen Herrschaften einen langen
und nur allzu schmalen Gehweg aus Brettern über die Straßen
legen, die sich alljährlich im Herbstregen zu einer undefinier-
baren Schlammmasse verwandelten. So grimmig wie belustigt,
aber auch mit Schadenfreude berichtete Metternich: »Kaiser
Alexander spaziert jeden Tag auf diesen Brettern. Alle Männer,
die ihm entgegenkommen, müssen natürlich in den Schmutz
treten, während er selbst, um die Damen, die ihm entgegenkommen, vorbeizulassen, ebenfalls in den Schmutz tritt.« (Bertier de
Sauvigny)

Alexander, der mit den Jahren den liberalen Neigungen seiner Jugend abgeschworen hatte und stattdessen noch religiöser
geworden war, bemerkte befriedigt über die Wahl des Ortes,

dass dieser wenigstens keine unerwünschten Ablenkungen wie Bälle bot. Diese Bemerkung des Zaren war eindeutig auf Metternich gemünzt, der auf jedem Ball zu glänzen verstand, ein Mann des Charmes, der Etikette, der amourösen Kunst und der Hofintrige. Doch diesmal ging es nicht um Glanz und Gloria, sondern um rasche Entscheidungen. Deshalb hatte man einen Ort gewählt, den die wichtigsten Monarchen – die von Österreich, Russland und Preußen – gleich schnell erreichen konnten.

Die Engländer, die nicht über Strafmaßnahmen in Spanien und Italien verhandeln wollten, schickten wie die Franzosen einen Botschafter mit dem Auftrag der Beschwichtigung. Wie konnte auch der englische Liberalismus ein liberales Verfassungsprojekt bekämpft wissen wollen? Darüber hinaus vermutete Metternich nicht ganz ohne Grund, dass die englischen Liberalen die neapolitanischen Geheimbündler unterstützten. Zudem verlor Metternichs englischer Kollege Robert Castlereagh, der dem Kanzler gewogen war, zunehmend an Bedeutung. Die Franzosen wiederum waren eher darauf bedacht, Österreich zu schwächen statt zu stärken.

Damit hatte sich die von Metternich mühsam ausbalancierte Pentarchie als Garant europäischer Stabilität, um die es ihm einzig ging, bei der ersten größeren Krise als Phantom erwiesen. Zwischen den fünf Mächten würde es keine stabile Zusammenarbeit geben, nicht bei einer so unterschiedlichen Interessenlage, die selbst die geschickte Kabinettspolitik des gewieften österreichischen Kanzlers nicht auszuhebeln vermochte.

Während sich also die politische Elite Mittel- und Osteuropas in ein kaltes, regnerisches und überaus tristes schlesisches Nest begab, feierte das Volk von Neapel unter einer warmen, freundlichen Sonne seine Freiheit und seine Verfassung, die eben jene Freiheit garantierte. Vor allem feierte es mit süditalienischem Temperament seine Helden: den charismatischen Priester Minichini, dessen Predigt der Freiheit direkt aus dem Himmel zu kommen schien, oder den malerischen General Guglielmo Pepe, einen Haudegen mit Charme und einer verwegenen Verve, über die nur ein echter Volkstribun verfügen kann, der die Massen zu Begeisterungsstürmen hinriss. Man fühlte sich eins mit den siegreichen Spaniern, deren Verfassung man einfach übernommen hatte. Nachdem Metternich bei der Revolution in Spanien bereits tatenlos hatte zusehen müssen, kam ihm nach Ausbruch der Revolution in Süditalien der Flächenbrand nun unaufhaltsam näher.

Erstmals seit Monaten mit einem Anflug von Zufriedenheit und überzeugt, wieder einmal den Sieg über seine Verbündeten zu erringen – die zwar eine Krone trugen, ihm aber ansonsten nicht das Wasser reichen konnten –, begab er sich an diesem Spätherbsttag des Jahres 1820 zum Kongress ins schlesische Troppau.

Das Jahr hatte ihn, den Erfolgsverwöhnten, bisher nur mit Unglück und Mühsal traktiert, politisch wie privat. Kein Wunder, dass auch in seinem Inneren Herbst herrschte: Kurz hintereinander waren seine Töchter Klementine und auch Maria gestorben, die er von all seinen Kindern am innigsten liebte. Sie war ihm mehr als eine Tochter, eine Vertraute und eine Ratgeberin. Klementine starb in seinen Armen, von Marias Tod erfuhr er auf dem Weg zum Kongress. Zwar hatte er an ihrem Krankenbett gewacht, doch rief ihn die Nachricht vom Aufstand der Carbonari in Neapel nach monatelanger Abwesenheit an seinen Schreibtisch ins Palais am Wiener Ballhausplatz zurück.

Das mühsam errichtete System Europa, das er unermüdlich mit List, Klugheit, Geduld, Charme und Intrige auf dem Wiener Kongress erschaffen hatte, die Heilige Allianz, geriet mehr und mehr in Unordnung. Falls Italien national geeint würde und durch die von den erfolgreich operierenden Geheimbünden entfachten Aufstände eine Verfassung bekäme, dann schlüge auch die Stunde der Burschenschaften, der Tugendbündler, der Schwarzen, der Freimaurer und der *Illuminaten* in Deutschland, vielleicht sogar in Österreich. Dann könnte niemand mehr der

Unterwanderung Herr werden. Zwischen diesen beiden Nationalstaaten würde der Vielvölkerstaat Österreich auseinanderbrechen, denn die Unabhängigkeitsbestrebungen bekämen in allen Landesteilen, besonders aber bei den stets aufmüpfigen Tschechen und den leidenschaftlich Verschwörungen bildenden Ungarn gefährlichen Auftrieb.

Wenn er alles zusammen bedachte, wusste der Staatskanzler, dass er dringend handeln musste. Allerdings bedeutete dieser Sieg auf dem bevorstehenden Kongress in seinen Augen nicht die Niederlage seiner Verbündeten, weil er glaubte, in ihrem ureigenen Interesse zu handeln. Wieder einmal musste er den preußischen König und den russischen Zaren zu ihrem Glück zwingen. Zweifel kannte er nicht, und seine Aufgabe empfand er als Mission, als Kampf gegen die größte Bedrohung Europas seit der Französischen Revolution. Es galt das Komplott niederzuschlagen, das die Geheimbünde seit Jahren im Verborgenen schmiedeten.

Fürst Metternich war 47 Jahre alt und galt nach dem Wiener Kongress als wichtigster Staatsmann des Kontinents, als Organisator der Heiligen Allianz und »Kutscher Europas«. Als Realist hatte er nur Spott für Verschwörungstheorien übrig, an die er nicht glaubte, und das Irrationale verstand er schlichtweg nicht. Das Geheimbundkomplott, mit dem er sich konfrontiert sah, war keine Wahnvorstellung, für dergleichen Anwandlungen arbeitete sein Gehirn viel zu phantasielos und nüchtern – dieses Komplott existierte höchst real. Was war da vorgegangen?

METTERNICHS VERSCHWÖRUNG
GEGEN DIE VERSCHWÖRER

Am 2. Juli 1820 verließen die Schwadrone der Oberleutnants Silvati und Morelli des Kavallerieregiments Bourbon als »heilige Schwadron« im süditalienischen Nola eigenmächtig den Standort. Sie wollten es den Spaniern gleichtun, die im Januar den spanischen König gezwungen hatten, die Verfassung anzuerkennen. Im gewissen Sinn ließen sich die spanischen und süditalienischen Verhältnisse vergleichen. Begleitet wurden die Soldaten von dem Priester Luigi Minichini, der trotz Bannbulle des Papstes ein begeisterter Carbonaro von hohem Grad war. Mit dem Ruf »Gott, König und Verfassung« marschierten sie bald darauf in Avellino ein, ohne auf Widerstand zu stoßen. Mehr noch, in Avellino wurden sie bereits von begeisterten Carbonari empfangen.

Kaum erreichte die Nachricht von der Meuterei der beiden Schwadrone die Stadt Neapel, schwang sich der populäre General Pepe auf sein Pferd und ritt mit ein paar Offizieren und knapp hundert Dragonern den Aufständischen entgegen. Der alte Haudegen war ein Mann, dessen ganzes Leben aus Aktion, Agitation, Entschlossenheit und Geheimbündelei bestand. Die königstreue Presse höhnte, dass die Unruhegeister bald eingefangen und »füsiliert«, also erschossen, sein würden. Außerdem setzte man ein bedeutendes Kopfgeld auf den General aus. Doch auch im Osten, in Salerno, kam es zur Meuterei. Der General, der dort die Ordnung wiederherstellen sollte, beschied seinem König knapp, dass es hier sich nicht darum handele, lediglich ein paar Meuterer festzusetzen, vielmehr müsse man gegen das ganze Volk kämpfen. Dann verharrte er ein Weilchen in Wartestellung, bis er sich auf die Seite der Aufständischen schlug.

In Avellino hatte sich General Pepe derweil an die Spitze der bewaffneten Kräfte gestellt. Die Regierungstruppen, die die aufständischen Schwadrone zur Räson bringen sollten, sahen sich plötzlich von Carbonari eingekesselt, die von den Hügeln auf beiden Seiten auf sie zukamen. Diese Carbonari – man erkannte sie am Totenkopf, der ihre Patronentasche zierte – gehörten zu den Milizen, die Pepe seit Monaten insgeheim ausgebildet hatte. Er war es, der den militärischen Arm der *Carboneira* schuf, in dem er zum einen unermüdlich neue Carbonari im Heer anwarb und gleichzeitig eine Miliz aus zuverlässigen Zivilisten bildete, die bereits der *Carboneira* angehörten. Leider befanden sich auch in den Truppen, die man zur Niederschlagung der Meuterei eilig nach Avellino schickte, mehr als genug Mitglieder dieses Geheimbundes, die sich nun dem legendären General und dem sprachgewaltigen Priester anschlossen.

Seit der Verbannung Napoleons herrschte der ebenso unfähige wie dreiste Bourbonenabkömmling Ferdinand über ganz Süditalien, von der Südgrenze des Kirchenstaates bis zur südlichsten Spitze von Sizilien. Der fast kindische Greis, der sich König beider Sizilien nannte, versuchte auf dilettantische Weise, im Land das Ançien Régime wiederherzustellen. Beim Wiener Kongress war es Metternich zunächst gelungen, ein ausbalanciertes Europa zu schaffen, das von unzähligen kleinen, mittleren und ein paar großen Fürsten beherrscht wurde. Zugunsten dynastischer Ansprüche nahm Metternich keine Rücksicht auf nationale Wünsche und Gegebenheiten. Für ihn existierten keine Nationen, sondern ausschließlich Herrscherhäuser und vorrevolutionäre Rechte. Italien stellte für Metternich nur mehr »einen geographischen Begriff« dar.

An das Königreich beider Sizilien schlossen sich der Kirchenstaat, dann die Herzogtümer der Toskana, Sardinien-Savoyen und weitere italienische Fürstentümer an. Nur die Lombardei, Este und Slowenien gehörten zu Österreich. Dennoch waren die italienischen Kleinstaaten österreichisches Einflussgebiet, mit dem Erfolg, dass die Italiener ihre regierenden Fürsten als Marionetten der Habsburger ansahen, womit sie auch Recht hatten. Im Endeffekt hätte es dem österreichischen Ansehen eher genutzt als geschadet, wenn Metternich Italien unter österreichische Verwaltung gestellt hätte, als die Italiener mit dem unfähigen, korrupten und Unsummen verschlingenden Regime abgehalfterter einheimischer Feudalherren zu bedrücken. Die Menschen empfanden sich als schlecht, dreist und dünkelhaft regiert, bevormundet und wirtschaftlich ausgeplündert. Nun erfuhren sie darüber hinaus auch noch eine empfindliche Kränkung ihres erwachenden Nationalgefühls. Aus alledem braute sich mit der Zeit ein unheilvolles Gemisch zusammen.

Die bürgerliche und teils auch die adelige italienische Elite organisierte sich seit Jahren in Geheimbünden, um ein geeintes Italien in Freiheit und in Brüderlichkeit zu schaffen. Diese Geheimbünde gingen unter dem Namen *Carboneira* in die Geschichte ein und stellten die italienische Variante des *Freimaurertums* dar. Sie versammelten die besten Köpfe und die untadeligsten Persönlichkeiten des Landes. In der Wiener Hofburg musste man es resigniert zur Kenntnis nehmen: Wenn es in einem italienischen Fürstentum in der Verwaltung oder im Militär einen vortrefflichen Mann gab, der seiner Aufgabe gewachsen war und dieser umsichtig, gerecht und frei von Korruption jedermann gegenüber nachkam, dann konnte man mit Sicherheit davon ausgehen, dass er ein Carbonaro war.

Fürst Jablonski, der österreichische Gesandte am Hof Ferdinands I., sah sich gezwungen, seine Berichte an Metternich mit speziellen Kurieren zu schicken, weil das Postwesen mit Carbonari durchsetzt war, die ihre Brüder informierten und warnten. Metternich wusste von dieser mächtigen Bewegung, die sich im Geheimen organisierte, und stand ihr doch machtlos gegenüber.

Schon 1816 hatte ihm der vorsichtige Jablonski, gewiss kein Reformer, geraten, den Carbonari ein Stück weit entgegenzukommen, um sie zu Verbündeten zu machen: »Wie die Dinge heute liegen, scheint es mir besser, die Sekte [gemeint ist die *Carboneira*, die von den Österreichern allgemein nur »die Sekte« genannt wurde, der Verf.] für uns zu gewinnen, als sie zu bekämpfen; um das zu erreichen, braucht man nur auf ihre Lieblingsideen ein wenig einzugehen.« (Lennhoff, Politische Geheimbünde) Wäre Metternich nicht der hoffnungslos veraltete Kabinettspolitiker gewesen, der er war, so hätte sich ihm die einmalige Chance geboten, gemeinsam mit den Carbonari ein modernes Italien zu schaffen, das ein treuer Bundesgenosse Österreichs gewesen wäre. Das hätte bei weitem weniger – ohnehin rares – österreichisches Geld verschlungen und Österreich selbst stabilisiert, anstatt seine Herrschaft ins Wanken zu bringen. Anfangs waren die Carbonari nicht antihabsburgisch gesinnt gewesen und hatten das Gespräch mit Metternich gesucht. Ihr Ziel bestand in erster Linie in einem vereinten Italien, der »italia unita«.

Allein, diesen kühnen Entschluss zu fassen hätte eines anderen Mannes bedurft. Metternich war schlau, aber nicht klug, Phantasie und Visionen gingen ihm ab. Stattdessen sah er tatenlos zu, wie Ferdinand I. den Fürsten Canosa, den unfähigsten und verschlagensten italienischen Adligen, den er finden konnte, zum Polizeiminister machte. Dieser Canosa kam nun auf die bemerkenswerte Idee, einen Anti-Geheimbund zu bilden, genauer, sich der schäbigen Reste eines dahinvegetierenden Bundes zu bedienen: der *Caldeari*, der Gesellschaft der Kesselflicker.

Der österreichische General Frimont nannte sie die »gefährlichste Klasse der Müßiggänger und Ruhlosen«, sie selbst verherrlichten sich als »die Getreuesten Seiner Majestät« und meinten damit Ferdinand I. In ihrem Eid schworen sie »ewigen Hass aller Maurerei und ihren sämtlichen Beschützern«. Jeder Caldearo sollte mindestens drei Carbonari töten. Im Grunde bestanden die *Caldeari* aus Kriminellen, die stahlen und mordeten, nur eben mit Billigung und als Bevollmächtigte des Polizeiministers. Man kann sich leicht vorstellen, wie viele offene Rechnungen beglichen und wie viele Willkürakte die Methode Canosa als »Kollateralschäden« hervorbrachte.

Die *Caldeari* waren ursprünglich aus der *Carboneira* hervorgegangen und hatten sich dann von ihr abgespalten, weil sie für Ferdinand eintraten. Dass der Bourbone seinen Vorgänger kurzerhand standrechtlich erschießen ließ, wurde von einem Teil der Carbonari begrüßt. Der weitaus größere Teil aber kämpfte für eine bürgerliche Verfassung des Landes und für ein einiges Italien. Das markierte den Punkt der Trennung.

Die Ausgestoßenen nannten sich *Caldeari*, Kesselflicker, weil das Feuer unter dem Kessel die Holzkohle verbrannte – Carbonari bedeutet ja Köhler –, so sehr loderte ihr Hass auf die ehemaligen Bundesbrüder. Der eigentliche Bund der *Caldeari* wurde bald zum Sammelbecken krimineller Elemente, besonders nachdem Polizeiminister Canosa die Zuchthaustore für alle öffnete, die sich den *Caldeari* anzuschließen verpflichteten.

Anfangs nachts, bald aber schon dreist am hellen Tage brachen sie in Häuser ein und ermordeten und beraubten Menschen, von denen sie behaupteten, dass sie Carbonari seien oder diese unterstützten. Ob es sich bei den Ermordeten wirklich um Angehörige dieses Geheimbundes handelte, konnte niemand feststellen. Doch trotz ihrer Willkür und Grausamkeit vermochten sie nicht, der *Carboneira* gefährlich zu werden. Im Gegenteil: Die Achtung für diese Vereinigung wuchs in gleichem Maße wie die Verachtung für Canosa und dessen Kreaturen.

Schließlich nahm das wüste Treiben der Hilfstruppen des Polizeiministers, die wie frühe Todesschwadrone operierten, solche Ausmaße an, dass selbst zurückhaltende Diplomaten sich zu deutlichen Protesten veranlasst sahen. Auf ausländischen Druck musste Ferdinand I. den Fürsten Canosa seines Amtes entheben. Allerdings versäumte er nicht, die ohnehin von ihm und seiner bürokratischen Clique geplünderte Staatskasse durch eine überaus großzügige Dankesgabe an den Entlassenen weiter erheblich zu erleichtern.

Der österreichische Gesandte Fürst Jablonski schrieb an seinen Chef, den Grafen Metternich: »Die Regierung ist schwach und zugleich voller Willkür. Die Unordnung der Finanzen wächst von Tag zu Tag.« Schließlich kommt Jablonski in diesem Schreiben vom 22. Januar 1818 zu dem Fazit: »Die Revolution scheint unvermeidlich; die Willkürherrschaft kann auf die Dauer nicht bleiben.« Aufgrund der schlechten Verwaltung brach besonders in Süditalien die Anarchie im täglichen Leben aus. Räuberbanden plünderten und mordeten und trieben ungehindert ihr Unwesen.

Einer der schlimmsten Anführer war der entlaufene Priester Cirio Annichiarico, der mit den *Decisi* einen eigenen Geheimbund gründete und sich auf dem Höhepunkt seiner Macht Präsident der Republik Salerno nannte. Aus einer begüterten Familie stammend, wurde er wegen eines Mordes, den er aus Eifersucht begangen hatte, zu lebenslänglicher Haft verurteilt. Nach vier Jahren gelang es ihm, aus dem Kerker zu fliehen. Die romantische Legende um den Räuberhauptmann will es, dass aus dem gläubigen Priester aufgrund der Schmach des angeblichen Justizirrtums ein skrupelloser Bandit wurde: Kaum der Haft entsprungen, soll er danach in einem abgelegenen Gehöft eine junge Bäuerin vergewaltigt, das Gesinde ermordet und das gesamte auffindbare Geld gestohlen haben. Dann gründete er in den Abruzzen den Geheimbund der *Decisi*.

Annichiarico kannte die üblichen Geheimbundzutaten gut genug, um daraus einen mächtigen und gefährlichen Bund zu schmieden. Dieser gab sich zwar einen politischen Anstrich und hatte zum Ziel, eine Republik Salerno zu gründen. Er blieb jedoch eine Ansammlung von Strolchen, die in kleinen Banden auftraten und mit harter Hand von Annichiarico zentral gelenkt wurden. Raubend, plündernd und Schutzgelder erpressend zogen sie durch das geplagte Süditalien. Erstmals bildete sich hier eine kriminelle Form der Geheimbündelei, die zur *Camorra*, zur Mafia, werden sollte.

Im Übrigen war Annichiarico gezwungen, einen eigenen Geheimbund zu gründen, denn bei den Kesselflickern, die im Dienste des Polizeichefs Canosa standen, konnte er sich als flüchtiger Sträfling nicht sehen lassen, und die ehrwürdige *Carboneira* würde eine so unbürgerliche Gestalt wie ihn erst recht nicht aufnehmen.

Schrecken war das Mittel, mit der die *Decisi* ihre Herrschaft ausübten – ihr Motto lautete »Trauer, Tod, Schrecken, Kampf«. Erhielt ein Bauer oder ein Händler einen Brief dieses Geheimbundes, der mit Blut geschrieben war, wusste er, dass ihm die Todesstrafe drohte, wenn er der entsprechenden Forderung nicht nachkam. So operettenhaft die Form, so blutig das Ritual. Annichiarico, der ein schöner Mann gewesen sein und sich stets mit Frauen umgeben haben soll, brüstete sich noch mit seinen Morden.

Dennoch verschafften ihm die drückenden Lebensumstände der süditalienischen Bevölkerung, die er noch zusätzlich verschärfte, viel Zulauf. Auf dem Höhepunkt seiner Macht gehörten den *Decisi* 40 000 Menschen an. Auf Deutsch bedeutete der Name des Bundes »Die Entschlossenen« – und das war nicht geprahlt. Tollkühnheit und unerhörtes Glück ließen die Legende von Annichiaricos Unverletzlichkeit und von seinem Pakt mit dem Teufel entstehen. Gern wurde die rührende Version erzählt, nach der er als junger empfindsamer Priester durch die ungerechte Behandlung und Verurteilung an seinem Gott verzweifelte und diesen dann durch ein äußerst wenig gottgefälliges Leben herauszufordern gedachte. Die Wahrheit dürfte weit prosaischer gewesen sein: Vermutlich war ihm nach dem gescheiterten Versuch einer Karriere in der Kirche auch der bürgerliche Weg verschlossen, so dass er nur durch Gewalt, Mord und die Gründung eines Geheimbundes zu Macht und Einfluss kommen konnte – dass er ein großer Herr zu werden wünschte, wurde deutlich, als er sich mit einer gewissen Naivität zum Präsidenten der imaginären Republik Salerno ausrief.

Der blutige Traum des Cirio Annichiarico währte indes nicht allzu lange. Mit Hilfe der Österreicher und eines irischstämmigen Generals, der wie aus einer frivolen Laune des Schicksals heraus auch noch Church hieß, wurde der entlaufene Priester schließlich in einem Bauernhof samt 250 seiner Unterführer eingekreist und verhaftet. Nach einer wiederum sehr romantischen Legende trafen ihn 21 Schüsse, vier davon in den Kopf. Dennoch soll er noch gelebt haben, so dass schließlich eine Kugel aus Silber gegossen und aus seinem eigenen Gewehr abgefeuert wurde. Erst diese soll den Räuberhauptmann und Geheimbundführer endgültig getötet haben.

Gleichviel, Annichiarico hatte sich des Organisationsmusters des Geheimbundes bedient und bei der *Carboneira* abgekupfert. Neben der Skrupellosigkeit war es seine Klugheit, die ihn aufsteigen ließ, gefällt wurde er letztlich durch seine Eitelkeit.

Anfang des 19. Jahrhunderts traten im südlichen Italien drei Grundformen von geheimen Vereinigungen nahezu unverfälscht auf: die *Carboneira* als politischer Geheimbund, der sich zur politischen Partei entwickelt, die *Caldeari* als repressiver Geheimbund, der im Auftrag einer Regierung handelt, und die *Decisi* als Geheimbund, der sich zur kriminellen Organisation gestaltet.

DER URSPRUNG DER CARBONARI

Für die *Carboneira* galten strenge Aufnahmeriten, auch, um nicht von Feinden unterwandert und ausspioniert zu werden, was sich dennoch nicht vermeiden ließ. Die Anfänge dieses mächtigen Bundes liegen im Dunkeln, nicht nur, weil Geheimbündler nicht allzu redselig sind, sondern weil sie auf der anderen Seite sehr gesprächig sein können, nämlich was ihre Vergangenheit betrifft. Zu viele Spuren können ebenso des Ermittlers Tod bedeuten wie zu wenige. Um sich zu legitimieren, als ehrwürdig zu erweisen und ihre Autorität unanfechtbar zu machen, schaffen sich alle Geheimbünde eine möglichst hehre und weit zurückreichende Vergangenheit. Nicht selten hilft die Bibel bei der schwierigen Genealogie, die sie zudem auch heiligt.

Die Carbonari also leiteten sich aus der Zeit Philipps von Makedonien her und ließen sich dabei vom römischen Mythos um den sagenhaften Stadtgründer Äneas anregen. Doch Äneas war ein Besiegter, ein Flüchtling, der ein dauerhaftes Exil, eine neue Heimat suchte. Philipp dagegen war nicht nur ein erfolgreicher König, der Griechenland einigte, sondern auch der Vater eines Weltherrschers, nämlich Alexanders des Großen. Überdies hatte er mit Aristoteles einen der größten je lebenden Philosophen, dessen Leben und Denken erhabene Legende ist, zum Erzieher seines Sohnes bestimmt. Das stand insofern nicht im Widerspruch zum Katholizismus, als der heilige Thomas den Heiden Aristoteles im christlichen Sinn salonfähig gemacht hatte. Dennoch dürften sich die Carbonari weniger Philipp von Makedonien zum Vorbild genommen haben als einen seiner Gegenspieler, nämlich Philemon von Theben.

Ähnlich wie bei den Freimaurern und anderen geheimen Gesellschaften verweist auch der Name der Carbonari, Köhler, auf eine mittelalterliche Handwerkervereinigung. Im zerstückelten Italien herrschten vom Mittelalter bis in die frühe Neuzeit immer irgendwo Krieg, Zwist oder Fehde. Herumstreunende Banden aus arbeitslosen Söldnern, entwurzelten Bauern und dem, was man Lumpenproletariat nennt, verheerten das Land. Um sich vor ihnen zu schützen, musste man zusammenstehen und sich gegenseitig helfen. Bei Berufsgruppen, die – wie eben die Köhler im Wald – abseits der Zivilisation arbeiteten, war ein derartiger Schutzbund schlicht eine Lebensversicherung. Um sich gegenseitig zu erkennen, erfand man Parolen und geheime Zeichen.

Aus Frankreich zurückkehrende Italiener brachten die Kunde von den *Fendeurs* mit. Unter dem Namen *Les Fendeurs* war um 1747 eine den Freimaurern verwandte Loge entstanden, die sich von mittelalterlichen Holzfällervereinigungen herleitete. Ihr Versammlungsort war der »chantier«, was so viel wie Bauplatz oder Zimmerhof bedeutet, und die Mitglieder nannten sich untereinander »cousins«, Vettern. Durch diesen französischen Rückgriff auf geheime Handwerksbünde angeregt, mögen die nach Italien zurückkehrenden Bürger, die eine Änderung der politischen Verhältnisse zugunsten eines Nationalstaates anstrebten, das geheimnisvolle Gepräge in Gestalt der *Carboneira* für sich übernommen haben. Der Einfluss von Freimaurern und besonders der *Illuminaten* liegt auf der Hand.

Verbote wie das Verdikt von 1814 des süditalienischen Vorgängers Ferdinand I., oder die Bannbulle von Papst Pius VII. von 1815 minderten keineswegs den enormen Zulauf, dessen sich der Bund erfreute, und verhinderten auch nicht seine Ausbreitung über ganz Italien.

Die Erfahrungen der stürmischen und kampfreichen Jahre, die Pius VII. und seine Berater mit viel Geschick, persönlichem Mut und Klugheit durchgestanden hatten, ließ keine andere Entscheidung zu, als die Carbonari zu bannen. Zum einen forderten sie ein einiges Italien. Das aber hätte das Ende des Kirchenstaates bedeutet, den man ja gerade vor nicht allzu langer Zeit gegen Napoleon verteidigt hatte. Pius VII. hatte es gewagt, dem mächtigen Kaiser in Paris die Stirn zu bieten – wie konnte er da wenige Jahre später eine Bewegung akzeptieren, die sich die nationalstaatliche Einigung Italiens zum Ziel gesetzt hatte, was automatisch zum Ende des Kirchenstaates führen musste?

Zum anderen hatte Pius VII. die Jakobinerdiktatur durchlebt und durchlitten, in deren Verlauf die Klöster geplündert, 40 000 katholische Priester aus dem Land getrieben, Tausende hingerichtet, guillotiniert oder einfach nur von Provinzmatadoren, füsiliert oder totgeschlagen worden waren, bis schließlich statt des Christentums der Blut saufende und banale »Kult des höchsten Wesens« errichtet wurde. Auch wenn die Carbonari beteuerten, sie seien gute Katholiken, so erinnerte sich der Papst nur allzu gut daran, dass die Männer des Jahres 1789 das zunächst auch behauptet hatten. Deshalb war es für Pius VII. nur folgerichtig, den Anfängen zu wehren. Mit den Mächten der Heiligen Allianz wusste er sich einig in der Ablehnung der Idee einer Verfassung und der Volkssouveränität. Man hatte ja in Frankreich gesehen, wohin das führte.

Die Diktatur der Jakobiner hatte der Aufklärung schweren Schaden zugefügt, indem sie deren dunkle Seite – die Möglichkeit einer totalen Diktatur im Namen des Fortschritts und der Gleichheit – zum ersten Mal und mit terroristischer Konsequenz vorgeführt hatte. Für die konservativen Mächte wob sich daraus fast natürlich immer stärker das Bild einer Verschwörung von aufklärerischen Geheimbünden.

Man muss hier genau unterscheiden: Sie entdeckten keine länderübergreifende große Verschwörung, aber alle Indizien fügten sich in dieses Bild. Der Spitzel Pietro Dolce berichtete 1815 dem Staatskanzler Graf Saurau nach Wien, dass die *Carboneira* von den *Illuminaten* in Neapel gegründet und von den Londoner Freimaurern geleitet würde. In der Tat gab es personelle Verbindungen, die aber einen ganz einfachen Grund hatten: Da führende Mitglieder des Geheimbundes der guten Gesellschaft Süditaliens angehörten, traf der dortige englische Gesandte Lord Bentinck sie häufig bei seiner dienstlichen Tätigkeit und gesellschaftlichen Anlässen, ohne auch nur das Geringste von ihrem Doppelleben wissen zu müssen, offiziell natürlich. So gestalteten sich die Kontakte zu einem überzeugten Vertreter des englischen Liberalismus ganz offen und auf allernatürlichstem Wege.

Man muss sich davor hüten, ganz normalen Vorkommnissen plötzlich eine verschwörerische Note zu geben, nur weil man sie aus dem Blickwinkel der geheimen Verbindungen betrachtet. Sonst läuft man Gefahr, selbst zum Opfer von Verschwörungstheorien zu werden und in banale Tatsachen mysteriöse Machenschaften hineinzugeheimnissen.

Jedenfalls teilte der Spitzel in seinem Bericht über den Ursprung der *Carboneira* mit, ihr Name leite sich von dem kleinen Kloster San Carbone her, in dem sich die Verschwörer zunächst getroffen hätten. Für Dolce stand fest, dass die Unruhen das Ergebnis einer liberalen Verschwörung der *Illuminaten* und Freimaurer gegen die rechtmäßigen Herrscher Europas waren, und in den italienischen Ländern von den Carbonari geschürt wurden. Der Hinweis auf ein kleines Kloster, in dem der Bund gegründet wurde, rückte die Carbonari als Verschwörer perfekt in die Nähe der Jakobiner, deren Name ja auch von ihrem ersten Versammlungsort im ehemaligen Dominikanerkloster Saint-Jacques in Paris abgeleitet war. Damit wurden die Carbonari zu Wiedergängern der fanatischsten Akteure der Französischen Revolution, die Rechtlosigkeit, Willkür, Neid und tausendfachen legalisierten Mord zum Alltag des Regimes erhoben hatten.

Als die Österreicher und ihre italienischen Vasallen das Wirken des Geheimbundes der *Carboneira* zu spüren bekamen, hatte er sich bereits zu einem immensen Machtfaktor entwickelt. Dolce traf in seinem Bericht die Wahrheit, als er fast panisch meldete, dass »die Sekte bereits in neuer Gestalt, als Carbonari, die Beamtenschaft, das Militär und fast die ganze von Natur aus hitzige und leicht zu beeinflussende Bevölkerung für sich gewonnen« habe. (Lennhoff, Politische Geheimbünde) Mit den *Illuminaten* hatte der Bund in der Tat gemeinsam, dass er ein ausgesprochen politisches Programm verfolgte. Zum anderen gaben sich die Carbonari bewusst katholisch und eroberten damit die Herzen der süditalienischen Bevölkerung von den einflussreichsten und ältesten Familien bis zum kleinen Schuster oder armen Bauern. Bei der Ausgestaltung ihrer Rituale ließen sich die Carbonari von den Freimaurern und den *Fendeurs* anregen. Führende Mitglieder entstammten den Freimaurern und blieben es weiter, wie Giuseppe Mazzini, der später einen anderen, noch weit einflussreicheren Geheimbund gründete, *Giovane Italia* (Junges Italien).

Der Wahlspruch der Carbonari lautete: »Säuberung des Waldes von den Wölfen«. Man braucht nicht viel Phantasie, um das zu verstehen, zu offensichtlich ist die Symbolik: Die Wölfe stellten zunächst die Franzosen, dann die Österreicher und ihre Verbündeten dar, der Wald versinnbildlichte Italien. Es ist übrigens auch der Wald, in dem sich einst Dante verirrte in der Mitte seines Lebens, wie er es in der »Göttlichen Komödie« beschrieb.

DIE RITUALE DER AUFNAHME
UND DES AUFSTIEGS

Wie bei allen Geheimbünden unterschieden sich die Mitglieder
der *Carboneira* durch den Grad, den sie innerhalb des Bundes erreicht hatten. Das geheime Wissen wurde dem Neuaufgenom-
menen nicht sofort mitgeteilt, auch nicht die Ziele der Vereinigung. Der Neophyt musste sich erst bewähren und das Wissen,
das seinem Grad entsprach, beherrschen. Wenn er sich als ausreichend verschwiegen, zuverlässig, mutig und verständig erwiesen hatte, wurde er in einen höheren Grad aufgenommen und
weiter in das geheime Wissen des Bundes eingeweiht.

Das Verb »(in ein Geheimnis) einweihen« beschreibt den
Sachverhalt genau und für alle Geheimbünde zutreffend. Deshalb lohnt es sich, bei diesen Zeremonien zu verweilen. Mag uns
auch heute das geheime Wissen vergleichsweise banal erscheinen, so erhält es seinen Glanz, seine Aura, seinen zwingenden
Charme erst durch das Ritual der Aufnahme in den neuen Grad.
Wenn man so will, bedeutet jeder neue Grad eine neue geheime
Vereinigung im geheimen Bund, der in seiner Struktur einer
Zwiebel mit vielen Schalen gleicht. Man kann die ungeheure
emotionale, ja fast halluzinatorische Wirkung dieser Zeremonien mit der Priesterweihe in der katholischen Kirche vergleichen – für den Gläubigen stellt sie ein einzigartiges, außerwelt-
liches mystisches Erlebnis dar, das bis in die untersten Schichten
des Bewusstseins wirkt. Der Aufgenommene mag sich wie neugeboren fühlen, so als finge wirklich ein neues Leben für ihn an,
was in der Tat auch so ist – nur, und hier begreift man das Prob-
lematische der Geheimbündelei, das alte Leben besteht weiter
als Tarnung des neuen Lebens, von dem kein Außenstehender
etwas erfahren darf, und existiert nur im Bund, im eigentlichen
Ort des Daseins. Der Bund wird zur eigentlichen Wirklichkeit,
während sich die Realität außerhalb des Bundes zu einer Welt
des Scheins verwandelt.

Die Aufnahmezeremonie eines Kandidaten in den höheren Grad wird mit großem Ernst und – wie bei allen Zeremonien – mit einer ausgefeilten Dramaturgie durchgeführt. Diese bezieht den Kandidaten in einen Handlungszusammenhang ein, in die symbolisch überhöhte Geschichte des Bundes. In diesem Ablauf wird er Bestandteil der Historie seiner Vereinigung, und, wie bei allen bedeutsamen Zeremonien, stellen die Stationen der immer wieder nachgestellten Handlung die bedeutenden Ereignisse und Situationen der mehr oder weniger anschaulich gemachten frühen oder mythischen Geschichte der geheimen Gesellschaft dar. Jedes Ritual bedeutet Vergegenwärtigung, und in der Vergegenwärtigung wird der Teilnehmer der Zeremonie zum Ein-Geweihten.

Alle Geheimbünde besitzen eine religiöse Struktur, in deren Mittelpunkt das Geheimnis, das große Arkanum, steht, das dem Kandidaten erst nach und nach seinem Grad entsprechend offenbart wird. Niemals erfährt er vor oder beim Eintritt in den Bund bereits alles, das innerste Geheimnis. Es fällt schwer, sich vorzustellen, dass jemand einer Vereinigung auf Treu und Glauben beitritt, von deren Ziel er wenig oder nichts weiß und deren Obere er nicht kennt. Aber genau um Treu und Glauben geht es, man hat dem Bund gegenüber treu zu sein, von dem man glaubt, dass er für die gute und gerechte Sache eintritt oder kämpft.

Das ganze System der Geheimbünde beruht auf Treu und Glauben. Ähnlich den »cousins« der *Fendeurs* nannten sich die Carbonari »buoni cugini«, gute Vettern, und deren »chantier« stand Pate bei dem Namen ihres Versammlungsraums, der »baracca«. Für ihre Logen übernahmen sie die Bezeichnung des Verkaufsraumes: »vendita«, die oberste Loge tauften sie »vendita alta«. Das Einflussgebiet der Venditen hieß »Republik«. Allerdings kam es nie zu einer Vereinigung der verschiedenen Republiken, so dass es auch niemals eine gemeinsame Aktion der Venditen in ganz Italien gab. Die einzelnen Logen unterschieden sich in ihren Graden und Riten. In dieser Eigenständigkeit, auf die sie stolz waren, lag letztlich ihre Schwäche begründet.

Die Baracca war ein länglicher, viereckiger Raum und versinnbildlichte den Kohlenmeiler im Wald. Es war eine aus rohen Brettern errichtete Hütte, deren Boden aus festgestampfter Erde bestand, in die in unregelmäßigen Abständen grobe Ziegel eingelassen waren. Die karge Einrichtung erinnerte an die einfache Herkunft aus der Köhlerei. Der Schutzheilige der Carbonari, der heilige Theobald oder Thibault, war der traditionelle Schutzheilige der Köhler.

Thibault stammte aus einem vermögenden Adelshaus der Champagne, entzog sich den elterlichen Plänen, nach denen er das Kriegshandwerk erlernen sollte, und begab sich auf Pilgerfahrt. Unterwegs tauschte er seine prächtigen Kleider gegen die Lumpen eines Bettlers ein und gewann einen Freund gleicher Gesinnung, der Walter hieß. Für einige Zeit ließen sich beide Pilger in der Nähe von Reims nieder. Im Pettinger Wald errichteten sie eine Einsiedlerklause und verdienten sich schwarzes Brot – ihre einzige Nahrung –, indem sie bei den Einheimischen niederste Dienste verrichteten. Bald schon vermuteten die Menschen in der Umgebung, dass die frommen Einsiedler aus gutem Hause stammten, doch ehe das Gerücht die Runde machen und Thibaults Eltern auf den Plan rufen konnte, hatten sich beide auf den Pilgerweg nach Santiago de Compostela gemacht. Bei ihrer Rückkehr verzweigen sich die Legenden. Einige meinen, sie wären direkt nach Rom und schließlich nach Vicenza gegangen, andere behaupten, sie hätten noch eine Zeit als Köhler in den schwäbischen Wäldern gelebt, bevor sie nach Vicenza weiterzogen.

Gleichviel, zwei Jahre nach der Ankunft in Vicenza und des Lebens als Eremit und Köhler im Wald starb Walter. Thibault ernährte sich fortan nur noch von Wasser und Wurzeln. Die Familie erfuhr von ihrem Sohn und warf sich, beeindruckt von seiner Heiligkeit, vor ihm auf den Boden. Der Bischof von Verona weihte Thibault zum Priester, und angesehene Leute wählten sich den heiligen Eremiten zum Seelenführer. Bald darauf bedeckten schmerzende Geschwüre seinen ganzen Körper. Er starb im Alter von 33 Jahren, und Papst Alexander II. soll ihn heilig gesprochen haben.

In Thibault fand die Carbonari einen Heiligen, der ihnen gleich in dreifacher Hinsicht ebenso vorbildhaft wie nützlich erschien. Erstens hatte er zugunsten seines Glaubens und seiner Mission dem Luxusleben mit aller Konsequenz entsagt. So sollte auch für jeden Carbonaro, der sich in den »Wald« begeben hatte wie weiland Thibault, die Mission an oberster Stelle stehen, der er alles unterzuordnen hatte – Glück, Karriere, Liebe und Familie. Wenn es die Mission verlangte, gab es nichts, was nicht geopfert werden konnte und musste. Zum anderen wurde Thibault für seine Mitmenschen zum Seelenführer, wie es auch jeder Carbonaro hinsichtlich der guten Sache sein sollte. Und drittens verwies der frühe Tod unter entsetzlichen körperlichen Qualen direkt auf Christus, den die Carbonari als den »guten Vetter« schlechthin verehrten, als den guten Vetter der ganzen Menschheit. Im hohen Grad des Bundes, des »Ritters von Theben«, wird dieser Bezug ganz direkt. Doch viel muss der Aufgenommene leisten, um dieses Grades für würdig befunden zu werden.

Die Initiation, die Aufnahme des Kandidaten in den Bund, erfolgte in der Baracca, in der die Carbonari auf Blöcken saßen. Über dem Haupt des Großmeisters befand sich Thibaults Bild im Mittelpunkt glühender Dreiecke. Diese enthielten die Symbole oder Buchstaben, die für wichtige Begriffe des Bundes standen. Vor dem Platz des Großmeisters lag eine schwarze Decke, auf der im Kerzenschein in symbolischer Absicht Gegenstände verteilt worden waren: ein weißes Tuch, Wasser, Salz, Erde, Blätter, Gefäße mit glimmenden Holzkohlestücken, grüne Zweige und dürre Zweige, eine Krone aus Weißdorn (als Christus-Anspielung), Zwirnknäuel und je ein Band in schwarzer, blauer und roter Farbe. Auf der einen Längsseite saßen barhäuptig die Novizen, ihnen gegenüber mit bedecktem Kopf die Meister. Alle hatten sie die Hände gekreuzt, die rechte Hand über der linken.

Um die Hüfte trugen sie einen groben Strick. Das Ganze war also sehr rustikal.

Bei den Carbonari eröffneten die Gehilfen des Großmeisters die Logensitzung mit Axthieben. Bei den Freimaurern erfolgte die Eröffnung der Logenarbeit durch Hammerschläge. Da eine Versammlung oder Sitzung der Loge auch »Arbeit« genannt wurde, eröffnete man sie mit dem traditionellen Werkzeug der Verbindung.

Nachdem der Kandidat mit verbundenen Augen und in einen Sack gehüllt eine Ewigkeit in der Kammer des Nachdenkens zugebracht hatte, geleitete der Einführende, ein Carbonaro, den Kandidaten an die Tür der Baracca. Der Einführende stampfte dreimal mit dem Fuß auf und rief: »Meister, gute Vettern, ich bedarf der Hilfe.« Der Meister in der Hütte antwortete darauf: »Ich habe den Ruf eines guten Vetters gehört, der Hilfe braucht.«

Zunächst trat der Einführende ein, während er den Kandidaten einstweilen in Ungewissheit vor der Tür warten ließ. Zwischen dem Meister und dem Einführenden folgte ein rituelles Gespräch:

Meister: »Mein guter Vetter, wo kommst du her?«

Einführender: »Aus dem Wald.«

Meister: »Wo gehst du hin?«

Einführender: »In die Baracca der Ehre, um meine Leidenschaft zu besiegen, um meinen Willen zu unterwerfen und in den Lehren der Köhler unterrichtet zu werden.«

Meister: »Was hast du aus dem Wald mitgebracht?«

Einführender: »Holz, Laub und Erde.«

Meister: »Bringst du noch etwas mit?«

Einführender: »Ja, Glaube, Hoffnung und Liebe.«

Meister: »Wer ist der, den du bei dir hast?«

Einführender: »Ein Mensch, der sich im Wald verirrt hat.«

Meister: »Was sucht er?«

Einführender: »Eintritt in unsere Bruderschaft.«

(Bartholdy)

Auf die Aufforderung des Meisters, dass derjenige eintreten möge, holte der Einführende den Kandidaten herein. Das Hilfe-ersuchen erinnert an die Herkunft der Carbonari aus den mittel-alterlichen Schutzbünden, die sich gegenseitigen Beistand ver-sprachen, während das Holz, das mitgebracht wurde, für einen neuen Carbonaro stand, der den Meiler, den Kampf um die Frei-heit Italiens unterstützte. Es ist wohl kein Zufall, dass der ganze Vorgang ausgerechnet in Italien an Dante erinnert und schein-bar auch von der »Göttlichen Komödie« inspiriert war. Gleich der erste Gesang der »Hölle« beginnt mit den Worten:

»Dem Höhepunkt des Lebens war ich nahe,
da mich ein dunkler Wald umfing und ich,
verirrt, den rechten Weg nicht fand.
Wie war der Wald so dicht und dornig,
oh weh, dass ich es nicht erzählen mag
und die Erinnerung daran mich schreckt. (...)
Kein andrer Weg als dieser ist der deine,
willst du aus dieser Wildnis dich noch retten, (...)
Die Wölfin, die den Angstschrei dir erpresst,
lässt niemand seinen Weg in Ruhe gehen,
sie stellt den Menschen, und sie tötet ihn.
Bösartig ist sie und verrucht und gierig,
wird nimmer satt in ihrer jähen Lust,
und nach dem Fraße wächst erst recht ihr Hunger.
Von vielen Tieren lässt sie sich begatten,
mit vielen andren wird sie's treiben − bis
der Jagdhund kommt und ihr den Garaus macht.
Den hungert nicht nach irdischem Metall:
nach Weisheit, Liebe nur und Festigkeit,
und unter schlichtem Filz wird geboren.
Erlösen wird er dieses arme liebe
italische Land (...).«

Nachdem der Kandidat über die Pflichten eines Carbonaro belehrt worden war und die »Schale des Vergessens« gelehrt hatte, musste er sich mit verbundenen Augen, geleitet von einem »guten Vetter« auf eine Reise durch den Wald begeben, die voller Gefahren war und den Mut und die Standhaftigkeit des Neulings auf die Probe stellen sollte. In dem Wald, durch den man den Neuling nun führte, hausten wilde Tiere, er vernahm deren Laute und Bewegungen, die imitiert wurden. Durch Feuer und über glühende Kohlen musste er gehen. Statt nach Gold sollte er nach Weisheit, Liebe und Beständigkeit trachten – den Carbonari ging es schließlich sowohl um die staatliche wie um die sittliche Erneuerung, um die Erlösung Italiens. Die Reise des Kandidaten symbolisiert seine Lebensreise, die er nur dann als Carbonaro fortsetzen konnte, wenn er sein altes Leben hinter sich ließ. Deshalb wurde ihm die »Schale des Vergessens« gereicht, um sein altes Leben und dessen Werte auszulöschen. Das Feuer versinnbildlichte die Reinigung von Körper und Seele, denn nur ein Gereinigter konnte wiedergeboren werden.

In diesem wie auch in anderen Initiationsriten treten die uralten Regeln aller Rituale zutage. Dass die Carbonari bewusst oder unbewusst diesen Traditionen folgten, zeigt, wie ernst sie ihre Sache nahmen, wie heilig ihnen ihr Bund und ihr Ziel waren. Diese Abläufe kennzeichneten bereits die Einführungsriten zu einer Zeit, als das Leben einzig geordnet wurde durch den großen Dreiklang des Daseins: Geburt, Pubertät – Heirat/Erwachsenenalter – Tod. Indem sie dieses Rituals vollzogen, huldigten die Menschen einem mächtigen, kosmologischen Ordnungsprinzip, das sie für sich und ihre Zwecke nutzbar machen konnten. Diese Übergangsriten – und jeder Aufnahmeritus ist ein Übergangsritus – vollzog sich meist in folgenden drei Schritten: Abschied oder Trennung vom bisherigen Leben, Übergang zum neuen Leben, Ankunft im neuen Leben bzw. Aufnahme ins neue Leben.

VERGESSEN. Der »Trank des Vergessens« löschte das bisherige Leben, vor allem seine bestimmende Wertehierarchie, im Bewusstsein aus. Zwar wurden dem Kandidaten keine Mittel verabreicht, die das Erinnerungsvermögen beeinträchtigen, aber ihm wurde symbolisch und kategorisch abverlangt, alles, was bisher galt und wichtig war, zu vergessen.

Aber es geht nicht nur um die Entwertung des Alten, sondern um die Ermöglichung des Neuen. Für die mittelalterliche Mystik, die wichtige Anstöße und Techniken für die Entwicklung der geheimen Gesellschaften bereithielt, gehörte es zu den Voraussetzungen der Initiation und der Gotteserfahrung schlechthin, den Geist »leer« zu machen, um Gott überhaupt erleben zu können.

Es ging also nicht nur darum, Altes zu vergessen, vielmehr wurde dadurch Platz geschaffen für das neue Leben als Carbonaro. Nicht umsonst bezeichneten die Carbonari die Kandidaten als »Heiden«. Damit setzte man die Aufnahme in den Bund mit der christlichen Taufe gleich. Bei den deutschen Freimaurern hießen die Nichtmitglieder die »Profanen«.

Geheimgesellschaften leben bis auf den heutigen Tag davon, dass sie ihren Mitgliedern immer aufs Neue das Gefühl geben, einer Elite anzugehören, etwas ganz Außergewöhnliches zu sein. Aus der Unzahl wird das Individuum, aus dem bedeutungslosen Leben der Massen wird der Einzelne, der wichtig ist und auf den es ankommt. Herausgehoben ist derjenige, der dem Orden der Auserwählten angehört, in diesem Fall der *Carboneira*.

DER ÜBERGANG. Nach dem Trennungsritus beginnt der Übergangsritus, der aus Reinigungen und Bewährungen besteht. Bei den Carbonari war er als Reise durch den Wald gestaltet. Oft wurde der Wald für den »Heiden«, dessen Augen man verbunden hatte und der in der Tat nicht wusste, wo er sich befand, einfach in oder vor der Baracca imitiert. Obwohl es wie höherer Blödsinn klingt, empfand der Neuling das Ganze als gefährliches Abenteuer, denn zu dem Begriffspaar auf Treu und Glauben gehört die Redewendung auf Leben und Tod. Ob der Kandidat, der aufgenommen werden wollte, als Carbonaro nach Hause zurückkehrte oder niemals mehr, dafür gab es keine Gewähr. Nicht nur die Bedrohung durch die *Caldeari*, auch die Konsequenz der politischen Ziele, die dem Neuling verheimlicht wurden, machten die Angelegenheit wahrhaft gefährlich. Erinnerte das Ritual an die große Oper, so fand sie doch im Leben – wenn auch in seinem verborgenen Teil – statt, und gestorben wurde auch nicht auf der großen Bühne, sondern womöglich im Hinterhof des Lebens, auf einer einsamen Lichtung im Wald. Die Lebensreise, die den »Heiden« bekehrte und ihn zu den Carbonari führte, wurde damit beschlossen, dass man kurz eine lodernde Flamme an die Brust des Kandidaten hielt. Der jähe Schmerz muss an einen Messerstich erinnert haben, der bin ins Herz dringt.

DIE AUFNAHME. Nun endlich konnte der dritte Teil des Rituals, die eigentliche Aufnahme, erfolgen, aber nur wenn der Kandidat die Prüfungen bestanden hatte. Die Augenbinde wurde ihm abgenommen, er kniete sich auf das weiße Tuch und schwor bei seinem Leben dem Bund Treue und unbedingten Gehorsam:

»Ich schwöre und verspreche den General-Statuten des Ordens auf dieses Kreuz und auf dieses rächende Eisen des Meineids das Geheimnis der *Carboneira* gewissenhaft zu bewahren. (...) Ich schwöre meinen guten Vettern im Notfall und soweit es meine Kräfte erlauben beizuspringen, so wie auch die Ehre ihrer Familie nicht anzutasten. Ich willige ein und schwöre, falls ich meineidig würde, dass mein Körper zerstückelt und verbrannt und die Asche in den Wind geworfen werde, damit mein Name bei allen guten Vettern auf dem Erdenrund verstreut und verabscheut werde. So wahr mir Gott helfe.« (Schuster)

Dann war es so weit: Dem Kandidaten wurde das heilige und

geheime Losungswort seines Grades mitgeteilt: »Glaube, Hoffnung und Barmherzigkeit.« Für den Neuling hieß das, dass er sich zu bewähren, an den Bund und an dessen gerechte Ziele, die er noch nicht kannte, zu glauben, auf den Erfolg der *Carboneira* zu hoffen und sich seinen Mitmenschen gegenüber so barmherzig zu verhalten hatte wie Jesus, der beste aller »guten Vettern«. Nun gehörte der Neophyt der Loge an, und man erklärte ihm die symbolische Bedeutung der Gegenstände.

Obwohl die Carbonari für politische Ziele eintraten, ging es in ihren unteren Graden um christliche, theosophische und mystische Lehren. Der Baumstumpf symbolisierte Himmel und Erde, die weiße Leinwand stand für die Reinheit der Seele des im Bund Neugeborenen, aber auch für das Leichentuch, in das der Verräter gehüllt wurde. Das Feuer bedeutete die Reinigung von der Erbsünde und das Kruzifix die Zugehörigkeit zum Christentum, vor allem den Glauben an Jesus Christus, den »Großmeister des Universums«.

Unter dem Meiler schließlich verstand man die Baracca als geheimen Versammlungsort der Carbonari, und die Bänder bezogen sich auf das Lebensumfeld der Köhler. Das blaue Band stellte den Rauch des Meilers dar, die Hoffnung, dass eines Tages alle rechtschaffenen Carbonari vereint wären, das schwarze die Holzkohle und den Glauben, den jeder »gute Vetter« bewahren musste, und das rote die Liebe, die jeder Carbonaro empfinden sollte für die gute Sache und seine Mitbrüder.

So fanden sich auch in den Bändern die drei göttlichen Tugenden Glaube, Liebe, Hoffnung symbolisiert. Das Ritual der Initiation in den Bund erhob den Menschen zu einem neuen, Gott wohlgefälligen Leben, aus einem »Heiden« wurde ein Christ, indem er ein Carbonaro wurde. Deshalb bemühten sich die Carbonari immer wieder, vom Papst anerkannt zu werden. 1821 schrieb der Priester und Carbonaro Luigi Minichini in einem Brief an Papst Pius VII.: »Gebildete Nationen hatten seit

den ältesten Zeiten ihre geheimen philosophischen und priester-
lichen Gesellschaften. (...) War nicht selbst die christliche Kirche von ihrem Ursprunge an bis zum Siege Konstantins über
den Tyrannen Maxentius eine geheime Gesellschaft? (...) Ein
Blick in die Werke unserer Apologetiker belehrt uns, dass das
sorgsam von unseren Vätern bewahrte Geheimnis die Ursache
war, warum man sie als Kindermörder, Tieranbeter, als Zauberer
und geschworene Feinde des Staates ansah.« (Lennhoff, Politische Geheimbünde)

DER ZWEITE GRAD. Der zweite Grad vertiefte die christlichen Vorstellungen. Dem Kandidaten wurden wiederum die
Augen verbunden, und er musste die Passion des »guten Vetters«
Christus erleiden. »De profundis« und das »Misere« wurden gesungen, während der Kandidat von einem Kriegshauptmann zunächst dem Hohepriester Kaiphas, dann Herodes, schließlich
Pontius Pilatus vorgeführt wurde. Den Pilatus spielte gewöhnlich der Großmeister selbst, der sich zu diesem Zweck in einen
roten Mantel hüllte. Der Kandidat trank diesmal aus dem »Kelch
der Bitternis«, wurde gegeißelt, und schließlich setzte man ihm
die Dornenkrone auf. Schwören musste er, dass er alle Leiden
erdulden würde, die dazu angetan waren, der Menschheit zu
nutzen. Das »Volk« bestimmte ihn zum Tod am Kreuz. Doch bevor man ihn kreuzigte, ließ man Gnade walten. Wenn der Kandidat die Prüfungen bestanden hatte, schwor er wiederum der
Carboneira seine Treue und erfuhr die Losungsworte seines neuen
Grades: »Ehre, Tugend, Rechtschaffenheit«.
   Die Symbole auf dem schwarzen Tuch bedeuteten nun etwas anderes: Der Baumstumpf stand für das Holz des Kreuzes
Christi, der Meiler für das Heilige Grab, die Zweige für die Geißelung des Herrn, die Dornenkrone für Christus, der Zwirn für
das Schweißtuch, das blaue Band für die Hoffnung, dereinst in
den Himmel zu kommen, das rote für den wahren, vom Apostel
mit feuriger Zunge verkündeten Glauben und das schwarze

schließlich für die Trauer. Die Reise versinnbildlichte in diesem Grad die Selbstaufopferung für die gerechte und heilige Sache und die Erlösung im ewigen Leben.

Die Prüfungen, die in den symbolischen Reisen stattfanden, dienten also der Hinführung zum Bund und der Aufnahme in ihm. Der Kandidat erwies sich damit – hoffentlich – als würdig, ein Mitglied der geheimen Vereinigung zu werden und entsagte seinem früheren, jetzt belanglos gewordenen Leben. In der zweiten Reise galt es zu beweisen, dass er auch bereit war, sich für den Bund aufzuopfern, wie Christus für die Menschheit gestorben war. Die Rollenspiele hatten also keineswegs nur die Funktion, den Neuling zu beeindrucken und ihm die Ernsthaftigkeit der geheimen Sache vertraut zu machen, sondern man unterzog ihn auch einem Test. Wem das albern erscheint, der lasse sich von einem fremden Menschen die Augen verbinden und an unbekannte Stelle führen, ohne zu wissen, was ihn erwartet und wie ernst es denjenigen ist, die dann Entscheidungen über einen fällen.

Welche Schmerzen der Aufnahmekandidat während der Inszenierung tatsächlich zu erdulden hatte, lag im Ermessen des Meisters der Vendita – es kam darauf an, wie realistisch er die Symbolik nachzuvollziehen gedachte. Möglicherweise war die Ausgestaltung des Leidenswegs aber auch davon abhängig, welche Pläne man mit dem künftigen Mitglied hatte. Die Reisen sind demnach als erste Bewährungsprobe und vor allem als Prüfungen des Kandidaten zu verstehen. Hinzu kamen weitere: Die Neulinge bekamen Aufträge, die sie als Carbonari zu erfüllen und, ohne nach dem Grund oder Zweck zu fragen, zu erledigen hatten. Wer sich in diesem Sinne als zuverlässig und verschwiegen erwies und wer auf den Reisen gezeigt hatte, dass er foltergleiche Schmerzen ertragen konnte, der wurde in die Meistergrade aufgenommen.

DIE ZEREMONIEN DER
»GROSSEN AUSERWÄHLTEN«

»Der Große Auserwählte« – wie das Mitglied der *Carboneira* in diesem Grad hieß – wurde nun mit den politischen Zielsetzungen des Bundes vertraut gemacht und in die praktische politische Tätigkeit einbezogen. In einem der grundlegenden Texte dieses Grades heißt es:

»Dieses freie Land wird in einundzwanzig Provinzen geteilt sein, deren jede eine Vertretung in der gesetzgebenden Versammlung besitzen soll. Alle öffentlichen Ämter stehen allen Bürgern offen, gleich ob diese reich oder arm sind. (...) Die Staatsreligion ist das Christentum, doch wird jedes andere Glaubensbekenntnis geduldet. Erbliche Adelstitel und Adelsvorrechte werden abgeschafft, dafür werden die Krankenhäuser, Schulen und die der öffentlichen Fürsorge dienenden Einrichtungen vermehrt.« (Lennhoff, Politische Geheimbünde)

Die Aufnahme in diesen Grad fand nicht mehr in der Vendita statt, weil niemand von den unteren Graden wissen sollte, wer zu den geheimen Oberen gehörte. Denn mit der Weihe zum »Großen Auserwählten« trat man dem inneren, noch weitaus geheimeren Zirkel des Bundes bei. Das Aufnahmeritual vollzog sich in der Grotte, einem dunklen, dreieckigen Raum. Menschen mit blanken Schwertern stellten die Flammen dar, die den Eingang der Grotte bewachten. In den Ecken leuchteten die Sterne. Der Großmeister präsidierte im Osten, ihm standen »Sonne« und »Mond« zur Seite. Wer aber Sonne und Mond zu Gehilfen hat, der steht wahrlich über allen – er ist Gott selbst, der den Lauf der Gestirne zu lenken vermag.

Der Großmeister verkündete nun, dass die »sogenannten dreißig Souveräne«, die Italien beherrschten, gestürzt werden müssten, um den Grundsätzen der Freiheit, der Gleichheit und des Fortschritts zum Leben zu verhelfen, und dass dieses erhabene Vorhaben jedes Opfer rechtfertige. Die Symbole trugen nun eindeutig politische Bedeutungen: Das Kruzifix stand für die Kreuzigung der Gewaltherrscher, die Wölfe des Waldes für die Unterdrücker, das Zwirn für den Strang, durch den die Herrscher und Unterdrücker enden sollen, die Äxte in ähnlicher Weise für die Enthauptung der Feinde und der Meiler schließlich für die Flamme der Freiheit.

Wenn nun jemand als »Großer Auserwählter« zum inneren Zirkel gehörte, konnte es geschehen, dass er ausgewählt und in den innersten geheimen Zirkel, von dessen Existenz er bisher nichts geahnt hatte, erhoben wurde. Der entsprechende Aufnahmeritus verlangte noch wesentlich mehr als zuvor und bezog sich eindeutig auf die Kreuzigung: Der Kandidat übernahm dabei die Rolle des »guten Vetters« Christus.

Die beiden Verbrecher hingen bereits am linken und rechten Kreuz und stellten Verräter an der *Carboneira* dar. Während der eine seine Taten bereute, verfluchte der andere die Carbonari. Dem Kandidaten entblößte man den Oberkörper und band ihn ans Kreuz. Nun »empfing« er an seinem Körper die Zeichen, an denen sich die »Großmeister der Großen Auserwählten«, wie die Mitglieder dieses Grades hießen, erkannten. Die Stigmatisierung erfolgte mit einer Nadel: Dreimal auf dem rechten, siebenmal auf dem linken Arm und wieder dreimal über dem Herzen wurde die Haut eingeritzt.

Dann nahm man dem gekreuzigten Kandidaten die Augenbinde ab. Vor sich sah er Dolche und Beile, die Gekreuzigten zu seiner Linken und Rechten waren blutüberströmt (wahrscheinlich benutzte man Schweineblut).

Schließlich rief der Großmeister aus, der Sieg über die Unterdrücker sei nahe, und der uneinsichtige Verräter beschwor »mit letzter Kraft« den Untergang der Carbonari. Da plötzlich peitschten Schüsse, gellten Rufe und Schreie. Soldaten in den Uniformen des Machthabers im Gebiet der jeweiligen Loge erschienen. Es gab ein wildes Kampfgetümmel, und die Carbonari wurden in die Flucht geschlagen.

Sollte der Kandidat bisher noch gemutmaßt haben, es handle sich um ein Spiel innerhalb der Prüfung, so dürfte ihm das Auftauchen der Soldaten doch als echt erschienen sein. Selbst der größte Optimist konnte seine Situation unter diesen Umständen wohl nur noch als ausweglos betrachten – am Kreuze hängend und festgebunden, erübrigte sich jeder Gedanke an Flucht. Wenn die Soldaten dann ihre Gewehre auf ihn anlegten, blieb ihm eigentlich nur noch, seine Seele Gott zu empfehlen.

Doch in letzter Sekunde nahte die Rettung. Die Carbonari kehrten zurück, vertrieben die Soldaten und befreiten den Kandidaten, der sich bereits verloren geglaubt hatte. Unter den Rufen »Sieg! Tod der Tyrannei. Es lebe die Freiheit!« löste man ihn vom Kreuz und legte ihm das Kruzifix auf die Stirn. Siebenmal krachte die Axt des Großmeisters auf einen Klotz nieder, dann war der Kandidat zum »Großmeister der Großen Auserwählten« geworden und gehörte dem Führungszirkel der Carbonari an – oder doch noch nicht ganz.

Der Historiker Eugen Lennhoff fand in einem geheimen Wiener Archiv die Verfassung der »Hohen Versammlung und dem Obersten Kapitel der freien neapolitanischen Carbonari«. Die aus 25 Artikeln bestehende Schrift dieser Loge, die den Namen *Provis* trug, dokumentierte, dass der Carbonaro neun Grade passieren musste, um den höchsten Grad zu erreichen:

1. Neuling
2. Geselle
3. Meister
4. Schüler
5. Apostel
6. Evangelist
7. Patriarch
8. Großpatriarch
9. Erzpatriarch.

Der Meister des dritten Grades hieß auch »Ritter von Theben«. Dieser Grad verweist wieder auf Philipp von Makedonien, der in der Schlacht von Chalkoneia den Thebaner Philemon schlug. Dieser Ritter stürzte sich nach ebenso kühner wie erfolgloser Gegenwehr aus Trauer über die drohende Niederlage im Kampf für die Unabhängigkeit Thebens von einem Felsen in den Tod.

Das historische Beispiel kann für die Carbonari zweierlei bedeutet haben: Entweder verehrten sie den Thebaner als heldenhaften Kämpfer gegen die Fremdherrschaft und Märtyrer der Unabhängigkeit, oder sie huldigten Philipp als demjenigen, der Griechenland einte. Gleichviel, das Martyrium für den Grad des »Ritters von Theben« erinnerte an den »guten Vetter« aller Menschen, an Christus:

Dem Kandidaten wurden die Augen verbunden und das Gesicht verhüllt. Anschließend setzte man ihm eine Dornenkrone auf und sperrte ihn in einen Turm. Ein in der Szenerie aufgestelltes Grabmal erinnerte an Philemon von Theben. Nachdem der Kandidat einer historisch eher fragwürdigen Erzählung gelauscht hatte, die eine lückenlose personelle Kontinuität zwischen den Thebanern und den Carbonari herstellte, brachte man ihn in einen Raum, der die Landschaft von Jerusalem zeigte. Hier wurde er gefragt, woher er, der »gute Vetter«, käme. Der Kandidat hatte zu antworten: »Von Golgatha.« »Und was sahest du dort?« »Trauer und Schrecken«, antwortete der Kandidat.

Ein Land voll Trauer und Schrecken, so sahen die Carbonari nicht nur die aktuelle Situation in Italien, das sie »Ausonien« nannten. Trauer und Schrecken herrschten hier in ihren Augen seit je. Deshalb verkündete der Meister an dieser Stelle:

»Verräter am Vaterland haben unseren Orden zerstreut. (...) Nun ist es an den Rittern von Theben, sie [gemeint sind die verstreuten Lehrlinge und Meister, der Verf.] wieder auf den richtigen Weg zurückzuführen. (...) Vor allem gilt es, Judas, den größten der Verräter, zu bestrafen. (...) Durch die Einweihung in unsere Mysterien sollst auch du, guter Vetter, am großen Werk mithelfen.« (Lennhoff, Politische Geheimbünde)

Diese mit süditalienischer Leidenschaft vorgetragene Rede ließ man auf den Kandidaten wirken, bevor er mit aller Schärfe gefragt wurde, ob er bereit sei, sein Leben zu opfern, wenn es gälte, die Verräter zu bestrafen. Natürlich, schränkte der Meister ein, sei es verbrecherisch, einen Menschen zu töten. Aber es müsse Ausnahmen geben, und diese kämen zum Tragen, wenn die »heilige Pflicht ersteht, das Gedächtnis des Verräters am Herren der Vergessenheit anheim zu geben«.

Nachdem der Kandidat also seine Bereitschaft erklärt hatte, dem Bund das eigene Leben zu opfern, wurde ihm ein Messer überreicht und seine Augenbinde gelöst. Vor sich sah er nun eine auflodernde Flamme, dann den Garten von Gethsemane und den erhängten Judas am Feigenbaum. Der Meister erklärte ihm, der Himmel selbst habe den Verräter gerichtet, und die »guten Vettern« seien diesmal davor bewahrt worden, Blut vergießen zu müssen. Die Flamme aber bedeute das Licht des Himmels, »das dich stets im Kampf für das Vaterland geleiten wird«.

SCHÜLER. Nach dem »Ritter von Theben« folgte der Grad des »Schülers«, der in der Begriffswelt des Bundes gleichbedeutend war mit Jünger Christi. Beim Aufnahmeritual in diesen Grad musste der Kandidat erneut schwören, die Menschen vom Joch der Gewaltherrscher zu befreien, indes führte ihn diesmal der zeremonielle Weg vom Garten Gethsemane zum Berg Morija.

Das wirft allerdings ein klares Licht auf den Bund, denn dieser Berg bedeutet in der biblischen Überlieferung zweierlei: Zum einen wird Abraham von Gott auf die Probe gestellt, wie jeder »gute Vetter« geprüft wurde, so auch Abraham: »Gott sprach: Nimm deinen Sohn, deinen einzigen, den du liebst, Isaak, geh in das Land Morija, und bring ihn dort auf einem der Berge, den ich dir nenne, als Brandopfer dar.« (Genesis 22, 2)

Gott verlangt von Abraham, dass er seinen Sohn töten soll,

um zu beweisen, dass Gott und der Bund mit ihm für ihn mehr bedeuten als alles andere auf der Welt. Auch derjenige, der ein Schüler der *Carboneira* werden wollte, musste bereit sein, Geliebtes zu opfern, wenn der Bund es forderte. Diese Konsequenz, wenn es sein musste, sogar den eigenen Sohn zu töten, verlangten die Carbonari einem Auserwählten ab.

Der Verweis auf den Berg Morija hatte noch einen zweiten, wenn man so will, konstruktiven Aspekt. Denn in der Bibel heißt es: »Salomo begann, das Haus des Herrn in Jerusalem auf dem Berg Morija zu bauen, wo der Herr seinem Vater David erschienen war, an der Stätte, die David bestimmt hatte.« (2. Chronik, 3)

Der Bau des Tempels von Jerusalem wurde als Sinnbild des geheiligten Zieles der *Carboneira* verstanden: der Vereinigung Italiens, für die sie kämpfte. Jesus ist »vom Stamme Davids«, und da sich die »guten Vettern« in direkter Linie von ihm herleiteten, sahen sie sich ebenfalls als Nachfolger Davids, der seinen Sohn Salomon beauftragte, den Tempel zur Ehre Gottes zu errichten als Zeichen des Bundes zwischen Gott und Gottes Volk.

Hier kommt eindeutig das Gedankengut der Freimaurer ins Spiel. Als Argument gegen die These von der Weltverschwörung dieses Geheimbundes wurde zwar – besonders von freimaurerischen Historikern – jede Ähnlichkeit der Carbonari mit den Freimaurern bestritten, doch trägt das Aufnahmeritual in den Grad des Schülers mit der Initiation auf dem Berg Morija und dem Auftrag des Tempelbaus deutliche freimaurerische Züge. Nichts anderes als die Carbonari meinen die Freimaurer nämlich, wenn sie von der Baukunst als der königlichen Kunst reden, die diesen Tempel als Ausdruck der Vollkommenheit des Lebens schuf.

Im Grad des Schülers wurde die unbedingte und skrupellose Ergebenheit gegenüber den Anordnungen der Bundesoberen und den Bedürfnissen des Bundes mit dem politischen Ziel verzahnt, das freilich noch in seiner religiös legitimierten Form erschien.

APOSTEL. Der auserwählte Carbonaro konnte sich nun bewähren und reinigen, um im Bund den nächsthöheren Grad zu erreichen und ein Lehrer, ein »Apostel«, zu werden, der die Tugenden des Bundes zu vermitteln hatte. Die Carbonari wären aber nur halbe Geheimbündler gewesen, wenn sie nicht das Ritual der Reinigung immer wieder vollzogen hätten – die schlechte Welt galt ihnen als unrein, der Mensch selbst von der Erbsünde entstellt, und man musste sich von dieser Unreinheit befreien.

EVANGELIST. Um in den nächsten Grad erhoben zu werden, musste der Kandidat zunächst in einem Kerker ausharren. Sein einziger Ausblick zeigte ihm ein Schafott. Eine Flammenschrift mahnte: »Vergleiche mit diesem Kerker deinen eigenen Zustand!« Er sollte in sich gehen, ja mehr noch, sich in sich selbst versenken, bis er sein Leben als ein Dasein im Kerker, in den Banden der Gewaltherrschaft der »dreißig Tyrannen« und unter dem Joch der Sündhaftigkeit verstand. Der Kerker erinnerte an Dantes »Inferno«. Bevor man dort eintrete, riet der Dichter, solle man alle Hoffnung fahren lassen. Doch der italienische Nationaldichter beklagte auch bereits das traditionelle politische Schicksal seines Landes: »Es wimmelt von Tyrannen in Italien.«
Nach einer ganzen Weile wurde der Kandidat für die hohen Weihen streng befragt. Auf die Frage: »Welches Verbrechen brachte dir diese Leiden?«, musste der Befragte entgegnen: »Die Tyrannei eines anderen.« Darauf wollte der Richter wissen, wodurch der Tyrann Gewalt über ihn habe, und der Befragte verwies auf die Würde und die Kraft des Amtes, mit der der Tyrann versehen sei. Damit hatte der »Straftäter« im Kerker die richtigen Schlüsse gezogen: Dass er ein Leben als Gefangener führen musste, war die Schuld italienischer Herrscher, die ihre Macht aus ihrem Amt als Könige und Fürsten herleiteten.
Der Kandidat wurde nun aus dem Kerker in den Gerichtssaal geführt und nach seinem Vergehen befragt. Darauf antwortete

er, das einzige Verbrechen, dessen er sich schuldig bekenne, bestünde darin, ein freier Mann zu sein. Daraufhin verkündete der Richter: »Dann verdienst du keine Strafe. Denn die Freiheit, der Hass auf den Despotismus, der die Menschenrechte mit Füßen tritt, ist uns allen heilig.« Nach der Reinigung im Kerker erreichte der Carbonaro den Grad des »Evangelisten«.

Vom Süden aus verbreitete sich der Geheimbund der Carbonari über ganz Italien. Zu seinen Mitgliedern zählen Dichter wie Silvio Pellico, gut situierte Bürger und Professoren und schließlich auch Adlige aus den ältesten Geschlechtern Italiens. Zusammenkünfte der Geheimbundlogen, sogenannte Großvenditen, wurden an historischen Orten abgehalten, zum Beispiel nachts in den nur durch Fackeln erleuchteten Ruinen von Pompeji am Fuße des mächtigen Vesuv. Sie beflügelten die Phantasie, feuerten das Herz an und steigerten den Drang zum Handeln ins Unermessliche. Gerade an diesen Orten spürten die Carbonari eine große und vor allem ehrwürdige historische Verpflichtung.

Schon lange hatte es in den Venditen gegärt, und im Juni 1817 war es endlich so weit: Der Großmeister der *Alta Vendita* in Rom hatte den Befehl zu den Vorbereitungen erteilt. Alles lief wie am Schnürchen – was keine außergewöhnliche Leistung darstellte, wenn man bedenkt, dass fast ganz Rom an der Vorbereitung des Aufstandes beteiligt war, selbst der Leiter des geistlichen Seminars. Die Losung hatte man bereits ausgeteilt: »Wer da?« – »Der heilige Thibault.«

Gerade hatten die Carbonari Schwefelraketen auf einen Kirchturm geschafft, als sich statt des heiligen Thibault die Soldaten des heiligen Vaters zeigten: Der Putsch war kurz vor seinem Ausbruch verraten worden. Die Führer wurden verhaftet und in die Engelsburg gebracht. Die stolzen Carbonari wurden zunächst zum Tode verurteilt, doch der Papst wandelte die Strafen in lebenslangen Kerker um. In den folgenden Jahren kam es immer wieder zu kleineren Aufständen, besonders im Süden.

Hier gelang es der *Carboneira* nach und nach, in Verwaltung und Armee Fuß zu fassen. Fürst Metternich, der ohnehin schon besorgt war über die sich abzeichnende Entwicklung, musste aus Berichten seiner Spitzel zur Kenntnis nehmen, dass Großfürst Michail, ein Bruder des russischen Zaren, bei einem Besuch in Norditalien mit Personen des Hochadels zusammentraf, die als mutmaßliche Carbonari galten. Metternich verdächtigte selbst Alexander I., mit diesem Geheimbund zu liebäugeln – einmal, weil sie ihm in ihrem fast mystischen Christentum verwandt schienen, und zum anderen, um den Österreichern ein paar Schwierigkeiten zu bereiten.

So also lagen die Dinge, als die aufständischen Schwadrone von Nola nach Avellino ritten und General Pepe sich an die Spitze des Putsches setzte. Die Stunde war da, nun ging es den »guten Vettern« um die Konstitution und um die »italia unita«, für die es alles zu wagen galt. Die *Carboneira* sorgte bei allem für eine mustergültige Disziplin, so dass selbst der englische Gesandte seine Verblüffung kaum bemeistern konnte: »Nicht ein Handtuch wurde gestohlen, nicht ein Messer im Zorn gezogen, nicht ein Blutstropfen vergossen.«

Am 23. Juli 1820 leistete Ferdinand I. gezwungenermaßen den Eid auf die – an der spanischen orientierte – Verfassung: »Allmächtiger Gott (...) lass, wenn ich jetzt falsch schwöre oder diesen meinen Eid zu brechen beabsichtige, die Donner der Rache auf mein Haupt niedersausen.« (Lennhoff, Politische Geheimbünde)

EIN ZAR IN SCHRECKEN

In Spanien gab es nach geglückter Volkserhebung eine bürgerliche Verfassung, in Süditalien und ebenfalls in Mailand, in Savoyen-Sardinien, wo der Bruder des Königs den Carbonari nahe stand. In der österreichischen Lombardei liefen die Vorbereitungen zum Aufstand.

In langen Abenden am Kamin überzeugte Metternich Zar Alexander davon, dass in Europa ein fest geknüpftes Netz der Verschwörung existiere, das von einem geheimnisvollen Direktorium in Paris geleitet würde. Obwohl er selbst nur die Hälfte von dem glaubte, was er dem leichtgläubigen Alexander in seiner lässigen Art auftischte, bewies der sonst eher phantasielose österreichische Kanzler an diesen Abenden wahrhaft epischen Erfindungsgeist: Ziel der weltweiten Verschwörung, so hörte der verängstigte Monarch, sei der Mord an den legitimen Herrschern, um selbst die Regierung zu übernehmen. Die Vorgänge in Süditalien seien nur Tests und Ablenkungsmanöver, deshalb bestehe die Notwendigkeit, schnell und entschlossen zuzuschlagen, um an dieser Stelle das tödliche Netz der teuflischen Konspiration zu zerreißen.

Wie auf Bestellung kam dem Kanzler dann auch noch der Zufall zu Hilfe: Zwar hatte er dem Zaren die Verschwörung in den leuchtendsten Farben geschildert, doch es fehlten ihm die rechten Beweise. Am 15. November 1820 konnte er Alexander endlich die Bestätigung für seine Behauptungen liefern: Der besorgte Staatskanzler überbrachte dem zu Tode erschrockenen Zaren die Nachricht von der Rebellion durch Alexanders Leibregiment in Sankt Petersburg. Äußerst zufrieden mit dieser Entwicklung notierte Metternich, dass der Zar »glaubt, dass es einen Grund geben müsste, warum 3000 russische Soldaten sich zu einer Handlung haben hinreißen lassen, die so wenig dem russischen Nationalcharakter entspricht«.

Nun hatte Metternich Alexander genau dort, wo er ihn haben wollte. Der Großmeister der Intrige notiert weiter, und es ist fast, als könne man ihn dabei lächeln sehen: »Er geht sogar so weit, sich vorzustellen, dass es Radikale waren, die diesen Coup gelandet hatten, um ihn einzuschüchtern und ihn dazu zu veranlassen, nach St. Petersburg zurückzukehren.« (Bertier de Sauvigny)

Genau das war es, was der Zar glauben sollte, dass nämlich Radikale, Geheimbündler und fremde Verschwörer die Soldaten seines geliebten Regiments aufgehetzt hätten.

Am 19. November wurde das Protokoll von Troppau unterzeichnet, in dem Russland, Österreich und Preußen gegen den Einspruch Großbritanniens und Frankreichs verkündeten, allen Bestrebungen zum Umsturz der legitimen Herrschaft mit militärischen Mitteln zu begegnen. Doch damit hatte Metternich sein Ziel nicht ganz erreicht. Nach seinen Vorstellungen sollten die europäischen Mächte Österreich auffordern, die Herrschaft der Carbonari militärisch niederzuschlagen und König Ferdinand wieder als absolutistischen Herrscher einzusetzen. Stattdessen einigte man sich auf ein Folgetreffen Anfang 1821 im slowenischen Laibach (Ljubljana), um dort das weitere Vorgehen mit Ferdinand I. zu besprechen.

Nach einem kurzen Zwischenaufenthalt in Wien war Metternich bereits am 4. Januar in der slowenischen Metropole eingetroffen, um alles für die Schmierenkomödie herzurichten, die er zu inszenieren gedachte – das Treffen in Laibach wurde zu einem Kongress der vorgeschriebenen Texte. Der preußische König hatte auf seine Teilnahme verzichtet. Ihn interessierten die italienischen Angelegenheiten wenig, und als Staffage für Metternichs Auftritte herzuhalten, war er sich doch zu schade. Seinen Staatsminister, Fürst Hardenberg – der, weil er sich gerade in Rom aufhielt, nach Laibach weiterreiste –, ließ er wissen, es sei ihm herzlich gleichgültig, ob und wie lange sich Hardenberg bei diesem Kongress aufhalten wolle, er selbst würde keinesfalls kommen.

Derweil zerbrach man sich in Neapel den Kopf darüber, wie man den herrschenden Carbonari Ferdinands Reise nach Laibach erklären sollte. »Man«, das waren der russische und der preußische Gesandte. Für Österreich nahm an der geheimen Beratung mit König Ferdinand der österreichische Geschäftsträger teil, nachdem der Gesandte sich bei Ausbruch der Revolution

Richtung Norden abgesetzt hatte und seitdem nicht mehr in Neapel gesehen worden war. Die Erlaubnis, allein nach Laibach zu reisen, so wie es Metternich verlangte, hätte Ferdinand von den Carbonari kaum bekommen, und bei Nacht und Nebel konnte er sich als König, der zudem auf die Verfassung geschworen hatte, nicht einfach so davonschleichen. Das barg zu viele Risiken – zu gut erinnerte man sich an die Flucht Ludwigs XVI. nach Varennes und ihre Folgen während der Französischen Revolution. Schließlich suchte man bei den Carbonari um die Erlaubnis zur Reise des Königs zum Kongress von Laibach nach.

Die neue italienische Regierung hatte inzwischen einen Botschafter nach Wien an den Hof geschickt, damit er sich dort um gute Beziehungen zu den Habsburgern bemühte. Doch nachdem der Gesandte die Grenze passiert hatte, wurde er brüsk zur Rückkehr aufgefordert. Der Kaiser werde ihn nicht empfangen, hieß es, und überhaupt sei er in Österreich unerwünscht. Auch ein Mann aus hohem neapolitanischen Adel, der mit den Carbonari nichts zu tun hatte und zu vermitteln versuchte, wurde vor den Kopf gestoßen.

Kaiser Franz I. und sein Kanzler Metternich verabscheuten die Carbonari. Sie hätten sie am liebsten in Sträflingskleidung in der Festung gesehen, jedenfalls nicht in Amt und Würden im Regierungspalast. König Ferdinand wiederum verkaufte den Carbonari die Lüge, er werde als ehrlicher Mittler in Laibach auftreten. Man stellte ihm den Außenminister, den Carbonaro Graf Camchiaro, sowie mehrere Ratgeber zur Seite, und dann durfte er mit den besten Wünschen der Regierung reisen. Genau das aber hatte Metternich verhindern wollen. Wenn bei der Konferenz Vertreter der neuen süditalienischen Regierung erschienen, würde der Standpunkt der Franzosen und Engländer gestärkt und der unsichere Kantonist Alexander womöglich in Zweifel gestürzt.

In dieser gefährlichen Situation erwies sich Metternich erneut als Großmeister der Intrige, wenngleich er diesmal statt des

Floretts die Keule wählte. Unter falschen Versprechungen lockte er die Gesandten der Carbonari in Paris auf österreichischen Boden, um sie kurzerhand zu arretieren, die Begleiter Ferdinands wurden in Udine festgesetzt – und so erschien Ferdinand allein in Laibach. Dort beklagte er sich bitter über die *Carboneira*, über die Verschwörer und Umstürzler und bat um Beistand. Jedes Wort, das er auf dem Kongress äußerte, hatte Metternich ihm eingepaukt. Und damit er den Bruch des heiligen Eids, den er auf die Verfassung geleistet hatte, guten Gewissens wagen dürfte, hatte sich der Papst beeilt, ihn vom Eid loszusprechen. Mit vielen Spitzfindigkeiten hatten die päpstlichen Juristen herausgefunden, dass ein unter Zwang geleisteter Eid keinen Bestand haben könne.

Damit hatte Metternich sein Ziel erreicht, wenn auch mit hohem Einsatz: Die Engländer und Franzosen machten zwar gute Miene zum bösen Spiel, doch sie wussten, dass es ein böses Spiel war, und warteten nur auf die geringste Panne, um den Oberschurken Metternich jagen zu können. Man holte den Herzog von Gallo nach Laibach, einen von Ferdinands Beratern, der kein Carbonaro war. Dieser beschwor den König, die Verfassung zu respektieren. Doch umsonst, Ferdinand befahl ihm, sich zu unterwerfen. So lauschte der Herzog am 30. Januar auf der Konferenz Metternich und dem eidbrüchigen König »mit gefalteten Händen, ohne ein Wort zu sagen und wie ein Kind, dem man die Lektüre von Theaterstücken vorwirft«, wie ein Augenzeuge berichtet. Schließlich wurde ihm befohlen, am nächsten Tag abzureisen und der Carbonari-Regierung die auf der Konferenz festgelegten Ultimaten zu überbringen.

In Neapel schäumte man vor Wut über den Verrat und den Eidbruch des Königs und erklärte Österreich in einer Anwandlung von verletztem Stolz und sicher auch Trotz am 15. Februar den Krieg. Doch bereits am 7. März wurde die Armee der Generäle Pepe und Carrascosa von den überlegenen österreichischen Truppen unter General Frimont geschlagen. Pepe gelang die

Flucht. Er verbrachte den Rest seines Lebens im Exil, die Orte wechselnd, aber nicht die Gesinnung, und tat, was so einem alten Geheimbündler zu tun übrig blieb: Er arbeitete nach Kräften an der Reorganisation der *Carboneira* und für die Befreiung Italiens, die er dann freilich nicht mehr erlebte.

Am 24. März 1821 zogen die österreichischen Truppen in Neapel ein. König Ferdinand widerrief die Verfassung, und eine seiner ersten Regierungshandlungen bestand darin, den üblen Canosa erneut als Polizeiminister zu berufen. Dieser hatte nach seinem Triumph nun keinerlei Hemmungen mehr. Die Art, wie Canosa Abrechnung hielt, widerte selbst die Österreicher an, die sich zwar sehr deutlich, aber vergeblich bei Metternich beschwerten.

Die Carbonari, die in ihrer kurzen Regierungszeit aus der schützenden Anonymität des Geheimbundes herausgetreten waren, wurden nun gejagt, gefangen genommen und getötet. Einigen gelang es, ins Ausland zu fliehen. Im Norden brachen vereinzelt Aufstände der Carbonari aus, oder man war mitten in den Vorbereitungen. Doch es gelang den Österreichern, alle Versuche zu ersticken. Inzwischen inszenierte Metternich in Venedig und Mailand Schauprozesse, um der Welt zu beweisen, dass er einer internationalen Verschwörung der Freimaurer das Handwerk gelegt hatte. Diese Verschwörung habe die Ordnung in ganz Europa untergraben und Mord und Anarchie an die Regierung bringen wollen, womit er deutlich auf das Schreckensregime der Jakobiner anspielte. Doch die Angeklagten ließen sich weder durch Zwang noch durch Erpressung oder Versprechungen zu Aussagen in dieser Richtung und zu Meineiden bewegen. Mit dem Grafen Federigo Confalionieri, einem der Großmeister der *Carboneira* und Spross eines alten und traditionsreichen Adelsgeschlechts in Mailand, plauderte Metternich persönlich, um ihn zum Verrat zu bewegen, doch der Graf war ein Mann von Ehre. Stolz ließen sich die Carbonari von einem korrupten Gericht verurteilen, 25 von ihnen zum Tode. Unter ih-

nen waren Dichter wie Silvio Pellico und Angehörige des alten
Adels wie Graf Confalionieri.

Der österreichische Kaiser verwandelte zwar die Strafen in
lebenslange Kerkerhaft, ließ die Gefangenen aber auf der berüchtigten Festung Spiegelberg unter unmenschlichen Bedingungen einkerkern. Franz I. kümmerte sich persönlich um die
Erfindung von Schikanen und die Verschärfung der Haftbedin-
gungen, die seine Schergen, um ihm zu gefallen, noch zu über-
treffen suchten. Als die überlebenden Gefangenen in den dreißiger und frühen vierziger Jahren entlassen wurden, waren sie
kranke, vom Tod gezeichnete Männer. Ihre Berichte, besonders
aber das Buch von Silvio Pellico »Meine Gefängnisse«, zerstör-
ten Österreichs moralische Legitimation. Das war der Anfang
vom Ende der österreichischen Herrschaft in Teilen Italiens.

Auf der einen Seite bildeten sich die Geheimbünde neu und
versuchten Einfluss auf die Geschicke ihres Landes zu nehmen.
Zum anderen blühte die alte Verschwörungstheorie auf: Die
Mutter aller Geheimbünde, die *Freimaurerei*, trage die Schuld an
allen Verbrechen in der Welt, deren Sittlichkeit und Ordnung
sie bedrohe, und sie hole zum entscheidenden Schlag aus. Die
Freimaurer wurden zu den Dunkelmännern und Verschwörern
schlechthin. Wer aber waren sie wirklich, denen man wirklich
alles zuzutrauen geneigt war?

PROTOTYP ALLER
VERSCHWÖRERBÜNDE:
DIE FREIMAURER

Schon die seriöse Forschungsliteratur über die *Freimaurerei* ist unüberschaubar – nur wenige historische Phänomene sind mit der gleichen Sorgfalt untersucht worden. Da sich unter den Freimaurern, deren Name eine Lehnübersetzung aus dem Englischen ist – »freemason« oder »freestone mason« bedeutet eigentlich so viel wie Steinbildhauer –, Historiker von Format befanden, hatten sie sogar selbst eine Forschungsloge zur Erkundung der eigenen Geschichte ins Leben gerufen, die berühmte Loge *Quatuor Coronati Nr. 2076* in London. Dennoch wissen wir enttäuschend wenig. Es findet sich so wenig Gesichertes, und dafür ranken sich so reiche Mythen, abenteuerliche Spekulationen und nahezu Unbeweisbares in atemberaubender Weise um dieses Thema, dass dieser Geheimbund und seine Mitglieder bis auf den heutigen Tag ein dankbares Feld für Romanautoren und Verschwörungstheoretiker aller Couleur abgeben.

Möglicherweise sind gesicherte Fakten deshalb so rar, weil die Informationen in der langen, ereignisreichen Geschichte dieser geheimen Gesellschaft nicht in erster Linie durch eine Verschwörung verschleiert wurden, die aufgedeckt werden könnte. Vielmehr trat hier ein Phänomen auf, das die Physiker Interferenz nennen: die Auslöschung durch Überlagerung.

So viele verschiedene Quellen, aus denen sich das *Freimaurertum* in seiner Entstehung und Entwicklung über die Jahrhunderte hinweg speiste, so unterschiedliche Einflüsse und ein wechselndes Geschick! Das Spektrum freimaurerischer Geschichte reicht vom geselligen, bürgerlichen Zeitvertreib in der Renaissance und den Clubs der guten Gesellschaft der Aufklärung über geheime Versammlungen in der Nachfolge der Templer und verschworene Zusammenkünfte, die uraltem Wissen auf der Spur waren, bis zu Revolutionären und dann wiederum zu Clubs des Establishments, die sowohl Spuren hinterlassen haben als auch im Verborgenen bis auf den heutigen Tag erhalten blieben.

Wenn man die Tatsachen von den Legenden trennt, reduzieren sie sich auf kaum mehr erkenntliche Bruchstücke. Folgt man dagegen einzig der Legende, werden die Tatsachen ad absurdum geführt. Die Frage ist ja nicht, wie viel Wahrheit in den Legenden steckt, sondern wie man die Wahrheit aus den teils märchenhaften Überlieferungen herausfiltern kann, denn sie verraten nicht weniger als Urkunden, wenn man sie zu lesen versteht.

DIE LONDONER GROSSLOGE

Der offizielle Teil der Geschichte der *Freimaurerei* beginnt mit dem Treffen der *Honorable Society and Fraternity of Freemasons* (Ehrenwerte Gesellschaft und Bruderschaft der Freimaurer) am 24. Juni 1717 im gut beleumdeten »Goose and Gridiron Ale House« (Bierhaus zur Gans und zum Bratrost) in St. Paul's Churchyard in London. Dieser freundliche Junitag war der Johannistag, der den Freimaurern seither als höchster Feiertag gilt. Vorausgegangen war eine Versammlung von angenommenen Freimaurern (»accepted freemason« oder »gentleman-mason«) am 27. Dezember 1716, bei der die ehrenwerten Herren beschlossen hatten, die vier alten Freimaurerlogen Londons zu vereinigen und sie gemeinsam unter das Patronat einer einzigen Großloge zu stellen, der alle Beamten (»Meister vom Stuhl«, »Stellvertretener Meister vom Stuhl«, »Aufseher«) der einzelnen Logen angehören sollten.

Anlass für diesen Beschluss war die Tatsache, dass die Zahl der Vereinigungen von angenommenen, also nicht berufsmäßigen Freimaurern rasant stieg. Damit aber bestand die Gefahr, dass die ehrwürdige Bruderschaft durch unkontrollierte Neugründungen mit erfundenen Riten ins Chaos getrieben und der Lächerlichkeit preisgegeben würde. Da sie also dringend einer zentralen Organisation und festgelegter Regeln bedurfte, hatten die Gentlemen an jenem Winterabend 1716 in der »Apple Tree Tavern« (Schenke zum Apfelbaum) in der Charles Street beschlossen, am nächsten Johannistag zur Gründung der Londoner Großloge im »Goose and Gridiron Ale House« zusammenzukommen.

Nichts, aber auch gar nichts hatten diese staatstreuen und ehrbaren englischen Bürger, unter denen sich Handwerker, Pastoren, Baumeister und Steuerbeamte befanden, mit Metternichs finsteren Verschwörern gemeinsam, vor denen zu warnen er nicht müde wurde. Ihre Logen benannten sie nach den Versammlungsorten – meist Nebenräume von Schenken und Weinstuben. Mit der gleichen Entschlossenheit, mit der sie bei den Logensitzungen für ihre ehrbaren ethischen Motive eintraten, wurde – mit dem typisch englischen Sinn für das Praktische – auch dafür gesorgt, dass die leiblichen Genüsse nicht zu kurz kamen.

In der Tat haben die unterschiedlichen Nationalcharaktere der *Freimaurerei* ihren Stempel aufgeprägt: Bei den Engländern stellten die Logen eine Variante des sich entwickelnden englischen Clubwesens dar, in denen der Geselligkeit – und auch den Getränken – gehuldigt wurde. Die französischen Freimaurer liebten den Gedankenaustausch und das Gespräch über die Möglichkeit einer Revolution. Die deutschen Logen wiederum rückten die Philosophie und den Mystizismus ins Zentrum ihrer Diskussionen. Im Punkt des Wunderglaubens trafen sich Deutsche und Franzosen, nur mit dem Unterschied, dass der Mystizismus für die einen zur Lebensart und für die anderen zur Denkweise wurde.

Am Anfang des 18. Jahrhunderts steckte die moderne *Freimau-rerei* noch in den Kinderschuhen. Die Gründung der Londo-ner Großloge, der ersten überhaupt, erfolgte durch den Zu-sammenschluss von vier traditionsreichen englischen Logen: der *Goose and Gridiron Ale House*, der *Crown Ale House* in der Parker's Lane (Bierhaus zur Krone), der *Apple Tree Tavern* in der Charles Street und der *Rummer and Grapes Tavern* in der Channel Row zu Westminster (Schenke zum Römer und zur Traube). Diese Großloge wurde zur Mutterloge aller anderen späteren Frei-maurerlogen weltweit. Anfangs war jede Neugründung auf ein Patent von ihr angewiesen, um als anerkannt zu gelten. Die vornehmste Loge unter den vier Gründungsgesellschaften war eindeutig die *Rummer and Grapes Tavern* in Westminster. Zu ihren Mitgliedern zählte unter anderem Sir Christopher Wren, der Er-bauer der Saint Paul's Cathedral.

Nach der Gründung der Großloge an diesem schönen Johan-nistag Anno Domini 1717, die feierliche Reden und viel Gepränge begleitete, geschah erst einmal nichts. Die ersten Großmeister, die jeweils für ein Jahr gewählt wurden, amtierten und kehrten dann in ihre Loge zurück. Mit dem Reverend Dr. John Theophi-lus Desaguliers trat schließlich ein Mann auf den Plan, der spür-bar für Veränderung sorgte. Als Sohn eines protestantischen Pfarrers kam er in der Nähe vom französischen La Rochelle zur Welt. Als er zwei Jahre alt war, flohen seine Eltern mit ihm auf abenteuerlichen Wegen nach England, wovon er kaum etwas mitbekommen haben dürfte.

Diese Flucht wurde unumgänglich, nachdem der Sonnenkö-nig Ludwig XIV. in Fontainebleau das Edikt von Nantes, das den Protestanten die Ausübung ihrer Religion erlaubte, 1685 widerru-fen hatte. Für den protestantischen Pfarrer Desaguliers hieß das, entweder zu konvertieren, genauer, zwangskonvertiert zu wer-den, oder sich zur Flucht zu entschließen.

Doch dazu gehörte Mut, denn Ludwig XIV., der gemeinhin seine Untertanen zwang, unter seiner Sonne zu leben, verbot den Protestanten strikt die Auswanderung. Der Versuch, Frankreich zu verlassen, war mit drakonischen Strafen belegt. Dennoch gelang über 300 000 Protestanten – darunter Desaguliers samt seiner Familie – die Flucht nach England, Holland, Hessen und Brandenburg, dem späteren Preußen. Kurz und gut, Sohn John besaß einen hellen Kopf, studierte fleißig Theologie und Naturwissenschaften und wurde ein angesehener Mann. Er engagierte sich für die Verbreitung der Lehren Isaac Newtons und gehörte zu den Mitbegründern, der aus einer geheimen Gesellschaft hervorgegangenen »Royal Society«. Erst als Großmeister, dann als einflussreicher Großaufseher trug Desaguliers wesentlich zur Profilierung der Großloge bei.

Um das Ansehen der Loge zu erhöhen, versuchten die Freimaurer, Angehörige des englischen Hochadels für den Posten des Großmeisters zu gewinnen und ihren Bund damit ins Zentrum der guten Gesellschaft zu rücken. Von diesen adeligen Großmeistern erwartete man besonderen Leistungen – die praktische Arbeit übernahmen die Großaufseher und die eigens bestellten Sekretäre der Loge. Man spekulierte kühl darauf, dass sie die Loge hof- und gesellschaftsfähig machen würden, ihr Adel sollte sozusagen die Loge adeln. Modern gesagt, sie sollten die Schirmherrschaft übernehmen.

Der Plan ging auf: Im Jahr 1721 konnte John, der zweite Herzog von Montague und einer der reichsten Männer Englands, als Großmeister gewonnen werden. Auf ihn folgten weitere Mitglieder des englischen Hochadels, wie 1722 Philipp, Herzog von Wharton, und schließlich Charles, zweiter Herzog von Richmond, der das Amt bis 1725 innehatte. Damit war die *Freimaurerei* im Herzen des britischen Establishments angekommen.

Unter Großmeister John, dem zweiten Herzog von Montague, und durch das Engagement von Desaguliers kam es im Jahr 1722 dazu, dass Reverend James Anderson damit beauftragt wurde, das Konstitutionsbuch der Freimaurer zu verfassen. Zu diesem Zweck sollte er die alten »gothischen Ordnungen« durch-

sehen. Darunter verstand man die Manuskripte der mittelalterlichen Werkmaurer, in denen die legendäre Herkunft dieses
Handwerks, sein philosophisches Selbstverständnis sowie praktische und ethische Regeln niedergelegt waren, wie beispielsweise die Verschwiegenheit in Bezug auf die Werkgeheimnisse,
die gegenseitige Unterstützung der Freimaurer oder die Ehrbarkeit, worunter auch das Verbot des Ehebruchs fiel. Die »gothischen Ordnungen«, von denen manche – wie das »Regius-Manuskript« aus der Mitte des 14. Jahrhunderts – in Versform abgefasst
sind, stellen eine unauflösbare Ganzheit aus legendären, ethischen, praktisch-handwerklichen und mystisch-wissenschaft-
lichen Elementen dar, sie sind dunkel und klar zugleich.

Parallel zu diesem Vorhaben leitete die Großloge die »Arbeit«
der Freimaurer mit größerer Konsequenz. So fanden die viertel-
jährlichen Versammlungen, die 1717 zwar beschlossen, nicht aber
durchgeführt worden waren, nun regelmäßig statt. Am 17. Januar
1722 legte Anderson das Konstitutionsbuch vor, »The Constitu-
tions of the Free-Masons, containing the history, charges, regu-
lations etc. of that most ancient and right worshipful fraternity«,
auf Deutsch kurz »Alte Pflichten« genannt.

Im Jahr 1723 von der Großloge gebilligt, gilt es seitdem als Ge-
setzbuch der *Freimaurerei*. Es enthält die Geschichte der Freimaurer, ihre Pflichten, die Anordnungen, nach denen sie sich zu
richten haben, und das Meisterlied. In England, Schottland und
Irland wuchs die Zahl der Logen beträchtlich. Wer etwas auf
sich hielt, wurde Freimaurer.

Die drei Grundmaximen der Gesellschaft bestanden im Eintreten für die christlichen Werte, der Loyalität gegenüber der
Regierung und der Verpflichtung zur absoluten Geheimhaltung.
Ausdrücklich verboten waren zum Beispiel politische Diskussionen beim Zusammensein nach der »Arbeit«. Den Freimaurern
ging es darum, abseits der persönlichen politischen Überzeu-
gungen zu einem Bruderbund zu werden, der sich der Tugend
und Wohlfahrt verschrieben hatte. So leisteten die Logen finan-

zielle Unterstützung für Schulen, Krankenhäuser und Kinderheime. Sie wollten in der Welt Gerechtigkeit und Tugend verbreiten und den angestrebten Idealzustand abseits der Welt im Kleinen und im Geheimen bereits in ihrem Bruderbund leben.

In scharfem Widerspruch zu diesen ehrbaren – und öffentlich umgesetzten – Zielen stand die Pflicht zur Geheimhaltung. Ein Verrat der Geheimnisse hätte für einen Freimaurer laut einem Schwur furchtbare Folgen: Man würde ihm die Zunge abschneiden und ihn unauffindbar im Fundament vergraben.

Über die Geheimnisse dieser Geheimgesellschaft wüsste man tatsächlich kaum etwas, beriefe sich die *Freimaurerei* nicht auf mittelalterliche Bräuche und Texte, die viel älter und auch aus anderen Quellen bekannt sind, wie beispielsweise das mittelalterliche »Regius-Manuskript« und das nur wenige Jahrzehnte jüngere »Cooke-Manuskript«. Zudem hatten sie schon kurz nach der Entstehung der modernen *Freimaurerei* im 18. Jahrhundert in sogenannten Verräterschriften Geheimnisse veröffentlicht und im ausgehenden 19. Jahrhundert selbst viel publiziert.

DIE FREIMAURER EROBERN DEN KONTINENT

Die *Freimaurerei* wäre nichts weiter als eine der versnobten britischen Einrichtungen geblieben, die auf dem Festland teils belächelt, teils beneidet wurden, wenn sie sich nicht schon 1725 bis nach Frankreich, 1729 bis nach Spanien und 1735 bis nach Deutschland ausgebreitet und in diesen Ländern ein ganz eigenes Leben entwickelt hätte. In Frankreich grassierte in diesen Jahren die englische Mode – was von der Insel kam, war der letzte Schrei. Eine wichtige Rolle spielten dabei die in Paris lebenden englischen und vor allem schottischen Emigranten. Diese waren der festen Überzeugung – und davon konnten sie weder Verfolgung noch die Aussicht aufs Schafott abbringen –, dass die katholischen Stuarts die legitimen Herrscher Großbritanniens waren.

Die erste Loge auf dem Festland bildete sich 1725 in Paris unter britischen Emigranten, die zweite 1729. Ihr gehörten neben Engländern und Schotten auch Franzosen an. Ihr erster Großmeister war der wahrlich kühne und ehrenwerte Charles Radclyffe, Lord of Derwentwater. Nachdem er in England zum Tode verurteilt worden war, floh der jüngere Bruder des in London hingerichteten Earl of Derwentwater nach Paris. Zur Last gelegt wurde den Brüdern, dass sie für die Stuarts eintraten. Im Zusammenhang mit dem missglückten Aufstand des schottischen Thronanwärters Charles Edward Stuart wurde Charles Radclyffe in England gefasst und 1745 in London enthauptet.

So hatten schon die Anfänge der französischen *Freimaurerei* etwas Verschwörerisches. Hinzu kam, dass der Sonnenkönig in seinem Reich keine geheimen Zusammenkünfte duldete. Es war nicht nur seine Prunksucht, die ihn dazu brachte, den Hochadel eng in das aufwändige tägliche Hofzeremoniell einzubinden. Vor allem ging es ihm darum, die mächtigen Männer bei Hofe im Auge behalten zu können. Zu gut erinnerte er sich daran, wie sie sich in seinen Anfangsjahren als Kronprinz und später als König immer wieder verschworen hatten. Also gab er den Befehl aus, dass alle wichtigen Aristokraten des Landes bei seinem Erwachen anwesend zu sein hatten. Den ganzen Tag über hatte er sie um sich – und unter Kontrolle. So jemand lässt keine geheimen Gesellschaften zu: Zuerst wurde dem Hochadel, dann auch dem Amtsadel verboten, in eine Loge einzutreten. Schließlich wurden auch die Gastwirte bestraft, in deren Etablissements Logensitzungen stattfanden. Genutzt hat das alles indessen wenig.

Der Schriftsteller und Philosoph Montesquieu, der durch seine Theorie der Gewaltenteilung ein geistiger Wegbereiter der Revolution und des bürgerlichen Staates werden sollte, war in London bei den Freimaurern aufgenommen worden und ge-

hörte zu deren ersten französischen Vertretern. Spätestens mit
der Gründung der Loge *Les Neufs Sœurs* (Die neun Schwestern),
der Diderot und der Mathematiker Lalande angehörten, hatte
sich die Aufklärung ihren Salon, mehr noch ihren Generalstab
geschaffen. Zum verschwörerischen kam nun das aufklärerische
Element hinzu, das ebenfalls zunächst geheim eingesetzt werden musste – nicht aus einer Laune heraus hatte der mächtige
Klerus die den Ideen der Aufklärung verpflichtete »Encyclopé-
die« Denis Diderots als »Bibel des Teufels« der gerichtlichen Verfolgung anempfohlen.

In Deutschland lagen die Dinge völlig anders. Durch die sta-
bilen Handelsbeziehungen, die man in der Freien und Hansestadt Hamburg mit England unterhielt, schwappte die *Freimaurerei* fast automatisch über den Kanal. Jedenfalls gestattete die
Großloge von England, wie sie inzwischen hieß, den Hambur-
gern die Gründung einer Freimaurerloge. Am 6. September 1737
versammelten sich zum Zweck der Gründung der *Société des accep-
tés maçons libres de la Ville de Hamburg* (Gesellschaft der angenommenen Freimaurer der Stadt Hamburg), wie diese Loge hieß, die
später in *Absalom* umbenannt wurde, einige ebenso namhafte wie
ehrenwerte Bürger der Hansestadt. Unter ihnen war auch der
Baron Oberg, der zum »Meister vom Stuhl« gewählt wurde.

Kaum hatte die Loge ihre Arbeit aufgenommen, geschah etwas ganz und gar Geheimnisvolles: Im Juli 1739 bekam Baron
Oberg eine rätselhafte Mitteilung eines Generalmajors, die be-
sagte, der Graf von Lippe-Bückeburg, der bereits vor Jahren in
London von Desaguliers in den Geheimbund aufgenommen
worden war, bitte die Hamburger Freimaurer, eine kleine Ab-
ordnung nach Braunschweig zu schicken, um einen »illustre inconnue«, einen vornehmen Unbekannten, aufzunehmen – oder
ihm, wie es gut freimaurerisch hieß, »das Licht zu geben«. Da
Diskretion für Freimaurer selbstverständlich ist, mussten die
Hamburger nicht extra auf ihre Verschwiegenheit hingewiesen
werden.

Als sich Baron Oberg und seine Begleiter, nur auf das Wort eines ihnen noch dazu persönlich unbekannten Bruders hin, Anfang August nach Braunschweig begaben, ahnten sie nicht, wer diese mysteriöse Person war, die sie in ihren Geheimbund aufnehmen sollten – man rechnete allenfalls mit einem mittleren Fürsten. Sie nahmen Quartier im Hotel »Zur Krone«, wo am Tag darauf auch der geheimnisvolle Mann eintraf, dessen Identität sie immer noch nicht kannten. Leider logierte im Nebenzimmer ein Hannoveraner Edelmann, der den »illustre inconnue« kannte und über seine Aufnahme bei den Freimaurern keinesfalls schweigen würde – so er sie denn erführe. Also griff man zu einem probaten Mittel: Am 14. August nachmittags setzte sich abwechselnd ein Freimaurer nach dem anderen zu dem Hannoveraner an der Tisch und trank mit ihm, bis der norddeutsche Edelmann völlig berauscht auf sein Zimmer getragen werden musste. Dort lag er in tiefem Schlaf, als gegen Mitternacht im Nebenzimmer der mit den Freimaurersymbolen bestickte Teppich ausgerollt wurde.

Baron Oberg und seinen Begleitern dürfte es komplett die Sprache verschlagen haben, als sie entdeckten, wie illuster der Unbekannte tatsächlich war: In Begleitung eines Hauptmanns betrat plötzlich Friedrich, Kronprinz von Preußen, der eines nicht fernen Tages König von Preußen werden sollte, den Raum. Dem wichtigsten deutschen Fürsten würden sie das Licht geben, auf den sich die Hoffnungen aller Aufklärer in Deutschland richteten! Der Graf von Lippe-Bückeburg, zu jener Zeit ein mitten im Leben stehender, begeisterter Freimaurer, hatte den Kronprinzen geworben: An der Tafel hatte der Graf von der *Freimaurerei* geschwärmt. Der Vater des Kronprinzen, der preußische König Friedrich Wilhelm I., tat dies barsch als Unfug ab. Bei dem Filius, der für die Ansichten seines Vaters wenig übrig hatte, war der Graf nur auf umso offenere Ohren gestoßen. Als der Kronprinz 1740 zum preußischen König gekrönt wurde, bekannte er öffentlich seine Mitgliedschaft bei den Freimaurern, was dem Bund einen immensen Zulauf an Dichtern, Musikern, Naturwissenschaftlern, Philosophen, Beamten, Professoren, Lehrern, Theologen, Pastoren und auch von Fürsten, regierenden wie nicht regierenden, einbrachte.

Auch in Wien versammelten sich die tonangebenden Aufklärer in der Loge *Zu den drei Kanonen*. Obwohl Maria Theresia diese Männerbündelei überhaupt nicht schätzte, konnte sie doch schwerlich so konsequent dagegen vorgehen, wie sie es wohl gern getan hätte: Ausgerechnet ihr eigener Mann, Kaiser Franz I., war 1731 als erster kontinentaler Fürst in Den Haag den Freimaurern beigetreten.

Die Idee des Brüderbundes hatte den Kontinent erreicht und erfolgreich unterwandert. Waren die Freimaurer in England noch eine eher auf die Erziehung des Menschen gerichtete Gesellschaft moralisch-sittlich engagierter Herren mit einem fast religiösen Aufnahmeritual und Geheimnissen gewesen, die auf die drei Grade »Lehrling«, »Geselle« und »Meister« verteilt waren, in die der Kandidat seinem Grad entsprechend eingeweiht wurde, so entwickelte sich die *Freimaurerei* auf dem europäischen Kontinent nun zu einer Geheimgesellschaft mit durchaus politischen und deshalb auch verschwörerischen Facetten. Und nicht nur das, hier entstanden auch neue Formen des Bundes mit weiteren und höheren Graden, die völlig neues geheimes Wissen enthielten.

In Europa tobte der zunächst noch rein geistig geführte aufklärerische Kampf gegen das Ançien Régime. Doch was brachte gestandene Männer, die Blüte der Aufklärung, dazu, seltsame Rituale auszuüben, sonderbare Zeremonien zu feiern und Geheimhaltung zu schwören? Was trieb sie dazu, sich zu verschwören? Welches Geheimwissen war dazu angetan, Persönlichkeiten wie Friedrich den Großen, Lessing, Diderot, Voltaire, Goethe, Knigge, Mozart, Haydn ... – die Liste mit Namen der Crème de la Crème der Aufklärung ließe sich seitenlang fortsetzen – so in sei-

In seiner Oper »Die Zauberflöte« verewigte der Freimaurer Mozart in der Figur des Sarastro den einflussreichen Logenbruder Ignaz Edler von Born.

nen Bann zu ziehen, dass sie Freimaurer wurden? Sie versprachen, sich von geheimnisvollen Oberen leiten zu lassen, die sie nicht kannten, und verschrieben sich mit Leib und Seele einem Bund, über dessen Ziele sie beim Eintritt und zumindest in den ersten beiden Graden so gut wie nichts wussten. Allerdings wäre es ihnen auch nicht gelungen, Genaueres über diesen Bund zu erfahren, selbst wenn sie es gewollt hätten. Offenbar waren sie bereit, das Risiko einzugehen. Doch wofür eigentlich?

Bei der Bearbeitung der »Alten Pflichten« hatte Reverend Anderson die Legenden und das geheime Wissen zusammengefasst. Sein Konstitutionsbuch der Freimaurer enthält die organisatorischen Grundlagen, die moralischen und philosophischen Leitsätze, die Grade, die Geschichte, die er aus den Zeiten der Bibel über die Werkmaurerei des Mittelalters bis zu seiner Zeit herleitete, und das Geheimwissen. In puncto Geheimnis blieb er allerdings sehr zurückhaltend, denn das durfte nur mündlich weitergegeben werden. Auf dem Kontinent löste diese Geheimnistuerei ein halbes Jahrhundert fieberhafter Recherche aus, die bisweilen tragische, manchmal auch komische Züge annahm. Dennoch lässt sich das Geheimnis der Freimaurer trotz Andersons Schweigen rekonstruieren.

ZEICHEN UND LEGENDEN

Um sich dem Geheimwissen der Freimaurer zu nähern, muss man sowohl ihr historisches Selbstverständnis als auch die Eigenbewegung des geheimen Wissens verfolgen. Dieses Wissen besteht aus Handwerkswissen, aus mathematischen und statischen Kenntnissen und aus mystischen, magischen, hermetischen und religiösen Lehren. Das alles ist nicht voneinander zu trennen, weil es sich unauflösbar bedingt und ineinander verwoben ist.

Da sich die Freimaurer als Erben der mittelalterlichen Baumeister verstehen, finden sich ihre Gründungsmythen im Alten Testament wieder. Die Notwendigkeit, sich durch geheime, nur den Experten bekannte Zeichen zu verständigen, entstand der Legende nach beim Turmbau zu Babel. Dort konnten die Baumeister, die aus verschiedenen Ländern mit unterschiedlichen Sprachen kamen, nicht miteinander kommunizieren. So wurden die Zeichen der Baumeister zu einem international verständlichen Zeichensystem, zu einer Art Verkehrssprache im »internationalen« Mittelalter. Bei diesen Zeichen handelte es sich sowohl um Konstruktionsschlüssel als auch um Erkennungsmerkmale, die den Lehrling oder Meister anzeigten. Zu den geheimen Erkennungszeichen, die nach dem Ritus der Londoner Freimaurer erst dem Meister mitgeteilt wurden, gehörten auch die »fünf Punkte« und das geheime »Maurerwort«, das dem jeweiligen Grad entsprechend unterschiedlich lautete.

Beides findet sich in den Legenden der Baumeister: Nach dem Tod Noahs, so hieß es dort, suchten seine Söhne nach etwas, das in der Arche gewesen sein musste, da Noah es ihnen nicht hinterlassen hatte. So kam Ham auf den Gedanken, nachzuschauen, ob der Vater es mit ins Grab genommen hatte. Die Söhne fassten folgenden Entschluss: Falls sie nichts fänden, sollte das erste Ding, auf das sie stießen, als Geheimnis gelten. Doch im Grab befand sich lediglich Noahs Leichnam. Als sie seine Hand nahmen, lösten sich die Finger. Die Söhne beschlossen, ihn aus dem Grab zu heben, und damit der Leichnam nicht zerfiel, wurde er an fünf Punkten abgesichert und herausgehoben: Fuß an Fuß, Knie an Knie, Brust an Brust, Wange an Wange und die Hand am Rücken. Sem sagte: »In den Knochen ist noch Mark.« Japhet antwortete: »Nein, es ist nur ein trockener Knochen.« Und Ham meinte: »Es stinkt.« (Knoop, Jones)

Die Freimaurer einigten sich darauf, dem Geheimnis folgenden Namen zu geben: »marrow« nach »marrow in the bone« (Mark in den Knochen). Im Schottischen verstand man unter »marrow« aber auch Partner, Kamerad. So könnte der Ausdruck »Here is yet marrow in this bone« als Umschreibung für das Wesen der Bruderschaft, nämlich die Kameradschaft, stehen. Oder es dient als Gedächtnisstütze für das geheime Maurerwort »mahabyn«.

Ebenso wie bestimmte Fußstellungen oder Handgriffe wurden die fünf Punkte wiederum zu einem geheimen Erkennungszeichen. Sie finden sich auch in einer Geschichte im biblischen »Buch der Könige«. Danach erweckte der Prophet Elischa ein Kind von den Toten, indem er »sich über das (tote) Kind (warf); er legte seinen Mund auf dessen Mund (1), seine Augen auf dessen Augen (2 und 3), seine Hände auf dessen Hände (4 und 5). Als er sich über das Kind hinstreckte, kam Wärme in dessen Leib. (...) Da nieste es siebenmal und öffnete die Augen.« (2 Könige 4, 33–36) Somit stehen die fünf Punkte auch für das ewige Leben, um das es in jedem Geheimwissen geht, um das, was ebenfalls bekannt ist unter dem Begriff des Heiligen Grals.

Um sie und um das geheime Meisterwort geht es auch in
der Hiram-Legende, die für die Freimaurer noch weit wichtiger
wurde: König Salomon erfüllte das Vermächtnis seines Vaters
David und begann mit dem Bau des Tempels auf dem Berg Morija in Jerusalem. Vorher schrieb er an den befreundeten König
Hiram von Tyrus, er möge ihn mit Materialien unterstützen und
ihm einen tüchtigen Baumeister schicken. Dieser entsprach dem
Wunsch und lieferte die Materialien nebst einem geschickten
Baumeister, der, nicht mit dem König zu verwechseln, Hiram
Abif hieß. Im Folgenden wollen wir ihn einfach Meister Hiram
nennen.

Meister Hiram also fertigte die für die Freimaurer so wichtigen Säulen Jachin und Boaz, und zwar, da er ein Schmied war,
aus Bronze. Innen, so erwähnt die Bibel als wichtiges Detail, waren sie hohl. Besonders wird in den Schilderungen das »Meer aus
Bronze« hervorgehoben, das Meister Hiram schuf. Aus diesem
biblischen Material entstanden verschiedene Hiram-Legenden,
die sich nur in Nuancen unterscheiden.

Der salomonische Tempel galt als perfektes Bauwerk und
wurde, da vom weisen Salomon geschaffen, gleichzeitig als
vollendetes geistiges Gebäude, als Symbol für die menschliche
Weisheit und Frömmigkeit, für ein gerechtes und vollkommenes
Leben schlechthin begriffen. Da Salomon ein König war, wurde
die Kunst der Errichtung des Tempels, die Baukunst, als königliche Kunst bezeichnet. Um das Vollendete zu schaffen, bedurfte es des Wissens, eines Geheimwissens, über das nur der
Meister verfügt, also Hiram.

Nun erzählt die Legende, dass drei Gesellen dieses Geheimwissen von Hiram erpressen wollten. Als die Bauleute wie üblich
in der drückenden Mittagshitze die Arbeit am fast vollendeten
Tempel ruhen ließen und Hiram, wie es seine Gewohnheit war,
den Tempel betrat, um allein und in Ruhe alles zu kontrollieren
und zu meditieren, postierten sich die verräterischen Gesellen an den drei Ausgängen. Meister Hiram schickte sich an, den

Tempel zu verlassen, da stellte sich ihm der erste Geselle in den Weg und verlangte nach dem Meisterwort. Als Hiram ablehnte, schlug er mit dem Hammer zu. Schwer verletzt taumelte der Meister zum zweiten Ausgang, aber dort trat ihm ebenfalls ein Geselle in den Weg. Wieder weigerte sich Hiram, das geheime Wort preiszugeben, und wurde mit dem Winkelmaß fast totgeschlagen. Mit letzter Kraft versuchte er, durch den dritten Ausgang zu entkommen, doch auch hier lauerte ihm ein Verräter auf, der ihn, als er sich wiederum weigerte zu antworten, schließlich mit dem Zirkel den Todesschlag versetzte.

Die Mörder befürchteten, dass ihre Tat entdeckt würde und begruben Hiram eilig auf einer Anhöhe in der Nähe. Doch bald wurde der Meister vermisst, und Salomon, der nichts Gutes ahnte, ließ ihn suchen – umsonst. Unterdessen wuchs auf Meister Hirams Grabhügel eine Akazie. Als einer der mit der Suche betrauten Gesellen sich neben dem Grabhügel setzte, um auszuruhen, bemerkte er, dass die Blätter der Akazie bluteten. Er rief seine Gefährten herbei, und gemeinsam gruben sie Hirams sterbliche Überreste aus. Mit Hilfe der fünf Punkte wurde der Leichnam, der bereits in Verwesung übergegangen war, aus dem Grab gehoben. Der erschrockene Ausruf des Gesellen, dass sich das Fleisch von den Knochen löse, »Macbenac!« (aber auch: »Makbenac, Mohabone, Mahabyne, Mac Benah«) wurde zum geheimen Meisterwort, einer Art Ersatzwort – das wahre konnte man vom toten Meister ja nicht mehr erfahren.

Anderen Deutungen zufolge wurde das Meisterwort mit »Er lebt im Sohn« oder »Der Sohn des toten Meisters« übersetzt. Wieder andere führen es auf die irischen Worte »Macha« (Schlachtfeld) und »Ben« (Ende) zurück oder »Mac« (Sohn), »Benah« (Tod) beziehungsweise »Beanag« (Witwe). Da Hiram im Alten Testament als Sohn einer Witwe erwähnt wird, nannten ihn die Freimaurer in ihren geheimen Ritualen auch den »Sohn der Witwe«. Auch das hebräische »mukhahbone« (Ein Baumeister wurde erschlagen) wurde als Bedeutung angeboten.

Eine Variante der Legende erzählt, die Königin von Saba habe König Salomon besucht, während noch an dem Tempel gebaut wurde. Sie verliebte sich in Meister Hiram, obwohl beide ein Eheversprechen band, und erkannte in ihm den Mann, der ihr prophezeit worden war. Salomon entdeckte das Verhältnis der beiden und ließ Meister Hiram von den drei Gesellen töten. Weil er wusste, dass Hiram tot war, ließ er nicht nach ihm suchen. Als jedoch bei der Einweihung des Tempels das bronzene Meer in Flammen aufging und niemand es zu löschen vermochte, wurde Hiram ausgegraben, und Gott erweckte ihn zu neuem Leben. Meister Hiram löschte das Feuer und verfügte sich danach in den Himmel. Allerdings hinterließ er Hoffnung, denn die Königin von Saba war von ihm schwanger. So kommt es, dass es noch heute Nachkommen des Meisters Hiram auf Erden gibt.

Beide Versionen der Hiram-Legende gehören bis heute zum Selbstverständnis der Freimaurer, auch wenn man sie nicht mehr wörtlich, sondern nur noch im übertragenen Sinn versteht.

Der salomonische Tempel wurde im 9. Jahrhundert v. Chr. errichtet. Selbst wenn man davon ausgeht, dass die Niederschrift des Bauberichts im biblischen »Buch der Könige« und im »Buch der Chronik« im 6. oder 5. Jahrhundert v. Chr. erfolgte – vielleicht etwas früher, vielleicht etwas später –, befinden wir uns immer noch in einer Welt, die eine Grundlage besaß, um die sie heute von Wissenschaftlern, vor allem von Physikern, die fieberhaft nach der einheitlichen Feldtheorie suchen, beneidet wird, nämlich eine Sicht der Welt als Einheit.

Aus dieser Zeit stammt die Gründungslegende der Freimaurer, aus einer Zeit, als die Errichtung des Gebäudes mehr bedeutete als den Bau eines protzigen Tempels. Durch diese Arbeit entstand praktisch ein Staat, der das alltägliche Lebens des Volkes ordnete. Das Christentum hat diesen Gedanken aus dem Judentum übernommen, wenn dort von der Kirche als von dem Haus und dem Volk Gottes die Rede ist. Das war und ist ganz wörtlich zu verstehen.

Nach der Zerstörung des salomonischen Tempels schritt Juda zu seiner Wiederaufrichtung unter dem Statthalter Serubabel, der uns später noch einmal begegnen wird. Mit großer Eindringlichkeit hatte der Prophet Haggai zuvor verkündet:

»Ist etwa die Zeit gekommen, dass ihr in euren getäfelten Häusern wohnt, während dieses Haus [gemeint ist der Tempel] in Trümmern liegt? (...) Nun aber spricht der Herr der Heere: Überlegt doch, wie es euch geht. Ihr sät viel und erntet wenig; ihr esst und werdet nicht satt; ihr trinkt, aber zum Betrinken reicht es euch nicht; ihr zieht Kleider an, aber sie halten nicht warm, und wer etwas verdient, verdient es für einen löchrigen Beutel. So spricht der Herr der Heere: Überlegt also, wie es euch geht. Geht ins Gebirge, schafft Holz herbei und baut den Tempel wieder auf! Das würde mir gefallen und mich ehren, spricht der Herr. Ihr habt viel erhofft und doch nur wenig geerntet; und wenn ihr es einbrachtet, blies ich es weg. Warum wohl? – Spruch des Herrn der Heere. Weil mein Haus in Trümmern liegt, während jeder von euch für sein eigenes Haus rennt. Deshalb hält der Himmel über euch den Tau zurück und die Erde hält ihren Ertrag zurück. Ich rief die Dürre über das Land und über die Berge, über das Getreide, über den Wein und das Öl, über alles, was der Boden hervorbringt, über Mensch und Vieh und über alle Arbeit eurer Hände.« (Haggai 1, 4–12)

Für die Freimaurer bedeutete das, und die Botschaft ist aktueller denn je: Wenn eine Gesellschaft ihren Kern, ihre Kultur, verloren hat, ihren Tempel, der ein Symbol ist für das, was die Freimaurer im 18. Jahrhundert Tugend oder Sittlichkeit nannten und zum Ziel ihres Geheimbundes erhoben, dann wird die Gesellschaft zerfallen, nichts wird ihr mehr glücken, und alles, was sie versucht, geht ins Leere. Um diesen Tempel zu errichten, nämlich eine brüderliche Menschheit, die in Freiheit, Gleichheit und Gerechtigkeit lebt, konnte man sich sehr wohl dazu motiviert fühlen, der geheimen Bruderschaft der Baumeister dieses Tempels beizutreten.

Und die Aufklärer waren motiviert! Da die Baupläne jedoch geheim waren und der Weg zu ihnen nur über eine Bruderschaft der edelsten Menschen führte, ließen sie sich gern einweihen, schworen Menschlichkeit und Verschwiegenheit, banden sich den Schurz um, eine Stilisierung der Handwerkerschürzen der alten Steinmetze. Der Schurz symbolisierte, dass sie als Freimaurer die Arbeit beginnen würden. Sie vollführten all die wichtigen und ethisch legitimierten Rituale, die aus dem Blickwinkel des Verstandes wie Schabernack wirken. Friedrich Schiller, der zwar von Freimaurern umgeben war, selbst aber nicht zu ihnen gehörte, dichtete dennoch ihre Hymne – zumindest ist nirgends genauer und gültiger formuliert, was die aufklärerischen Freimaurer antrieb, als in seiner »Ode an die Freude«: »Deine Zauber binden wieder,/ was die Mode streng geteilt,/ Alle Menschen werden Brüder,/ wo dein sanfter Flügel weilt.«

Diese Gründungslegenden, so märchenhaft sie uns im kalten Neonlicht unseres vermeintlichen Wissens auch vorkommen mögen, sind in ihrem Sinngehalt viel moderner, als es auf den ersten Blick erscheint. Legenden sind Teil eines alten überlieferten Wissens, wobei alt beileibe nicht überholt bedeutet. Hier kommt die Probe aufs Exempel.

Wer das erste Mal vor den Pyramiden von Gizeh steht, ist tief beeindruckt und fragt sich, wie es die Baumeister der alten Zeit ohne Rechner, ohne Kräne geschafft haben, diese Bauten zu errichten, und zwar so, dass sie mehr als 3000 Jahre überdauerten. Bauwerke wie die Pyramiden im Tal der Könige lassen uns heute ob ihrer Kühnheit und Perfektion verstummen – sie stammen aus der gleichen Zeit wie der salomonische Tempel. Und das Wissen der salomonischen und der altägyptischen Baumeister ist nicht verschwunden. Es wurde weitergegeben – im Geheimen, versteht sich.

Jeder wusste, dass Meister Hiram das wahre Meisterwort mit in das Grab genommen hatte und das geheime Wort nur eine

Art Ersatzwort darstellte. Deshalb suchten seine Nachkommen, die Freimaurer, nach dem wahren Meisterwort. In der Hiram-Legende fanden sie eine Spur: Der Baumeister hatte sein Geheimnis sehr wohl weitergegeben, nicht aber an Unwürdige verraten. Daraus entstand ein Code, den wir nicht mehr verstehen, weil wir nicht mehr in Zusammenhängen denken. Das Verständnis des Göttlichen, ja die Existenz Gottes, verwirklicht sich in der Arithmetik und in der ersten göttlichen Wissenschaft: der Geometrie. Gott ist so vollkommen, dass er sich allenfalls als Zahlenverhältnis verstehen lässt. Pythagoras, der als Mystiker das Göttliche suchte, drückte es in Zahlenverhältnissen aus – sein berühmter Satz entstand nicht als mathematische Ableitung, sondern als Ahnung der Dreieinigkeit. Er unternahm den Versuch, sich Gott durch reines, nicht von Sprache verfälschtes Denken zu nähern, indem er mit einem abstrakten Kommunikationsmittel zu Gott redete, in der »Sprache« der Mathematik.

DAS LICHT DER KATHEDRALEN

Und nun begann der spannende Prozess: Das geheime Wissen wurde fortentwickelt, weitergegeben und umgeformt. Bleiben wir bei der Baukunst: Die Juden, unter denen es fähige Baumeister gab, wurden im ägyptischen Exil für Bauarbeiten eingesetzt. Sowohl in Ägypten als auch in Jerusalem arbeiteten versierte Baumeister, die den Proportionsschlüssel der Statik kannten, jenen Code, mit dem man die richtigen Verhältnisse ausrechnen kann. Die Griechen entwickelten ihren eigenen Code, tauschten sich aber mit den Ägyptern aus. Als geborenen Mystikern galt ihnen Ägypten ohnehin als Ursprung allen mystischen Wissens. Deshalb waren sie darauf erpicht, jeden auch noch so banalen ägyptischen Papyrus zu erwischen.

In dieser Zeit kam es zu einer Teilung der bis dahin einheitlichen Weltanschauung, die immer wichtiger werden wird und dennoch bis heute in ihrer Tragweite und Bedeutung kaum erfasst wurde: Das Exoterische, das für Außenstehende, für die Öffentlichkeit bestimmte, das Sichtbare, und das Esoterische, nur für Eingeweihte zugängliche, das Verborgene, trennten sich voneinander.

Wenn im Folgenden der Begriff Esoterik auftaucht, wird darunter nicht das heutige pseudoreligiöse Getändel verstanden, sondern die eigentliche mystische Haltung. Dabei geht es immer um den Versuch, das Verborgene zu schauen. Es ist der Glauben ohne Politik, während das Exoterische das Amt, die Behörde, die Institution Kirche mit ihren Glaubensbeamten, Priester genannt, meint. Die äußere und sichtbare Kirche als Ort für die Massen, die eine verständliche und lebbare Lehre verkündete, verhüllte nun über die Jahrhunderte hinweg die andere Seite der Medaille: die zu ihr gehörende, aber nur einer Elite zugängliche spröde Lehre. Manchmal löste sich diese zu heftig aus dem Gesamtkontext und wurde zur Ketzerei, weil sie auf ihre Eigenständigkeit und Alleingültigkeit pochte, mit einem Wort, wenn sie selbst exoterisch werden wollte. In der Beschäftigung mit den geheimen Gesellschaften ist das Verständnis dieser Unterscheidung ebenso bedeutend wie hilfreich, denn die meisten geheimen, sprich esoterischen Gesellschaften besitzen exoterische Gegenstücke.

Doch weiter in der Geschichte: Das Römische Imperium verleibte sich die Gebiete der Juden, Ägypter und Griechen ein, und mit diesen Gebieten auch die Menschen, die über das Wissen verfügten und fortan für sie arbeiteten. Bereits in vorchristlicher Zeit schlossen sich die Baumeister in Rom zu Vereinigungen zusammen, in denen die Berufsgeheimnisse aufs Strengste gehütet wurden. An der Spitze stand ein »aedilis«, ein Meister, der über wissenschaftliche und künstlerische Bildung verfügte, dazu seine Tugend und Rechtschaffenheit nachgewiesen und unter Beweis gestellt hatte. Über diese Baumeistervereinigungen berichtet der römische Architekt, Ingenieur und

Schriftsteller Vitruv in seinen »Zehn Büchern über Architektur«. Das zwischen 33 und 22 v. Chr. entstandene umfassende
Lehrbuch der Baukunst wurde im 15. Jahrhundert wiederent-
deckt und hatte großen Einfluss auf die Architektur der Renaissance.

In der Frühzeit des entstehenden Abendlandes galt das Ta-
lent eines Baumeisters im Zweifelsfall mehr als sein Glaubensbekenntnis. Papst Gregor III., der den Stuhl Petri im Jahrzehnt
zwischen 731 und 741 innehatte, erließ die Anweisung, die Baumeister gut zu verpflegen und sie nicht zur Annahme des christlichen Glaubens zu drängen. Beides barg nämlich die Gefahr,
dass die raren Bauleute der Arbeit fernblieben und anderswo ihr
Glück versuchten. Letztlich war dem Papst eine fertig gebaute
Kirche wichtiger als eine bekehrte Seele.

Inzwischen wurde in Nord-, West- und Mitteleuropa erfolgreich katholisch missioniert. Die Gebiete, die sehr viel später Irland, Schottland, Frankreich, Deutschland und Österreich heißen sollten, wurden katholisch. Den Impuls dazu hatte am Ende
des 5. Jahrhunderts der Frankenkönig Chlodwig gegeben, der
sich in bewusster Konfrontation zu den meist arianisch-christ-
lich getauften Germanenkönigen katholisch taufen ließ. Die
Wohnbauten seiner Zeit waren zwar immer noch aus Holz, aber
durch die erfolgreiche Missionierung stieg der Bedarf an Klöstern und Kirchen aus Stein – und natürlich an Bauleuten, die sie
errichteten. So kamen römisch ausgebildete Bauleute aus Italien
nach Frankreich und Deutschland. Bei der Arbeit unterstützten
sie Laienbrüder und Leute aus der Umgebung, die zunächst
Hilfskräfte blieben.

Bald traten Männer mit herausragenden theologischen, wis-
senschaftlichen und magischen Kenntnissen hervor – der Mönch
Einhart, Freund, Berater und Biograph Kaiser Karls, und bedeu-
tende frühmittelalterliche Gelehrte wie der Fuldaer Mönch
Alkuin oder Paulus Diaconus –, die zu Baumeistern wurden. Im
Laufe der Zeit ging ihr Wissen auf die Laienbrüder und Hand-

langer über, die sich zu Bruderschaften zusammenschlossen und von Bauplatz zu Bauplatz zogen, um Klöster und Kirchen zu errichten. Ihr erworbenes Wissen – wie man etwa ein Gewölbe konstruiert und den Schlussstein so setzt, dass es nicht zusammenstürzt – hielten sie geheim.

Es muss ein malerisches Bild gewesen sein, wenn sich eine solche Baubruderschaft mit ihrem Tross auf den Weg zum nächsten Auftrag machte: Wohl 30 bis 50 Personen zogen dann mit Pferd und Wagen über die unsicheren Straßen. In der Mitte Frauen, Kinder und das wertvolle Werkzeug, das aus Zirkel, Winkelmaß, Hammer und Steinäxten bestand, vielleicht noch ein Lot, außen die herben Gesellen. Selbst schuld, wer es wagte, diese wehrhafte Gemeinschaft anzugreifen. Räuber gab es in diesen unsicheren Zeiten genug, aber sie waren nicht lebensmüde.

So kam es also im Lauf des Mittelalters zur Bildung von Bauvereinigungen, die ihr fachliches Wissen aus so vielen Quellen bezogen, dass es selbst aus ihrer Sicht nicht mehr zurückverfolgbar war. Dieses Wissen bildete eine vielschichtige Einheit, dem man durch den Versuch, es in religiöse, mystische und mathematische Bestandteile aufzugliedern, nicht gerecht wird.

Für den Menschen des Mittelalters gab es noch nicht die rührend-verzweifelte Originalitätssucht unserer Tage. Er wollte nichts Neues schaffen, sondern, so gut er irgend konnte, in Einklang mit den großen alten Traditionen leben, deren Idealmaß treffen und die Dinge in diesem Sinn vervollkommnen. Selbst die Renaissance verstand sich später als eine Wiedergeburt der Antike, und nicht als ein Fortschritt gegenüber dem Mittelalter. Als Gegenpol zur unvollkommenen Gegenwart, die in eine falsche Richtung lief, begab man sich auf die Suche nach dem unverfälschten, reinen »Alten«. Die ganze Renaissance widmete sich ungemein erfolgreich und wirkungsvoll der Illusion, man könne die Verhunzung des edlen »Alten« korrigieren. In diesem Irrglauben schufen die Menschen der Renaissance etwas, das sie nicht beabsichtigt hatten: das Neue.

Es waren die Mönche der Zisterzienserabtei im burgundischen Cluny, die durch eine neue, höchst erstaunliche Technik, die durch die Bauweise von Gewölben und Türmen zur Gotik überleitete, umwälzende Veränderungen in den Baubruderschaften auslösten. Mehrere Gründe führten dazu, dass die Zisterzienser zum sagenumwobensten Orden des Mittelalters wurden: Zum einen war ihr Abt, Bernhard von Clairvaux, ein Mystiker. Zum anderen besaßen sie einen militärischen Schwesterorden – die Templer. Der Mythos der Tempelritter spielt bis in unsere Tage hinein in Geheimbünden und groß angelegten Verschwörungstheorien eine Rolle, denn mit diesem Orden verbindet sich eines der größten und bis heute nicht gelüfteten Geheimnisse des Mittelalters, das breiten Raum für Spekulationen bietet: die Gotik.

Durch den neuen Baustil, diese gewaltigen, so verspielt wie ernsthaften, in die Höhe strebenden gotischen Kathedralen, Münster und Dome, sah sich die Baukunst der Zeit einer ungeheuren Herausforderung auf dem Gebiet der Planung und statischen Berechnung gegenüber. Die Baumeister, die dem neuen, außerordentlich anspruchsvollen Stil gerecht zu werden vermochten, gewannen nicht nur professionellen Ruhm – man erhob sie zu Magiern, die bei der Errichtung der aufwändigen Sakralbauten mit Stein und Mörtel zauberten.

Im Zusammenhang mit den Freimaurern lohnt es sich, die Bedeutung dieser heiligen Bauwerke für den mittelalterlichen Menschen genauer zu betrachten, denn für ihn waren sie mehr als kunstvoll gefügte Steine. Im inneren Kern der Baukunst liegt das Geheimnis der Welt verborgen, nach dem der Freimaurer sucht.

Forscht man nach einem Bild für den Glauben und das Denken im Mittelalter, so findet es sich in der gotischen Kathedrale perfekt umgesetzt. Sie ist das vollendete Bauwerk schlechthin. Ihre Architektur spiegelt die Struktur und Gestalt der Gesellschaft. In ihr ist der gesamte mittelalterliche Kosmos mitsamt seiner Weltanschauung in Glas, Stein, Metall und Holz nachgebildet. Mit einer bis dahin unbekannten Entschiedenheit strebte

die Kathedrale hinauf zu Gott. Die kräftigen Pfeiler ließen keinen Zweifel daran, dass es um das Himmelreich und um die Erlösung des Menschen ging. Spürt man den Empfindungen des
mittelalterlichen Menschen in einer Kathedrale nach, fühlt man
sich konkret an die Rituale der Freimaurer wie auch anderer Geheimbünde erinnert.

Dabei sind diese Bauwerke nicht etwa einfach oder überschaubar, sondern geradezu verspielt: breit im Ansatz. Mit verschiedenen architektonischen Mitteln präsentiert die Kathedrale
den Gedanken der Welt als Einheit, des Weltganzen. In der Kathedrale vereinigen sich viele Räume zu einem einzigen. Dass
diese Vielfalt ohne Ungleichheiten auskommt, macht das Wunder aus. Vor dem Eintritt erwartet den Gläubigen Geschichte,
die ihn auffordert, die banale und öde Welt hinter sich zu lassen,
bereit zu sein für das Wunder, das ihn im Innern anrühren wird.
Das Wunder, das ihn erwartet, besteht in der Teilhabe am Geheimnis, in der Offenbarung der Ganzheit. Wer eintritt, braucht
keine Hoffnung mehr, denn er bekommt etwas Besseres dafür,
nämlich die Gewissheit des Glaubens. Sobald er durch die hohen Türen unvermittelt in das Hauptschiff gelangt, mag er zunächst benommen sein von der übermenschlichen Zumutung
des gestalteten Raums, die ihn umfängt. Doch bald schon spürt
er, dass der Raum nicht leer ist. In ihm ist Substanz, eine Aura,
die den Menschen ergreift und aufnimmt.

Wie der Mensch verloren war im unendlichen Raum der
Ewigkeit und erst durch Gott aufgehoben wurde, so schwand
das Gefühl der Verlorenheit im hochgotischen Raum durch die
Aura Gottes, die ihn umfing. Er nahm Gott als Licht des Lebens
wahr, das durch die große vielfarbige Glasrosette, die majestä-
tisch über dem Altar zu schweben schien, ins Kirchenschiff
drang. Er sah zu den anderen Fenstern, durch die ebenfalls das
Licht Gottes brach, durch bemalte Scheiben, die Geschichten
von Menschen und vom Glauben erzählten. Alles war Komposi-
tion und Inszenierung.

Die mittelalterlichen Baumeister gaben diesen Empfindungen den architektonisch passenden Ausdruck. Kaum jemand kann sich heute vorstellen, was wirkliche Dunkelheit ist. Wann erlebt der moderne Mensch, der selbst in der Nacht das Streulicht von Städten, Eisenbahntrassen, Straßenbeleuchtungen und Autos wahrnimmt, die völlige Finsternis? Der mittelalterliche Mensch dagegen erfuhr noch sehr direkt den Unterschied von Licht und Finsternis, von Wärme und Kälte, von Sommer und Winter. Heute scheint es fast unmöglich, das ganze Ausmaß der Lichtmetaphorik des Mittelalters nachzuempfinden.

Doch wäre das lediglich die Voraussetzung dafür, um die Inszenierung des Glaubens im Spiel des Lichtes und der Farben in der gotischen Kathedrale dem Menschen des Mittelalters nachzuempfinden: »Und ich sage, dass in diesem Lichte alle Kräfte der Seele sich erhöhen.« (Meister Eckhart, Predigt 71) Erst hier verdeutlicht sich ganz praktisch, erfahrbar für jeden, dass alles durch das Licht lebt und das Licht ist Gott, denn »Gott ist die Wahrheit und ein Licht in sich selbst. Wenn denn Gott in diesen Tempel kommt, so vertreibt er daraus die Unwissenheit, das ist die Finsternis, und offenbart sich selbst mit Licht und mit Wahrheit«, heißt es bei Meister Eckhart. Der von Unwissenheit gereinigte Tempel, in dem sich Gott in seinem Licht offenbart, ist die gotische Kathedrale.

So erfährt der Mensch des Mittelalters, indem er die Kathedrale betritt, seine Nichtigkeit in zunächst vernichtender Weise, gleichzeitig aber wird diese Nichtigkeit tröstlich in der Allheit Gottes aufgehoben, indem der Glaube ihn zum – im mittelalterlichen Sinn – Subjekt der Großen Heilsgeschichte macht, die sich im Aufstreben der gesamten Architektur vermittelt. Er muss nach Meister Eckhart seine Nichtigkeit erfahren, um aufgenommen, um erhoben werden zu können, denn diese Vernichtung stellt auch eine Reinigung dar, indem sie ihn durchlässig macht und Raum in ihm schafft, Raum für Gott. In diesem unfasslichen Raum wird die Architektur zum Drama des Menschen, in dem alle Stationen seines Lebens und die Metaphysik seines Daseins gestaltet worden waren. Unter ihm in den Grüften die ewige Erinnerung an die Vergänglichkeit, über ihm das Licht Gottes, das den hohen Raum des Glaubens mit Leben erfüllte, und zur rechten und zur linken Seite des Kirchenschiffes die Kapellen, die man einzelnen Heiligen widmete, um den Menschen an den Preis des Glaubens, an Leid und Martyrium, an die Blutzeugen der Wahrheit, zu denen für die Freimaurer auch Meister Hiram zählt, zu erinnern.

Und in manchen Kathedralen finden sich sogar versteckte Hinweise eines Abweichens von der Lehrmeinung, als habe sich die Gesamtheit dieser Welt selbst mit ihren Häresien in dem Raum Gottes eingefunden, um so die Universalität und den Facettenreichtum des Glaubens selbst in seinen häretischen Ausprägungen widerzuspiegeln. In Hinblick auf die *Rosenkreuzer* gefragt, stellt nicht die überbordende Lichtmetaphorik, ihre Realität in der baulichen Inszenierung nicht bereits Ketzerei dar, die Häresie des Meisters Eckhart?

Aber Gott bleibt felsenfest die Einheit, der die verspielte Vielfalt mit strenger Schönheit zusammenhält. Dabei darf man sich Gott nicht als Fundament vorstellen, sondern er ist in der gesamten Vielfalt anwesend, mehr noch, es ist die ungeteilte Anwesenheit Gottes in allem, die alles zur Einheit, zur Raumeinheit, zur Welteinheit zusammenfließen lässt.

Die Kathedrale ist in ihrer Perfektion der krönende Abschluss des Mittelalters und mithin der Gipfel der Metaphysik, indem sie den in Architektur Gestalt gewordenen Höhepunkt der drei metaphysischen Zeitalter Altertum, Patristik und Mittelalter versinnbildlicht. So schön kann nur ein großes Finale sein, und wahrlich, in der Kathedrale wird zum letzten Mal die Welteinheit des europäischen Mittelalters zusammengehalten, bevor es auseinander bricht. Hier findet zum letzten Mal das universale Fest der europäischen Christenheit statt, ehe es in Christentümer zerfällt und der Glaubensstreit Europa teilt.

Die Schöpfer der Kathedralen findet man in den meisterlichen Steinmetzen, denen die Leitung der jeweiligen Dombauhütte anvertraut war. Dahin sehnten sich die mystisch Begabteren unter den Freimaurern zurück, darin erkannten sie ihre Gründungsmonumente, ihren salomonischen Tempel. Nicht umsonst schufen die englischen Freimaurer den sonderbar neben den drei sogenannten Johannisgraden (»Lehrling«, »Geselle«, »Meister«) stehenden Grad des »Royal Arch«, den Grad des königlichen Gewölbes – eine deutliche Anspielung auf die mittelalterliche Gewölbekunst.

BAUMEISTER UND FREIMAURER

Da die mittelalterlichen Baumeister, Steinmetze und ihre Gesellen von Abgaben befreit waren, sich dorthin bewegen konnten, wohin sie wollten, und eine eigene Gerichtsbarkeit besaßen, nannte man sie auch freie Maurer. Viele kontinentale Steinmetze versuchten in Schottland und England ihr Glück, wobei man sich vor Augen halten muss, dass damals die Handwerker – vor allem Baumeister und Steinmetze, aber auch Wissenschaftler, Theologen und Mönche – wesentlich mobiler waren, als wir uns das heute vorstellen. Albertus Magnus zum Beispiel kam im schwäbischen Lauingen zur Welt. Er studierte in Paris, ging zum Dominikanerorden nach Köln, wurde dann Bischof von Regensburg, zog anschließend als Kreuzzugsprediger durch das Heilige Römische Reich Deutscher Nation und verbrachte schließlich seine letzten Jahre wiederum in Köln.

Es gab also eine gewisse Fluktuation unter den Gesellen und Meistern, was Erwin von Steinbach, den deutschen Dombaumeister in Straßburg, dazu bewog, die wichtigsten deutschen, französischen, italienischen und englischen Steinmetze zu seiner Dombauhütte zu rufen, um sich mit ihnen auf gemeinsame Regeln, Vorschriften, Normen und geheime Zeichen zu einigen.

Diese Regeln, aus praktischen Bedürfnissen entstanden, bilden die Grundlage für viele Rituale der modernen Freimaurer. Aus der Mitgliedschaft in den Vereinigungen der Baumeister ergaben sich sowohl Pflichten wie Privilegien: So musste ein Meister einem wandernden Gesellen Arbeit geben. Gab es keine, war er verpflichtet, ihm Geld und Verpflegung zur Verfügung zu stellen, damit der Geselle zum nächsten Meister wandern konnte.

Um sich als Mitglied einer Bruderschaft zu erweisen, musste der Geselle wiederum das Passwort nennen, einen bestimmten Handgriff vornehmen oder eine spezielle Fußstellung einnehmen – Dreieck, rechter Winkel, spitzer Winkel, stumpfer Winkel, auch Schmiege genannt, oder eine Biege. Ausweise, mit denen man sich legitimieren konnte, gab es damals noch nicht, und so half man sich mit geheimen Zeichen und Worten. Außer der Fußstellung und dem Handgriff gab es noch einen Prüfungsdialog:

»Mit Gunst und Erlaubnis! Ist er ein Steinhauer?

Mit Gunst und Erlaubnis! Es steht zu probieren.

Mit Gunst und Erlaubnis! Was steht zu probieren?

Mit Gunst und Erlaubnis! Das steht zu probieren, dass ich ein Steinhauer bin.

Mit Gunst und Erlaubnis! Wie probiert er mir solches?

Mit Gunst und Erlaubnis! Mit der Zeit meiner Lehrzeit, mit meiner Kunst und also mit Gunst. (...)

Mit Gunst und Erlaubnis! Wer hat ihn zum Steinhauer gemacht?

Mit Gunst und Erlaubnis! Ehrbare Meister und Gesellen.

Mit Gunst und Erlaubnis! Warum ist er ein Steinhauer?

Mit Gunst und Erlaubnis! Weil ich von einem ehrbaren Steinhauer aufgenommen worden auf drei Jahre zu lernen. (...)

Mit Gunst und Erlaubnis! Woran erkennt man, dass er ein Steinhauer ist?

Mit Gunst und Erlaubnis! Daran, weil ich meine Lehrjahre hab ausgestanden, dass ich kann reisen zu Wasser und zu Land

(...), dass ich kann zusprechen bei ehrbaren Steinhauermeistern und Gesellen nach Handwerksbrauch und Gewohnheit. (...)

Mit Gunst und Erlaubnis! Welches ist der erste Steinhauer gewesen?

Mit Gunst und Erlaubnis! Der Elogius oder Moses. (...)

Mit Gunst und Erlaubnis! Was für einen Stein hat er gemacht?

Mit Gunst und Erlaubnis! Einen Dauchstein. (...)

Mit Gunst und Erlaubnis! Wohin hat er ihn gemacht?

Mit Gunst und Erlaubnis! Zum babylonischen Turm.

Mit Gunst und Erlaubnis! Welches ist der erste Baumeister gewesen?

Mit Gunst und Erlaubnis! Johannes der Epistel. (...)

Mit Gunst und Erlaubnis! Warum trägt er einen Schurz?

Mit Gunst und Erlaubnis! Allen braven Steinhauern zur Ehr und mir zum Nutz, dass ich kann die Scham bedecken und ein Hundsfott zum Trutz.

Mit Gunst und Erlaubnis! Warum trägt er einen Maßstab und wie versteht er seinen Maßstab?

Mit Gunst und Erlaubnis! Ich verstehe meinen Maßstab von einem Schuh auf einem halben Schuh auf einen viertels Schuh, von einem viertels Schuh auf einen Zoll und wie ich als ein rechtschaffener Steinhauer meinen Maßstab verstehen soll.

Mit Gunst und Erlaubnis! Warum trägt er einen Cirkul?

Mit Gunst und Erlaubnis! Auf einen ehrbaren Gesellentisch [das heißt: aus drei verschiedenen Punkten den Kreismittelpunkt zu finden, der Verf.].

Mit Gunst und Erlaubnis! Wie viel haben wir Hauptpunkte?

Mit Gunst und Erlaubnis! Sieben:

Die Schuldigkeit.

Wie ich mich zu verhalten habe bei dem Gesellen.

Bei dem Meister.

Bei dem ehrbaren Anschlag.

Warum ich Steinhauer bin.

Wer das ehrbare Handwerk aufgerichtet hat.
Wo das ehrbare Handwerk aufgerichtet worden ist.«
(Schottner)

Ob dieser Prüfungsdialog aus der Zeit der Domhütte stammt oder irgendwann als Erkennungszeichen eingeführt wurde, ist nicht mehr festzustellen, da man ihn erst sehr viel später schriftlich niederlegte. Die jeweiligen geheimen Zeichen, Passworte und Prüfungsgespräche wurden dem Lehrling, Gesellen oder Meister erst dann, und zwar mündlich, bekannt gegeben, wenn er seiner Stellung gemäß aufgenommen worden war. Die Zeichen, Worte und Dialoge veränderten sich mit dem Grad des Neuankömmlings, der nicht nur seine Zugehörigkeit zur Bruderschaft, sondern auch seinen Grad, das heißt sein handwerkliches Wissen, seine Fertigkeiten und Erfahrungen, nachzuweisen hatte.

Die ganze Prozedur sollte verhindern, dass sich irgendjemand in die Bruderschaft einschleichen konnte oder Vorrechte genoss, die ihm nicht zustanden. Darüber hinaus trug sie dazu bei, die Werksgeheimnisse zu bewahren. Bis tief ins Mittelalter hinein erhielt sich bei den Baumeistern und den Schmieden ein beinah heidnisches Bewusstsein der Heiligkeit ihres Berufes. Man war ein exklusiver Club und wollte es auch bleiben.

All diese Aspekte der Vereinigungen der Steinmetze und freien Maurer – die Legenden, die Kenntnisse, die Grade, die Auserwähltheit, der Schutz vor Fremden, die sich untereinander helfende Bruderschaft und natürlich das geheime Wissen – waren es, die ihre Attraktivität für spätere Geheimbünde ausmachten.

DAS GEHEIME WISSEN

Zu den ältesten Geheimnissen der Baumeister gehört ein besonderer Konstruktionsschlüssel, der sogenannte Achtort, der nur
mündlich von Baumeister zu Baumeister weitergegeben wurde.
Ort bedeutete in der Sprache der Baumeister und Steinmetze
»Eck«. Ein Achtort war also ein Achteck, und zwar ein Kreis, der
zwei um 45 Grad gedrehte Quadrate mit Achs- und Diagonal-
linien enthielt. Man stelle es sich vor: Für gewaltige Bauwerke wie
den Kölner Dom oder das Straßburger Münster wurden keine
Bauzeichnungen erstellt, der Baumeister bestimmte die Propor-
tionen und damit die Statik durch diesen Konstruktionsschlüssel. Die Meister, die die Steine für den Bau nach diesen Angaben
maßstabsgerecht herzustellen hatten, trugen eine ungeheure
Verantwortung: Wenn sie nicht das »rechte Maß« umsetzten,
würde der Bau misslingen. Dem »rechten Maß« kam somit eine
entscheidende Bedeutung zu, als Maß für den Bau, aber auch als
Maß für das Leben.

Das geheime Wissen der Freimaurer ist letztlich das Wissen
von der rechten Art, zu leben, die das Leben nicht mit dem Tode
enden lässt, sondern es nur weiterführt. Der Skandal der End-
lichkeit des Menschen in einer unendlichen Welt treibt ihn
an, an dieser Unendlichkeit teilzuhaben, die er in einer letzten
Wahrheit sieht, die man Gott nennen kann. Wie an der Be-
schreibung der Kathedrale sichtbar wurde, war sie für den mittelalterlichen Menschen Schöpfung und Sinnbild zugleich.
Insofern fanden sich die sittlichen, philosophischen und mystischen Bestrebungen der Menschen des 18. Jahrhunderts in den
Traditionen, Bräuchen und Geheimnissen der Freimaurer des
Mittelalters wieder. Hinter Hiram stand einmal in weiter my-
thisch-historischer Entfernung der König Salomon selbst, aber
in kürzerer Perspektive verbarg sich hinter Hiram niemand
anderes als die große, bis heute nicht ganz erkannte Figur des
Albertus Magnus.

Albertus Magnus arbeitete eng mit der Kölner Dombauhütte zusammen und vermittelte altes Wissen, das er im Studium der zum Teil verpönten heidnischen Philosophie erwarb. Von den Baumeistern lernte er die Kunst des Gewölbes. Albertus wird zum Stammvater einer philosophischen Richtung, die von Dietrich von Freiberg und vor allem von Meister Eckhart zur Hochkultur der deutschen Mystik führt. Von diesem Denken nahm der geheimnisvollste aller Geheimbünde, wie wir bald sehen werden, seinen Ausgang.

Zum einen wurde also handwerkliches Wissen, das zugleich mystisches Wissen war, über eine lange Tradition weitergegeben, zum anderen gelangte Albertus, der die Bauhütten in Köln und Straßburg stark beeinflusste, über das Studium der Bücher zu hermetischem und mystischem Wissen, das er mit alchemistischem, botanischem, physikalischem, theologischem und mathematischem Wissen zu einer Gesamtschau verband, denn das, was wir so sorgsam trennen, galt ihm nur als eine große Manifestation Gottes und die wissenschaftliche Betätigung als zwar niedere, aber notwendige Schau Gottes.

Insofern wurde die Kathedrale zum Bauwerk Gottes, zum Sinnbild einer innerweltlichen Gesamtheit, der Heimat des Menschen, um die es Generationen von Freimaurern, aber auch *Rosenkreuzern* gehen sollte. Der Historiker Heidelhoff schrieb darüber: »Albertus benützte zu seiner Bildung vieles aus den Schriften des Hermes Trismegistos und Plato und brachte den berühmten Lehrsatz des Pythagoras in Anwendung für den Kirchenbau. Dieser Lehrsatz gründete sich auf die Einheit, welche er in das Achtort, als den Mysterien-Schlüssel seiner neu erfundenen Baukunst legte; es ist dies aber das Eine, die Kraft, das unerforschliche Etwas, der Anfang und das Ende aller Zahlen, welche alle anderen Zahlen einschließe und doch selbst keine Zahl ist; es ist weder gerade noch ungerade, und macht doch beides aus, entspringt aus keiner Zahl und lässt sich durch keine arithmetische Formel herstellen usw. es ist – Gott! – und Gott ist

Eins, und Eins ist ohne Anfang und Ende, – ewig –, was zu allen Zeiten durch den Zirkel, oder den gerechten Kreis symbolisch ausgedrückt wurde. Im Zirkel ist die Kraft, die Festigkeit, das beharrliche Streben stets wieder an den ersten Ausgangspunkt zu gelangen ausgedrückt, er ist das wirksamste Instrument der praktischen Baukunst«. (Schottner)

Der Legende nach war es Albertus Magnus, der den Achtort einführte und den Plan für den Kölner Dom entwarf. Seinen Zeitgenossen galt er als Universalgenie, als Baumeister, Prediger, Wissenschaftler, aber auch als Magier und Zauberer. Die Legende berichtet, dass Albertus eines Nachts Besuch bekam. In Begleitung der Jungfrau Maria erschienen vier Männer: ein Greis, ein älterer Mann, ein Mann in den besten Jahren und ein Jüngling. Bei sich trugen sie vier Symbole: einen Winkel – das Gesetz und die rechte Lebensweise –, einen Maßstab – die weise Einteilung der kurzen Lebenszeit des Menschen –, einen Zirkel – die geschlossene Bruderschaft – und einen Richtscheit – die Gleichheit der Brüder untereinander symbolisierend. All diese Sinnbilder sollten die modernen Freimaurer mit dem dazugehörigen Symbolgehalt übernehmen.

Um nicht in unzulässiger Weise den König Salomon als ersten Meister zu vereinnahmen, erhöhte man die bedeutende Nebenfigur Hiram, auch aus der Erfahrung heraus, dass sich Bauherren, die Könige und Päpste und Bischöfe, die großen Herren zwar nannten, aber die wahren Baumeister die unbekannten Steinmetze waren, die sich mit geheimen Steinmetzzeichen, einer Art früher Graffiti, in ihren Werken verewigten. An den Kirchen des Mittelalters finden wir die Zeichen der Meister reichlich, ohne zu wissen, wer sie in Wirklichkeit waren und ihr individuelles Schicksal zu kennen. Es gelang nur bei einigen wenigen wie Erwin von Steinbach oder Peter Parler. In der Nebenfigur Hiram Abif, die doch recht viel Raum in der Geschichte vom Bau des Tempels im Alten Testament einnahm, erkannten sich die namenlosen Baumeister des Mittelalters wieder, die

Werkmeister, die in den Bauhütten die Arbeit leisteten. So ist uns der sagenhafte Hiram Abif dreierlei, erstens der König Salomon selbst, zweitens ein Monument der anonymen Werkmeister, drittens Albertus Magnus. Wenn man bedenkt, dass der Ausdruck Gotik erst im 16. Jahrhundert eingeführt wurde und man zuvor vom »deutschen Baustil« sprach, dann kann man ermessen, welche Bedeutung die deutschen Bauhütten des Mittelalters in ihrer handwerklich-mystischen Gestalt für die späteren Vereinigungen der Steinmetze und freien Maurer besaßen – und über deren Vermittlung für die Geheimbündler.

Diese Vermittlung erfolgte in einem stetigen Prozess, der sich über rund 200 Jahre erstreckte. In England und Schottland erlebte die Bauwirtschaft im 17. und 18. Jahrhundert durch wirtschaftlichen Wohlstand und das Entstehen einer bürgerlichen Gesellschaft einen unerhörten Aufschwung. Aus Baumeistern wurden Architekten und Bauunternehmer, die in die gute Gesellschaft aufstiegen. Immer häufiger traten Nichtmaurer in die Logen der Freimaurer ein, die großes Interesse am Brauchtum, den bruderschaftlichen Regeln, der Form einer abgeschlossenen Öffentlichkeit und am Geheimwissen zeigten. Standen bei manchen Freimaurerlogen bei Lichte betrachtet die Tafelfreuden eher im Mittelpunkt, so wurde in anderen sich mit der königlichen Kunst als Theorie des rechten Lebens und der Geometrie als Urgrund aller Philosophie und Baukunst befasst. Aber auch Zahlenmystik, Magie und Okkultismus, die »Wissenschaft« des Umgangs mit Geistern, standen im hohen Kurs. Das Ende des 17. und das 18. Jahrhundert waren durch die rationale Seite der Aufklärung geprägt, zeigten aber auch deren dunkle Seite, die mit dem Verstand nicht zu fassen war. Der Physiker Isaac Newton legte mit Hingabe die apokalyptischen Bücher des Propheten Daniel aus und der Mathematiker und Astronom Johannes Kepler war überzeugter Astrologe.

Die nicht berufsmäßigen Maurer wurden als angenommene (»accepted«) Freimaurer bezeichnet. Sie gründeten eigene Logen, in denen es immer professionelle Maurer gab. Schließlich schied man in England und Schottland die Logen der Werkmaurer als Berufsverband von den Logen der nicht berufsmäßigen Maurer, die man symbolische oder spekulative Freimaurer nannte. Diese übernahmen die Regeln und Gesetzmäßigkeiten der Werkmaurerei: Sie halfen in Not geratenen Brüdern und hielten ihre Logen als »Arbeiten« ab, die der »Meister vom Stuhl« mit Hammerschlag eröffnete. In den »Arbeiten« wurde über wissenschaftliche und gesellschaftliche Themen referiert, auch über esoterische. »Geistreiche Männer aller Wissenszweige und Stellungen, die überzeugt waren, dass Liebe und Freundschaft der Mörtel der Loge sind, baten ernsthaft darum, als Maurer aufgenommen zu werden, da sie sich zu dieser friedlichen Bruderschaft mehr hingezogen fühlten als zu anderen Gesellschaften, die damals oft durch hitzige Debatten gestört wurden«, notierte Reverend Anderson, der Bearbeiter der »Alten Pflichten«.

Die Symbole der spekulativen Freimaurer hießen Zirkel, Winkel, Sonne, Maßstab, Hammer. Ihre Loge kopierte auch äußerlich eine Bauhütte, einen rechteckigen Raum, der anfangs mit Kreide einfach auf den Boden des Nebenzimmers der beherbergenden Gaststätte gezeichnet wurde. Ein Teppich mit den Symbolen wurde ausgerollt. Entweder befanden sich auf dem Teppich die Säulen Jachin und Boaz, oder sie wurden als Nachbildungen vor den Teppich gestellt. Laut einer Legende versteckte Noah vor der Sintflut das gesamte göttliche Wissen in den Hohlräumen der Säulen Jachin und Boaz und vergrub sie anschließend. Wahrscheinlich war es das, wonach seine Söhne vergeblich gesucht hatten.

Jemand, der als »Lehrling« aufgenommen werden wollte, musste als Erstes Verschwiegenheit schwören. Dann wurde er von einem »Meister« hinausgeführt, in die Pflichten eingewiesen und über die Zeichen, Worte und Haltungen seines Eintritts belehrt. Danach betrat er wieder die Loge und sprach: »Hier komme ich, der jüngste und letzte eingetragene Lehrling, der ich

Symbolfigur aus den Kennzeichen der Freimaurer: Sonne, Zirkel, Winkelmaß und Schurz, (18. Jh.)

Aufnahme in eine Freimaurerloge: Der Kandidat trägt ein weißes Hemd, das die rechte Brust und die Schulter freigibt.

bei Gott und dem heiligen Johannes, bei dem Winkel und dem Zirkel und dem Maßstab vereidigt bin, zum Dienste meines Meisters in der ehrenwerten Loge vom Montag am Morgen bis zum Sonnabend zur Nacht gegenwärtig zu sein und deren

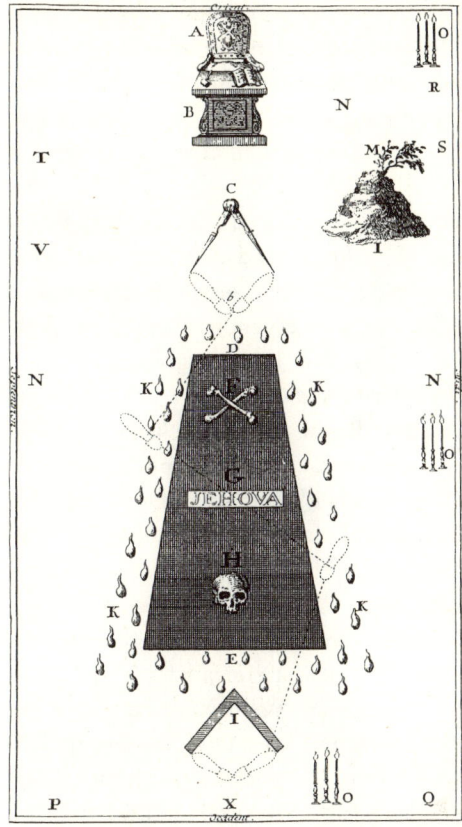

Rituelle Aufstellung bei der Initiation eines Freimaurer-Meisters: im Osten der Großmeister (A), im Westen der Kandidat (X), (18. Jh.).

Schlüssel zu bewahren, unter keiner geringeren Strafe, als meine Zunge unter meinem Kinn abgeschnitten zu bekommen und innerhalb der Flutmarke, wo niemand es wissen wird, begraben zu werden.« Nun machte er das Zeichen, das darin bestand, dass er die Hand unter seinem Kinn über seine Gurgel führte. Schließlich wurden ihm das Passwort und die Erkennungszeichen genannt.

Bei der Aufnahme als »Meister« wurde ein Prüfungsdialog veranstaltet, der aus den alten Riten stammte und in seiner Dra-

maturgie sehr an den oben zitierten Erkennungsdialog der Steinhauer erinnerte. Diese Rituale sind in den beiden schon genannten alten Manuskripten, dem »Regius-Manuskript« und dem
»Cooke-Manuskript« aus dem 14. Jahrhundert, überliefert. Diese
Texte erzählen in Versen die verschiedenen Ursprungslegenden
der Freimaurer.

Zunächst unterschied man in den Logen nur zwischen diesen
beiden Graden, dem des »Lehrlings« und dem des »Meisters«.
Doch bald schon wurde der Grad des »Gesellen« dazwischen-
geschoben. Die englische *Freimaurerei*, auch blaue *Freimaurerei*
genannt, kennt seitdem nur diese drei Johannisgrade.

Bei der Schaffung eines vierten Grades durch irische Freimaurer, nämlich des mysteriösen »Royal Arch«, spielt die Legende
vom zweiten Tempelbau, die im Buch des Propheten Haggai
zum Ausdruck kommt, die entscheidende Rolle. Der Name des
göttlichen Baumeisters wurde auf einem goldenen Dreieck in einem Geheimwort festgehalten und liegt in einem unterirdischen
Tempelgewölbe vergraben. Neun Bogen streben in die Höhe,
um immer über den Wassern der Sintflut, die hereinbrechen
wird, zu stehen. Im neunten Bogen ist ein quadratischer Stein
mit einem eisernen Ring eingelassen. Wenn man den Stein am
Ring herauszieht, gibt er ein unterirdisches Gewölbe frei. In dem
Heiligtum wurden das Verlorene Wort, das Hiram mit in den
Tod nahm, und die Pläne des Tempelbaus und die Unterweisun-
gen Hirams und Salomons verwahrt. Eine rein symbolistische,
also nicht-mystische Deutung sieht in dem Stein und dem Ring
die Vernunft, die den Irrlehren widersteht und die sittliche Kraft
selbst ist.

In den zwanziger und dreißiger Jahren des 18. Jahrhunderts war
es der englischen *Freimaurerei* gelungen, auf dem Kontinent Fuß
zu fassen. Rasant stieg die Zahl der neu gegründeten Logen, die
von der Londoner Großloge patentiert wurden, und jede erhielt
die Geheimnisse und Konstitutionen.

Um die mystischen Zutaten der englischen *Freimaurerei* zu verstehen und der französischen wie der deutschen Entwicklung mit ihrer strikten Einhaltung festgelegter Regeln auf den Grund zu gehen, muss man auf einen heute noch tätigen Geheimbund zurückgreifen, auf die *Rosenkreuzer*. Ungefähr zur gleichen Zeit, wenn nicht gar etwas früher als die Freimaurer, entstanden, steckt diese Gesellschaft bis heute voller Geheimnisse. Wer sich ihr nähert, muss bereit sein, auf die Nachtseite der Vernunft zu wechseln, dorthin, wo die Legenden nicht mehr harmlos sind.

DIE ERLAUCHTEN BRÜDER
VOM ROSENKREUZ

Sommer 1612: Von Augsburg kommend, wo er den Stadtarzt und Handschriftensammler Carl Widemann besucht und sich mit ihm beraten hat, trifft Adam Haslmayr klopfenden Herzens in Wien ein. Als Komponist, Arzt und Anhänger der Pansophie, der religiös-philosophischen Lehre von der Allweisheit, die eine Zusammenführung aller Wissenschaften und ein weltweites Gelehrtenreich zum Ziel hat, ist der aus Tirol stammende Haslmayr ein Mann mit vielen Interessen und Fähigkeiten.

Nicht nur Freund Widemann, sondern auch dessen Mäzen, Fürst August von Anhalt, haben Haslmayr von der Heimreise abgeraten und ihm Asyl angeboten. Doch der Arzt aus Hall im Inntal glaubt an seinen Landesvater, den Erzherzog Maximilian III. Er ist fest überzeugt vom Sieg der guten alten Sache der Wahrheit und der Wissenschaft, die sich durchsetzen wird, weil sie es muss – auf Dauer kann doch unter Gottes gerechtem Blick die Lüge nicht triumphieren. Denn das kann und mag sich Haslmayr nicht vorstellen.

Im Reisegepäck trägt er eine Schrift bei sich, in der er den Geheimbund der *Rosenkreuzer* gegen die infamen Verleumdungen der Jesuiten verteidigt. Seit Jahren schon versucht der Jesuitenarzt Hippolytus Guarinoni, ein Intrigant von hohen Graden, intolerant, engstirnig, brutal und feige, ein Mann von niederster Wesensart, Haslmayr zu schaden, ja mehr noch, ihn zu vernichten. Doch obwohl er über einflussreiche Gönner und beste Beziehungen verfügt, hat der unermüdliche Intrigant bisher nur wenig erreicht.

Aufeinander getroffen waren die beiden, nachdem Haslmayr aus seinem Geburtsort Bozen vertrieben worden war und sich im Inntal niedergelassen hatte. Bald schon gerieten sie aneinander, weil sie als Ärzte vollkommen verschiedene Konzepte vertraten. Es war wie ein erbitterter Kampf zwischen Schulmedizin und ganzheitlicher Medizin, obwohl dieser Vergleich nicht ganz passt, denn Guarinonis Quacksalberei hatte mit der heutigen Schulmedizin wenig gemein.

Das 17. Jahrhundert war eine Zeit des Umbruchs in der Pharmazie. Die chemische Medizin breitete sich aus und verdrängte immer mehr die stark arabisch beeinflusste antike galenische Medizin, die auf den griechischen Arzt und Anatomen Galen zurückgeht. Eine zentrale Rolle bei diesem Kurswechsel spielte der Schweizer Arzt und Alchemist Paracelsus. Guarinoni also vertrat die galenische Lehre, während Haslmayr auf den Pfaden der paracelsischen Medizin wandelte.

Als im Inntal die Pest ausbrach, hatte sich der tapfere Guarinoni, soweit es ging, davongemacht. Aus sicherer Ferne empfahl er den erkrankten Bauern und Bergleuten die »Einnahme« von Gebeten, nämlich des Vaterunsers – in seinen Augen war die Pest lediglich eine Strafe Gottes. Wer im Inntal blieb, als die schlimme Seuche wütete, und wer sie unter Gefahr für Leib und Leben bekämpfte, war eben Haslmayr, der für eine große Familie zu sorgen hatte, eine Tochter und neun Söhne.

Doch Guarinoni wäre nicht Guarinoni gewesen, hätte er den unter Lebensgefahr und bis an den Rand der Erschöpfung arbeitenden Arzt Haslmayr nicht derweil – aus purer Langeweile, möchte man meinen – beim Erzherzog in Innsbruck angeschwärzt. In seinen jesuitischen Augen hatte natürlich der Ketzer und Schwarzkünstler Haslmayr den Ausbruch der »Infektion« bewerkstelligt. Oft in der Geschichte haben sich die Jesuiten als besser erwiesen als ihr Ruf, doch bei dieser Tiroler Intrige entsprach die Societas Jesu völlig ihrem Klischee: Sie zeigte die ganze Infamie, Brutalität, Feigheit und Hinterhältigkeit, zu der sie eben auch fähig war.

August von Anhalt, der Haslmayr über Widemann warnen ließ, hatte seinen fürstlichen Kollegen Maximilian richtig eingeschätzt, als er ihn einen schwachen Herrscher in den Händen jesuitischer Beichtväter nannte. Maximilian wies die örtlichen Behörden in Hall an, Haslmayr auszuspionieren und heimlich seine Bücher und Notizen zu durchsuchen. Doch die Leute im Inntal wussten, was sie an dem uneigennützigen Arzt hatten. Sie weigerten sich standhaft, die Befehle aus Innsbruck auszuführen, und schützten den bewährten Mann. So erfolgreich sich Guarinonis Rufmordkampagne auf Regierungsebene anließ, so sehr versandete sie vor Ort.

Doch Guarinoni, dessen Feigheit während der Epidemie im Inntal nicht vergessen war, musste den beliebten Konkurrenten loswerden – koste es, was es wolle –, schon um die eigene Feigheit und Unfähigkeit vergessen zu machen. Also denunzierte er Haslmayr erneut, diesmal im Nachbarbezirk. Dank seiner jesuitischen Verbindungen konnte er sich der dortigen Organe sicher sein. Er gab also an, besagter Haslmayr käme seinen katholischen Pflichten nicht nach, da er nicht zur Beichte ginge. In seiner bisweilen unübertrefflichen Naivität und Gutwilligkeit verkannte Haslmayr anfangs die Gefährlichkeit dieses Angriffs, so lange zumindest, bis er gerichtlich aufgefordert wurde, sich zu den Vorwürfen zu äußern. Hinter diesen stand natürlich, wie er nun erkannte, die Anklage, er sei Anti-Katholik, ein Paracelsist, ein *Rosenkreuzer*, ein heimlicher Lutheraner, ein Ketzer, ein Mann, der mit dem Teufel im Bund stand. Also hatte sich der brave Haslmayr hingesetzt und eine Verteidigungsschrift verfasst. Deutlich sprach er darin den Grund für die Denunziation aus, der darin bestünde, dass er es gewagt hatte, »für die göttliche paracelsische wahrheit, die nun in aller welt muß offenbar und dem Antichristen sampt seinem reich zu schanden werden« einzutreten. (Gilly) Die Wahrheit vertraten in seinen Augen, wie man es der Verteidigungsschrift entnehmen konnte, Paracelsus und Christian Rosenkreutz.

Mit dieser Verteidigungsschrift im Gepäck begibt sich also im Frühsommer 1612 der erste Mann, der öffentlich auf die in geheimen Handschriften zirkulierenden *Rosenkreuzer*-Manifeste reagiert und sich mutig zu dem neuen Bund bekennt, über Augsburg nach Wien, wo sich sein Landesvater in jenen Tagen aufhält, um von ihm Schutz und Gerechtigkeit zu erbitten. In der vagen Hoffnung, aus Haslmayrs Experimenten könne landesherrlicher Profit sprudeln, hat Maximilian diesen bisher in seinen alchemistischen Versuchen bestärkt. Deshalb wiegt sich Haslmayr allen Warnungen in Deutschland zum Trotz in dem Glauben, er stünde bei Maximilian in ausreichend hoher Gunst, um sich gegen den Jesuiten behaupten zu können. Tatsächlich wird er zum Helden eines Schand- und Schauerstücks.

Maximilian empfängt ihn freundlich, nimmt die Verteidigungsschrift samt Begleitbrief entgegen, verspricht Haslmayr Schutz und Hilfe und schickt ihn mit einem versiegelten Schreiben nach Innsbruck. Das solle er dort abgeben, es werde seine Angelegenheit einer positiven Lösung zuführen. Dumm nur, dass die versprochene positive Lösung für Maximilian anders aussah als für seinen Untertan. In dem Schreiben heißt es nämlich, Haslmayr habe »ketzerische opinionen in seinem gemüth«, und der Fürst befiehlt, man soll ihn »in Verhaft nehmen und den negsten auf die Galeeren zu Genua, mit gewohnlicher arbait bringen«. (Gilly)

Die Pointe dieser Jesuitenfarce wäre also beinahe gewesen, dass der ahnungslose Delinquent seinen Haftbefehl selbst überbracht hätte. Weil Maximilian aber nicht ausschließen kann, dass der unwissentlich Verurteilte unterwegs aus Neugier das Siegel aufbrechen und den Brief lesen würde, lässt er diesen vorsichtshalber per Kurier nach Innsbruck befördern.

Voller Hoffnung auf einen guten Ausgang und mit dem Befehl, sich in Innsbruck zu melden, erreicht Haslmayr bald darauf die Tiroler Landeshauptstadt. Dort erwartet man ihn schon, er wird verhaftet und nach Genua transportiert, wo man den inzwischen Zweiundfünfzigjährigen an das Ruder der Galeere »Sankt Georg« schmiedet. Im Dezember 1612 erhält Widemann ein erstes Lebenszeichen des Freundes mit dem Vermerk: »vol Trüebsall geschrieben«. (Gilly) Damit hat der Geheimbund der *Rosenkreuzer* seinen ersten Märtyrer.

EINE WELT ZERBRICHT

Als das erste *Rosenkreuzer*-Manifest 1614 in Kassel veröffentlicht wurde und schon im Titel auch auf »Herrn Haselmeyer« Bezug nahm, kam allen, die es lasen, das Schicksal des Bedauernswerten wieder in den Sinn. Viele fühlten sich aufgerufen, ihm zu helfen, denn die *Rosenkreuzer* galten zwar als protestantische Angelegenheit, doch standen mit August von Anhalt, der sich zum Calvinismus bekannte, dem lutherischen Arzt Widemann und dem Katholiken Haslmayr drei Vertreter unterschiedlicher Konfessionen für das Gedankengut des »Löblichen Ordens des Rosenkreutzes«.

Wer aber waren diese *Rosenkreuzer*, die in den Jahren vor dem Dreißigjährigen Krieg die Gemüter in Europa so stark bewegten und sich auf ein reiches und rätselhaftes Wissen stützten, das in eigenartiger Verschränkung von tiefer Religiosität, dem Engagement, die Welt zu verbessern, und praktizierten Geheimwissenschaften wie der Magie, der Kabbalistik, der Magie der Buchstaben und Zahlen, und der Alchemie geprägt war? Man kann den ungemeinen Reiz, den diese Bewegung auf ihre Zeitgenossen ausübte, nicht verstehen, ohne einen Blick auf jenes Jahrhundert zu werfen.

In der Zeit zwischen Luthers Thesenanschlag und dem Beginn des Dreißigjährigen Krieges entlud sich in Europa mit der ganzen Gewalt, die aus ungebändigter Orientierungslosigkeit und frischem Erwachen entstand, jäh eine bis zur Unerträglichkeit gesteigerte Spannung. Die mittelalterliche Ausrichtung auf eine göttliche Hierarchie, in der jeder seinen festen, unverrückbaren Platz hatte, löste sich im Verlauf eines tiefgreifenden, gesellschaftlichen Wandels auf. Im Grunde brach die festgefügte mittelalterliche Welt auseinander. Die Entdeckungen kühner Seefahrer wie Vasco da Gama oder Kolumbus machten den Europäern die Vielfalt der Welt bewusst. Das heliozentrische Weltbild des Kopernikus rückte die Sonne statt der Erde in den Mittelpunkt des Universums, und Magellan lieferte durch seine Weltumseglung den Beweis, dass die Erde keine Scheibe war, sondern irgendwie rund.

Durch all das erreichte ein Prozess seinen Höhepunkt, der bereits im ausgehenden 12. Jahrhundert begonnen hatte: Nicht nur wurden neue Kontinente entdeckt, auch die Philosophie wagte sich auf fremdes Terrain, indem sie das unbekannte, versunkene Wissen der Antike neu erschloss. Es war die Zeit, in der alle Wissenschaften die Totalität ins Auge zu fassen begannen, und die Welt wurde als ein kaum zu durchdringendes Dickicht an Kräften und Säften wahrgenommen. Der Ursprung der Chemie ist die Alchemie, und die Astrologie ist der Vorläufer der Astronomie. In der Medizin, wo sie nicht von Barbieren und Badern ausgeführt wurde, entbrannte ein Streit über die Beschaffenheit der Menschen, die – je nach Blickwinkel – von Gott, Dämonen und Säften regiert sein konnten. Verwaltung, Justiz und der absolute Staat entstanden, der Untertan wurde zum Bürger.

Diese Ereignisse, die sich heute so leicht aufzählen lassen, bedeuteten für die Menschen damals einen enormen Schock. Gleichzeitig brach die Christenheit auseinander, weil sich das einigende Band eines katholischen Christentums gelöst hatte: In England gab es eine Staatskirche, in Genf erklärte der Reformator Calvin – wie auch Zwingli in Zürich und Luther in Wittenberg – die eigene Lehre als verbindlich. Der Glaubenskrieg

wurde erbarmungslos ausgefochten – Katholiken gegen Lutheraner, Lutheraner gegen Calvinisten, Calvinisten gegen Lutheraner und Katholiken, Katholiken gegen Calvinisten, schließlich
Lutheraner gegen Katholiken. Die Gräben wurden immer tiefer,
der Hass unversöhnlicher.

Da benutzte der Papst in der Stunde der höchsten Bedrohung einen jungen Orden als Schutztruppe, der für die Gegenreformation die Schmutzarbeit leisten sollte, die Societas Jesu.
In dieser wirklich dramatischen Situation – nicht nur in Norditalien, auch in Neapel versteckten sich katholische Priester gegen den frisch reformierten Volkszorn – kamen die Jesuiten zu
dem Schluss, dass außergewöhnliche Zeiten außergewöhnliche
Mittel rechtfertigen. Daraus entstand der furchtbare Satz, dass
der Zweck die Mittel heilige.

Auf der einen Seite formierte sich also die Gegenreformation,
auf der anderen Seite verebbte der protestantische Impuls der
»Freiheit eines Christenmenschen« (Luther) in dem sich bildenden protestantischen Establishment. Auf der Basis der reinen lutherischen Lehre bildete sich eine protestantische Kirche
heraus, die sich nicht selten als intolerant und engstirnig erwies.
Im Widerstand gegen das Establishment, gegen die lutherische
Orthodoxie und aus Enttäuschung über das Ende der Reformation, die für viele Protestanten ihr Ziel noch längst nicht erreicht
hatte, machten in diesen Jahren Projekte und Pläne für eine
neue Reformation die Runde und konkurrierten miteinander.
Auch in protestantischen Kreisen war dieses Thema Tages-
gespräch, es erfreute sich einer ungemeinen Popularität, weil es
den Leuten auf den Nägeln brannte. Luther war nicht zuletzt
dadurch so erfolgreich, weil er die Tradition der Mystik eines
Meister Eckharts fortsetzte. Diese mystische Dimension sollte
durch die Kirchenbildung der neuen Funktionäre der Organisation ausgetrocknet werden. Doch Männer wie der lutherische
Pfarrer Valentin Weigel nahmen das Erbe der Mystik auf: Er erklärte, die Prediger der Amtskirche und ihre starre Lehre werden

fern von Gott in der Finsterns enden, während der Laie, der
die persönliche Vereinigung mit Gott durch Christus suche, ins
Licht der göttlichen Herrlichkeit gelange. Weigels Gedanken
führten bald darauf zur Entstehung des Pietismus, der im Gegensatz zur lutherischen Orthodoxie die Freiheit des Glauben-
den, die er in einem tiefen, persönlichen Verhältnis zu Gott begründete, verteidigte.

Das mittelalterliche Weltbild hatte seine Gültigkeit verloren,
die Einheit des Christentums war zerbrochen, nichts war mehr
überschaubar. Was sollte nun mit der sich rapide ändernden
Welt werden?

In diese Phase des Umbruchs fiel Gutenbergs Erfindung der
Druckpresse, und mit den gedruckten Büchern und Flugschrif-
ten trat die Diskussion über den Fortgang der Welt in ein neues
Stadium. Bisher hatte sich das Forum der Auseinandersetzungen
im Wesentlichen auf Universitäten und Vorlesungen beschränkt.
Nun aber stand den Intellektuellen der Zeit ein völlig neues
Medium zur Verfügung, mit dem sie ihre Ansichten unters Volk
bringen konnten.

Unter den zahlreich erscheinenden Dokumenten machten
zwei besonders Furore: 1614 erschien die »Fama«, die »Allgemeine
und General REFORMATION, Der gantzen weiten Welt. Beneben der FAMA FRATERNITATIS, Deß löblichen Ordens
des Rosenkreutzes (...)«. In dieser Schrift wird bereits das Erscheinen des Glaubensbekenntnisses, der »Confessio« der *Rosen-*
kreuzer angekündigt, das – als zweite Aufsehen erregende Publi-
kation – 1615 erschien.

Die ganze Aufregung hatte vor allem zwei Gründe: Nicht nur
betrat damit ein großes Projekt die Bühne der Welt, das die
Phantasien und Bestrebungen all jener ansprach, die auf eine
Fortführung der Reformation hofften. Die Veröffentlichung der
»Fama« bot auch die erfreuliche Gewissheit, dass es eine neue
Geheimgesellschaft gab, die bereits auf eine Verwirklichung die-
ser Ziele hinarbeitete.

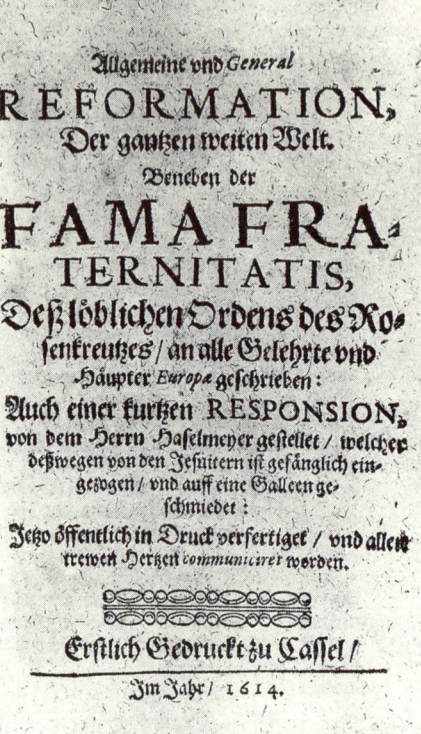

Titelseite der
»Fama Fraternitatis« (1614),
die auf das Schicksal
des ersten *Rosenkreuzer*-
Märtyrers, Adam
Haselmeyer (auch:
Haslmayer), hinweist.

Die *Rosenkreuzer* hatten sich nun an die Öffentlichkeit gewandt, weil sie diese für die Umsetzung ihrer moralischen Ziele brauchte. Um die notwendige »General REFORMATION« durchzuführen, war sie vor allem auf die Intellektuellen und die Fürsten Europas angewiesen. Freilich, die lutherische Orthodoxie bekämpfte die *Rosenkreuzer* vom ersten Tag an. Sie denunzierten sie als verkappte Calvinisten, die die lutherische Kirche unterwandern wollten. Die Calvinisten wiederum sahen in den *Rosenkreuzern* Jesuiten und die Katholiken schließlich die Fünfte

Kolonne der Protestanten. In der Folgezeit erschienen über 200 Schriften, die den *Rosenkreuzern* applaudierten, sie angriffen oder verteidigten – und sie schlicht und ergreifend suchten.

Denn auch nach Erscheinen ihres Glaubensbekenntnisses 1615, der »Confessio Fraternitatis Oder Bekanntnuß der löblichen Bruderschaft deß hochgeehrten Rosen Creutzes an die Gelehrten Europae geschrieben«, und dem dritten, 1616 publizierten Manifest, der »Chymischen Hochzeit«, blieb es dabei: Die Bekennerschreiben waren da, aber es fehlten die Bekenner – ein seltsames Kuriosum, das in der Geschichte seinesgleichen sucht. Immer hektischer fragte sich die Öffentlichkeit, wer denn nun die *Rosenkreuzer* waren. Wo befanden sie sich? Welche Persönlichkeiten standen dahinter? Doch der Geheimbund blieb geheim. Er hatte zwar zur Mitarbeit aufgerufen, aber die vielen, die gerne mittun wollten, wussten nicht, wo sie sich melden sollten. Schon tauchten überall, vornehmlich auf der Buchmesse zu Frankfurt, Betrüger auf, die behaupteten, *Rosenkreuzer* zu sein. Fürst August von Anhalt interessierte sich lebhaft für den neuen Geheimbund und bezahlte Spitzel und Mittelsmänner, die herausfinden sollten, wo diese rätselhaften Brüder vom Rosenkreuz anzutreffen wären.

Der 1575 geborene Fürst August gehörte zu den klügsten und gebildetsten Adligen seiner Zeit. Er hatte schon früh zugunsten seiner Brüder auf die Herrschaft verzichtet und sich auf sein Landgut Plötzkau zurückgezogen, um sich der Alchemie, Magie und Theologie zu widmen. Obwohl er Calvinist war, verachtete er die »Mauerkirche«, die Amtskirche. Wie Haslmayr und Widemann verehrte er Paracelsus. Lange hegte er den Plan, in seinem Schloss eine Geheimdruckerei für pansophische, alchemistische, kurz für verbotene Literatur und ein alchemistisches Labor einzurichten. Dazu kam es nicht, weil der entsprechende Aufwand in dem Flecken Plötzkau unerwünschtes Aufsehen erregt hätte. Und für jemanden, dem man die Beschäftigung mit der schwarzen Magie nachsagte, gab es keine Sicherheit, weder vor lutherisch-orthodoxen oder katholischen noch vor calvinistischen Eiferern – selbst wenn er ein Fürst war. Schließlich hatte der Reformator Calvin höchstpersönlich den Arzt Michel Servet, der den kleinen Blutkreislauf beim Menschen entdeckte, auf den Scheiterhaufen geschickt, weil diese medizinische Tatsache vermeintlich im Widerspruch zur calvinistischen Lehre stand.

Fürst August wusste also sehr genau, dass er vorsichtig sein musste. Dennoch setzte er sich für Adam Haslmayr ein, dessen Schicksal durch die *Rosenkreuzer*-Manifeste der Öffentlichkeit wieder zu Bewusstsein gebracht wurde. Mehrmals schrieb er an Erzherzog Maximilian, doch umsonst: Haslmayr blieb auf der Galeere und verfasste dort fleißig Traktate, die zu Widemann geschmuggelt wurden. Ebenso ergebnislos gestaltete sich die Suche des Fürsten nach den *Rosenkreuzern*. Waren sie am Ende nur ein Phantom?

Im frühen 17. Jahrhundert bestand kein Mangel an geheimen Zirkeln, Bünden und Gesellschaften, die sich vornehmlich mit Pansophie und mit Alchemie beschäftigten. Überhaupt kann das 17. Jahrhundert als das Zeitalter der Alchemie bezeichnet werden, das noch weit ins 18. Jahrhundert hineinstrahlte. Nicht nur August von Anhalt interessierte sich für diese geheimnisvolle Wissenschaft, auch Kurfürst Joachim von Brandenburg, der Kasseler Landesherr Philipp von Hessen-Butzbach, der sich im Hintergrund hielt und seinen Leibarzt Daniel Mögling in seinem Auftrag agieren ließ. Unter Philipps Ägide erschien auch die »Fama«, in Kassel gedruckt bei seinem Hofdrucker. Ein Mittelpunkt der Künste und Wissenschaften, besonders aber der Astrologie, Alchemie und der Geheimlehren war damals die Stadt Prag.

Einer der berühmtesten Alchemisten der Zeit, Michael Sendivogius, verkehrte am Hof Rudolphs II. Eigens aus England reiste Sir John Dee an, der berühmte Mathematiker, Astrologe, Alchemist und Okkultist, der aus einer einzigen Hieroglyphe, der sogenannten Monas-Hieroglyphe, die komplexe Welt erklärte. Seine Königin, Elizabeth I., vertraute ihm so sehr, dass sie nach seinen Berechnungen der Sternenkonstellationen den Tag der Krönung festlegen ließ. Manche vermuteten sogar, dass er der Autor der Shakespeare'schen Stücke war. Aber wenn man sich Dees Interessen anschaut, erscheint das mehr als unwahrscheinlich. Wirklich interessiert dürfte ihn ein anderer großer Okkultist und Mystiker dieser Zeit haben, den er möglicherweise im jüdischen Viertel der Prager Altstadt besuchte, der legendäre Rabbi Löw. Dessen Grab ist noch heute auf dem alten jüdischen Friedhof zu finden, von weitem bereits daran zu erkennen, dass es fast überquillt von den zahllose Wünschen, die auf zahllosen Zetteln notiert nach altem Brauch dem Rabbi ins Grab gesteckt wurden und werden, in der Hoffnung, dass der Geist des heiligen und Wunder wirkenden Mannes diese Wünsche erfüllt, der Geist des Mannes, der der Sage nach den Golem erschaffen hatte.

Trotz all dieses geheimnisvollen Wirkens war die Nachricht von der Existenz des neuen Ordens der *Rosenkreuzer* im Jahrzehnt vor dem Dreißigjährigen Krieg eine Sensation. Daran wird deutlich, wie groß die allgemeine Ratlosigkeit war, wie sehr man auf eine geheime Gesellschaft der trefflichsten Männer gewartet hatte, die jene aus den Fugen geratene Welt wieder in Ordnung bringen würde. Dass bei diesem Geheimbund auch die Magie eine Rolle spielte, minderte die Begeisterung keineswegs. Die Mittel und Methoden der Magie galten in dieser Zeit zwar als real, blieben aber für die meisten Menschen nicht verfügbar. Und die Tatsache schließlich, dass man den Orden der »Brüder vom Rosen Kreuz« intensiv suchte und einfach nicht fand, stimmte niemanden skeptisch, sondern erhöhte nur seinen Reiz und seine Attraktivität.

Als das erste Interesse nachließ, kam 1616 die »Chymische Hochzeit: Christiani Rosencreutz: Anno 1459« heraus. Nun endlich hatte der Orden eine Legende, und vor allem einen idealtypischen, legendären Gründer, nämlich Christian Rosenkreutz, nach dem die Bruderschaft hieß. Für die Zeitgenossen bestand kein Zweifel an der Existenz dieser geheimnisvollen Persönlichkeit – zu viel passte einfach zu gut zusammen: Sein Grabmal war 1604 entdeckt und geöffnet worden ein Jahr, das sich aus astrologischen Gründen hervorhob, nämlich durch eine besondere Sternenkonstellation: Jupiter und Saturn standen im neunten Haus. Und im »Trigenum igneum«, dem feurigen Dreieck der drei Tierkreiszeichen Widder, Löwe und Schütze, entdeckte Johannes Kepler einen neuen Stern, der als Zeichen für den Beginn einer neuen Reformation verstanden wurde. Außerdem galt die Vorstellung, dass 120 Jahre der Buße und des Gerichts bestimmt wurden, denn in der Bibel steht: »Und werden seine Tage hundert und zwanzig Jahre sein.« (Genesis 6,3) Setzt man nun, wie die Zeitgenossen es taten, als Beginn der Zeit der Buße und des Gerichts Luthers Geburtsjahr an, so passte das Jahr 1604 perfekt. Es muss gewirkt haben, als hätte Luther den Stafettenstab zur Vollendung der Reformation an die *Rosenkreuzer* weitergegeben. Im Jahr 1614 erschien die »Allgemeine und General REFORMATION, Der gantzen weiten Welt. Beneben der »FAMA Fraternitatis, Deß Löblichen Ordens des Rosenkreutzes / an alle Gelehrte und Häupter Europæ geschrieben: Auch einer kurtzen RESPONSION, von dem Herrn Haselmeyer gestellet / welcher deßwegen von den Jesuitern ist gefänglich eingezogen / vnd auff eine Galleen geschmiedet: Jetzo öffentlich in Druck verfertiget / vnd allen trewen Hertzen communiciret worden.« – wie der barocke Titel der »Fama« in Gänze lautet –, wurde Christian Rosenkreutz 1483 begraben. An der Tür zu seinem Grabmal stand: »Post CXX Annos Patebo«, nach 120 Jahren zu öffnen – also befand man sich wiederum im Jahr 1604.

DIE MORGENLANDFAHRT
DES CHRISTIAN ROSENKREUTZ

Nehmen wir für einen Moment an, der Gründer der Geheimgesellschaft der *Rosenkreuzer*, Christian Rosenkreutz, habe wirklich zwischen 1375 und 1483 gelebt. Nehmen wir die »Fama« beim Wort, und zwar im Sinn des frühen Barock: Für die Zeitgenossen Haslmayrs bedeutet der Begriff nicht wie für uns »Gerücht«, sondern die Kunde, die man von einem Ereignis erhielt. Die Kunde von Christian Rosenkreutz, dem sagenhaften Gründer und Lehrer der »Brüder vom Rosen Kreuz« liest sich sehr konkret und erfreulich detailliert.

Aus den gesellschaftlichen Umwälzungen am Ende des 14. Jahrhunderts ist eine breite Schicht verarmten Adels entstanden. Beschäftigungs- und perspektivlos, ohne Erbe und Einkommen betätigen sich einige Adelige als Raubritter, verzweifelte Väter schieben ihre überzähligen Kinder ins Kloster ab. Einer dieser überzähligen Söhne ist Christian Rosenkreutz, der mit fünf Jahren zu den Mönchen kommt. Der Verfasser der »Fama« gibt sich hier als Protestant zu erkennen, denn er nennt uns nicht den Orden, in dem Christian unterkam, was für einen Katholiken wohl ein wichtiges Detail gewesen wäre.

Nicht unwahrscheinlich, dass Christian zu den Dominikanern kommt, zu dem Orden mit der großen mystischen Tradition von Albertus Magnus und Meister Eckhart. Dort trifft der Junge einen wesentlich älteren Pater, der zu seinem väterlichen Freund und Mentor wird und ihn auf eine Pilgerfahrt ins Morgenland zum Heiligen Grab mitnimmt. Die Reise ist eine Initiationsreise zum wahren Christentum, das in der kirchenlosen Dreieinigkeit von Vater, Sohn und Heiligem Geist besteht – wer vom Heiligen Geist erleuchtet würde, durch den Sohn zum Vater käme, könnte mithin das wahre Leben oder besser das Leben in der Wahrheit erreichen.

In der auseinander brechenden Welt des Mittelalters ist wahrer Sinn teuer, und deshalb setzt ein allgemeines und vielfältiges Suchen nach dem rechten Leben ein. Doch auch wenn Christian den richtigen Weg einschlägt, so hat er doch das falsche Ziel, was er aber noch nicht wissen kann. Auf Zypern stirbt der Pater, der ihn bis hierher auf den rechten Weg gebracht hat, ihm aber nun nichts weiter zu geben vermag, mehr noch, der sterben muss, weil er zwischen Christian und seinem wahren Ziel steht: Auf Zypern muss irgendetwas passiert sein, das dem jungen Mann einen anderen, sehr ungewöhnlichen Weg weist. So steht es in der »Fama«.

Zypern verfügt zu dieser Zeit über einzigartige Verbindungen zum Orient. Auf der Insel herrscht neben der Kreuzfahrer-Familie Lusignan der Deutschherrenorden, und bei diesen hatten die Templer nach der Auflösung ihres Ordens 1314 Schutz gefunden. So werden die Kenntnisse der Deutschherren über das Wissen des Orients, die sie selbst dort erworben hatten, durch die aufgenommenen Templer ergänzt und vertieft.

Auf Zypern hat Christian Rosenkreutz vielleicht Landsleute getroffen, die dem Deutschherrenorden angehörten und ihm von den Geheimnissen des Orients berichteten. Bei solchen Gesprächen mag er im Flimmern der mediterranen Hitze beim Zirpen der Zikaden gespürt haben, dass ihn sein Weg ins Morgenland führen musste, dorthin, wo sich das geheime Wissen befand.

Noch aber zog es ihn nach Jerusalem. Weiter berichtet die »Fama«: Als er nach der Seereise in Damaskus an Land geht, streckt ihn eine Krankheit nieder. Die türkischen Ärzte, die ihn heilen, berichten ihm von den Weisen in Damcar und von den Wundern, die sie vollbringen. So kommt Christian Rosenkreutz mit der esoterischen Seite des Islams in Kontakt, wahrscheinlich mit den Sufis.

Diese Reise von Deutschland nach Zypern und die Krankheit in Damaskus beschreiben eine typische Initiation. Der Autor der »Fama« konnte nicht wissen, dass er die gültige Struktur des dreiteiligen Aufnahmerituals mustergültig darlegte:

Der Trennungsritus setzt mit der Abreise aus Deutschland ein, wo Rosenkreutz sein altes Leben hinter sich ließ. Der Tod seines Meisters trennte ihn radikal von der heimischen Welt. Er befand sich in der Fremde, ohne vertrauten Beistand. Die Gespräche auf Zypern, die Überfahrt nach Damaskus, schließlich die Krankheit, die Reinigung, Bewährung und Tod des »alten Christians« bedeutete, stellen den Übergangsritus dar. »Das hohe und edle ingenium« des Christian Rosenkreutz war »erweckt«. Nun konnte der Neuling als bereit gelten, um in die andere Seite des Wissens eingeweiht zu werden, in die vielfältige, wunderbare Welt des esoterischen und geheimen Wissens von den Wegen zur wahren Glückseligkeit. Der dritte Teil des Rituals fand – wiederum sehr typisch – in der sagenhaften Stadt Damcar statt, die irgendwo zwischen Saa'na und dem Roten Meer lag, und zwar durch die Weisen, die bereits auf ihn warteten. Denn aufgenommen wird nur, wer auch erwartet wird. Über die Aufnahme entscheiden andere, nicht der Kandidat. Sie bedeutet nicht Verdienst, sondern Gnade, die freilich nicht unverdientermaßen erteilt wird.

Das ist ein Kernelement der Mystik: Nicht durch Studium und Wissen kann man dazu kommen, Gott zu schauen, es ist eine Gnade, die gewährt wird. Dass man sich derer würdig erweisen muss, darf vorausgesetzt werden, denn die Weisen wussten so gut über den Kandidaten Christian Bescheid, dass sie sogar »Heimblichkeiten aus seinem Kloster« kannten. Es waren eben wirklich Weise, Magier.

Weiter in der »Fama«: Nachdem er nun der großen Welt der verborgenen Lehre angehört, studiert Christian Rosenkreutz in Damcar fleißig die arabische Sprache und vor allem Physik und Mathematik. Nach drei Jahren verlässt er die Stadt und fährt übers Rote Meer weiter nach Kairo. Schließlich segelt er an der Küste des südlichen Mittelmeeres entlang nach Fez, um sich dort in der Magie unterweisen zu lassen. Nach zwei Jahren kehrt er über Spanien, wo er sich eifrig mit den Gelehrten des Landes unterhalten hat, nach Deutschland zurück.

Als er die gewonnene Weisheit aber nun in der Heimat anwenden will, um die Wissenschaft und das Leben zu reformieren, stößt er auf entrüstete Ablehnung. Die Argumente klingen vertraut: Man habe es immer so gehalten, da könne ja jeder kommen, und was man tue, wisse man, was aber aus dem Neuen herauskäme, wäre nicht vorauszusehen. Der Weitgereiste, der so viele Kenntnisse gesammelt hat und sie zum Nutzen der Menschen einzusetzen gedachte, wird überall abgewiesen und ausgelacht.

Christian Rosenkreutz muss einsehen, dass er auf diesem Weg die Welt nicht bessern kann. Deshalb gründet er – eine starke Motivation, um entweder einen Geheimbund zu gründen oder in ihn einzutreten – eine geheime Bruderschaft. Aus seinem alten Kloster wirbt er drei Brüder an, die er sehr schätzt, und verpflichtet sie, wie es in der »Fama« heißt, »getrew, embsig und verschwiegen zu sein. (...) Also fieng an die Bruderschaft des R.C.« Wenn er spürte, dass sein Leben zu Ende ging, sollte jeder Bruder seinen Nachfolger bestimmen.

Bald wird die Bruderschaft auf acht Brüder erweitert, die in ganz Europa wirken. So stirbt beispielsweise der Bruder, der sich hinter den Deckinitialen I.O. verbirgt, in England und Bruder A. im französischen Narbonne. Der Gründer der Bruderschaft legt fest, dass diese nach seinem Tod 120 Jahre im Verborgenen arbeiten und erst dann an die Öffentlichkeit gehen soll. Als Christian Rosenkreutz seine letzte Stunde gekommen sieht, verkündet er seinen Brüdern, dass die Bruderschaft eines Tages nicht mehr im Geheimen wirken, sondern öffentlich großen Nutzen hervorbringen werde. Seine Brüder bestatten ihn in einem ebenso geheimen wie beeindruckenden Gewölbe. So weit die »Fama«.

Das Bauwerk des Grabmals stellt ein Modell der Welt dar, so wie das geheime Wissen, das Christian Rosenkreutz in seinem langen Leben erlangt hatte, ein Lehrbuch allen Geheimwissens ergab, das von späteren Geheimbünden genutzt und in die eigene Legende eingebaut wurde. Es ist kein Zufall, dass sich alle esoterischen Grundlagen späterer Geheimbünde vom Mythos der frühen *Rosenkreuzer* herleiten. Was aber hatte Christian Rosenkreutz gefunden?

DER URSPRUNG DES
GEHEIMEN WISSENS

Mit der Wiederentdeckung der Antike erschloss sich besonders in der Renaissance ein umfangreiches Wissen der Menschheit, das durch den Untergang Roms und die Völkerwanderung verloren schien. Aber es war noch vorhanden, und an der Lebensreise des Christian Rosenkreutz werden die Vermittlungswege dieses Wissens deutlich: Wie sich an den historischen Tradierungen der Baukunst von römischen Meistern bis hin zu mittelalterlichen Dombauherren gezeigt hat, wurde antikes Gedankengut über die Vermittlung der spätrömischen Eliten, die sich zum Christentum bekannt hatten, in den Klöstern aufbewahrt und weitergegeben. Daneben importierten die Kreuzfahrer, besonders die Tempelritter, und der Stauferkönig Friedrich II. aus arabischen Quellen antikes, vor allem aber esoterisches Wissen nach Europa.

Christian Rosenkreutz erwirbt erstes Wissen durch die klösterliche Erziehung. Dann verlässt er das Kloster und kommt auf Zypern mit dem geheimen Wissen des Orients in Berührung. Auf den Spuren der Kreuzfahrer stößt er dann in Damaskus auf einen regelrechten Basar an Ideen und Weltanschauungen. Die Templer hatten im Morgenland etwas vorgefunden, das ihnen von den Zisterziensern, ihrem geistlichen Schwesterorden, vertraut war, die Mystik nämlich. Auch der Islam hatte und hat mystische Strömungen. Zu jener Zeit dürften den christlichen Mystikern die islamischen Sufis begegnet sein, die, und nun wird es spannend, den Jemen als Ort der Weisheit und Wohnstatt der Engel betrachteten, auch Damcar also, wohin Christian Rosenkreutz laut »Fama« geht, um initiiert zu werden.

Schließlich gelangte das antike Wissen über die Mauren nach Europa, die von Nordafrika – Fez zum Beispiel – aus weite Teile Spaniens beherrschten. Das bedeutet auch im Zeitzusammenhang am Schluss. Analog dazu erfolgte die Rückkehr des

Christian Rosenkreutz zunächst über das maurische, dann das katholische Spanien. Damit finden wir in der »Fama« in zeitlich korrekter Abfolge den Import antiken Wissens nach Europa dargestellt, wie ihn der barocke Autor sah.

MYSTIK. Das Geheimwissen verfügt insofern über eine höchst lebendige Natur, als es sich eigentlich nicht trennen lässt und vom jeweiligen Geheimbund auf vielfältige, immer neue Art und immer neue Klassen in verschiedene Grade aufgeteilt, kombiniert wird. Ausgangspunkt ist aber immer ein esoterisches Wissen, das auf starken mystischen Grundlagen ruht. Die Mystik an sich ist nichts Geheimnisvolles, sondern der Versuch, das Verborgene oder etwas Verborgenes zu schauen. Mystisch bedeutet im Wortsinn »verborgen«. Das aber, was seit den frühesten Tagen der Menschheit verborgen ist, heißt Gott.

Die griechische Gottheit verbarg sich im Orakel von Delphi und in den Mysterien von Eleusis, der Gott der Juden versteckte sich hinter dem brennenden Dornbusch. Niemals sahen die Juden Gott, sondern sie erblickten allenfalls seine Herrlichkeit. Im Islam besteht generell ein Bilderverbot. Und heißt es nicht auch in den »Zehn Geboten«: »Du sollst dir kein Bild machen«? Nicht nur, dass man Gott nicht sieht, weil er verborgen ist, man kann ihn auch nicht erkennen, weil er mit den untauglichen Worten des Menschen und mit der begrenzten menschlichen Erkenntnis nicht begriffen, nicht verstanden, nicht benannt werden kann. Jede Erkenntnis Gottes käme deshalb einer Verkleinerung, einer Herabwürdigung gleich, so als wolle man auf einem Schwarzweißfoto die Farbenpracht eines bunten Herbstwaldes erkennen. Einige Theologen zogen daraus den Schluss, man könne nicht sagen, was Gott sei, nur eben was er nicht sei. Deshalb sagt Gott zu Moses: »Ich bin der, der ich bin«, J H W H (Jahwe). Doch wer ist der, der er ist?

Die mittelalterlichen Theologen beschrieben ihn in ihrer Not als den Überguten, »summus bonum«. Aber, seien wir ehrlich, mehr als eine Umschreibung ist das nicht. Also sagten sich die Mystiker, dass es eine Möglichkeit geben müsse, Gott zu schauen, in der Erkenntnis Gottes zu Gott im Erkennen aufzusteigen. Nichts anderes glaubten die Sufis, die zum Licht, das Gott war, kommen wollten. Und dieses Licht wohnte für sie im Jemen, nicht im dunklen (und materiellen) Westen.

Um dieses spirituelle Licht im Osten zu finden, ging und geht es den Morgenlandfahrern bis auf den heutigen Tag, so auch den *Rosenkreuzern*, die in dieser Vorstellung mit den Sufis übereinstimmen. Der Mensch, der Gott erkennen möchte, muss sich reinigen und, wie der mittelalterliche Mystiker Meister Eckhart lehrt, seine Seele leer machen. Er muss sich befreien von Gedanken, die nur den Weg zu Gott verstellen. Wenn der Mensch den Weg der Erkenntnis geht, kann er mit Gott eins werden. Dieses Einswerden ist die vollkommene Erkenntnis Gottes, die man nicht herbeiführen kann, weil sie ein Akt der Gnade ist. Der mystische begabte Mensch kann sich befreien, kann die Stufen zur Erkenntnis Gottes gehen, bis er auf der höchsten Stufe angekommen ist. Ob die Vereinigung dann tatsächlich stattfindet, liegt nicht in seiner Hand, das ist die Entscheidung, eben die Gnade Gottes. Ebenso ist es die Entscheidung des Geheimbundes, einen Kandidaten aufzunehmen und einem Mitglied die nächsthöhere Stufe zu offenbaren.

DIE HERMETISCHEN SCHRIFTEN. Diese Vorstellung, stufenweise zur Erkenntnis zu gelangen, indem die Seele von den Verunreinigungen der Welt, in der auch Dämonen und Teufel wirken, befreit wird, fanden die mittelalterlichen Theologen nicht nur in der Bibel, sondern vor allem in den Gedanken des geheimnisvollsten und berühmtesten Codex des Mittelalters, den sogenannten hermetischen Schriften. Diese enthalten schwer verständliche, teils gnostische, teils neuplatonische Texte über Erkenntnis, Licht und das Wesen Gottes. Im »Corpus Hermeticum« ist die spätantike religiöse Offenbarungs- und Geheim-

lehre des Hermes Trismegistos niedergelegt, des dreimal großen
Hermes, wie die Griechen den ägyptischen Gott Thot nannten.
Der Beiname Trismegistos bedeutete der Dreimalgroße, weil er
in drei Reichen zu Hause war und zwischen ihnen verkehrte:
dem Himmelreich, dem Reich der Erde und dem Reich der
Unterwelt. Er war unter anderem, aber auch vor allem der Gott
der Weisheit und der Schrift. Die Schrift kam von Gott, man
verstand sie als Geschenk der Götter, denn Hieroglyphe heißt ja
wörtlich heiliges Zeichen. Es waren die göttlichen Zeichen, in
denen der Mensch, der Schriftgelehrte, die Zeichen Gottes erkennen konnte. Für die Ägypter hatte die Schrift eine funda-
mentale und kaum zu überschätzende Bedeutung, ruhte doch
das gesamte Leben und die Organisation ihres Staates auf ebendieser Schrift. Es existierte wohl kaum ein schriftversesseneres
Volk als die alten Ägypter. In manchen Darstellungen erscheint
Thot, alias Hermes, auch mit einem Papyrus und einem Feder-
kiel.

Das »Corpus Hermeticum«, das Neue Testament und die
christliche Redaktion der Bibel entstanden zur gleichen Zeit
und beeinflussten einander. Das Christentum in seiner heutigen
Gestalt entwickelte sich im Laufe der zum Teil heftigen Auseinandersetzungen der Anhänger verschiedener Lehrmeinungen
im ersten christlichen Jahrtausend. Lehren wurden aufgestellt,
verworfen, als ketzerisch erklärt oder als verbindlich festgelegt.
Ähnlich erging es der Bibel, denn in dieser Zeit einigte man sich
darauf, welche der Bücher kanonisch, also legitimer Bestandteil
der Bibel sein und welche als apokryph, das heißt zwar nicht
schädlich, aber auch nicht als notwendig gelten sollten. Daneben gab es auch Bücher, die als ketzerisch und mit der Bibel
nicht im Zusammenhang stehend definiert wurden.

GNOSIS. Nun hatte es aber Strömungen gegeben, die sich sehr
stark und ausschließlich auf die Erkenntnis Gottes (griechisch:
Gnosis) konzentrierten. Für die Gnostiker war die Erkenntnis

der einzige Weg, sich von den Übeln der Welt zu reinigen und ins Paradies zu gelangen. Es gab viele verschiedene gnostische Richtungen, die aber zumindest in der Vorstellung übereinstimmten, dass der Dämon die Seele mit einem Körper belastet hatte und der Mensch sich, das heißt seine Seele, nur durch die Erkenntnis Gottes vom Körper befreien konnte. Durch diese Erkenntnis würde nach dem Tod seine Seele nicht von neuem mit einem vergänglichen Körper verunreinigt und belastet. Kurzum, der Weg ins Paradies führte über die Erkenntnis Gottes, die kein rein intellektueller, sondern ein ganzheitlicher Vorgang war. In der Vorstellung, dass die Erkenntnis kein rein rationaler Vorgang ist, steckt ein immenses aktuelles Potenzial der alten Lehre.

DIE NEUPLATONIKER. Andere entwickelten in der Nachfolge der antiken Philosophie, besonders aber in der Rezeption des Philosophen Platon, eine Lehre von der Erkenntnis Gottes, die als ein Aufsteigen zur Erkenntnis des Lichtes verstanden wurde. Die Vorstellungen der Neuplatoniker ähnelten denen der Gnostiker, wenngleich sie mit den Begriffen und den Methoden der Philosophie arbeiteten. Im ersten Buch des »Corpus Hermeticum« – nach dem Dialog des Poimandres mit dem »Ich«, dem Schüler, dem Suchenden, der von Poimandres befragt, geprüft und belehrt wird –, mündet diese Vorstellung von der Erkenntnis in einem Schlussgebet:

»Ich bitte, nicht der Erkenntnis beraubt zu werden, die
unserem Sein entspricht;
gewähre es mir und gib mir Kraft.
Und ich will von dieser Gnade die, die unwissend sind,
    er-leuchten,
die Brüder meines Geschlechts, deine Söhne.
Deshalb glaube ich und bezeuge:
Ich gehe ins Leben und Licht.«

Der Dialog endet mit der Bitte um die Gnade der Erkenntnis, die ins Leben und ins Licht führt, denn in gut gnostischer Weise sind wahres Leben und Leben im Licht, das Gott ist, eins. Letztendlich findet sich in der Hermetik, in der Gnosis und im Neuplatonismus, aber auch in der Bibel nur ein einziges Ziel des Nachdenkens, aber dieses Ziel hat es in sich, es geht um das ewige Leben.

Dass die hermetischen Schriften ihren legendären Ruf erlangten, beruht auf einer Eigenheit der Zeit, in der die Texte zusammengetragen wurden. Die Griechen, die im Gegensatz zu den rationalistisch-pragmatischen Römern ein großes Faible für das Irrationale, Geheimnisvolle, Mythische und Esoterische hatten, sahen Ägypten als den Hort der größten und tiefsten Geheimnisse. Obwohl sie seit Jahrhunderten dort gesiedelt und Städte wie Alexandria gegründet hatten, blieb ihnen das Land wahrhaft fremd. Seine reiche, alte Kultur mit ihrer unüberwindlichen Fremdheit zauberte die wildesten Spekulationen in die phantasiebegabten Gehirne der Griechen und das größte Verlangen in ihre esoterischen Seelen. Kurz, Ägypten wurde zum Mekka der Esoterik für die esoterischen Griechen. Und die mystischen Geheimnisse der alten Ägypter waren bei Lichte besehen Geheimnisse, die die Griechen aus ihrem Bedürfnis heraus aus ihnen gemacht hatten.

Albertus Magnus kannte Schriften aus dem »Corpus Hermeticum«, und Meister Eckhart entwickelte daraus eine ganze Lichtmetaphorik. Wenn die »Fama« gleich in einem ihrer ersten Sätze den Begriff des Adels des Menschen einführt, so zitiert sie im Grund Meister Eckhart: »Edelkeit« gehört bei ihm zu den zentralen Begriffen. Darunter verstand er eine neue Form der Demut des Menschen, die es ihm ermöglicht, Gott zu erkennen. Diese Vorstellung von Adel und Demut kommt auch in der »Fama« zum Ausdruck.

Doch damit erschöpft sich die Bedeutung des »Corpus Hermeticum« für die *Rosenkreuzer* keineswegs, denn es gilt auch als

Hauptwerk der Alchemie. Neben dem »Corpus Hermeticum« existiert die dem Hermes Trismegistos zugeschriebene »Tabula smaragdina« (smaragdene Tafel). Dieser Text steht wegen seiner ausdeutbaren und dunklen Sätze bei allen Alchemisten hoch im Kurs, denn das Corpus wird für die *Rosenkreuzer* wie für die Alchemisten zu einem ihrer wichtigsten Texte. Die Publikationen der *Rosenkreuzer* wurden auch als alchemistische Bücher gelesen, die sich mit den Schlüsseln der alchemistischen Symbolwelt interpretieren lassen. In der »Chymischen Hochzeit« tritt sogar die Dame Alchemia auf.

DIE MANIFESTE
DER ROSENKREUZER

Obwohl man viel über die *Rosenkreuzer* weiß, ist es dennoch nur allzu wenig. Die Ergebnisse der Forschung machen lediglich gewisse Annahmen möglich. Es scheint, als seien die »Fama« und die »Confessio«, das Glaubensbekenntnis der *Rosenkreuzer*, an der Universität in Tübingen verfasst worden, und zwar von Christoph Besold, Tobias Hess und Johann Valentin Andreae. Die »Chymische Hochzeit«, die im Vergleich der anderen Schriften aus dem Rahmen fällt, hat Andreae zum alleinigen Verfasser.

Hatten da also drei Studenten beim Punsch zusammengesessen und aus einer Laune heraus Schriften verfasst, mit denen sie die Zeitgenossen mit ihrer Lust an geheimen Verbindungen, an Magie, Alchemie und an dem verbotenen und geheimen Wissen zum Narren halten wollten?

Gleichwohl warnten die Schriften auch vor falschen und betrügerischen Alchemisten, die sich zu einer Landplage entwickelt hätten. Dabei muss man ehrlicherweise hinzufügen, dass sich das Leben eines Alchemisten nicht ungefährlich gestaltete – gesundheitsschädigend war es ohnehin. Herzog Friedrich von Württemberg, Landesvater und Zeitgenosse der frühen *Rosen-*

Protokollant oder Erfinder der *Rosenkreuzer*? Ganz wird sich das Geheimnis um Johann Valentin Andreae nie lüften lassen. (17. Jh.)

kreuzer Besold, Hess und Andreae, ließ in Vaihingen Laborato-
rien errichten und siedelte dort Alchemisten an. Allerdings ließ
er auch einen Galgen aus Eisen aufstellen, um die Alchemisten,
die er für Betrüger hielt, aufhängen zu lassen. Und dazu kam es
oft – der Eisengalgen amortisierte sich für den Schwaben.

Den *Rosenkreuzern* ging es bei der Alchemie nicht ums Gold-
machen, sondern um die Veredelung der Seele bei der Arbeit –
der Reinigung von Substanzen, der Herstellung von Tinkturen
und Arzneien –, denn sie glaubten wie Paracelsus an eine ganz-
heitliche Lehre vom Körper. Sie glaubten an die großen Entsprechungen, wie sie in den hermetischen Schriften dargelegt
wurden: Danach glich der Makrokosmos (das Weltall) dem

Mikrokosmos (der Mensch). Beides entsprach sich gegenseitig, weshalb man aus den Sternen, die den Makrokosmos bildeten, das Schicksal der Menschen, die im Mikrokosmos lebten, ja selbst als biologisches System einen Mikrokosmos bildeten, herauslesen konnte.

Deshalb ließen sich bestimmte Tinkturen natürlich nur bei bestimmten Konstellationen der Sterne oder im Mondlicht herstellen. Das Ganze war ja nicht einfach, wie es uns heute vorkommen mag, ein fauler Zauber, sondern ein kompliziert ausdifferenziertes System. Um eine der Entsprechungen zu verdeutlichen: Hermes hieß als römischer Gott Merkur oder Mercurius. In der Sprache der Alchemisten bezeichnete Mercurius das »Argentum vivrum«, das Quecksilber, das ständig seine Form ändert und stets in Bewegung ist. Gleichzeitig konnte Mercurius aber auch ein Geist sein, der zwischen Seele und Körper vermittelte. Der Begriff Hochzeit stand als sogenannte chymische Hochzeit für die Auflösung der Metalle, das Ineinanderübergehen von Königin und König, ihren Tod als selbständige Wesen, um als Hermaphrodit, als Wesen, das männlich und weiblich zugleich ist, und somit als Ideal wieder aufzuerstehen. Und wieder ging es um das ewige Leben, denn den Hermaphrodit stellte man sich als vollkommen und mithin als ewig vor. Diese vielschichtigen Entsprechungen und die Vielzahl der Rezepte, (al)chemischen Verfahren und Versuchsanordnungen machten einen Teil des Geheimwissens aus.

Gerade diese Vieldeutigkeit der frühen *Rosenkreuzer*-Schriften lassen eine abschließende Deutung nicht zu, weil sie in ihrer barocken Ganzheit mehrere Welten vereinigten. Sie können und müssen auf verschiedenen Ebenen gelesen werden – auf der mystischen, gnostisch-neuplatonischen Ebene der wahren Erkenntnis Gottes, auf der alchemistischen Ebene der Herstellung des Steins der Weisen, auf der astrologischen Ebene der Vorherbestimmtheit des Weltenlaufs, auf der medizinischen Ebene der Verlängerung von Gesundheit und Leben. Die alchemistische

Suche nach dem Stein der Weisen und dem ewigen Leben findet ihre Fortsetzung in den Forschungen der modernen Medizin, die, wenn sie schon nicht das ewige Leben, so doch Mittel und Wege zur Lebensverlängerung gefunden hat und weiter danach sucht.

Auf der gesellschaftspolitischen Ebene dienten die Schriften der *Rosenkreuzer* der Fortführung der Reformation als Gesellschaftsveränderung und schließlich als Manifest und Legende eines Geheimbundes, dem es um die Verbesserung der Welt ging. Jede Analyse einer einzelnen Ebene würde in die Irre führen, weil die Schichten sich nicht voneinander trennen lassen und in sich verspiegelt sind. Ob diese Vieldeutigkeit der frühen Manifeste der *Rosenkreuzer* immer beabsichtigt war oder nur zustande kam, weil es mehrere Autoren gab, bleibt der müßigen Spekulation überlassen.

Zurück zu Christian Rosenkreutz, dem legendären Gründer und geistigen Vater des geheimen Ordens. Als Person erfunden, ist er als Kunstfigur wahr und repräsentiert die Idealbiographie bestimmter Denker im Mittelalter und frühen Barock. In seinen mystischen Momenten, den wichtigsten im Bild der Kunstfigur Christian Rosenkreutz, taucht hinter dieser Gestalt Meister Eckhart auf. Gewollt oder ungewollt – wer kann, wer will das entscheiden –, personifiziert sich in ihm das Denken des Meister Eckharts, der seinen persönlichen Weg der Erkenntnis Gottes sucht und sich dazu ganz leer machen muss, Platz zu schaffen hat, edel ist, indem er alle falsche Weisheit abstreift, und der sich als »ungebildet«, »unwissend« bezeichnet. Durch die Leere, die er schafft, versucht er geradezu, Gott zu sich zu zwingen, was ihm später im Inquisitionsprozess als Ketzerei ausgelegt werden wird.

Diese Kraft der unmittelbaren Beziehung des Menschen zu Gott wurde von Martin Luther aufgenommen. Sie ist es, die einen Kern der Lehren der *Rosenkreuzer* ausmacht. Wie es in der

»Confessio« heißt: »Meditationes, Erkundigungen und Erfor-
schungen unseres geliebten Christlichen Vatters«, die vom
»Menschlichen verstand entweder durch göttliche Revelation«,
also Enthüllung, also durch den Willen Gottes, sprich durch
Gnade, »und Offenbarung« erfolgt.

Hinter der legendären Figur des Christian Rosenkreutz lassen sich, und das ist bei der Vielzahl der Ebenen nur folgerichtig,
vier verschiedene Figuren identifizieren, angesprochen wurde
neben Meister Eckhart bereits Martin Luther. Bedenkt man, dass
das Familienwappen Luthers aus einem Kreuz aus vier Rosen besteht, dann wird deutlich, dass in der Figur des Christian Rosenkreutz auch Luther porträtiert wurde.

Weiter steckt aber in dieser Figur auch jemand, der ausdrücklich in der »Fama« genannt wird, nämlich Paracelsus mit
seinem ganzen alchemistischen, medizinischen und magischen
Wissen, der Schöpfer der Weltseelenkörpergesamtheitslehre,
kurz Pansophie, genannt. Paracelsische Gedanken finden wir
noch heute, zum Beispiel in der Homöopathie. Gleiches kann
nur durch Gleiches geheilt werden, das sagte vor Samuel Hah-
nemann bereits Paracelsus.

Die Medizin lernte man von den arabischen und jüdischen
Ärzten. Mit Hilfe der Kabbalistik, die als eine Art Codeknacker
verstanden wurde, wollte man die geheimnisvollen Bedeutungen alter Texte entschlüsseln, durch die Astrologie den Lauf der
Welt voraussehen. Man darf nicht vergessen, wir befinden uns
kurz vor dem Ausbruch des Dreißigjährigen Krieges, der Europa, vor allem aber Deutschland verwüsten wird. Einer der erfolgreichsten Feldherren dieser Zeit, Wallenstein, befragte, bevor er sich entschied, laut Schillers Drama seinen Hofastrologen
Batista Seni, welches Geschick die Sterne ihm voraussagten.
Aberglauben? Vielleicht. Doch die inzwischen zur Pflicht ge-
wordene Verwendung der aktuellen Meinungsumfrage als Ent-
scheidungshilfe, als eine Art Wählerastrologie heutiger Politiker
wirkt auch nicht viel rationaler als Wallensteins Sternebefra-

gung. Die Politik zumindest haben die Umfragen nicht rationaler und auch nicht effizienter gemacht. Wenn schon Aberglauben, dann hat jedes Zeitalter den Aberglauben, den es meint zu benötigen.

Die Geheimlehren der frühen *Rosenkreuzer*, die aus der Gesamtheit der gnostischen, astrologischen, alchemistischen, medizinischen, kabbalistischen, mathematischen und physikalischen Texte, die in der frühen Neuzeit bekannt waren, bestanden, und die in den Manifesten ihr erstes Resümee erfuhren, werden bis auf den heutigen Tag gelesen und ausgelegt. Die Beschäftigung mit den ewigen Geheimnissen des menschlichen Lebens hat nie nachgelassen, denn täglich erklärt uns sogar die moderne Wissenschaft, dass es mehr Dinge zwischen Himmel und Erde gibt, als unsere Schulweisheit, nämlich sie selbst, uns träumen lässt.

Und die vierte Figur in den Manifesten? Das war mit Sicherheit der stärkste Autor des Verfasserkollegiums. Bei der »Chymischen Hochzeit« lässt sich die Frage leicht beantworten: Es gilt als erwiesen, dass sie von dem Gelehrtensohn, Theologen und bekannten pietistischen Schriftsteller Johann Valentin Andreae verfasst wurde. 1601 kam er zum Studium nach Tübingen und fand dort zwei Freunde, die erheblich älter waren als er, nämlich den Arzt und Philosophen Tobias Hess und Christian Besold. Der überzeugte Paracelsist Tobias Hess war eine der interessantesten und vielseitigsten Figuren seiner Zeit. Rückblickend schrieb Andreae: »Wir glaubten an den paradoxen Geist von Tobias Hess, und an ich weiß nicht was für ein goldenes Zeitalter und an was für eine neugierige Berechnung des Jüngsten Gerichts.« (Ritman in: Das Erbe des Christian Rosenkreutz)

Der junge Johann Valentin Andreae kam also nach Tübingen und widmete sich mit dem Eifer, der dem Spross einer Familie von Pastoren und Gelehrten gebührt, dem Studium, bis ihn eine schwere Erkrankung überfiel. Geheilt wurde er von einem geheimnisvollen Mann Mitte vierzig, einem Tausendsassa, der gleichzeitig Arzt, Alchemist, Jurist und Pansoph war, Dr. Tobias Hess. Arzt und Patient wurden Freunde. Als Dritter im Bund stieß Christian Besold hinzu, der eine der bedeutendsten Privatbibliotheken dieser Zeit besaß, in der Andreae schwelgte. Besold sollte später nach Salzburg gehen, aus Enttäuschung über die lutherische Orthodoxie zum Katholizismus konvertieren und der Universität seine Bibliothek verkaufen.

Die Forschung geht davon aus, dass die drei Freunde die »Fama« und die »Confessio« um 1607 verfassten. Denkbar wäre folgendes Szenario: Nachdem sich die drei in tiefsinnigen Diskussionen die »Bruderschaft vom Rosen Kreuz« ausgedacht hatten, verfasste Tobias Hess im Wesentlichen die »Fama Fraternitatis« als erste Schrift, während Besold an der »Confessio« arbeitete und Andreae die »Chymische Hochzeit« beitrug. Dafür gibt es Hinweise sowohl in den Texten als auch darüber hinaus. Während in der »Fama« selbst deutlich auf Paracelsus hingewiesen wird, den der Verfasser offensichtlich verehrte, wie überhaupt der Arztberuf eine große Rolle spielte – »Keiner solle sich keiner anderen profession außtun, dann krancken zu curiren« –, erwähnt Andreae, wie um einen Hinweis zu geben, in zwei späteren Schriften den Namen Hess in Zusammenhang mit der »Fama«. Liest man diesen Text, so scheint er in der Tat dem »paradoxen Geist« von Tobias Hess entsprungen.

Die »Chymische Hochzeit«, deren Verfasserschaft Andreae zugab, enthält auch Anspielungen auf den Autor selbst, der wie im Vorbeigehen im Spiegel kurz auftaucht: Christan Rosenkreutz hatte Schwierigkeiten, sich zu bewegen, denn er »hinckte an beeden Füßen« – von Johann Valentin Andreae weiß man, dass er aufgrund einer Kinderkrankheit zeitlebens gehbehindert war.

Obwohl alle drei *Rosenkreuzer*-Schriften, die »Fama«, die »Confessio« und die »Chymische Hochzeit«, ähnliche Gedanken enthalten, wirken sie auffallend wenig aufeinander abgestimmt. So wurde in der »Fama« angekündigt, die »Confessio« werde 37 Gründe angeben, weshalb die Bruderschaft an die Öffentlich-

keit ginge und anböte, ihre Geheimnisse zu teilen. Doch diese
Gründe sucht man in der »Confessio« vergebens. Allerdings
weiß niemand, wie viele Manifeste es wirklich gab und ob alle
Urschriften auf uns gekommen sind. Vielleicht ist etwas verloren gegangen oder harrt noch in einer Handschriftensamm-
lung an entlegenem Ort, versteckt in einem Buch, wo man
es, wie damals üblich, einfach mit eingebunden hatte, seiner
Entdeckung.

Und auch der Christian Rosenkreutz der »Fama«, der sich
nach der Gründung und Anleitung der Bruderschaft geheimnis-
voll in einem unauffindbaren Grab verbarg, das von den Brüdern, die das Geheimnis bewahrten, erst zu der Zeit geöffnet
werden sollte, die er vorbestimmt hatte, unterscheidet sich vom
Christian Rosenkreutz der »Chymischen Hochzeit«, der als alter
Mann zur Hochzeit des Königspaares eingeladen wird. Am
Ende der Abenteuer, die er teils bestand, teils nicht, wird er nun
zum Türhüter einer neuen Gemeinschaft.

Mit ihrer Mischung aus Kritik und Vision, aus Predigt und Utopie, mit der Vorstellung, ein Orden der Edlen könne die Welt
retten, trafen die *Rosenkreuzer* genau den Nerv der Zeit. Nachdem ihre Schriften erschienen waren, begann eine emsige Suche
nach den geheimnisvollen Verfassern.

Adam Haslmayr, der wegen seines mutigen Bekenntnisses
zu den *Rosenkreuzern* vier Jahre auf der Galeere zugebracht hatte,
kehrte 1616 zunächst nach Tirol zurück und ließ sich dann bei
seinem Freund Widemann in Augsburg nieder. Auch Haslmayr
vermochte die *Rosenkreuzer* nicht zu finden. Dennoch scheinen
sie ihm, direkt oder indirekt, geholfen zu haben. Es begannen
sich nämlich einflussreiche Leute für ihn zu interessieren. Noch
in seiner Zeit auf der Galeere erhielt Haslmayr aus Deutschland,
Österreich und Italien Anfragen über Rezepte und alchemistische Verfahrensweisen. Möglicherweise kam er weit früher frei
als offiziell bekannt. Manchem seiner Gönner, wie dem einfluss-

reichen Adligen Andrea di Grimaldi in Genua, wäre es sicher möglich gewesen, einiges in dieser Richtung zu unternehmen, und dass er Haslmayr kannte und schätzte, ist belegt. Um ihm zu helfen, hätte man aber vor seinem halsstarrigen Landesherrn und dessen wachsamen Agenten, den Jesuiten, den Eindruck aufrechterhalten müssen, dass er sich noch immer in dieser schlimmen Lage befand. Das alles ist Spekulation, denn falls Haslmayr tatsächlich befreit und versteckt worden wäre, hätte sich das unter so perfekter Geheimhaltung vollzogen, dass wir es auch Jahrhunderte später kaum aufdecken könnten.

Man fand und fand die *Rosenkreuzer* nicht. Die Angehörigen des mächtigen Geheimbundes hatten ihrer Entdeckung vorgebaut. Der mystischen Gnadenlehre entsprechend, verkündeten sie, nur derjenige könne die *Rosenkreuzer* finden, dem die Gnade zuteil würde, dass sie sich ihm offenbarten. Sie selbst bestimmten, von wem sie sich finden lassen wollten. Und wer sie fand, der musste schweigen. Wer behauptete, er habe sie gefunden, konnte sie demnach nicht gefunden haben – mit anderen Worten: Alle, die abstritten, *Rosenkreuzer* zu sein, konnten zum Orden gehören, die mit ihrer Mitgliedschaft prahlten, eben nicht. Damit war dem hochgeheimen Orden eine einleuchtende Erklärung gelungen, weshalb man ihn nicht zu finden vermochte.

In den Wirren des Dreißigjährigen Krieges, der 1618 ausbrach, riss die Entwicklung der *Rosenkreuzer* in Deutschland vorübergehend ab. Im Jahr 1620 begleitete René Descartes den katholischen Feldherrn Tilly auf seinem Kriegszug durch Deutschland. Der französische Philosoph hatte einen klar umrissen Auftrag: Er sollte den Orden der *Rosenkreuzer* finden, der sich in Frankreich großer Berühmtheit erfreute. Sei es, dass er an der falschen Stelle suchte, sei es, dass es die *Rosenkreuzer* nicht gab oder der Krieg sie zerstreut hatte, oder sei es, dass er sie tatsächlich gefunden hatte und sie nicht zu verraten gedachte, weil er selbst zu ihnen gehörte – Descartes meldete seinem Auftraggeber, die Suche sei erfolglos verlaufen.

Doch zumindest neue Kunde von der mysteriösen Bruderschaft brachte der Philosoph mit nach Paris. Bald nach seiner
Rückkehr floh er nach Utrecht und begann mit der Arbeit an seinem Hauptwerk, einer wissenschaftlichen Gesamtdarstellung
der Welt, die ganz dem Stil und Ideal der Universalgelehrten
wie Paracelsus entsprach. Philosophische Betrachtungen und
naturwissenschaftliche Studien – über die Herkunft der Metalle,
den Aufbau der Körper durch kleinere Körper oder botanische
Untersuchungen – waren darin allumfassend dargelegt. Wie ein
Baumeister beschrieb Descartes die komplexe Architektur der
Welt.

Es standen nur noch letzte Korrekturen an, als ihn 1633 ein
Schicksalsschlag traf: Descartes erfuhr, dass Galileo Galilei in
Rom vom Inquisitionsgericht verurteilt worden war und seine
Lehre, die auf den Theorien von Nikolaus Kopernikus von der
Bewegung der Planeten auf Kreisbahnen um die Sonne beruhte,
widerrufen hatte. Zwar hatte Descartes das kopernikanische
Weltbild nur als Hypothese behandelt, aber selbst das konnte
ihm nun übel ausgelegt werden.

Zudem durfte er sich im calvinistischen Utrecht ohnehin keineswegs sicher fühlen, und der örtliche Prediger hetzte bereits
gegen den Philosophen des Teufels. Descartes verzichtete also
auf die Veröffentlichung und versteckte sein Werk so gut, dass
es bis heute nicht gefunden wurde. Er floh nach Schweden, wo
er sich bald darauf in dem herben Klima eine Lungenentzün-
dung zuzog und starb. Dass Descartes' Hauptwerk verschollen
ist, bedeutet in mehr als einer Hinsicht einen Verlust: Für uns
fände sich darin mit Sicherheit ein Hinweis darauf, ob Descartes
die *Rosenkreuzer* in Deutschland gefunden hatte.

Auf vielen Wegen verbreiteten sich die Vorstellungen der
Rosenkreuzer in ganz Europa. In den Niederlanden hatte Descartes seinen Teil dazu beigetragen. Ein zweiter berühmter Mann
sollte eine noch größere Rolle spielen: der tschechische Theologe und Pädagoge Johann Amos Comenius, der enge Kontakte

zu Johann Valentin Andreae unterhielt. Während des Dreißigjährigen Krieges wurde das Haus des Gelehrten und Oberhaup-
tes der Böhmischen Brüder von Katholiken verwüstet und seine
wertvolle Bibliothek vernichtet. Comenius konnte sich mit knap-
per Not retten, emigrierte nach Polen und ließ sich schließlich in
Amsterdam nieder, wo er im Kreis von Freunden pansophische
Ideen vertiefte. Obwohl die *Rosenkreuzer* auch in den Niederlanden verfolgt wurden, entwickelte sich hier eine starke Gemeinde,
die sich über Jahrhunderte hielt. So ist es kein Zufall, dass es
heute in Amsterdam eine Bibliothek gibt, die sich den *Rosenkreuzern* verbunden fühlt, die »Bibliotheka Philosophica Herme-
tica« (Bibliothek des hermetischen Wissens) von Joseph Ritman.
Und das *Lectorium Rosicrucianum*, die 1934 durch den niederländischen Mystiker Jan van Rijckenborgh gegründete »Internationale Schule des Goldenen Rosenkreuzes«, blickt auf eine lange
und ununterbrochene Tradition zurück, die in den Tagen des
wissenschaftlich-freundschaftlichen Briefwechsels zwischen Comenius und Johann Valentin Andreae begann.

Die seltsame Verbindung von Alchemie und Weltverbes-
serung, von Medizin und Religion, die dem Geheimbund der
Rosenkreuzer seine bis heute zwar vibrierende, aber stabile innere
Spannung gibt, macht es unmöglich, festzustellen, wann die ersten geheimen Zirkel dieser Vereinigung ihre Arbeit aufnahmen.
Geheim waren die *Rosenkreuzer* immer, denn zu allen Zeiten
sahen sie sich verfolgt. Seit dem 13. Jahrhundert hat es alchemistische Zirkel und hermetische Gruppen gegeben, bei denen man
nie sicher sein kann, ob man es vielleicht mit *Rosenkreuzern* zu tun
hat. Der große spanische Mystiker und Hermetiker Raimundus
Lullus veröffentlichte um 1270 den »Doctor Illuminatus«, Roger
Bacon den »Doctor admirabilis« und um 1250 hatte bereits Arnal-
dus Villanovanus mit seinem »Rosarium« für Aufsehen gesorgt.
Man könnte die Reihe über Basilius Valentinus, Albertus Magnus, Johannes Trithemius und Paracelsus bis zum »Parlamentum
hermeticum« in Frankreich beliebig ausführlich fortsetzen – es

lässt sich kaum entscheiden, ob es lediglich Alchemisten oder vielleicht schon *Rosenkreuzer* waren, die sich um die Meister versammelten.

Am Anfang des 17. Jahrhunderts verbreitete sich auch in Frankreich das Gedankengut der *Rosenkreuzer* in geheimen Zirkeln von Pansophen, Alchemisten und Mystikern, die ein Jahrhundert später wieder an die Öffentlichkeit traten, und zwar in Gestalt geheimnisvoller Freimaurergrade. Ohne die *Rosenkreuzer* zu kennen, versteht man unmöglich die Geschichte der Freimaurer.

Zur gleichen Zeit interessierte sich der englische Arzt, Alchemist, Paracelsist und Naturphilosoph Sir Robert Fludd nicht nur außerordentlich für die *Rosenkreuzer,* sondern verfasste 1616/17 auch Schriften zu ihrer Verteidigung. Seit Jahrzehnten hatten sich die pansophischen und paracelsischen Ideen vom Kontinent aus auf der Insel in einer kleinen, sehr elitären und tonangebenden intellektuellen Schicht Fuß gefasst. So fielen die Vorstellungen des Geheimbundes hier auf gut vorbereiteten Boden und gediehen prächtig. Im Jahr 1646 gründete der Freimaurer Elias Ashmole mit dem Astrologen William Lilly, dem Arzt Thomas Warton und anderen das *Haus Salomonis,* das deutlich von den *Rosenkreuzern* inspiriert war und deren Gedanken weiterentwickelte.

Das Besondere und vor allem Folgenreiche dieser Gründung bestand darin, dass die geheime Gesellschaft sich bei den Freimaurern in der Mason's Hall einmietete. Der Alchemist Thomas Vaughan übersetzte 1652 die »Fama« und die »Confessio« unter dem Pseudonym Philalethes ins Englische. Um 1730 veröffentlichte dann ein Autor die freimaurerische Schrift »Long livers« unter dem Pseudonym Eugen Philalethes, durch die Wahl des Pseudonyms deutlich bezugnehmend auf Vaughan und die rosenkreuzerische Tradition. Dadurch kam es in England bereits zu Beginn der nicht berufsbezogenen *Freimaurerei* zu einer engen Beziehung zu den *Rosenkreuzern.* Einige der neuen englischen

Rosenkreuzer waren gleichzeitig Freimaurer. Durch diese angeregt und vermittelt, bildete sich von Anfang an ein esoterisches und mystisches Moment heraus, das große Möglichkeiten zur Entfaltung barg. Als nun die *Freiermaurerei* in den zwanziger und dreißiger Jahren des 18. Jahrhunderts auf den Kontinent übersetzte, hatte sie das Erbe der *Rosenkreuzer* im Gepäck.

DIE VERHÄNGNISVOLLE SEHNSUCHT NACH DER BESSEREN WELT

Niemals zuvor und auch nicht danach wurde einem jungen Deutschen ein so begeisterter Empfang bereitet wie in der Pariser Freimaurerloge *Les Neufs Sœurs* im Jahr 1776. Dabei galt doch die jüngst von dem Mathematiker und Astronomen Joseph Jérôme Lefrançois de Lalande gegründete feine Loge der »Neun Schwestern« als Essenz des Geistes und der Elite der Pariser Gesellschaft schlechthin. Den Plan dazu hatte Lalande gemeinsam mit Claude Adrien Helvétius gefasst, jenem berüchtigten Erzketzer und Materialisten, den einige Leute im Vatikan am liebsten auf dem Scheiterhaufen gesehen hätten. Helvétius erlebte die *Neufs Sœurs* allerdings nicht mehr, er starb 1771.

Es waren also die wichtigsten Leute von Paris, die jenem zweiundzwanzigjährigen Deutschen, der von London kam, wo er in der Großloge von England bereits den Grad des Meisters erreicht hatte, einen überaus herzlichen Empfang bereiteten. Er knüpfte enge Beziehungen zu Benjamin Franklin, dem ersten Botschafter der jungen Vereinigten Staaten in Frankreich. Seine Freimaurerbrüder Thomas Jefferson und George Washington hatten ihn nach Paris geschickt.

Georg Forster empfahl kurz vor seiner Abreise der Loge den Wiener Aufklärer Ignaz, Edler von Born. Ein halbes Jahr später sollte der greise Voltaire in die *Neufs Sœurs* aufgenommen werden, doch da befand sich Forster bereits wieder in Deutschland.

Dieser Georg Forster stellte in der Tat etwas ganz Besonderes dar: Er war ein Star, eine Art Mozart der Wissenschaft, und wurde wie dieser von klein auf durch einen ehrgeizigen Vater angetrieben. Mit sieben Jahren sprach der kleine Georg bereits perfekt englisch und französisch, mit zehn auch russisch. Schulen besuchte er nur kurzzeitig, wenn es sich in seinem unsteten Leben ergab. Der despotische Vater selbst übernahm die Ausbildung seines Sohnes. Mit zwölf Jahren begleitete der Junge den Vater auf einer Inspektionsreise im Auftrag der russischen Zarin Katharina II. Die Reise führte die Wolga entlang bis in die tiefste Kalmückensteppe. Trotz seines jungen Alters war Georg schon ein fähiger Botaniker, und der Vater glaubte auf seine wissenschaftlichen Kenntnisse nicht verzichten zu können. Kaum aus Russland zurückgekehrt, übersiedelte Georg mit seiner Familie vom ostpreußischen Nasenhubben nach London. Der eigenwillige Kopf des Vaters war voller Projekte, die aber leider alle nicht aufgingen. So verdingte sich Georg als Schuldenpfand in einem Londoner Handelshaus, während der Vater dank der Vermittlung von Freimaurerbrüdern in Oxford unterrichten konnte. Doch bald schon sollte das ganz große Abenteuer beginnen, das Georg Forster berühmt machte und ihn für das ganze Leben prägte, im Guten wie im Schlechten.

Am 11. Juli 1772 lichtete in Plymouth das Segelschiff »Resolution« die Anker und brach unter Captain Cook zur Weltumseglung auf. An Bord war auch der knapp achtzehnjährige Georg Forster mit seinem Vater. Als die »Resolution« drei Jahre später wieder in Spithead einlief, endete eine ebenso abenteuerliche, wie kräftezehrende Reise – Georg Forster sollte sein kurzes Leben lang an den Folgen des Skorbuts leiden. Aber der junge Mann hatte wirklich etwas von der Welt gesehen. Darüber hinaus war er freundlich und zuvorkommend, verstand es, angenehm und interessant zu plaudern, ein Gast, den man gern an seine Tafel lud.

Nach seinem Besuch in Paris reiste Georg Forster quer durch Deutschland und kam in Kontakt mit der intellektuellen Elite.

In Berlin, Weimar, Wolfenbüttel und Göttingen lernte er die er-
lauchtesten Geister kennen. Er traf Goethe, Lessing und Lich-
tenberg, um nur einige zu nennen. Und überall, wo er hinkam,
fand er Freimaurerlogen, denn in den deutschen Fürstentümern
hatten sich nicht nur Bürger, sondern auch Geistliche, Offiziere
und Adelige in Freimaurerlogen organisiert. Es war die geheimste
Massenbewegung, die es je gab. Zum einen legte man Wert auf
Verschwiegenheit, zum anderen gehörte es zum guten Ton und
zur gesellschaftlichen Pflicht, einer Loge anzugehören.

Als Forster 1778 in Kassel eintraf, wo er durch freimaurerische
Vermittlung an eine Professur am Carolinum gekommen war,
hatte sich die *Freimaurerei* in Deutschland schon sehr weit vom
englischen Vorbild entfernt. Bevor er der dortigen Loge *Zum gekrönten Löwen* beitreten konnte, die nach dem neuen Hochgradsystem der *Strikten Observanz* (unbedingter Gehorsam) organisiert war, musste er nämlich erst die »Obödienzakte« dieser
Großloge unterzeichnen, die Geheimhaltungsakte der *Freimaurerei*. Darin wurde dem neuen Mitglied versprochen, ihm je nach
seinem Aufstieg in den Graden Geheimnisse und Geheimwissen
anzuvertrauen. Im Gegenzug wurde zum einen absolute Verschwiegenheit und zum zweiten die bedingungslose Anerken-
nung der Autorität und der Weisungsbefugnis der unbekannten
Oberen gefordert.

AUF DER SUCHE NACH DEN WURZELN: DIE TEMPLER

Begonnen hatte diese neue Entwicklung in der *Freimaurerei* in
Frankreich, wo die Anhänger der Stuarts im Pariser Exil die
schottischen Hochgrade auf die drei ursprünglichen Johannisgrade der Freimaurer – »Lehrling«, »Geselle« und »Meister« –
unterschiedlich viele (Hoch-) Grade aufsetzten. Als Grundlage
für dieses Hochgradsystem diente dabei eine Legende, die eines

Dan Brown würdig war. Oder richtiger formuliert, eine Legende, von der sich Brown anregen ließ, die Mutter aller Verschwörungstheorien: In einer berühmten Rede in Paris hatte der Chevalier Ramsay nämlich behauptet, die *Freimaurerei* sei während der Kreuzzüge in Palästina entstanden. Damit beflügelte Andrew Michael Ramsay, französischer Schriftsteller schottischer Herkunft und Erzieher des schottischen Thronanwärters Charles Edward Stuart, die Phantasie von Freimaurern, aber auch von Scharlatanen wie dem berüchtigten Grafen Cagliostro. Jedenfalls schossen in kurzer Zeit zahlreiche Systeme von Hochgraden – bald waren es über hundert –, aus dem Boden, die aber nicht zwingend zusammengehörten. Und ein Hochgrad stellte nicht nur eine Bezeichnung dar, sondern dahinter standen eine Legende und verschiedene Geheimnisse. Hier also in Kürze und ohne Rücksicht auf die Verfasserschaft die wichtigsten Legenden, aus denen alle Freimaurer schöpften:

DIE ESSENER UND DIE »QUMRAN-ROLLEN«. Als Hugo von Payens in Jerusalem um 1120 den Templerorden gegründet hatte, wurde das Hauptquartier auf den Ruinen des alten salomonischen Tempels errichtet, dort, wo damals die al-Aksa-Moschee stand und heute wieder steht. Hier wird deutlich, dass bereits der mysteriöse Grad des »Royal Arch« von der blauen Johannis-*Freimaurerei* mit ihren drei Graden zur schottischen Hochgrad-*Freimaurerei* führt. Dass die Templer sich über den Ruinen des alten salomonischen Tempels ansiedelten, der für die Freimaurer eine so große Rolle spielt, provozierte erst die Vermutung und dann die Legende, dass die Templer unter der Moschee Gänge in die unterirdischen Gewölbe des alten salomonischen Tempels fanden, die zu dem im »Royal Arch« beschriebenen geheimen Gewölbe passten, in dem sie auch die hohlen Säulen Jachin und Boaz aufspürten und mit ihnen das geheime Wissen, das in den Säulen lagerte. Man ging davon aus, dass die Templer sich nicht zufällig an diesem Ort niederließen.

Im Übrigen hießen sie ja auch deshalb Templer, weil ihr Hauptquartier sich an der Stelle des alten salomonischen Tempels befand.

Aber nicht nur das, sie kamen im Morgenland auch in Kontakt mit einem anderen Geheimbund, dessen Mythen das Wissen der Sekte der Essener bewahrt hatten, nämlich mit den Sufis.
So gut ge- und teilweise erfunden das alles auch vom Chevalier
Ramsay sein mochte, es spielte einerseits auf die Sekte an, der
Jesus angehört haben soll, wie einige Bibelforscher vermuten,
anderseits wurde wieder die Brücke geschlagen zu dem Geheimwissen der Antike, das wir aus der eindrucksvollen »Fama« der
Rosenkreuzer kennen.

Tatsächlich ist es aber so, dass wir das Gedankengut der Essener ja heute gerade erst durch die Auffindung der »Qumran-
Rollen« kennen lernen. Ramsay und die vom (Tempel-)Ritter-
mythos begeisterten Freimaurer bauten also eine alte jüdische
Sekte in ihre Legende ein, die erst in unserer Zeit wieder aus
dem Schatten der Geschichte tritt und von der sie damals
eigentlich kaum etwas wissen konnten, wenn es nicht wirklich
diese direkte Vermittlung durch die Templer gegeben hatte. Das
macht die ungeheure Faszination der »Pauperes commilitones
Christi templique salomonici« (Arme Ritterschaft Christi des Salomonischen Tempels), wie sie korrekt hießen, aus, dass sie der
einzige Ritterorden waren, der sich sehr bewusst und sehr gezielt
für geheimes Wissen im Orient interessierte. Mehr als deutlich
spiegelte sich dieser Fakt im Namen des Ordens wider.

Die Schlussfolgerung daraus ist bedeutender, als man auf
den ersten Blick meinen könnte: Abgesehen von den »Qumran-
Rollen« müssen Kenntnisse über die Essener und möglicherweise auch über ihr Wissen auf Wegen tradiert worden sein,
über die wir bestenfalls spekulieren können. Doch durch diese
Bezüge und Erinnerungen wird immer deutlicher, dass es während der Kreuzzüge eine umfangreiche Kommunikation zwischen den Tempelrittern und muslimischen Kriegern gegeben

haben muss – jedenfalls wenn sie sich zwischendurch einmal nicht die Köpfe einschlugen.

DIE TEMPELRITTER. Der Orden der Tempelritter wurde vom französischen König Philipp dem Schönen, der einen begehrlichen Blick auf die Reichtümer der Templer geworfen hatte, im 14. Jahrhundert durch Folter, Gericht und Mord in einem Schauprozess aufgelöst. Der letzte Großmeister, Jacques de Molay, endete auf dem Scheiterhaufen. So weit die Fakten.

Nun behauptete Ramsay, der Großmeister habe kurz vor der Hinrichtung seinen Neffen, den Grafen von Beaujeu, für den wichtigsten Auftrag ausgewählt, den er zu vergeben hatte. So brisant war diese Mission, dass er den jungen Grafen zuvor einem Test unterzog: Er befahl dem jungen Mann, nachts in die Gruft der Tempelburg zu Paris hinabzusteigen, in der alle Großmeister des Ordens ihre letzte Ruhestätte fanden. Aus dem Grab eines bestimmten Großmeisters sollte der Graf ihm einen kostbaren Kristallschrein bringen, der den wertvollsten Schatz des Ordens enthielt. Wie groß musste erst die Aufgabe sein, wenn schon die Prüfung einen solch hohen Einsatz forderte?

In dem Schrein befand sich eine Reliquie, die im auf Reliquien versessenen Mittelalter bei allen Auktionen Höchstpreise erzielt hätte, denn ein recht heiliger körperlicher Überrest bedeutete für die Menschen dieser Zeit so etwas wie eine Milliardenerbschaft und das ewige Leben in einem. Im Schrein nun befand sich der wundertätige Zeigefinger der rechten Hand von Johannes dem Täufer.

Doch zurück zu der Nacht, in der unser junger Graf um Mitternacht allein in die schaurige Gruft stieg, den richtigen Sarg fand und ihn öffnete. Im Staub zerfallener Kleidung, durch den die Knochen des Großmeisters Robert von Craon schimmerten, fand er die in reines Silber gefasste Glasvitrine mit der kostbaren Reliquie. Balduin II., König von Jerusalem, hatte sie dem Orden Mitte des 12. Jahrhunderts zum Geschenk gemacht. Der junge

Beaujeu nahm die Reliquie an sich, verließ unerkannt und unbemerkt Gruft und Burg und überbrachte seinem Onkel den überaus wertvollen Schatz. Damit hatte er sich als treu und als der
großen Aufgabe für würdig erwiesen, die ihm nun als Vermächtnis zugeteilt wurde.

Wie mag sich der junge Mann gefühlt haben, als ihm sein
Onkel, der Großmeister des Templerordens, eröffnete, dass die
Beschaffung der Reliquie nur eine Prüfung darstellte? Die eigentliche Aufgabe, so erfuhr er nun, bestand darin, dass er, der Graf
von Beaujeu, zum Templer wurde. Damit übernahm er lebens-
lang die Pflicht, trotz Not und Verfolgung dafür zu sorgen, dass
die Geheimnisse des Ordens in die Zukunft weitergetragen würden. Jacques de Molay sah den Tod vor sich, und er kannte seine
Pflicht als Großmeister: alles zu tun, damit der Orden überlebte.
Diese Verantwortung und seine ganze Hoffnung legte er nun
in die Hände seines Neffen. Er weihte ihn in die Mysterien des
Ordens ein, flüsternd, damit kein gedungener Spitzel etwas er-
lauschen konnte, und erlegte dem Grafen die Verpflichtung auf,
den Orden im Geheimen weiterzuführen. Dereinst werde er,
Jacques de Molay, vor dem großen Architekten des Universums,
des großen Gewölbes, Rechenschaft von ihm fordern, ob er der
Aufgabe auch gerecht geworden sei – welch wunderbarer Bezug
auf den Grad des »Royal Arch«, der Ramsay hier gelang. So
wurde der junge Mann, der eigentlich zu spät geboren worden
war, um Tempelritter zu werden, in der Stunde des Untergangs
dieses Ordens vom letzten Templer zum ersten Templer geweiht. Ihm verlieh Jacques de Molay drei Schlüssel.

Zu welchen Schlössern die drei Schlüssel gehörten, bleibt
ein Geheimnis. Man kann sich vorstellen, dass die Schlüssel, die
eine T-Form, wie sie bei den Freimaurern gebräuchlich waren,
aufwiesen, als Symbol des Schweigens, als Symbol des Ham-
mers, auch des Meistergrades dienten, gleichzeitig aber auch
eine Erinnerung an die Verschwiegenheit darstellten, denn sie
verschlossen den Mund und die Korallenbüchse, die die Ge-

heimnisse der *Freimaurerei* enthielten und nur mit elfenbeinernen Schlüsseln zu öffnen waren. Es können aber auch die Schlüssel zum Tal Josaphat, zum Stadttor von Jerusalem und zur Burg von Zion sein. Das Tal Josaphat versinnbildlicht einen schwer zugänglichen Ort, was für den idealen Ort der Arbeit in der Loge steht. Es ist der ideale Ort, der erst durch die Arbeit der Loge entsteht. Letztlich können die drei Schlüssel den Zugang zum Königlichen Gewölbe im Tempel Salomons eröffnen.

Nachdem Jacques de Molay seinem Neffen die Schlüssel übergeben und ihm wahrscheinlich eine der drei Deutungen genannt hatte, enthüllte er dem jungen Grafen, dass er die Heiligtümer und Dokumente des Ordens aus dem Morgenland im Sarg des Großmeisters Wilhelm von Beaujeu nach Paris habe schaffen lassen. In dem Sarg befände sich eine silberne Truhe, in der die Annalen des Ordens, die geheimen Schriften, die Krone der Könige des für die Christen verlorenen Jerusalems, der siebenarmige Goldleuchter, die vier goldenen Evangelisten, vermutlich Statuetten, die sie sinnbildlich als Engel, Löwe, Stier und Adler zeigten und vom Heiligen Grab stammten, und schließlich das »Liber mysteriosum«, das Buch des geheimen Wissens des Ordens, gut versteckt lägen. Im Übrigen seien die Säulen am Eingang zur Gruft hohl und enthielten bedeutende Summen, um die notwendigen Aktivitäten zu finanzieren.

Jacques de Molay, einer der mächtigsten Männer des Abendlandes, der sich von einem verschlagenen und eitlen König übertölpeln ließ, weil er an das Recht und an den Papst glaubte, wurde 1314 zum Scheiterhaufen gekarrt und auf nassen Weidenästen verbrannt. Doch zur gleichen Zeit, so erzählt die Legende, versammelte der junge Graf von Beaujeu acht Ritter des Ordens, die der Verleumdung und Verfolgung entkamen, so dass ihrer neun waren, die ihr Blut miteinander vermischten und schworen, dass der Orden so lange am Leben bliebe, wie neun »Große Architekten« existierten. Es fällt auf, dass es dem Verfasser der Legende wieder um den »Royal Arch« ging. Und neun Ritter

mussten es sein, genau wie bei der Gründung des Templerordens, als Hugo de Payens acht Ritter in Jerusalem um sich
versammelte, und wie auch Christian Rosenkreutz in der »Fama«
acht Brüder berief, so dass und damit sie zu neunt waren.

Es ist gar nicht so wichtig, ob die Ereignisse in diesen Legenden
wirklich stattgefunden haben. Eine viel größere Rolle spielt die
Tatsache, dass es eine Kontinuität des Wissens und der Vorstellungen gibt, Traditionen – Vorstellungen, Motive und Geschichten –, die weitergegeben und bearbeitet, auch verändert, aber
doch über Jahrhunderte erhalten geblieben sind. Allein das ver-
leiht ihnen schon eine gewisse Wahrheit. Sich in eine historische
Tradition zu stellen, bedeutet, Verantwortung zu übernehmen.
All diese Legenden ehrten ein heute rares Prinzip, das der Verlässlichkeit: Der Legende nach konnte sich Jacques de Molay auf
seinen Neffen verlassen.

DIE CHORHERREN DER TEMPLER. Nach einer weiteren
Legende überlebten die Chorherren vom Heiligen Grab, die
Kleriker im Orden der Templer, die aber keine Ritter waren, auf
Zypern, während Beaujeu oder nach seinem Tod sein Nachfolger
Pierre d'Aumont – da ist man sich nicht sicher – mit den Tem-
pelrittern nach Schottland geflohen waren. Begegnete Christian
Rosenkreutz also auf Zypern Chorherren der Templer? Zumin-
dest zeitlich würde es passen, denn er dürfte um 1390 nach Zy-
pern gekommen sein, die Templer gingen um 1314 in den Unter-
grund – verblüffend, wie sich die Stränge der verschiedenen
Legenden immer wieder zu Parallelen ordnen.

Weil nun die Tempelritter in Schottland Asyl fanden, nahm
die geheime Ordensleitung dort Quartier. Der erste Grad im sogenannten *Schottischen Ritus*, der auf die drei Johannisgrade auf-
gepfropft wurde, war der »Royal Arch«. Zu den weiteren Graden
gehörten der »Ritter des Ostens«, dessen Geheimnis das esoterische Denken der Antike enthielt, oder der »Ritter Kadosh«, bei

dem es um die Rache an den Mördern und Peinigern der Templer ging.

Diese Mischung aus dem Mythos der zu Unrecht verleumdeten und ermordeten mittelalterlichen Tempelritter und dem Kampf der unglücklichen Stuarts um ihren rechtmäßigen Anspruch auf den Thron entfaltete in der Mitte des 18. Jahrhunderts eine ungeheure Wirkung, die sich vor allem auch in der Literatur niederschlug – unendlich ist die Zahl der Ritterromane und -dramen.

DIE VERSCHWÖRUNG DER DEUTSCHEN GEHEIMRÄTE

Im Gegensatz zu den Franzosen, die von der ästhetischen Seite der neuen Geheimbund-Mythologie angesprochen wurden, von der Schönheit des stattlichen Ritters, waren die Deutschen fasziniert vom romantische Aspekt der alten Lehre, des alten Geheimnisses, das im Verborgenen überlebt hatte. Rasch verliebten sie sich in die Vorstellung, dass der edle, um seinen Thron betrogene »Bonnie Prince Charlie«, Charles Edward Stuart, der geheime Obere der Freimaurer war, die sich nach dem von Pariser Exilschotten entworfenen sogenannten *Schottenritus* mit seinem Hochgradsystem organisierten. In der *Freimaurerei* des *Schottenritus* wiederum sah man in Deutschland nichts mehr und nichts weniger als den neuen Templerorden, der in Schottand die Verfolgungen und die Jahrhunderte überlebt hatte, jenen Orden, dessen Mitglieder vom Papst verraten und von einem hinterhältigen König gemeuchelt worden waren.

Bewies nicht die Geschichte selbst die Legende? Jacques de Molay hatte seinen Henkern und Verrätern noch vom Scheiterhaufen zugerufen, dass sie ihm binnen Jahresfrist folgen würden. Und wahrhaftig hatten Papst Clemens V. und der französische König Philipp noch vor Ablauf eines Jahres das Zeitliche gesegnet. Wen wundert es da, dass selbst die klügsten deutschen Köpfe des ausgehenden 18. Jahrhunderts glaubten, was sich so leicht glauben ließ?

DAS KAPITEL VON CLERMONT. In der deutschen *Freimaurerei*, die das biedere englische Clubwesen der »masonry« inzwischen in ein behäbiges Vereinswesen übersetzt hatte, begann das schottische Hochgradsystem mit dem *Kapitel von Clermont*, das der Chevalier de Bonneville 1754 in einem feinem Logenlokal, dem Palast Clermont zu Paris, gegründet hatte, und zwar in der vom preußischen König Friedrich dem Großen protegierten Loge *Zu den drei Weltkugeln* in Berlin. Das dort 1760 gestiftete *Kapitel von Clermont* entstand aus einer ausgemachten Gaunerei, als die Ironie des Schicksals drei Spitzbuben zusammenführte.

Ein Franzose mit Namen Gabriel de Lernay war während des Siebenjährigen Krieges in der Schlacht von Roßbach 1757 in preußische Gefangenschaft geraten und wurde auf Ehrenwort in Berlin arretiert, wo er im Dezember 1758 eine Militärloge gründete. Warum er das tat, ist schnell durchschaut, nämlich aus finanziellen Gründen. Abenteurer, Betrüger und Hochstapler wie Lernay hatten nämlich entdeckt, dass sich in Freimaurerlogen leicht Geschäfte machen ließen: Berichte über zweifelhafte Geheimnisse und die Erfindung abenteuerlicher Grade wurde von einem staunenden und in dieser Hinsicht naiven Publikum mit blanker Münze bestens honoriert.

Mit besagtem Marquis Gabriel Filley de Lernay kam das *Kapitel von Clermont* nach Berlin. Rasch hatte er Kontakte geknüpft, unter anderem zu Friedrich Wilhelm Freiherr von Printzen, Geheimer Kriegsrat und zu dieser Zeit »Meister vom Stuhl« der Loge *Zu den drei Weltkugeln*. Zu dem französischen Bonvivant und dem wichtigtuerischen Kriegsrat gesellte sich ein protestantischer Geistlicher mit Namen Dietrich Schumacher, der in Köthen wegen seines liederlichen Lebenswandels als Superintendent entlassen werden musste. Daraufhin hatte er Frau und

Kind verlassen, um dem Wohlleben statt im Provinznest mit Wein, Weib und Gesang auf großem Fuß in der Großstadt frönen zu können. Auf der Reise von Köthen nach Berlin wurde aus dem mit Schimpf und Schande aus dem Amt gejagten Dietrich Schumacher der Weltmann Philipp Samuel Rosa. Lernay berichtete nun vom *Kapitel von Clermont* in Paris, von Printzen wähnte sich bereits als Nachfolger von Jacques de Molay, und Rosa erledigte die lästige Schreibarbeit, indem er nach den Erzählungen Lernays das Gradsystem dieser Loge ausformulierte.

Der Chevalier de Bonneville oder Benouville, der 1754 in Anlehnung an die schottischen Hochgrade, wie sie von Ramsay entworfen worden waren, in Paris das *Kapitel von Clermont* eingesetzt hatte, hätte kaum einen beziehungsreicheren Namen als Clermont wählen können: Zum einen war es in Clermont gewesen, wo Papst Urban II. 1095 zum ersten Kreuzzug ins Heilige Land aufgerufen hatte, in dessen Verlauf in Jerusalem der Templerorden gegründet wurde. Zum anderen hatte sich Jakob II., der Großvater von Charles Edward Stuart, nach seiner Flucht aus England zunächst in Clermont niedergelassen. Damit wurde als geheimer Zweck des *schottischen Ritus* der *Freimaurerei* die Wiedereinsetzung der Stuarts als Könige von England gesetzt und verhüllt, das heißt, dieser Zweck gehört zum geheimen Wissen der oberen Grade. Schließlich fand oder erfand man einen Grafen von Clermont, der diesen Ritus entwickelt haben sollte und ihm als Patron vorstand. In Wahrheit war es aber, wie gesagt, der Chevalier de Bonneville.

Das schottische Gradsystem fußt auf der Legende von vier schottischen Brüdern, die im salomonischen Tempel in Jerusalem drei geheimnisvolle Schalen gefunden haben sollen. Zurück in der Heimat wurden sie von König David II. empfangen, bekannt auch als »David the Bruce«, dem Sohn von »Robert the Bruce«, der einem größeren Publikum aus dem Film »Braveheart« bekannt sein dürfte. David II. regierte zwischen 1329 und 1371. Historisch passte das perfekt, weil ja die Templer nach 1314 ent-

weder unter Beaujeu oder unter d'Aumont nach Schottland emigrierten. Eine Variante der Legende machte aus den schottischen
Brüdern drei Weise des Lichtes aus Ägypten, die mit klarem Auftrag nach Schottland kamen, den Templern geheimes Wissen zu
überreichen.

Der erste Grad des Kapitels wurde auch »Ritter des heiligen
Andreas von der Distel« genannt, weil die Angehörigen des
Andreasordens, der um 1087 gestiftet wurde, eine goldene Kette
mit Distelmotiven trugen. Als der schottische König David II.
die Tempelritter unter seinen Schutz nahm, soll er ihnen der Legende nach den Titel der »Ritter vom heiligen Andreas« verliehen
haben. Das war natürlich auch eine perfekte Tarnung: Fortan
traten die Templer nach außen hin als »Andreasritter« auf.

Zurück zu den vier ursprünglichen Andreasrittern, die jene
mysteriösen Schalen aus Jerusalem mitgebracht hatten, in denen das Wissen aufbewahrt war, das man seit dem Tod König
Salomons für verloren hielt. Dieses Wissen wurde nun auf die
folgenden Hochgrade verteilt: Der zweite Grad hieß »Adlerritter« und versammelte sich im »Kapitel der Auserwählten«, um
sich mit den hermetischen Wissenschaften zu beschäftigen. Es
folgten der Grad des »Tempelritters« und schließlich der »Ritter
Gottes«.

Nach den Angaben des Marquis de Lernay schuf Philipp
Samuel Rosa nun ein entsprechendes System, das ebenfalls aus
vier Hochgraden bestand: »schottischer Meister«, »Adlerritter«,
»Tempelritter« und »Ritter Gottes«. Er ließ die Maurerei bereits
mit dem Beginn der Menschheitsgeschichte einsetzen, verband
sie ab dem 12. Jahrhundert mit den Tempelrittern, indem Hiram
nun zu Jacques de Molay wurde und die mörderischen Gesellen
sich in Philipp dem Schönen vereinigten. Dieses System wurde
in die Berliner Loge *Zu den drei Weltkugeln* eingeführt und verbreitete sich von dort ab 1760 dank des umtriebigen und stets reise-
willigen Rosa, der eine Tochterloge in Halle an der Saale errichtete, die Loge *Philadelphia*.

Alles lief blendend für Rosa, bis er auf seinen Meister traf, den Lügner von großen Graden, der sich Johnson nannte. Wer dieser Georg Friedrich von Johnssen oder Johnson-Fünen in Wahrheit war – außer einem freimaurerischen Hochstapler –, konnte nie zweifelsfrei geklärt werden. Die wahrscheinlichste Hypothese besagt, dass er Johann Samuel Leucht hieß und aus Wien stammte. Sein Gesellenstück bestand darin, dass er als angeblicher Goldmacher den ohnehin schon klammen Fürsten von Anhalt in Bernburg nach Kräften schröpfte und sich nachts heimlich aus dem kleinen Fürstentum schleichen musste. Bald darauf lernte er den Sohn des Fürsten kennen und nahm den naiven Jüngling aus wie zuvor den Vater. Dann errichtete er im mitteldeutschen Raum ein Templerkapitel und bediente sich dazu sehr frei aus Rosas Schriften.

Der gute Rosa ahnte nicht, was ihn erwartete, als ihn der wahre Meister Johnson vorlud, damit er Rechenschaft ablegte. Binnen weniger Monate hatte Rosa jegliches Ansehen verloren, und das Berliner *Kapitel von Clermont*, das sich im Gegensatz zu anderen deutschen Logen Johnson nicht unterwerfen wollte, wurde als unrechtmäßig eingestuft. Für Johnson dagegen brach die beste Zeit seines Lebens an, Bürger, Geistliche, Wissenschaftler, Adlige drängte es zur Aufnahme in seine Loge. Alle wollten sie Tempelritter werden und in die uralten Geheimnisse der Goldmacherei, des Steins der Weisen, des ewigen Lebens eingeweiht werden. Und alle waren bereit, für die Aufnahme, für die Verleihung der Titel und die Einweihung in weitere Grade beträchtliche Summen an den Großmeister zu zahlen.

In der Folgezeit blühte das Ritterwesen in der deutschen *Freimaurerei* auf, man erschien in Ritterkleidung und vollführte malerische Umzüge. Wie hoch schlug das Herz eines biederen Apothekers, wenn er sich in der Loge als Tempelritter fühlen durfte! Da es Brauch und Pflicht geboten, mussten sich die Brüder Ordensnamen zulegen, so dass es schon sein konnte, dass plötzlich aus einem Stadtsyndikus Jakob Müller ein Jacques de Molay wurde, allerdings nur in der Parallelwelt des Ordens ...

DIE STRIKTE OBSERVANZ. Da betrat plötzlich ein ehrenwerter, gebildeter und in der Hofgesellschaft wohl gelittener Mann die Bühne der deutschen *Freimaurerei*: Karl Freiherr von Hund und Altengrottkau. Aus altem Reichsadel stammend, begeisterte er sich für den *schottischen Ritus* und schuf ein eigenes System. Diese sogenannte rektifizierte *Freimaurerei* ging in die Geschichte ein als das System der *Strikten Observanz*, die beispielsweise von der Loge *Zum gekrönten Löwen* in Kassel praktizierte wurde, der Georg Forster beitrat.

Der Freiherr von Hund behauptete, der Templerorden existiere noch immer und werde von unbekannten Oberen geleitet. Die Territorien seien in Ordensprovinzen und Präfekturen unterteilt, Deutschland sei die VII. Provinz, und die unbekannten Oberen in Frankreich hätten ihn selbst zum Provinzialmeister des Templerordens bestimmt. Obwohl er es nicht ausdrücklich sagte, ließ er doch anklingen, er unterhalte Kontakte zum Umfeld von Charles Edward Stuart, vielleicht sogar zum Thronanwärter selbst.

Anfangs war er willens, mit dem Großmeister Johnson zusammenzuarbeiten, doch immer mehr erkannte der integere Edelmann in dem Großmeister den Glücksritter, den gemeinen Betrüger. Vor einflussreichen Ordensmitgliedern kam es zwischen beiden zu einer heftigen Auseinandersetzung, in deren Verlauf der Freiherr von Hund ihn zwar des Betrugs bezichtigte, es aber nicht beweisen konnte, denn niemand wollte gegen Johnson aussagen. Erst als der Reichsfreiherr auf ein Mittel verfiel, das wirklich nur einem Mann von altem Adel in den Sinn kommen konnte, wendete sich das Blatt: Er warf Johnson den Fehdehandschuh hin, im Duell sollte dieser seine Ehrbarkeit unter Beweis stellen. Johnson schlich sich in der Dunkelheit davon und hatte sich damit als Schwindler enttarnt.

Und nun folgte ein Nachspiel, das die ganze Macht zeigt, über die der Geheimbund der Freimaurer verfügte: Unter jenen, die Johnson an der Nase herumgeführt hatten, waren einflussreiche Persönlichkeiten des öffentlichen Lebens in Deutschland, die nicht das geringste Interesse am Bekanntwerden dieser Affäre hatten. Also beschlossen sie, Vorsorge zu treffen. Spitzel fanden heraus, dass sich der Hochstapler in einem Landgasthof aufhielt. Sie informierten die Häscher, die ihn in finsterer Nacht entführten, der Gastwirt erhielt ein ansehnliches Schweigegeld. Die Häscher brachten Johnson auf die Festung Königstein, auf der er bis zu seinem Lebensende 1775 verwahrt und versteckt blieb.

Es darf darüber spekuliert werden, ob das Lebensende des Schwindlers auf natürliche Weise herannahte, denn am 3. September 1775 übernahm Karl August, dem die Festung unterstand, als Herzog von Sachsen-Weimar-Eisenach die Regierungsgeschäfte. Und bei Gelegenheit einer solchen Übernahme bestand immer die Gefahr, dass Unregelmäßigkeiten – wie dieser überzählige Gefangene – auffielen.

Wenig später traten konkurrierende Systeme auf, wie das *Klerikat* des Predigers Starck, der behauptete, dass es innerhalb des Templerordens noch einen erlauchten Kreis, den inneren Zirkel, gab, der die Geheimnisse des Ordens bewahrt hatte. Das wären nicht die Mönchsritter gewesen, sondern die im Inneren des Templerordens wirkenden Chorherren. Damit bezog sich der protestantische Theologe und Erforscher orientalischer Sprachen auf die Legende von den Chorherren, die auf Zypern das Ende des Templerordens überlebten, jener Chorherren, die auch Christan Rosenkreutz getroffen haben könnte.

DER SCHWEDISCHE RITUS. Zur selben Zeit entstand der *Schwedische Ritus*, der sehr stark von esoterischen und mystischen Gedanken geprägt war, die sich zum Teil von Emanuel Swedenborg herleiteten.

Swedenborg, den Kant in seiner Schrift »Von den Träumen eines Geistersehers« karikiert und verspottet hatte, glaubte in der Tat, mit den Geistern von Toten, aber auch mit Engeln, die er sehen könnte, in Verbindung zu stehen. Diese Vorstellung war im 18. Jahrhundert nicht ungewöhnlich – selbst Georg Forster war zu dieser Zeit noch davon überzeugt, mit den Geistern von Toten kommunizieren zu können.

Die ersten drei Grade im *Schwedischen Ritus* entsprechen den drei traditionellen Johannisgraden. Darauf folgte die Klasse der Andreasgrade (»Auserwählte Brüder« oder »Schottische Sankt Andreas Lehrlinge«, »Schottische Sankt Andreas Gesellen« und »Schottische Sankt Andreas Meister«) und schließlich mit den Kapitelgraden die letzte Klasse. Diese gliederten sich in die »Stuartbrüder« oder »Ritter des Ostens und Prinzen von Jerusalem«, die »Vertrauten Salomonis oder Ritter des Westens«, die »Vertrauten Brüder des Sankt Andreas«. An der Spitze stand der »Ritter-Kommandeur mit dem roten Kreuz«. Die schwedische Landesloge wurde eine Zeit lang sogar von einem Mitglied des schwedischen Königshauses geleitet, von Karl, dem Herzog vom Södermannsland, der später vorübergehend schwedischer König wurde. Der Generalarzt der preußischen Armee, Johann Wilhelm Kellner von Zinnendorf, übernahm den Schwedischen Ritus für Deutschland und machte damit der *Strikten Observanz*, aber auch dem *Klerikat* heftig Konkurrenz. Nachdem sich Starck geweigert hatte, Zinnendorf die geheimen Ordenspapiere zu übergeben, ließ er ihn von gedungenen Subjekten auf der Landstraße in der Nähe von Königsberg überfallen. Starck erreichte Königsberg zwar arg ramponiert, doch die Ordenspapiere gelangten nicht in die Hände der Diebe, weil er sie nicht bei sich hatte.

Dieser Vorfall heizte die Auseinandersetzungen in der deutschen *Freimaurerei* noch kräftig an, die durch das Neben- und Gegeneinander all dieser verschiedenen Systeme ohnehin schon sehr von Misstrauen und Ranküne geprägt war. Immer ging es dabei um die Ein- oder Unterordnung der verschiedenen Systeme, und der Grund dafür bestand in der Fixierung auf das Geheimnis.

Da die Geheimnisse jedes Systems auf die verschiedenen Grade verteilt waren, setzten die willigen Kandidaten Zeit, Geld und Mühe daran, den nächsten Grad zu erreichen. Das ging so lange gut, solange jemand noch einen Grad vor sich hatte, bis er schließlich den letzten erreichte, der dann wirklich das gesamte Geheimnis enthalten sollte. Das gesamte Geheimnis bestand darin, dass auf dem letzten Grad die unbekannten Oberen und das Ziel des Bundes offenbart wurden und man in den Besitz der Fähigkeit kam, den Stein der Weisen zu finden und Gold herzustellen.

Doch keiner der Systemgründer, seien es Lernay, von Printzen und Rosa mit dem *Kapitel von Clermont*, sei es der selbst ernannten Großmeister Johnson, der Freiherr von Hund mit der *Strikten Observanz* oder Zinnendorf, der den *Schwedischen Ritus* in Deutschland vertrat – keiner von ihnen war selbst im Besitz der Geheimnisse. Aber alle behaupteten es, denn darauf beruhte ihre Autorität. Da alle wiederum auch davon überzeugt waren, dass die Mysterien existierten, die sie – wie sie natürlich wussten –, selbst nicht kannten, war Vorsicht geboten: Es konnte ja sein, dass der andere sie besaß. Also wurde wie in einer schlechten Komödie umeinander herumgeschlichen. Jeder achtete darauf, sich nicht zu verraten, versuchte aber gleichzeitig, den anderen auszuhorchen. Daraus entstand ein absurdes System der betrogenen Betrüger, das dazu führte, dass man Allianzen schmiedete, sich tolerierte oder bekämpfte. Die Situation wurde von Tag zu Tag unhaltbarer.

Als Georg Forster 1778 nach Kassel kam, hatte nach dem Tod des Freiherrn von Hund und Altengrottkau Herzog Ferdinand von Braunschweig die Führung der deutschen Freimaurer übernommen. Für Forster erwies sich die Mitgliedschaft bei den Freimaurern – vorerst – als letzte Rettung: In London hatte sich sein Vater wieder einmal in enorme Schulden gewirtschaftet. So wurde in den deutschen Freimaurerlogen für Johann Reinhold Forster gesammelt und eine Professur an der Universität in Halle an der Saale organisiert. Die Kollekte ergab ein hübsches Sümmchen, so dass Vater Forster in London vor dem Schuldturm bewahrt wurde und nach Halle reisen konnte, um seine Professur anzutreten. Hilfe und Protektion wurde bei den Freimaurern immer groß geschrieben, was sie für Betrüger, Hochstapler, Glücksritter und alle Arten von Emporkömmlingen so attraktiv machte.

Dem wissbegierigen jungen Gelehrten Forster reichte die Tätigkeit in der Loge, in der er vornehmlich gelehrte Reden zu halten hatte, auf die Dauer nicht aus, und deshalb suchte er verzweifelt nach einem neuen Bund. Dass sich der junge Mann, der weit in der Welt herumgekommen war, in Kassel und noch dazu in untergeordneter Stellung nicht wohl fühlte und immer mehr resignierte, lag in der Natur der zwar ehrenwerten, aber recht überschaubaren Bürgergesellschaft der kleinen Stadt. Kassel war weder Berlin noch Frankfurt und schon gar nicht Weimar, das zwar in etwa so groß wie Kassel, aber durch eine Laune der Geschichte für gewisse Zeit zur Hauptstadt des deutschen Geisteslebens geworden war. Doch Forster konnte weder Kassel verlassen noch die mehr und mehr in Spießertum und kleinlicher Konkurrenz versinkende *Freimaurerei*, nachdem die Brüder ihm, eigentlich seinem Vater, so selbstlos geholfen hatten. Seine Sehnsucht aber zog ihn fort, hin zum wirklichen Mysterium.

Die *Freimaurerei* entwickelte sich allmählich zu einem Zirkel der Geheimräte – jungen Leuten mit unausgelebtem Tatendrang und immenser Begeisterungsfähigkeit konnte sie immer weniger bieten. Diese mussten sich von den Vätern, die ihnen ihre Begeisterung für die Geheimgesellschaften vererbt hatten, emanzipieren. Der Kult der Vernunft staubte nur so vor sich hin. Der Freiherr von Knigge, ein Generationsgenosse von Georg Forster, erinnerte sich später: »Von Jugend auf durch einen unruhigen, spät in mäßige, nützliche Grenzen zu ordnenden Thätigkeits-

Trieb angespornt, wurde auch ich früh von der Krankheit unseres Zeitalters, von der Begierde nach geheimen Verbindungen und Orden hingerissen. Schon als Kind hörte ich in meines Vaters Hause täglich mit Enthusiasmus von Freymaurerey und geheimen Wissenschaften reden.« (Knigge, »Philo's endliche Erklärung«)

Doch Forster stand im provinziellen Kassel nicht allein: Schließlich lehrte am Carolinum auch der gleichaltrige Arzt Samuel Thomas von Soemmering, der sich als Anatom, Anthropologe, Paläontolge und Erfinder einen großen Namen machen sollte und dessen Untersuchungen bis heute nicht an Gültigkeit verloren haben. Während Forster also nach einem neuen Bruderbund suchte, der ihm half, die Geheimnisse der Welt und der Natur zu entschlüsseln, suchte das Haupt der deutschen Freimaurer, Ferdinand von Braunschweig, den Ausweg aus der Situation der Zerstrittenheit in einem Treffen der deutschen Freimaurerlogen in Wilhelmsbad. Auf diesem Wilhelmsbader Konvent nahmen Freimaurer der verschiedensten Observanzen aus allen deutschen und österreichischen Logen teil, und es kam zu einem förmlichen Putsch – doch da hatte Georg Forster längst den wahren Bund gefunden, der ihn ins innerste Mysterium der Natur führen sollte.

DIE GOLD- UND ROSENKREUZER

Nach einem Besuch im heimatlichen Thorn 1779 machte Samuel Thomas von Soemmering auf der Rückreise nach Kassel in Berlin Station, wo ihm die Empfehlungen seines Freundes Georg Forster Zugang zur geistigen Elite der Stadt verschafften. Zwei Begegnungen sollten sich als folgenreich erweisen: Soemmering traf den Geheimrat Johann Wilhelm Bernhard Hymmen und den Hofbuchdrucker Georg Jakob Decker, bei dem wichtige Autoren der Zeit von Herder bis Jung-Stilling erschienen. Beide gehörten einem gerade entstehenden Geheimbund an, der sich in bewusster Distanz zu den Freimaurern den Namen *Gold- und Rosenkreuzer* gegeben hatte. Allerdings konnte man, ohne Freimaurer zu sein, kaum Mitglied dieser Vereinigung werden: Die drei Johannisgrade wurden als Voraussetzung für die Aufnahme angesehen, die *Freimaurerei* galt den *Gold- und Rosenkreuzern* als »Vorhof und Pflanzschule«. Durch die Vermittlung Deckers lernte Soemmering einen der Führer des neuen Geheimbundes kennen, Johann Christoph von Wöllner. Als Soemmering nach Kassel zurückkehrte, freute sich Georg Forster sehr über die Grüße, die Wöllner ihm ausrichten ließ, sah er in ihm doch einen »ganz vortrefflichen Charakter«. (Uhlig) Er bedrängte Freund Soemmering mit Fragen und konnte gar nicht genug erfahren über den neuen, außerordentlich elitären Bund.

Hatte man die geheime Bruderschaft des Christian Rosenkreutz neu begründet, oder war der alte Orden aus seiner Verborgenheit getreten? Im Gegensatz zu den anderen Geheimbünden musste man weder ein Aufnahmegeld entrichten noch für die Initiation in den nächsthöheren Grad bezahlen, noch warb der Bund Mitglieder an. Die *Gold- und Rosenkreuzer* empfanden sich als Elite und entschieden selbst, wen sie in ihren Reihen haben wollten. Lieber weniger, dafür aber bessere Bundesbrüder. Für ernsthafte junge Männer wie Forster und Soemmering, die in einer wirklich geheimen und seriösen Verbindung arbeiten wollten, boten sich in diesen Tagen neben den *Illuminaten* nur die *Gold- und Rosenkreuzer* an.

In aller Stille bereiteten die beiden Freunde die Gründung eines lokalen Zirkels vor und sprachen unter strengster Geheimhaltung einige Freimaurer unter ihren Logenbrüdern an, die sie für geeignet und verlässlich hielten. So trafen sich, wohl am Abend des 10. Dezember 1779, neun Brüder der Freimaurerloge *Zum gekrönten Löwen* in Kassel zum Abendessen und gründeten einen Zirkel der *Gold- und Rosenkreuzer*, dem Soemmering als Direktor vorstand – Wöllner hatte ihn dazu ermächtigt.

DIE AUFNAHMERITUALE. Die Auswahl zur Aufnahme in den Geheimbund der *Gold- und Rosenkreuzer*, der um 1780 seine höchste Blüte erlebte, erfolgte durch Vorschlag, Empfehlung und Bürgschaft eines Rosenkreuzers, der seinen Vorschlag zuvor allerdings gründlich überdacht haben sollte, denn er haftete gewissermaßen dafür: Falls sich jemand, den er empfohlen hatte, nach der Aufnahme als unwürdig erwies, konnte das auch seinen eigenen Ausschluss aus dem Orden nach sich ziehen.

Dank eines Archivfunds des Literarhistorikers Gerhard Steiner lässt sich das Aufnahmeritual rekonstruieren: Zunächst musste sich der Ausgewählte gründlich mit den Pflichten des Bundes vertraut machen, die sogar noch etwas übertrieben werden sollten, um ungeeignete Kandidaten »durch die Wichtigkeit der hohen Pflichten des Ordens und seiner Strenge« abzuschrecken. Wünschte der Ausgewählte dann immer noch aufgenommen zu werden, musste er 35 Fragen beantworten, die in drei Klassen unterteilt waren. In der ersten Klasse ging es um die Betrachtung der menschlichen Vollkommenheit, der Glückseligkeit, um den Umgang untereinander und die Gültigkeit von Lebensregeln. In der zweiten Klasse drehte sich alles um den Kreuzweg, um den weltlichen oder den geistlichen Weg, ob man den Dienst Gottes oder den Dienst am Nächsten erwählen wollte und welches die Natur der Erkenntnis sei.

Die Fragen der dritten Klasse schließlich behandelten den Zusammenhang zwischen Alchemie und wahrem Christentum sowie die Natur des Letzteren: Hielt die Alchemie ein Mittel bereit, um »den armen und unterdrückten guten Menschen in dieser Welt« zu helfen und »zur Wiederherstellung des verfallenen Christentums« beizutragen? Weshalb sei es so schwierig, Gold zu vermehren? Was sei die »Ursach des falschen Christenthums«? Könne ein »Christ ohne große Leiden und Strafe oder Züchtigung seyn und es bleiben«? Die letzte Frage lautete: »Was ist vom Ceremoniell des Gottes Dienst, oder insonderheit vom äußerlichen Gottesdienst zu halten?«

Hinter all diesen Fragen standen die alten pietistischen Vor-stellungen der *Rosenkreuzer* vom direkten Zugang zu Gott, vom Weg des Mystikers und von der Ablehnung der »Maurerkirche« sowie das Bewusstsein, eine geheime Elite zu sein. Die Mitglied-schaft im Bund der *Gold- und Rosenkreuzer* war in der Tat sehr an-spruchsvoll: Das Statut schrieb tägliche Versammlungen vor, die abends abgehalten und etwa vier Stunden dauern sollten, kein Mitglied durfte ohne triftige Entschuldigung fehlen. Essen und Trinken während der Loge sollte zur reinen »Nothdurft«, also ohne Genuss, erfolgen. Mit dieser Satzung schufen sich die *Gold- und Rosenkreuzer* eine geschlossene, immer wieder auf sich selbst verweisende Ideologie, eine allein gültige Binnenrealität, wie sie allgemein zum bewusstseinsverändernden Instrumentarium von Zirkeln, Bünden und Sekten gehört.

Je geschlossener ein Bund oder eine Sekte ist, desto deut-licher nimmt die Kritikfähigkeit der Mitglieder ab, desto willfäh-riger unterwerfen sie sich den Anweisungen der Oberen und der »öffentlichen Meinung« der Gruppe, kurz – desto perfekter be-wegen sie sich im Hamsterrad einer allumfassenden Ideologie. Diese geistige Abhängigkeit von einer Ideologie wurde bei den *Rosenkreuzern* stärker angeprangert als bei anderen Organisatio-nen mit ebenso geschlossenen Ideologien, wie beispielsweise den *Illuminaten*. An den Geheimbünden wird besonders deutlich, in welcher Weise die Kritikfähigkeit der Menschen abnimmt, sobald sie alle Erscheinungen der Wirklichkeit in das Interpreta-tionsmuster einer nicht hinterfragten Ideologie zwängen.

Georg Forster jedenfalls ging ganz im Zirkel der *Gold- und Rosenkreuzer* auf, der ihm zu einer Heimat wurde, auf die er im-mer weniger verzichten wollte und konnte. Als er sich für ein paar Tage in Halle aufhielt, um seinen Vater für die *Rosenkreuzer* zu gewinnen – was ihm nicht gelang –, bedrückte es ihn, von sei-nem Zirkel getrennt zu sein. Der ehemalige amüsante Plauderer und gern gesehene Gast in den Salons langweilte sich inzwi-schen in der Gesellschaft, deren »einfältige Zoten« ihn abstießen. Doch auch wenn man die zeittypische Übersteigerung des Ausdrucks abrechnet, klingt es Besorgnis erregend, was er an Soemmering schrieb: »Ich bin ganz aus meinem Centro verrückt, und Du kannst Dir vorstellen, wie mich nach Dir und unseren lieben Bundesbrüdern verlangt.« (Steiner)

Hier deutet sich eine starke psychische Abhängigkeit an. In der räumlichen Entfernung vom Zirkel und den »lieben Bundesbrüdern« erkannte Forster, »wie unbeschreiblich glücklich wir in jedem Betracht, und vorzüglich in unserem besonderen Verhältnissen sind«, und das bereits nach vier Tagen in Halle. Diese »Herzensergießung« sollte aber auch nicht überbewertet werden. Der junge Mann war Mitte zwanzig, hatte niemals eine Heimat gekannt, nur das Unterwegssein mit dem strengen, stets fordernden Vater, der dazu noch jähzornig und von schwieriger Wesensart war. Dieser hatte sich nun nicht für den Orden gewinnen lassen, sondern stattdessen den Sohn wiederum kräftig geschurigelt. Dabei hatte der Vater dem Sohn alles zu verdanken – ohne ihn wäre er niemals dem Schuldenberg entkommen und hätte auch nie die Professur in Halle erhalten. Doch Dankbarkeit kannte dieser Vater nicht, Liebe für seinen Sohn, den er zeitlebens als wissenschaftlichen Gehilfen sah, empfand er wohl auch nur wenig. Die wichtigsten Menschen im Leben des Georg Forster verletzten ihn am tiefsten und beuteten ihn am schamlosesten aus. Neben dem egozentrischen Vater war das vor allem seine flatterhafte Ehefrau Therese. Um sie zu halten, lebte er sogar mit ihr in einer Ménage à trois.

Da waren die Brüder und Freunde im Zirkel doch von ganz anderem Kaliber. Georg Forster kam die Konsequenz aus seiner Entscheidung für die *Gold- und Rosenkreuzer* entgegen: Mit dem Eintritt in den Orden übernahmen er und alle anderen Mitglieder eine unauflösbare Verantwortung, da galt kein halbes, sondern nur das ganze Wort.

Nach dem von Gerhard Steiner publizierten Text über das Aufnahmezeremoniell in die geheime Gesellschaft wurde dieses

mit aller Dramatik gestaltet, zu der man fähig war: Der Einführende, der »Introductor« – ein Amt, das Forster wohl häufiger
übernahm –, führte den Kandidaten in ein Vorzimmer. Dort waren auf einem Tisch ein Licht, Tinte, Papier, Siegellack und ein
Schwert angeordnet. Der Kandidat wurde nun gefragt, ob er ein
gehorsamer Lehrling der Weisheit werden wollte. Hatte er das
überzeugend versichert, musste er seinem Entschluss mit einem
Schwur Nachdruck verleihen und dazu Hut und Degen ablegen.
Mit gefesselten Händen, die Augen verbunden und mit einer roten Schnur um den Hals versehen, wurde er vom »Introductor«
zur Tür geleitet. Dieser klopfte, natürlich neunmal, an. Nun
fand folgender Dialog statt:

»Wer ist da?«, fragte der »Türhüter« – wir erinnern uns, dass
in der »Chymischen Hochzeit« am Ende der alte Christian Rosenkreutz dieses Amt selbst bekleidete.

»Ein irdischer Leib, welcher seinen Geistmenschen in der
Unwissenheit gefangen hält«, antwortete der »Introductor«. Der
Verweis auf gnostisches Gedankengut, wonach die Seele (der
Geistmensch) an einen Körper gebunden ist, der nur durch die
Erkenntnis Gottes (Gnosis) zu überwinden ist, fällt überdeutlich
aus.

»Was willst du, was man ihm tun soll?«, erkundigte sich der
»Türhüter« nun.

»Seinen Leib töten und den Geist reinigen«, verlangte der
»Introductor«. Dieser Wunsch ist das Sesam-öffne-dich, denn
der »Türhüter« entschied:

»So bringe ihn herein an den Ort der Gerechtigkeit.«

Nachdem der Kandidat in den Logenraum geführt worden
war, bedeutete man ihm, sich hinzuknien. Rechts von ihm stand
der »Zirkeldirektor«, also Soemmering, und daneben der »Introductor«, also Forster, mit blankem Schwert. Sowohl »Zirkeldirektor« als auch »Introductor« trugen den Freimaurerschurz.
Der »Direktor« fragte nun den Kandidaten, weshalb er gekommen sei.

»Um Weisheit, Kunst und Tugend zu erlangen, Gott zu gefallen und meinen Nächsten zu dienen«, bekannte dieser. Obwohl es eine Formel war, musste sie wörtlich verstanden und im
ganzen Umfang erfüllt werden. Jeder sollte mit seinen Schwächen konfrontiert werden.

Im Falle Forsters hieß das, dass er der Kassierer des Zirkels
wurde, weil er nicht mit Geld umgehen konnte. Das Amt war
von besonderer Bedeutung, da von den Einnahmen und Spenden die teuren Gerätschaften wie Kolben, Reagenzgläser oder
Öfen und die Substanzen für die alchemistischen Versuche bezahlt wurden. Die alchemistischen Experimente waren ein
integraler und wichtiger Bestandteil der Logenarbeit, die durch
jede Unregelmäßigkeit in den Finanzen zum Erliegen gebracht
werden konnte. Welchen Stellenwert Forster in jenen Monaten
der Logenarbeit beimaß, erfuhren wir bereits aus seinem Sehn-
suchtsbrief aus Halle.

Auf das Bekenntnis des Kandidaten entschied der »Direktor«:
»So lebe! Doch dein Geist soll von neuem über deinen Körper
herrschen; du hast Gnade gefunden, steh auf und sei frei.«

Noch war es aber nicht so weit, dass der Geist vom Körper
befreit wurde, das musste sich der Kandidat erst nach der Aufnahme in den Bund verdienen, das konnte nur durch die Reinigung der Seele und des Geistes in der vor allem alchemistischen
Arbeit im Zirkel erfolgen. Die vom »Direktor« angesprochene
Gnade bestand darin, dass der neue *Gold- und Rosenkreuzer* die
Freiheit gewonnen hatte, im Zirkel daran zu arbeiten, sich zu
verfeinern und zu vervollkommnen.

Dem Aufgenommenen wurden die Fesseln gelöst und die
Augenbinde abgenommen. In der Loge, die er das erste Mal sah,
erblickte er vor sich auf einem grünen Teppich, auf einem sie-
benstufigen Podest angeordnete, verschiedene geheimnisvolle
Gegenstände: Da lag eine Glaskugel, als Symbol für Licht und
Finsternis halb durchsichtig und halb geschwärzt. Drei Leuch-
ter, die das Licht Gottes darstellten, bildeten ein Dreieck, das für

die Dreifaltigkeit beziehungsweise den heiligen Geist stand. Ein Zirkel symbolisierte die Vollkommenheit der *Rosenkreuzer* in Gott, neun Gläser die neun Gefährten und schließlich die Kohlenpfanne die Tugend der Askese. Der Kandidat schwor nun den Eid und schrieb nach vorgegebenem Text ein Revers nieder, eine Erklärung, in der er sich verpflichtete, dem Ordensoberen zu gehorchen und über die Belange der geheimen Gesellschaft vollkommene Verschwiegenheit zu wahren.

DIE GRADE. Am Schluss des Aufnahmerituals wurden dem neuen *Gold- und Rosenkreuzer* die »Instruktion« des ersten Grades vorgelesen. Neben dieser Anweisung bekam er Berührung, Wort und Zeichen mitgeteilt, an denen fremde Brüder einander erkennen konnten. Unter Berührung wird die geheime Art verstanden, wie zwei *Rosenkreuzer* sich ihre rechten Hände entgegenstrecken und sie ineinander schieben. Das Zeichen besteht darin, dass die beiden Bundesbrüder mit Daumen und Zeigefinger ein Dreieck bilden und sie so gegeneinander halten, dass sie das Symbol für Feuer und Wasser bilden, dargestellt durch ein auf der Spitze und ein auf der Längsseite stehendes Dreieck. Das Wort für den ersten Grad soll »aesch« gelautet haben.

Die *Gold- und Rosenkreuzer* errichteten neun Grade:

1. Junior
2. Theoreticus
3. Practicus
4. Philosophus
5. Adeptus minor
6. Adeptus major
7. Adeptus exemptus
8. Magister
9. Magus.

Die Grade enthielten gnostisches und theosophisches Wissen. Darüber hinaus wurden den Mitgliedern auf den verschiedenen Stufen auch alchemistische Kenntnisse vermittelt. Neben der Geisterbeschwörung gehörten alchemistische Übungen und Experimente zum festen Bestandteil der Logentätigkeit der *Gold- und Rosenkreuzer*. Der »Practicus« beispielsweise besaß die Fähigkeit, Mineralien auszufiltern, während der »Magister« den Stein der Weisen herzustellen verstand. Die dazwischen liegenden Grade vermittelten Stufe um Stufe höhere Fertigkeiten. Mit dem Stein der Weisen ließ sich nicht nur Gold herstellen, sondern vor allem das ewige Leben erlangen.

Für junge Männer mit ausgeprägten naturwissenschaftlichen Neigungen wie Georg Forster und Samuel Thomas Soemmering übte die praktische Ausrichtung der *Gold- und Rosenkreuzer* auf die Alchemie einen zusätzlichen Reiz aus. Forster erreichte den Grad eines »Adeptus major«. Damit war er in der Lage, Wundertinkturen herzustellen und Gold aufzulösen, und verfügte über die höheren alchemistischen Fähigkeiten. Diese Dinge fesselten ihn so, dass er manchmal in aller Herrgottsfrühe aufstand, um an sehr feuchten, fast sumpfigen Stellen im Morgentau nach dem Sternschnuppensubstrat zu suchen. Zur Goldherstellung benötigte man »materia prima« (Erste Materie). Diesen »Urstoff« könne man, so meinten die Alchemisten, aus Sternschnuppensubstrat gewinnen, denn die »materia prima«, die in den oberen Regionen der Atmosphäre als flüchtiger Stoff vorkomme, ginge in Form des Substrats auf die Erde nieder.

So oft aber Forster auf feuchter Wiese gallertartige Substanz fand, so oft entpuppte sich das vermeintliche Sternenschnuppensubstrat als Krötenkot oder andere – seien es tierische oder pflanzliche – Hinterlassenschaften. Auch in der Alchemie wurde dem »Adeptus major« also nichts geschenkt. Der Weg zum »Magus«, zum Magier, dem nichts mehr in der Natur verborgen blieb, dem die Kräfte des Universum und alle Geheimnisse der Welt ebenso vertraut waren wie seinen großen Vorgängern Moses, Salomon, Hiram Abif oder Hermes Trismegistos – dieser Weg konnte sich nur weit und mühsam gestalten.

Nachdem die *Rosenkreuzer* in Holland, England und Frankreich überlebt und feste kleine Kreise gebildet hatten, fanden sie nun auch in Deutschland Unterschlupf in den Zirkeln der Alchemisten, der Ärzte und der Okkultisten. Rund hundert Jahre nach den ersten *Rosenkreuzer*-Manifesten machte dieser Geheimbund 1710 durch die Schrift »Die Wahrhafte und Vollkommene Bereitung des philosophischen Steins der Bruderschaft aus dem Orden des Gülden- und Rosen Creutzes« wieder auf sich aufmerksam. Hinter dem lateinischen Pseudonym des Verfassers, Sincerus Renatus, verbarg sich der schlesische Alchemist und Prediger Samuel Richter.

Gut 50 Jahre später gelangte von Frankreich aus eine weitere Lehrart der Freimaurer nach Deutschland, deren oberster Grad der »Chevalier Rose-Croix« oder »Ritter vom Rosenkreuz« darstellte. Der »Chevalier Rose-Croix« kam indes auch im *Kapitel von Clermont* vor. Das erste – neue – *Rosenkreuzer*-Kapitel soll von Charles Edward Stuart 1745 in Arras gegründet worden sein, womit wir wieder auf die schottische Legende treffen.

DIE ROSENKREUZER-
VERSCHWÖRUNG

Es ist nicht leicht, dem Geheimbund der *Rosenkreuzer* und seiner Geschichte gerecht zu werden. Meist wurde mit einseitigem Fortschrittsdenken eine Art historischer Zählappell veranstaltet: gut, böse, gut, böse usw. Hier die gute *Freimaurerei*, die Fortschrittlichen, die für Menschlichkeit, Fortschritt und die Aufklärung kämpften, dort die bösen *Rosenkreuzer*, die Reaktionäre, die im Trüben fischten, jedem etwas Schlechtes wollten und nur zufrieden waren, wenn die Menschheit in Leid und Tränen versank. Geradezu beispielhaft führte das der Freimaurer Lennhoff vor, dessen historische Forschungen an Verlässlichkeit verlieren, wo ein langweiliger Gefühlssozialismus als Interpretationsrahmen für helle *Freimaurerei* gegen dunkles *Rosenkreuzertum* herhalten muss.

Die wenigsten Historiker, die Wöllners Religionsedikt vom 9. Juli 1788 in Acht und Bann taten, hatten es wirklich gelesen. Wöllner forderte darin, dass sich Prediger und Pastoren, die im Dienst der evangelischen Kirche stehen, nicht ihre Privatreligion zum Besten geben, sondern sich an gewisse Grundsätze halten. Wir dürfen auch nicht die öffentliche Kampagne jener Jahre mit der Wahrheit verwechseln und die auflagenstärkste Argumentation als Interpretationsbasis nutzen, anstatt sie genauso kritisch zu befragen, denn das Religionsedikt lehnten die preußischen Intellektuellen sehr scharf ab.

Jedenfalls verwundert es nicht, dass es bis heute kaum Veröffentlichungen gibt, in denen die Oberen der *Gold- und Rosenkreuzer* wie Johann Christoph von Wöllner und Hans Rudolf von Bischoffwerder in ihrem Wirken angemessen beurteilt werden. Die Aufklärung lässt sich in der Tat nicht auf eine Polonaise des Rationalismus reduzieren, wo sich jeder einzureihen hätte, und wer sich nicht einreihte, als Reaktionär gelten müsste. Die Aufklärung selbst umfasste – und das macht ihre Größe aus – Rationalismus wie Irrationalismus. An den Biografien von Forster und Soemmering lässt sich das hervorragend ablesen.

Was also war wirklich geschehen? Sowohl Wöllner als auch Bischoffwerder fühlten sich immer mehr von den Possenspielen der *Freimaurerei* abgestoßen und fanden in der beginnenden *Rosenkreuzer*-Bewegung eine Geheimgesellschaft, die Ganzheitsdenken, Alchemie, Mystik, Religiosität und Moralität miteinander verband. Der Glaube an Geister, an Beschwörung und Magie gehörten zum Allgemeingut der Zeit. Spiritisten, also Geisterbeschwörer, hatten Konjunktur, und Scharlatane wie der Graf

Cagliostro gaben den Ton an. Letzterer war in den ersten Salons Europas ein gern gesehener Gast, bis ihn eine kluge Freifrau, die in der tiefsten ostpreußischen Provinz lebende Elisabeth von der Recke, durchschaute und öffentlich bloßstellte.

Auch der preußische Thronfolger Friedrich Wilhelm II., ein rundlicher Bruder Lustig, dessen illegitime Kinder durchaus einen eigenen Geheimorden hätten gründen können, glaubte an die Beschwörung der Geister von Verstorbenen. Sowohl Bischoffwerder als auch Wöllner hatten Zugang zu ihm, und der Thronfolger mochte sie. Und wurde 1786 König. In dieser Situation spielte das Schicksal den beiden *Rosenkreuzern* eine Trumpfkarte in die Hand – wenngleich man sagen muss, dass die Karte ein wenig gefälscht war, ein As, das eigentlich schon nicht mehr im Spiel hätte sein dürfen.

In Leipzig unterhielt in jenen Jahren ein ehemaliger preußischer Husar mit Namen Schrepfer ein Kaffeehaus. Dieser Schrepfer besaß neben einem ausgeprägten Geltungsbedürfnis eine furchtlose Dreistigkeit, die ihn dazu veranlasste, in seinem Etablissement kurzerhand eine illegitime Freimaurerloge zu gründen. Im abgedunkelten Nebenzimmer seines Gastraums hielt er spiritistische Seancen ab, sprich, dort wurden die Geister von Verstorbenen beschworen. Den Teilnehmern wurde zuvor ein scharfer italienischer Salat, der durstig machte, und ein starker Punsch serviert. Das Programm selbst bestand aus zwei Teilen, aus einer »pneumatologischen Zitation«, in der die Geister erschienen, und einer »elementaren Aktion«, in der die Toten beschworen wurden. Die herbeizitierten Geister unterschieden sich durch verschiedene Farben, die im dunklen Raum aufleuchteten, manchmal erstrahlte auch ein Stern im hellsten Licht. Das Erscheinen der Toten vollzog sich nach Heulen und Klappern unter starkem Rauch und betäubendem Gestank. Und das alles geschah unter dem Deckmantel der *Freimaurerei*!

Also zitierte der »Meister vom Stuhl« der legitimen Loge *Minerva* Schrepfer zu sich und wies ihn vor versammelter Bruderschaft harsch zurecht. Dieser schwor Rache und erschien am 3. Februar 1773 mit einer Pistole in der Hand in der Loge, bedrohte und beschimpfte die anwesenden Brüder auf das Gröbste – ein Husar eben. Als er die Beleidigungen aber dann auch noch auf Flugblättern drucken und in Leipzig verteilen ließ, wurde es dem Großmeister der sächsischen Logen, Herzog Karl von Kurland, doch zu bunt: Er ließ Schrepfer von vier Unteroffizieren einfangen und ordentlich verprügeln. Die empfangenen Schläge musste er anschließend quittieren, so dass man bald darauf in der »Frankfurter Zeitung« und dem »Wandsbecker Boten« folgende Erklärung lesen konnte: »Ich Endesunterschriebener bekenne hierdurch, und kraft dieses, dass ich die von Sr. K.H. [Seiner Königlichen Hoheit, der Verf.] des H. Pr. [Herrn Prinzen, der Verf.] Carl von Curland mir decretirten einhundert Prügel dato richtig erhalten habe. Leipzig, den 18. September 1773 Joh. George Schrepfer.« (Le Forestier)

Nach einem Intermezzo in Frankfurt am Main und weiteren freimaurerischen Aktivitäten ließ Karl von Kurland den Leipziger Kaffeehausbesitzer von seinem Kammerherrn Johann Rudolf von Bischoffwerder verhören. Durch das Gespräch, vermutlich aber mehr noch durch eine nächtliche Geisterbeschwörung, wie sie inzwischen zur Attraktion des Schrepferischen Kaffeehauses gehörten, gelang es ihm, Bischoffwerder derart zu beeindrucken, dass sogar Karl von Kurland sich herabließ, den ehedem Gemaßregelten nach Dresden einzuladen. Auch am sächsischen Hof in Dresden hatte der Schwindler Fortune und sorgte damit für Aufmerksamkeit. Dieser Erfolg stieg ihm derart zu Kopf, dass er sich von nun an in Leipzig nur noch in der Uniform eines französischen Oberst sehen ließ, frech behauptete, er sei der illegitime Sohn des französischen Prinzen de Comty, und sich fortan Baron von Steinberg nannte.

Das war denn doch zu viel des Guten. Einerseits legte der französische Gesandte in aller Heftigkeit Protest ein, andererseits wurden Stimmen laut, die behaupteten, bei Schrepfers spiritistischen Sitzungen ginge nicht alles mit rechten Dingen, genauer, mit enttäuschend rechten Dingen zu. So hätten die Geister von Verstorbenen eine heisere Stimme, wenn Schrepfers Frau zufällig gerade erkältet war. All das nährte den Verdacht des Betrugs. Hinzu kam, dass man einen Kasten, der wertvolle geheime Dokumente enthalten sollte und von Schrepfer als Pfand für Schulden hinterlegt worden war, aufbrach und nichts fand außer gewöhnlichen Steinen und wertlosen Lumpen. Als die Lage für Schrepfer immer auswegloser wurde, entschloss er sich zu einem dramatischen Abgang: Nach einer Sitzung seiner Loge im Oktober 1774 begab er sich mit vier Getreuen, darunter Bischoffwerder, vor die Tore der Stadt und erschoss sich wie ein Husar. Jedenfalls erbte Bischoffwerder von Schrepfer dessen Apparaturen zur Abhaltung spiritistischer Sitzungen.

Nun hatte sich Friedrich Wilhelm II., besagter Bruder Lustig auf Preußens Thron, nach seiner Krönung einen Pavillon neben das Charlottenburger Schloss setzen lassen, der als Versammlungsort des Geheimbundes dienen sollte, dem er neuerdings angehörte: Unter dem Namen »Ormessus« war er den *Gold- und Rosenkreuzern* beigetreten – Ormessus ist die Bezeichnung für einen Lichtweisen aus dem Orient. Eines Tages äußerte er gegenüber einem der Oberen, Wöllner oder Bischoffwerder, den Wunsch, ihm mögen die Geister von Marc Aurel, dem Großen Kurfürsten und dem Philosophen Leibniz erscheinen. Doch als sie erschienen, wurde der König aschfahl. Stumm ließ er es über sich ergehen, dass die Verstorbenen ihn mit harschen Worten mahnten, auf den Pfad der Tugend zurückzukehren. Kleinlaut bat er Bischoffwerder, ihn nach Potsdam zurückzubringen – den Pavillon betrat er zeitlebens nicht mehr.

Die Begünstigung der *Rosenkreuzer* durch den preußischen König wurde später weit übertrieben. Für Wöllner reichte sie nicht einmal aus, um ein Herzensprojekt durchzusetzen, nämlich die Einführung der progressiven Einkommenssteuer, womit man endlich die Reichen in Preußen zu Zahlungen an den Staat verpflichtet hätte. Der Geheimorden der *Gold- und Rosenkreuzer*, in dem einige Aufklärer eine Verschwörung sehen wollten, die die Regierung in Preußen in die Hand bekommen hätte, wurde dort im Jahre 1800 sogar verboten.

Forster und Soemmering hatten Wöllner zunächst geschätzt, bis sie als Naturwissenschaftler erkannten, dass die alchemistischen Versprechungen des Ordens der *Gold- und Rosenkreuzer* im Widerspruch zu ihren wissenschaftlichen Erkenntnissen standen. Forster hatte für den Orden gelebt, nun war er leer und enttäuscht. Wieder hatte sich für ihn ein Weg als Sackgasse erwiesen, wieder war hier die Glückseligkeit nicht zu erlangen. Forster wollte austreten aus der Vereinigung, die sein ganzes Privatleben einnahm, doch er gehörte einer Geheimgesellschaft an, die es nicht schätzte, wenn man abtrünnig wurde. Niemand kannte die geheimen Oberen und ihre Macht. Die Idee, den Orden zu verlassen, war also ein riskantes Unternehmen.

Forster suchte sich eine Professur, die so weit wie möglich in der Provinz lag, und er fand sie in Wilna. Bevor er dorthin ging, musste er lange und unerfreulich über seinen Austritt aus dem Orden verhandeln. Er reiste nach Wien, und wurde von den dortigen Freimaurern herzlich willkommen geheißen. In Wien hatten sie wirklich reüssiert: Die führenden Freimaurer der Stadt hatten einflussreiche Positionen am Hof und an der Universität inne, wie beispielsweise der Edle von Born, dessen Aufnahme in die Pariser Nobelloge *Les Neufs Sœurs* Forster seinerzeit empfohlen hatte, außerdem Joseph Haydn und etwas später auch Mozart. Kaiser Josef II. war auf die Aufklärer angewiesen, um seinen Staat zu reformieren, also ließ er die Freimaurer gewähren.

Im Kreis der Wissenschaftler und Politiker, die konkret an der Verbesserung des Staates mitarbeiteten und deshalb über eine gewisse Gelassenheit verfügten, entspannte sich Georg Forster, doch jede Form von Geheimbündelei lag hinter ihm und erzeugte nur noch einen grundsätzlichen Ekel. Deshalb wagte er

Jahre später, inzwischen von Wilna nach Mainz übersiedelt, den Schritt vom Geheimbund zur politischen Partei, von den *Gold- und Rosenkreuzern* zu den Jakobinern. Diese letzte Episode verdunkelte seinen Lebensweg und ist der Grund, weshalb er bis heute aus der deutschen Geistesgeschichte herausfällt. Als Strafe dafür, dass er nicht mehr in den geheimen, geschlossenen Gesellschaften tätig sein wollte, sondern frei und offen als politisch aktiver Bürger, wurde er zur Unperson.

Dabei beschritt Georg Forster den Weg von der Geheimbündelei zu den politischen Parteien nur vor vielen anderen, und zwar wesentlich früher, denn die politischen Parteien sind aus den Geheimbünden hervorgegangen. Und einer der Bünde, der letzlich daran zerbrach, dass er sich nicht entscheiden konnte, ob er ein Geheimbund oder eine Partei sein wollte, und der damit den Verdacht der Verschwörung erzeugte, sollte auf dem Wilhelmsbader Konvent als lachender Dritter und als Sieger hervorgehen. Unter den streitenden Parteien behaupteten sich die *Illuminaten* nach allen Regeln des politischen Putsches.

DIE ILLUMINATEN

Kaum ein anderer Geheimbund hat eine so große Berühmtheit erlangt wie die *Illuminaten*, die zu den mysteriösen, stets im trüben fischenden Weltverschwörern schlechthin avancierten. In den Romanen von Robert Anton Wilson, Umberto Eco und Dan Brown wurden sie zu einem bis in die Gegenwart hinein konspirierenden und agierenden Geheimbund, der über immense Macht und nicht minder große kriminelle Energie verfügt. Allerdings hatten die *Illuminaten* selbst eine Menge getan, um sich für die Rolle des ewigen Verschwörers zu empfehlen: Mit ihnen beginnt die Geschichte der modernen Geheimbünde, die mit der Methode der Verschwörung weitreichende gesellschaftspolitische Absichten verfolgten. Ihr Gründer Adam Weishaupt schuf die erste streng hierarchisierte Kaderpartei, die sich der Taktik des langen Marschs durch die Institutionen bediente. Und als Blaupause für seine *Illuminaten* nutzte Weishaupt die verbotenen Jesuiten.

Erst nach langem Zögern und hinhaltendem Widerstand hatte Papst Clemens XIV. den Orden der Gesellschaft Jesu 1773 aufgehoben, und das nur, weil er dem Druck der Portugiesen, der Spanier und Franzosen nicht länger standzuhalten vermochte. In Frankreich hatte das Parlament, das sich in den Händen der Aufklärer befand, die Jesuiten bereits 1764 verboten. Dazu geführt hatte der Attentatsversuch auf Ludwig XV. Der Täter, ein geistig verwirrter Mann namens Damiens, wurde gefoltert, weil man hoffte, er würde die Jesuiten als Anstifter nennen – er hätte das wohl auch gestanden, wenn er nur begriffen hätte, dass es das war, was seine Peiniger von ihm wollten. Ein weiterer Anlass für das Verbot war die Auffindung der geheimen Verfassung des Ordens, nach der die Gesellschaft Jesu keinem weltlichen Herren, keinem Landesfürsten, sondern ausschließlich und direkt dem Papst unterstand, und das war den absolutistischen Fürsten ein Dorn im Auge. Als eine Finanzaffäre hinzukam, der ein wenig nachgeholfen wurde, hatte man in Frankreich endlich zuschlagen können.

In Bayern aber zumindest waren Ex-Jesuiten auch nach der Aufhebung des Ordens in ihren Ämtern verblieben. Und da die Jesuiten in Bayern recht erfolgreich gewesen waren, hielten sie immer noch eine beträchtliche Anzahl an Positionen im öffentlichen Leben besetzt. In Ingolstadt beherrschten sie praktisch die Universität. Obwohl er weder ein Geistlicher war, noch den Jesuiten angehörte oder angehört hatte, wurde der junge Gelehrte Adam Weishaupt in Ingolstadt zum Professor für Kirchenrecht und praktische Philosophie, was so viel wie Ethik bedeutete, berufen. Weishaupt war zwar von Jesuiten erzogen – das ließ sich in jenen Jahren nicht vermeiden –, doch er mochte sie nicht, vielleicht gerade deshalb. Er verabscheute ihre Arroganz und

Starrheit, die sie als bestimmende Kraft an der Universität Ingolstadt über Jahrhunderte entwickelt hatten. Heimlich las er die Schriften der französischen Aufklärer, besonders die in Bayern verbotenen und auf dem Index der verbotenen Bücher verzeichneten Werke von Philosophen wie Helvétius und Baron d'Holbach.

Der junge Gelehrte galt als ebenso brillant wie schwierig. So geriet er im Lehrkörper der Universität in eine wachsende Isolation, an der er selbst wohl nicht ganz unschuldig war. Er fühlte sich stärker zu den Studenten hingezogen, besonders zu den überdurchschnittlich Begabten. Mit diesen wollte er die Schriften der Aufklärer lesen und über deren Gesellschaftskonzepte diskutieren. Zwar konnte er durchsetzen, dass die Universitätsbibliothek einige der verbotenen Werke anschaffte, doch blieben sie für die Studenten im »Giftschrank«, unter Verschluss. Lektüre und Diskussion konnten also nur heimlich erfolgen. Da aber die Jesuiten selbst als Meister der Verschwörung galten, musste Weishaupt bei der Auswahl der Studenten besonders gründlich vorgehen und die geheimen Seminare mit größter Vorsicht organisieren. Isoliert, wie er im Kollegium war, argwöhnte er sich ohnehin in einem Netz von Verschwörungen und Spitzelei. Vermutlich war ihm, begründet oder haltlos, ein leichter Verfolgungswahn eigen.

Auch in Bayern florierte die *Freimaurerei*. Mehr Sorgen bereiteten Weishaupt aber der Bund der *Gold- und Rosenkreuzer*, der sich unter den Studenten, jungen Beamten und Offizieren einer großen Beliebtheit und eines enormen Zulaufs erfreute. Für den jungen Professor, den die Ideen der französischen Aufklärer begeisterten und der mit dem philosophischen Materialismus liebäugelte, musste dieser von christlicher Esoterik durchdrungene, der Alchemie und dem Okkultismus zuneigende Orden als ein Gräuel und als eine ernste Gefahr für seine Studenten erscheinen. Nimmt man all das zusammen, fehlte nur noch eine Zutat, die Adam Weishaupt zum Gründer eines eigenen Geheimbundes machen sollte, eine Charaktereigenschaft, die er nicht zu knapp besaß: Geltungsdrang, flankiert von Unfehlbarkeitsallüren und persönlichem Machtstreben.

Ein Widerspruch ist das nicht, denn selten war ein Agitator der edlen Sache auch ein edler Mensch. Weishaupt war herrschsüchtig, misstrauisch und hegte die beste Meinung von der eigenen Person – der ideale Ordensgründer also. Als sich im benachbarten Burgstädt ein Zirkel der *Gold- und Rosenkreuzer* etablierte, schritt Weishaupt mit vier Studenten zur Tat. Es galt, unerfahrene Studenten »durch diese Anstalt«, das heißt durch die Weishaupt'sche geheime Gesellschaft, zu retten »und ihrem bevorstehenden Verderben« zu entreißen, womit er natürlich die *Rosenkreuzer* meinte. (Die Illuminaten)

Also hob der Professor Weishaupt im Mai 1776 mit vier Studenten in aller Stille in Ingolstadt einen geheimen Bund aus der Taufe, den sie zunächst in aller Bescheidenheit *Bund der Perfectibilisten* nannten. Der »Perfectibilismus« war ein recht naiver Fortschrittsglaube, der die Vervollkommnung des Menschengeschlechts anstrebte, die durch Bildung und Erziehung zu erreichen sei. Zwischendurch wollte man den Bund auch »Orden der Bienen« nennen, weil jedes Mitglied wie eine Biene statt Honig Weisheit einsammeln sollte. Zwei Jahre sollte die Diskussion um den Namen dauern, bis man endlich das Passende fand: *Orden der Illuminaten*, der Erleuchteten. Einerseits war diese Benennungsdiskussion überflüssig, denn laut Weishaupt hatte die Vereinigung ein doppeltes Geheimnis, »ein äußeres wodurch den Profanen [Nichtmitgliedern, der Verf.] nicht nur unser Zweck, Operationen und Personale, sondern auch sogar unser daseyn unbekannt bleiben soll« (Markner, Neugebauer-Wölk, Schüttler), und über einen Namen, der ohnehin nicht für die Öffentlichkeit vorgesehen war, erübrigte sich eigentlich jeder Streit. Andererseits schließt eine Namensdiskussion immer das Verständnis der eigenen Identität mit ein. Überstürzt gegründet, wie er war, stellte der Illuminatenorden eine Art »work in progress« dar: Parallel zur Gründung und Ausweitung musste Weishaupt der geheimen Gesellschaft eine Struktur und ein Ziel auf den wachsenden Körper schneidern.

Der Name *Illuminaten* hatte mehrere Bezüge: Zum einen fühlte man sich als Elite der Aufklärung und wollte das Licht der Aufklärung verbreiten, zum anderen begriff man sich selbst als etwas ganz Besonderes, als von Weisheit erleuchtet. Und dass nur die vorzüglichsten Menschen zu *Illuminaten* werden konnten, stand für Weishaupt fest. Er schuf ein Gradsystem, in dem jedem Grad ein spezielles Geheimwissen entsprach. Dieses Geheimwissen bezog sich auf Statut und Ziel des Grades und das Studium bestimmter Schriften.

Ständig war der Orden bestrebt, an Geld für die Anschaffung der zum Teil sehr teuren Bücher zu gelangen. Bücher spielten zu dieser Zeit eine überaus wichtige Rolle, sie bedeuteten das Medium schlechthin, so wie heute das Fernsehen. Bücher und Flugschriften vermittelten Weltsichten, verbreiteten Nachrichten, besaßen Autorität und trugen die aufrührerischen Gedanken in die breite Öffentlichkeit. Bestimmte Schriften waren nicht überall zugänglich. Ältere Werke, die sich mit den Geheimwissenschaften, mit Okkultismus, Pansophie, Hermetik, Alchemie und Gnostik befassten, mussten mühselig, aufwändig und kostenintensiv antiquarisch beschafft werden. Bücher galten als die eigentlichen Waffen des Bundes, und im Wissen bestand das große Geheimnis, der Königsweg zur Macht.

DER GEHEIMBUND
ALS KADERPARTEI

Nach Weishaupts Anweisung hatte jeder Illuminat ständig die Augen offen zu halten, um würdige Kandidaten für den Orden zu entdecken. Gelang es, einen solchen anzuwerben, musste er mit aller Ehrlichkeit einen umfangreichen Fragenkatalog beantworten, der alle Lebensbelange betraf und sehr ins Private ging. Das reichte von Auskünften über Verwandte, Freunde, auch über Frauen, die man zu ehelichen gedachte oder in die man sich nur verliebt hatte, über Angaben zu den eigenen Geldverhältnissen bis hin zu Berichten über die finanziellen, beruflichen und privaten Umstände aller Menschen, die den Kandidaten umgaben. Am Schluss musste der Betreuer ein Votum abgeben. Und wenn der Kandidat aufgenommen worden war, begann nun erst recht seine unwürdige Bespitzelung.

ORGANISATION UND STRUKTUR. Der »Novize« als Mitglied des ersten Grades war angewiesen, ständig Rechenschaftsberichte über sich und seine Umwelt in »Quibus Licet«-Heften zu verfassen. Der Betreuer hatte sowohl über seinen Schützling als auch über sich selbst Beurteilungen abzuliefern. Diese Berichte wurden jedem, gleich welcher Stufe, in eiserner Regelmäßigkeit abverlangt.

Der Ordensobere, später dann der Rat der Ordensoberen, der »Aeropag«, blieb geheim. Neben dem äußeren Geheimnis der Existenz des Ordens existierte noch ein Inneres, »wodurch einem jeden Mitgliede gerade so viel von Ordenssachen und Personen eröffnet wird, als der Grad seiner Zuverlässigkeit, die Ausdehnung seines Wirkungskreises, die Erhaltung seines Zutrauens und Eifers fordert« (Wilson).

Der Briefwechsel innerhalb des Ordens sollte in »unbekannten Chiffres, verblümten Redensarten« geführt werden, wobei es gut wäre, »wenn jede Classe ihren eigenen Chiffre hätte« (Markner, Neugebauer-Wölk, Schüttler). So nahm jeder Kandidat bei der Aufnahme einen speziellen Ordensnamen an. Weishaupt wählte für sich den Namen »Spartacus«, Massenhausen »Ajax«, Zwackh »Philipp Strozzi«, später »Cato«, und der Kanonikus Hertel »Gaius Marius«, um nur die ersten *Illuminaten* zu nennen.

Zudem wurde ein eigener Ordenskalender geführt, den Weishaupt von den persischen Pharsen und dem Religionsstifter

Zarathustra (Zoroaster) entlehnte: Das Jahr begann am 21. März mit dem Monat »Pharavardim«, der am 30. April endete, es folgten die Monate »Adarphahascht, Chardad, Tir, Merded. Schahari, Mehar, Aben, Di, Ben, Asphandar«. An die Namen konnte wie beispielsweise bei »Tir« das Wort für Monat angehängt werden, so dass man dann »Tirmeh« oder »Meharmeh« schrieb.

Die Orte bekamen antike Namen, so hieß Ingolstadt natürlich »Eleusis«, denn hier hatte Weishaupt ja in aller Heiligkeit wie ein Priester des Eleusischen Mysteriums den Orden geschaffen. »Eleusis« galt als Ort der Seligen und des Mysteriums schlechthin. Frankfurt am Main hieß fortan auf illuminatisch »Edessa«, München »Athen«, Jena »Syrakus«, Göttingen »Andrus«, Kassel »Gordium« und Weimar schließlich »Heropolis«. (Markner, Neugebauer-Wölk, Schüttler)

Obwohl er niemals ganz fertig wurde, schuf Weishaupt mit der Zeit zwölf Grade, die er in drei Klassen aufteilte. An diesem System erkennt man deutlich den Lehrer, den didaktisch versierten Schul- oder besser Universitätsmann, aber auch denjenigen, der sich zum Führer, zum Erlöser, zum Christus aufschwang. Weishaupts System war jesuitischer, als es jemals ein Jesuit hätte entwickeln können. Nach außen war jede Lüge und jede Verstellung erlaubt – auch für Weishaupt heiligte der Zweck die Mittel. Die Gesellschaft musste ständig ausgespäht werden. Dieses System erreichte seine Perfektion durch den üblen Mechanismus des gegenseitigen Bespitzelns der Mitglieder.

Der Jurist Franz Xaver Bauhof, dessen *Illuminaten*-Name »Agathon« lautete, drängte mit einer forcierten Bitte (»petitum«) seinen Freund Franz Anton von Massenhausen, der später als Jurist und Hofkammerrat in München tätig wurde, ihm mehr über den Orden und dessen unbekannte Obere mitzuteilen, damit er effektiv für den Orden arbeiten könnte. Massenhausen zeigte sich darüber sehr erbost: »Hab ichs dir nicht im Anfange erklärt, dass du eine bestimmte Zeit über nichts von dem Alter, Regierungsform &c. des Ordens erfahren wirst. Du hasts in deinen

STATUTEN.« Massenhausen steigerte sich in Zorn über die Neugier »Agathons«, der doch wusste, dass er sich zwei Jahre zu bewähren hatte: »Hast die Zeit aufgezeichneter, die 2 Jahre, und dennoch fragst du mich um nähere Kenntnisse. O Freund! Wie gerne wünschte ich dir willfahren zu können, wenn ich nur dürfte.« Und nun log Massenhausen: »Ich habe dein Petitum dem ORDEN nicht vorstellig gemacht, schließe hieraus meine Freundschaft.« (Markner, Neugebauer-Wölk, Schüttler)

Massenhausen verfuhr exakt nach Weishaupts Anordnungen. Dieser hatte Massenhausen nämlich nach Kenntnisnahme des Bauhof'schen Schreibens angewiesen: »Schreiben sie ihm auch, sie von ihre Person hätten sich anderst besonnen, sie wollten ihm zu besten dieses sein Petitum den Obern nicht vorstellig machen.« Die Aufforderung, dem Bittsteller die Angst zu nehmen, dass er sich auf etwas einließ, worüber er zu wenig wusste, ihm aber zugleich zu verstehen zu geben, dass er »jede Minute« austreten könne, las sich im Brief Massenhausens an Bauhof so: »Sollst du denken, unvorsichtig gehandelt zu haben, dass du unbekannte Verbindlichkeiten übernimmst«, was er ja auch tat, »so steht dir jede Minute der Austritt offen.« Was nicht ganz der Wahrheit entsprochen haben dürfte, denn nun macht Massenhausen – Weishaupts Anweisung folgend – moralisch und emotional Druck: »Ist das dein Ernst, Bruder? Ich erwarte Antwort bis 14 Tagen. – Freund! liebster Bruder! Erforsche dein Innerstes hierüber, verläugne dich auch hier nicht, schreibe mir aufrichtig, du magst bleiben oder nicht, so bin ich doch lebenslänglich dein ...« (Markner, Neugebauer-Wölk, Schüttler)

Maßregelung und Bespitzelung waren die Kennzeichen des Ordens der radikalen Aufklärung, des Bessermenschentums schlechthin. Die Affäre Bauhof soll für viele andere stehen, der Briefwechsel des Ordensgründers mit den frühen Mitgliedern spricht für sich: Da gab es ständige Bespitzelung, das Sprechen über Dritte und Maßregelungen, auch Anweisungen, wie man sich in den konkreten Fällen zu verhalten habe. Dabei nutzte

Weishaupt geschickt das Persönlichkeitsgeflecht des Ordens, um nicht ständig selbst in Erscheinung treten zu müssen, und dabei Gefahr zu laufen, seine Autorität zu verschleißen. Vielmehr inszenierte er virtuos die gegenseitige Erziehung der Mitglieder, die durch die verschiedenen Grade und die Betreuungsverhältnisse ermöglicht wurde.

Seit seinem Eintritt schon war Bauhof, den Massenhausen beauftragen sollte, »ein Verzeichnis von den jungen Leuten seines Aufenthalts« zu schicken, ein Thema zwischen Weishaupt und Massenhausen – der Ordensgründer war schier verzweifelt über diesen »Agathon«. Weishaupt wusste nicht, ob man ihn dem Orden erhalten konnte oder sollte, denn »er hat einen guten Kopf; aber ein verderbtes boshaftes Herz« (Markner, Neugebauer-Wölk, Schüttler). Die Anklage lautete also: intelligent, aber nicht untertänig und willfährig genug. Bauhof galt als ein Mensch, »der sich schwer bändigen lässt; sein heimlicher phantastischer Hochmuth leidet es nicht«. Aber bestand nicht genau darin die Eigenschaft, die Immanuel Kant in seiner berühmten Schrift »Was ist Aufklärung« wenige Jahre später fordern sollte: »Aufklärung ist der Ausgang des Menschen aus seiner selbst verschuldeten Unmündigkeit. Unmündigkeit ist das Unvermögen, sich seines Verstandes ohne Leitung eines anderen zu bedienen (...) Habe Mut dich deines eigenen Verstandes zu bedienen!«?

Die Modernität des Weishaupt'schen Geheimbundes lag in der Spannung, die daraus entstand, dass er die Ideale der Aufklärung mit nicht aufklärerischen Mitteln durchzusetzen versuchte. Deshalb wählte er keine reifen oder erfahrenen, sondern junge, elegante und biegsame Männer: »Suchet junge schon geschickte Leute, und keine solche rohe Kerls.« (Markner, Neugebauer-Wölk, Schüttler) Das Ordenssystem stellte gleichzeitig – wie bei allen späteren Kaderparteien – ein System der Gehirnwäsche dar.

Um in den nächsten Grad aufzusteigen, musste man sich als zuverlässig, arbeitsam, was vor allem die ständig eingeforderten

Spitzelberichte betraf, und fleißig im Studieren der von Weishaupt bestimmten Texte erweisen. Um Wert und Bedeutung des Bundes zu steigern, machte er aus allem ein Geheimnis, auch daraus, welche mehr oder weniger zugänglichen Texte in welchem Grad zu studieren seien. Am wichtigsten war ihm, dass derjenige Bundesbruder, der die Novizen unterwies, »von der ihm mitgetheilten Notiz von Büchern gegen niemand andern Gebrauch machen soll, sondern vielmehr (aus) allen mitgetheilten Unterricht ein Geheimniß« machen sollte, denn »werden solche Sachen allgemein, so verlieren sie an Werth; und welches Vergnügen für einen Menschen der bey uns engagiert wird, nichts zu hören, als was er vorhero schon wußte?« (Wilson)

Auf den unteren Graden ging es vornehmlich darum, die Zöglinge dem Oberen gefügig zu machen: »In dieser Zeit arbeitet der Candidat an der Erforschung seines selbst, an der Erforschung seiner Nebenmenschen, zeichnet alles fleissig auf, notiert auf eine gewisse eigene Methode und denkt und beobachtet überhaupt mehr, als er liest. (...) Viele Notaten, Bemerkungen, viele entworfene Carakters, aufgezeichnete Gespräche von Leuten, die in der Sprache der Leidenschaften [wenn sie also ihr Inneres kundtun, der Verf.] redend angetroffen werden; so wie auch Folgsamkeit gegen Obere sind der sicherste Weg zur Beförderung.« (Die Illuminaten)

Der nächste Obere ist für den Zögling derjenige, der ihn geworben und eingeführt hatte. »Der Recipient von jedem Candidaten ist auch sein Oberer (...). Ueber all seine Leute, die er aufzunehmen gedenkt, haltet er eigene für jeden bestimmte Blätter, trag unter jeden die seelenverrathenden Reden und Handlungen ein, besonders die kleinsten, wo der Mensch nicht glaubt, beobachtet zu werden.« So viel zur Spitzelei. Zum Thema Gehirnwäsche hieß es in den Instruktionen: »Damit alle Mitglieder von einem Geist beseelt werden, und unter ihnen ein Verstand, und ein Wille werde, so sind auch gewisse Bücher vorgeschrieben, welche sie lesen, und aus welchen sie sich bilden können.« (Die Illuminaten)

Auf den unteren Graden ging es weniger um Politik, sondern um Moral, denn »wenn sie die Politic vor der Moral lernen, so werden Schelme daraus«, schrieb Weishaupt, wobei er mit Moral die Bücher meinte, die den Idealen der Aufklärung nach Bildung des Verstandes und der Herzen, nach Humanität, Gerechtigkeit und Freiheit entsprachen (Markner, Neugebauer-Wölk, Schüttler). Um den guten Zweck auch mit zweifelhaften Methoden zu befördern, musste man zunächst den guten Zweck so weit verinnerlicht haben, dass er dann auch alle Mittel heiligte. So stark musste er in einem wirken, dass er jegliche Skrupel an moralisch fragwürdigem Handeln von selbst ausschloss, solange es dem Orden diente. Das Geheimnis und der beste Zweck der Menschheit, die Überzeugung, einem Geheimbund anzugehören, in dem eine Elite der besten und edelsten Menschen für die besten und edelsten Ziele arbeiten, und durch die eigene Vervollkommnung in den Graden des Ordens selbst immer mehr zu dieser Elite zu werden. Das alles benutze der Ordensgründer als Leimrute, um das Reich der *Illuminaten* mit Bundesbrüdern zu bevölkern. Wieder wirkte ein altbekanntes Prinzip perfekt bei der Ausschaltung gesunder Skepsis: Man fühlte sich aus einer Unzahl von Menschen ausgewählt, weil man etwas Besonderes darstellte und Ungewöhnliches leisten durfte.

DIE GRADE. Wie schon erwähnt, hatte Weishaupt nach und nach zwölf Grade geschaffen, die er in drei Klassen aufteilte. Die erste Klasse (erster bis dritter Grad) nannte sich »Pflanzschule« oder »Minerval« beziehungsweise »Minervalkirche«. Jedem Novizen wurde ein Betreuer aus dem Orden zugeteilt. Der Novize kannte nur seinen Betreuer und die anderen Novizen seines Minervals – wenig originell versuchte Weishaupt, der erbitterte Feind der Jesuiten, von Anfang an, ihr System zu kopieren. Die zweite Klasse der *Illuminaten* lehnte sich stark an die Freimaurer an und stellte die Verbindung zu ihnen her, damit sie in die Arbeit des Ordens einbezogen werden konnten. Die Grade entsprachen den Johannisgraden der englischen oder blauen *Freimaurerei* (vierter bis sechster Grad) und Graden aus der Schottischen Hochgrad-*Freimaurerei* (siebter und achter Grad). Die dritte Klasse schließlich bestand aus der »Kleinen Mysterienklasse« (neunter und zehnter Grad) und der »Großen Mysterienklasse« (elfter und zwölfter Grad), die allerdings niemals fertig gestellt wurde. Zur Ausgestaltung der letzten beiden Grade mit Statuten und Geheimnis, mit Texten und Aufgaben kam Weishaupt nicht mehr so recht.

I. Minerval
   1. Novize
   2. Minervale
   3. Illuminatus minor
II. Klasse
   4. Lehrling
   5. Geselle
   6. Meister
   7. Illuminatus major (Schottischer Novize)
   8. Illuminatus dirigens (Schottischer Ritter)
III. Klasse
   9. Priester (Presbyter)
   10. Regent (Princeps)
   11. Philosoph (Weltweiser, Magus)
   12. Dozent (Rex).

Während der Grad des »Priesters«, der von dem Schriftsteller und Freimaurer Knigge, Weishaupts bestem Mitarbeiter und ihm durchaus ebenbürtig, geschaffen wurde, viel esoterisches Wissen enthielt und die hermetischen und gnostischen Ideen aufnahm, sollten die eigentlichen Ziele den hohen Graden vorbehalten bleiben. Weishaupts Idee bestand im Grunde nur im kalten Putsch des Marsches durch die Institutionen. Junge Leute, die nach Möglichkeit Karriere machen würden, sollten parallel zum Orden in der Gesellschaft aufsteigen, so dass im Idealfall der regierende Fürst nur noch von *Illuminaten* umgeben wäre. Diese könnten dann über den Fürsten ihre Ziele durchsetzen, die darin bestanden, eine humane, vernünftige Welt mit Wohlfahrt für alle zu schaffen. Dazu sollte man sich gegenseitig beim Aufstieg protegieren und helfen. Eine Revolution lehnte Weishaupt ab, nicht, weil er sich den Prinzipien der Humanität verpflichtet gefühlt hätte, sondern weil Revolutionen unvorhersehbare Risiken in sich bargen und nur schwer unter Kontrolle zu halten waren.

Dem Volk traute der Professor nichts zu, denn das war ja bedauerlicherweise ungebildet. Im Grunde huldigte er dem Ideal der Philosophenherrschaft, wie sie Platon in seinem Werk »Der Staat« vorführt. Nicht die Herrschaft der ungebildeten und von ihren Leidenschaften bestimmten Masse noch die Regierung der Fürsten, die auf deren Herkunft und nicht auf deren Verdienst begründet war, barg die Möglichkeit einer weisen Leitung der öffentlichen Angelegenheit. Zu einer gerechten und guten Gesellschaft konnte es nur unter einer Herrschaft kommen, die auf den herausragenden Fähigkeiten der Entscheidenden beruhte. Für Weishaupt stellte sich die Weltgeschichte so dar: Anfangs lebten alle frei in einem von dunklen Trieben und zügelloser Willkür beherrschten Naturzustand, der von einer ordnenden absoluten und diktatorischen Herrschaft abgelöst wurde, die wiederum die Freiheit des geordneten Gesellschaftszustandes herstellte. Das war die bayerische Lesart von Rousseaus »Contract Civil«, dem »Gesellschaftsvertrag«: »Der Mensch wird frei geboren, doch überall liegt er in Ketten.« Dieser Zustand der Diktatur müsse überwunden, der Mensch müsse die Ketten verlieren, in die er hineingeboren wird. Die Zivilisation darf nicht die Freiheit verhindern, sondern sie muss die Freiheit hervorbringen, so dass ein neuer, nun aber vernünftiger Naturzustand entsteht.

In der letzten Klasse wollte Weishaupt, der eifrig d'Holbach und Helvétius gelesen hatte, enthüllen, dass für ihn Gott nur eine Vorstellung, aber keine Realität sei. Da er jedoch die unteren Grade, die seine neuen Ideen ja erst nach und nach aufnehmen sollten, nicht mit dergleichen radikalen Vorstellungen erschrecken mochte, befahl er den Eingeweihten, bestimmte Werke und die darin enthaltenen Informationen zurückzuhalten: »Reden sie auch nicht von dergleichen Materien zu den Initiierten; denn man weiß nicht, wie sie aufgenommen werden, weil die Leute noch nicht gehörig praepariert sind.« (Markner, Neugebauer-Wölk, Schüttler) Dem Verdacht der Gotteslästerung oder des Atheismus wollte er sich nicht aussetzen.

ERFOLGREICH UND ZIELLOS

So wuchs und gedieh der *Illuminaten*-Orden in Bayern – er beherrschte bald die Münchener Gesellschaft, selbst der Hausmeister der Bayerischen Akademie der Wissenschaften war Illuminat –, ohne im übrigen Deutschland nennenswerte Fortschritte zu machen. Doch dann gelang es dem weltgewandten und umtriebigen Marchese Costanzo di Costanzo, einem Offizier, der unter dem Namen »Diomedes« seit 1779 den *Illuminaten* angehörte, in Frankfurt am Main den Reichsfreiherren von Knigge für die Mitarbeit im Orden zu gewinnen. Knigges geheimbündlerische Tätigkeit war bis zu diesem Tag lau und erfolglos verlaufen, was nicht an mangelndem Enthusiasmus seinerseits lag – Begeisterungsfähigkeit und Elan besaß er im Überfluss –, sondern an der routinierten Gutbürgerlichkeit der Logen. Deshalb suchte er fieberhaft nach einem Bund, in dem er seine überbordenden Energien für ein großes Ziel einsetzen konnte. Im Zusammenspiel von Costanzo und Knigge gelang etwas, woran Ordensgründer Weishaupt nicht gedacht hatte, zumindest nicht in diesem Ausmaß, nämlich die Unterwanderung der Freimaurerlogen.

Vor allem Knigge trug erheblich zur Verbreitung des Ordens der *Illuminaten* bei, weil er seine vielfältigen freimaurerischen Verbindungen radikal ausnutzte. Der Reichsfreiherr, dessen Vater ihm außer dem Titel vor allem Schulden hinterlassen hatte, kämpfte sich mehr schlecht als recht durchs Leben und fühlte sich wie Soemmering und Forster von der *Freimaurerei* maßlos angeödet: gute Gesellschaft, wichtigtuerische Posen, aber keine Aktivitäten, die wirklich an den gesellschaftlichen Zuständen etwas änderten.

Mit Weishaupt entwarf Knigge nun einen Plan, wie man geeignete Freimaurer anwerben konnte, um so die *Freimaurerei* nicht nur als »Pflanzschule« für den Orden zu nutzen – wie es ja auch die *Gold- und Rosenkreuzer* taten –, sondern durch eine verdeckte Präsenz in den Logen die Arbeit der Freimaurer im Verborgenen zu steuern. Knigge stellte seinen ganzen Witz, seine ganze Geschicklichkeit in den Dienst der *Illuminaten*, mit dem Erfolg, dass nun auch außerhalb Bayerns »Minervalkirchen«, Logen der *Illuminaten*, entstanden. Kein Freimaurer konnte mehr sicher sein, ob nicht der größte Teil seiner Brüder, mit denen er Loge hielt, inzwischen *Illuminaten* waren.

Immer mehr entdeckten die Künstler und die Intellektuellen den Illuminatenorden für sich. Allerdings wandte man einen Trick an: Bei gestandenen Männern, die man hoch schätzte und werben wollte, wurden die Beförderungsrichtlinien sehr lax gehandhabt – man konnte ja schlecht Goethe oder dessen Herzog Karl August zum »Novizen« machen. Herzog Ernst von Sachsen-Gotha wurde ein führender und sehr engagierter Illuminat, ebenso der in Weimar lebende Übersetzer, Herausgeber und Schriftsteller J. J. Ch. Bode, der bald schon zum wichtigsten Mann im Orden werden sollte.

Auch Herzog Karl August von Sachsen-Weimar und Goethe traten ohne rechtes Engagement, mehr der Neugier halber, in den Orden ein. Dazu entstand in jüngster Zeit eine reichlich alberne Verschwörungstheorie eines amerikanischen Germanisten, wonach Karl August und Goethe dem Orden nur beitraten, um ihn auszukundschaften, sozusagen als hochgestellte Spitzel im eigenen Auftrag. Das verkennt nicht nur völlig die Situation am Weimarer Hof, noch passt es in irgendeiner Art mit der Logik und der Psychologie der Figuren zusammen. Wenn der Zweck des Eintritts beider Spionage gewesen wäre, hätten sie sich wesentlich intensiver in die Arbeit einbringen müssen, anstatt die Arbeit des Ordens recht lax zu begleiten. Es war eher so, dass sie der neuesten intellektuellen Mode folgten. Die *Freimaurerei* hatte sich als fad erwiesen, doch auch die *Illuminaten* prahlten nur mit einem Geheimwissen, das sie – wie Goethe bald erkennen musste – nicht besaßen. Die empfohlene Lektüre von Dante bis Holbach kannte er, dazu bedurfte es keines bayrischen Provinzprofessors.

Dabei standen die *Illuminaten* auf dem Höhepunkt ihrer Popularität: Im Jahr 1782 hatte der Protektor der deutschen Freimaurer, Ferdinand von Braunschweig, die Vertreter der konkurrierenden Freimaurersysteme nach Wilhelmsbad geladen, um etwas Ordnung in das wachsende Chaos zu bringen. Er hoffte, man könne sich zumindest auf eine oberste (Schieds-)Stelle und auf einige Regeln der Zusammenarbeit einigen, doch nach ein paar Wochen stockten die Verhandlungen, denn plötzlich warben die *Illuminaten* Knigge und der Reichskammergerichtsassessor Franz Dietrich von Ditfurth öffentlich und engagiert auf dem Konvent für ihren Weisheitsbund. Sie erregten damit ein solches Aufsehen, dass sich viele Freimaurer für sie zu interessieren begannen und sich als *Illuminaten* initiieren ließen mit dem Ergebnis, dass bald immer mehr Freimaurerlogen von *Illuminaten* beherrscht wurden. Sogar Ferdinand von Braunschweig selbst erwärmte sich für den neuen Orden und trat ein. Als dann auch der hessische Herzog Karl gewonnen wurde und sich Kronprinz Friedrich Wilhelm, der nachmalige preußische König, dessen Neigung zu den *Rosenkreuzern* allgemein bekannt war, für den Orden interessierte, so dass eine Aufnahme möglich schien, kam es zwischen Weishaupt und Knigge zum ersten Scharmützel.

Von Bayern aus blickte Weishaupt immer missgünstiger auf den erfolgreichen Knigge, der ihm, dem Gründer des Illuminatenordens, mehr und mehr den Rang ablief. Das konnte Weishaupt, eitel und machtversessen wie er war, nicht akzeptieren. Zudem wusste keiner besser als er selbst, dass der Orden zu schnell wuchs, dass die inhaltliche Ausgestaltung des Bundes und seine philosophische Legitimation mit der organisatorischen Entwicklung nicht mithalten konnte und dass die Gefahr der Überdehnung mit jeder neuen Werbung zunahm. All das machte sich fest an der Fragestellung, ob es sinnvoll sei, regierende Fürsten aufzunehmen. Weishaupt lag nicht falsch mit seiner Sorge, dass diese erlauchten Herren eines Tages den Orden umfunktionieren und zu einem Organ ihrer Politik machen könnten. Man einigte sich schließlich darauf, auf die Aufnahme des preußischen Kronprinzen zu verzichten.

Doch die tatsächliche Gefahr drohte vorerst von anderer Seite: In München bildete sich um die Herzogin Maria Anna und den Pater Frank eine Hofclique mit starken jesuitischen Neigungen. Diese Leute, die, von Pater Frank protegiert, zu immer mehr Macht und Ansehen kamen, hatten die Aktivitäten der *Illuminaten* längst mit Misstrauen beobachtet. 1785 hatten sie den Kurfürsten Karl Theodor, der anfangs wenig Neigung zeigte, gegen die *Illuminaten* vorzugehen, endlich so weit. Aus Angst vor einem illuministischen Putsch ließ er alle bayrischen *Illuminaten*, von denen er wusste, festnehmen und alle Bücher und Papiere beschlagnahmen. Weishaupt konnte rechtzeitig fliehen.

Der Protest gegen die kurfürstliche Aktion ließ nicht lange auf sich warten. Der österreichische Freimaurer und Wissenschaftler Ignaz Edler von Born, der in Wien zu den Beratern Kaiser Joseph II. zählte, trat aus Protest aus der Bayerischen Akademie der Wissenschaften aus. Doch Karl Theodor zeigte sich unbeeindruckt und ließ die gefundenen Papiere des Illuminatenordens veröffentlichen, um die Verschwörung, die er vereitelt hatte, vor der Öffentlichkeit zu belegen.

Durch die Zerschlagung des Ordens in Bayern und die Übersiedlung von Weishaupt nach Gotha zu Herzog Ernst II. von Sachsen-Gotha verschob sich das Zentrum des Ordens nach Mitteldeutschland. Die Auseinandersetzungen zwischen Knigge und Weishaupt eskalierten, und Knigge, der maßgebliche Organisator des Erfolges, verließ resigniert den Orden. Sein Traum, durch einen Geheimbund die Zustände in Deutschland verbessern zu können, hatte sich zerschlagen. Knigge kehrte auf den kargen Boden der Realität zurück, den er noch ein paar Jahre mit mäßiger Hoffnung beackern sollte.

Weishaupt wiederum verlor seine moralische Legitimation. Es kam heraus, dass er seine Schwägerin, mit der er nach dem Tod seiner Frau zusammenlebte, dazu gedrängt hatte, das gemeinsame Kind abzutreiben. Das war keine Verleumdung, sondern entsprach schlicht und ergreifend den Tatsachen. So hatte sich der Gründer des Illuminatenordens, der die hehrsten Ziele der Menschheit wie eine Monstranz vor sich hertrug, moralisch disqualifiziert.

Mitte der achtziger Jahre des 18. Jahrhunderts stagnierte also der Orden, obwohl er inzwischen wohl 2000 Mitglieder in ganz Deutschland, darunter Fürsten – auch regierende wie Karl August von Weimar – zu seinen Mitgliedern zählte und wichtige Institutionen wie das Reichskammergericht in Wetzlar erobert, das heißt erfolgreich unterwandert hatte. Von 22 Richtern gehörten neun den *Illuminaten* an. (Neugebauer-Wölk, Reichskammergericht)

Nun trat ein kapitaler Mangel des Illuminatenordens zutage: Innerhalb des Bundes gab es keine konkreten Ziele und Pläne für die nächsten und die übernächsten Schritte. Der Orden verlor zusehends an Dynamik. Weishaupts Hauptinteresse hatte offensichtlich der Macht gegolten. Die großen Ziele, die in ferner Zukunft lagen, hatte er definiert. Doch auf welcher Marschroute würde man dorthin gelangen? Wie sollte man die erworbene Macht im Hinblick auf das Fernziel einsetzen? Dazu gab es nur wolkige Vorstellungen.

Selbst der unermüdliche J. J. Ch. Bode in Weimar, der nach Knigges Ausscheiden und Weishaupts Resignation die beherrschende Rolle im Bund spielte, vermochte keine Richtung vorzugeben, auch wenn er emsig versuchte, den Laden organisatorisch zusammenzuhalten. Viele *Illuminaten*, darunter Goethe und Herder, fragten sich, wozu ein Geheimbund gut sei, wenn man seine Vorstellungen offen publizieren und diskutieren könnte. Nein, der Bund befand sich in einer tiefen Sinnkrise, und der Erfolg hatte diese Krise nur verschärft.

DIE FRANZÖSISCHE REVOLUTION – VON VERSCHWÖRERN ANGEZETTELT?

Der einzige Sinn eines Geheimbundes, der politisch wirken wollte, konnte nur der Umsturz sein – doch den wollte keiner, nicht einmal Adam Weishaupt. Doch der Umsturz kam, sogar bald darauf, und er versetzte den *Illuminaten* den Todesstoß, denn sie wurden für ein Ereignis verantwortlich gemacht, das auch sie nicht herbeigewünscht hatten: für die Französische Revolution. Die *Illuminaten* strebten keine Revolution an, und doch teilten sie mit den Revolutionären der ersten Stunde die Ideen. Immerhin hatten sie wichtigtuerisch und manchmal auch spätpubertär mit allerlei revolutionären Gedanken gespielt – nun wurden sie dafür von der öffentlichen Meinung in Haft genommen. Aus ihrem Spiel war blutiger Ernst geworden. Und je blutiger der Ernst auf den Pariser Straßen tobte, desto monströser gestaltete sich für die Welt das Bild der *Illuminaten*. Sie gingen lieber in Deckung und stellten die Arbeit des Ordens schließlich ein.

Der Illuminatenorden hat die Französische Revolution nicht überlebt, wie sehr Romanschriftsteller und Verschwörungstheoretiker sich das auch gewünscht haben mögen und immer noch wünschen. Doch wenn die *Illuminaten* schon nichts zur Geschichte beigetragen, nichts an der Realität verändert haben, so lieferten sie allerdings den Stoff für die nachhaltigste aller Verschwörungstheorien, für die Legende von der Weltverschwörung der Freimaurer, die wahlweise zur freimaurerisch-kapitalistischen oder jüdisch-freimaurerischen oder jüdisch-bolschewistischen Weltverschwörung wurde, was man eben gerade brauchte.

Als die Revolution in Paris ausbrach, behauptete Leopold Alois Hoffmann, Herausgeber der »Wiener Zeitung«, die deutschen Freimaurer und *Illuminaten* hätten den Pariser Umsturz angezettelt. Dass er *Freimaurerei* und *Illuminaten* in einem Atemzug nannte, war nicht allein schlichte Böswilligkeit, die beiden Begriffe wurden manchmal sogar synonym verwendet. Die Zeitgenossen konnten sie in der Tat schwer auseinander halten, weil viele Freimaurer *Illuminaten* waren, denn diese hatten ja die Freimaurerlogen unterwandert.

Der Chef der *Illuminaten*, Adam Weishaupt, trug – das war durch die Publikationen der Ordenspapiere der Öffentlichkeit bekannt – den Ordensnamen »Spartacus« und identifizierte sich dadurch mit dem antirömischen Anführer des Sklavenaufstandes. Während des Ersten Weltkriegs nannte sich die radikalste Gruppierung der deutschen Sozialdemokratie im Namen der gewaltsamen Revolution »Spartakusbund«. Auch wenn sich Weishaupt weitaus radikaler benannte, als er tatsächlich dachte, versetzte die Revolution in Frankreich, die sich radikalisierte, König und Königin hinrichten ließ, bevor sie im Terrorregime der Jakobiner versank, die gebildeten Menschen in Europa in Angst und Schrecken. Tatsächlich erschraken sie auch vor dem, was sie selbst gedacht und geschrieben hatten, als man solche Dinge lediglich dachte und schrieb, aber nicht ausführte. Wenn wir danach fragen, wo sich das revolutionäre und aufklärerische

Denken entwickelte und entfaltete, dann lautet in der Tat die Antwort: in den Logen der Freimaurer, in den Lesezirkeln und in den Salons der aufklärerischen Elite.

Die Verschwörungstheorie wurde nicht zuletzt befeuert durch die Berichte der französischen Flüchtlinge, die vom ersten Tag der Revolution an Spanien, England, Italien, Österreich, vor allem aber Deutschland überfluteten und von den Gräueln, die sie erlebt hatten, erzählten. Das alles spiegelte sich natürlich auch in der Literatur wider: Schiller brachte seine Enttäuschung über die hingeschlachteten Ideale der Aufklärung in seinem berühmten »Lied von der Glocke« auf den Punkt: »Doch furchtbar wird die Himmelskraft,/Wenn sie der Fessel sich entrafft,/Einhertritt auf der eignen Spur,/Die freie Tochter der Natur./Wehe, wenn sie losgelassen,/Wachsend ohne Widerstand.« Und August Heinrich Julius Lafontaines Meisterwerk »Clara du Plessis und Clairant. Eine Familiengeschichte französischer Emigrierten«, die in jenen Tagen erschien, rührte und erschreckte die Herzen des breiten Publikums.

Im Schatten der Guillotine lasen sich nun auch viele Passagen aus den veröffentlichten Dokumenten der *Illuminaten*, die vorher noch recht harmlos klangen, plötzlich schaurig. Wenn »der Orden einmal an einem Ort die gehörige Stärke erlangt«, hieß es da, »sind die obersten Stellen durch ihn besetzt, kann er in einem Orte, wenn er will, denen, die nicht folgen fürchterlich werden, sie empfinden lassen, wie gefährlich es ist, den Orden zu beleidigen und zu entheiligen«. Weishaupt dachte beim Schreiben dieses martialischen Satzes nicht an die Guillotine, da sie nun aber ihr mörderisches Werk vollbrachte, wurde Weishaupts allgemeine Drohung jetzt sehr real mit der »roten Witwe«, wie die Guillotine auch genannt wurde, in Verbindung gebracht.

Völlig normale Vorgänge und Ereignisse nahmen für die eifrigen Verschwörungstheoretiker nun ein monströses Aussehen an, so auch die engen Beziehungen zwischen den deutschen und französischen Intellektuellen: Voltaire verbrachte eine Zeit bei

Friedrich dem Großen, der Graf Mirabeau, einer der Revolutionäre der ersten Stunde, besuchte kurz vor Ausbruch der Revolution Berlin und diskutierte in den Salons der Aufklärer und Freimaurer in der preußischen Hauptstadt. Georg Forster, der auch Mitglied der Londoner Freimaurerloge war, wurde in die Pariser Loge *Les Neufs Sœurs* aufgenommen und empfahl den einflussreichen Wiener Gelehrten Ignaz Edler von Born, der Wiens wichtigster Freimaurerloge vorstand. J.J. Ch. Bode reiste ebenfalls kurz vor Ausbruch der Revolution nach Paris und unterhielt enge Kontakte zu den Freimaurern, mehr noch, es ging bei den Gesprächen auch um die enge Zusammenarbeit der *Illuminaten* mit den französischen Freimaurern, sogar um das Projekt einer Vereinigung. Diese Reise galt später als Hauptindiz für die illuminatische Verschwörung in Paris. Verwundert es da wirklich, wenn einige Zeitgenossen die Internationale der Freimaurer am Werke sahen? Dieses allgemeine Gefühl wurde durch die Verschwörungstheorie politisiert und in eine antiaufklärerische Richtung gelenkt. Es gehört zum Wesen der Verschwörungstheorien, dass sie bewusst Stimmungen aufnehmen, um sie zu konkretisieren und zu konzentrieren und in eine beabsichtigte Richtung zu leiten.

Aus diesen Zutaten brauten nicht nur Leute wie der Wiener Professor Hoffman und der französische Abbé Barruel ihre Verschwörungsszenarien zusammen. Mit einem Buch des Schotten John Robbins kam die Theorie von der freimaurerisch-illuminatorischen Weltverschwörung 1798 nach New York und entfaltete ihre Wirkungsgeschichte in der Neuen Welt. Dass der Schotte selbst die harmlosen Lesezirkel zu geheimen und abenteuerlichen Verschwörerhöhlen machte, mag heute kurios erscheinen, belegt aber, welch destruktive Wirkung man damals der Literatur zutraute.

Den Stoff lieferte den Verschwörungstheoretikern die einfache Tatsache, dass die Intellektuellen dieser Zeit zum größten Teil Freimaurer waren. Nicht die Freimaurer oder *Illuminaten* entwarfen eine Verschwörung und führten sie durch, sondern unter denen, die sich aktiv an den revolutionären Ereignissen von Paris beteiligten, befanden sich naturgemäß viele Freimaurer. Und zwar deshalb, weil es die Mode der Zeit war, diesem Geheimbund anzugehören, nicht aber, weil die Revolution ein Produkt der Verschwörung gewesen wäre. Der in sich zusammengebrochene Putsch der *Illuminaten* zeigte sehr deutlich, dass Revolutionen sich eben nicht herbeiverschwören lassen.

Die Französische Revolution stellte die erste große Erschütterung der modernen Geschichte dar. Diese Erschütterung schockierte besonders in ihrem sich rasant radikalisierenden Verlauf die Öffentlichkeit so sehr, dass man nach einer Erklärung dafür suchte. Und die einem breiten Publikum einleuchtendste Erklärung bestand in der These einer gigantischen Verschwörung. Mit ihrem Faible für die Geheimnistuerei leisteten die *Freimaurerei* und die *Illuminaten* dieser These sogar Vorschub. Dass die Geheimnistuerei und die gegenseitige Protektion der Freimaurer untereinander ein Unwohlsein erzeugten, das einen idealen Nährboden für diese Theorie bot, spielte dem ewig menschlichen Empfinden zu, dass es immer die Geheimnisse der anderen sind, die uns erschrecken.

Von hier nahm die große Geschichte der Verschwörungen ihren Anfang, um sich in der Folgezeit zu entfalten. Ende des 19. Jahrhunderts, als die Gegensätze in den Gesellschaften und die Radikalisierung der politischen Lösungsverschläge zunahm, schworen die einzelnen politischen Gruppen und Parteien ihre Mitglieder und Sympathisanten auch mit Hilfe von Verschwörungstheorien ein, die sich alle in einem Punkt glichen: Sie behaupteten, dass sich eine bestimmte Gruppe im Geheimen getroffen und einen Plan ausgearbeitet habe, um zur Weltherrschaft zu gelangen. So wurde aus der freimaurerischen Weltverschwörung zügig eine freimaurerisch-kapitalistische, dann eine freimaurerisch-jüdische, eine imperialistische, eine jüdische, eine jüdisch-bolschewistische und schließlich eine jüdisch-kosmopolitische Weltverschwörung. Und schlichte Gemüter glauben allen Ernstes daran, dass George W. Bush in verschwörerischer Absicht den 11. September selbst initiiert habe. Es gibt nichts, was nicht geglaubt wird, wenn es nur das Wort Verschwörung enthält.

Immer dann, wenn Momente der Realität ausgeblendet und dafür andere überbetont werden, können Verschwörungstheorien entstehen. Ihren Erfindern ergeht es ein bisschen wie dem Blinden, der in einer anderen Stadt von einem Arzt geheilt wird und wieder sehen kann. Auf der Rückfahrt gerät er in tiefste Verzweiflung, weil es um ihn herum plötzlich dunkel wird. Dabei hat er gar nicht, wie befürchtet, sein Augenlicht erneut verloren – er ist nur einen Moment lang durch einen Tunnel gefahren.

In der *Freimaurerei* löste sich in den neunziger Jahren das System der *Strikten Observanz* völlig auf, die *Illuminaten* hatten ihre Arbeit eingestellt. Die *Freimaurerei* verlor an gesellschaftlicher Bedeutung. Die *Gold- und Rosenkreuzer* zerfielen nach dem Tod von Friedrich Wilhelm II. 1797 rapide und wurden in Österreich und Preußen sogar verboten. Jahrelang hatten sich die *Illuminaten* und die *Gold- und Rosenkreuzer* erbittert bekämpft, weil die Werte, für die sie standen, einander scheinbar ausschlossen. Doch die Französische Revolution brachte beide Bünde aus der Mode.

Während sich in den *Gold- und Rosenkreuzern* die erste moderne esoterische Geheimgesellschaft gebildet hatte, so entstand in Gestalt der *Illuminaten* der erste moderne, der erste konspirativ agierende Geheimbund mit eindeutig definierten politischen Zielen. Weishaupt war der Erste, der versuchte, durch heimliche Machenschaften unheimliche Macht zu gewinnen. Was die *Illuminaten* bis heute so unheimlich macht, ist das Programm einer Kaderpartei, die ausdrücklich politische Ziele durch den kalten Putsch, den langen Marsch durch die Institutionen, durchzusetzen versuchte. Der erste Anlauf war noch misslungen.

II IM SOG DER POLITIK

*»Sie sind wunderbar, diese jungen Fanatiker,
Gläubige ohne Gott und Helden ohne Phrase.«*

Michail Bakunin

THINK TANKS FÜR NIEDERE INSTINKTE

Man kann nicht über Geheimbünde sprechen, ohne auf die Verschwörungstheorien einzugehen, denn geheime Gesellschaften bieten sich ja für Verdächtigungen und Unterstellungen geradezu an. Jede dieser Theorien ist auf der erkenntnistheoretischen Ebene albern, auf der politischen nicht selten verbrecherisch, zumindest aber immer demagogisch.

Verschwörungstheorien folgen stets dem gleichen Muster: Als Erstes wird behauptet, eine bestimmte Gruppe von Menschen sei an einem Ereignis beteiligt gewesen. Dann heißt es, das Ereignis sei nur der sichtbare Ausdruck eines viel größeren verschwörerischen Planes, den diese Leute im Verborgenen, also abseits der Öffentlichkeit verfolgten. Als dritte und entscheidende Unterstellung kommt hinzu, die Ziele dieser Gruppe stünden im Widerspruch zum Wohlergehen der Menschheit. Folglich sind die angeblichen Verschwörer schuld an allem Elend – von Missernten bis hin zu verlorenen Kriegen. Kurz, in den Augen der Verschwörungstheoretiker stellen sie eine extreme Gefahr dar, was die Anwendung extremer Mittel zu ihrer Bekämpfung rechtfertigt.

Anderen eine Verschwörung zu unterstellen, ist ebenso einfach wie wirkungsvoll. Wie sollte man auch eine Verschwörung dementieren, die doch immer das Licht der Öffentlichkeit scheut und von Natur aus im Verborgenen stattfindet? Jedes Dementi verwandelt sich, noch bevor es ausgesprochen ist, in ein Leug-

nen, und das Leugnen wiederum ist der beste Beweis dafür, dass
es da tatsächlich etwas gibt, das geleugnet – oder besser verleug-
net – werden muss, nämlich die Verschwörung: Wer abstreitet,
an einer Verschwörung beteiligt zu sein, liefert damit schon den
ersten Beweis für deren Existenz. Und zurechtgebogene Fakten,
die eine beliebige These untermauern, finden sich immer.

Die Entstehung einer Verschwörungstheorie setzt voraus,
dass es einen Sündenbock gibt. Immer handelt es sich bei den angeblichen Verschwörern um eine fest umrissene, überschaubare
Gruppe: die Freimaurer, die *Illuminaten*, die Juden, die Kommunisten, die Finanzkapitalisten, die Imperialisten, die Reichen, die
Verantwortung für das eigene schwierige oder misslingende Leben tragen. Die Lüge von der Weltverschwörung der Juden, wie
sie durch die »Protokolle der Weisen von Zion« bewiesen werden
sollte, sattelte also auf einen erprobten Mechanismus auf.

»DIE PROTOKOLLE DER WEISEN VON ZION« – EIN ERFUNDENES PAMPHLET UND SEINE FOLGEN

Der Reichsaußenminister Dr. Walther Rathenau ging mit resolu-
ten Schritten zu seinem Wagen. Sein Chauffeur wartete bereits,
denn Rathenau verließ seine Villa heute etwas später als gewöhnlich. Bis vier Uhr morgens hatte er mit dem Industriellen
Hugo Stinnes gestritten, zuerst beim amerikanischen Botschafter, danach hatten sie ihre Auseinandersetzung im »Hotel Espla-
nade« fortgesetzt.

Es war der 24. Juni 1922, und die Sonne schien so warm vom
Himmel in Berlin, dass er bei offenem Verdeck ins Außenamt
fahren wollte. Der Grunewald wirkte freundlich, fast verspielt,
an diesem Sonnabendvormittag. Rathenau dachte wieder an
Stinnes und musste lächeln – mit ihm würde er selbst dann strei-
ten, wenn sie einer Meinung wären.

Sie fuhren die Königsallee entlang. Plötzlich drängte sich das Geräusch des schweren Motors eines Tourenwagens, der wohl zum Überholen ansetzte, zwischen seine Überlegungen. Unwillkürlich blickte er nach links, zu dem Wagen, der sich nun auf gleicher Höhe befand. Er sah einen jungen Mann in feinem Ledermantel, der eine Maschinenpistole in der Hand hielt ... und schoss, er spürte einen dumpfen Schlag, einen stechenden Schmerz, er verlor das Bewusstsein und sank in sich zusammen, während sein Körper nach rechts wegkippte. Vor Schreck machte der Chauffeur eine Vollbremsung, riss die Tür auf und brachte sich in Sicherheit. Ein zweiter junger Mann, der neben dem Schützen saß, warf eine Eierhandgranate in das Auto von Rathenau, dann gab der Fahrer Gas, und der Tourenwagen brauste davon, als wäre nichts geschehen. In diesem Moment explodierte die Eierhandgranate, warf kurz Rathenaus Körper hoch und rüttelte den Wagen durch. Eine fremde junge Frau, die alles beobachtet hatte, eilte zum Wagen und kümmerte sich um den schwerverletzten Außenminister. Sie war Krankenschwester und hielt sich nur zufällig zu dieser Zeit an diesem Ort auf. So schnell es mit dem alten Wagen ging, fuhr der Chauffeur zurück zur Villa, wo Rathenau auf den Boden seines Arbeitszimmers gelegt wurde. Der herbeigeeilte Arzt konnte nur noch den Tod des Außenministers feststellen.

Bei seiner Festnahme führte Ernst Techow, der Fahrer des Tourenwagens, ein Buch mit sich, das den Titel »Die Geheimnisse der Weisen von Zion in deutscher Sprache« trug. Herausgeber war ein gewisser Gottfried zur Beek, der in Wirklichkeit Ludwig Müller hieß und sich gelegentlich auch Müller von Hausen nannte. Im Hauptberuf war der ehemalige Offizier manischer Antisemit. In Berlin traf Müller den Exil-Ukrainer Fjodor Winberg, der die »Protokolle der Weisen von Zion« bereits in einem russischen Jahrbuch veröffentlicht hatte. Ob Müller an die Geschichte glaubte, spielte keine Rolle – er erkannte sofort die Sprengkraft dieses Textes, den er unbedingt im Kampf gegen

die Juden einsetzen wollte. In Verschwörungstheorien und dem
Wirken geheimer Verbindungen kannte er sich bestens aus.

In Deutschland, aber auch über andere Kanäle in Frankreich,
England und den USA erschienen »Die Protokolle der Weisen
von Zion« bald in großen Auflagen. Was der Text offerierte, war
so sensationell wie ungeheuerlich: Die Herausgeber gaben vor,
es handle sich um die Mitschrift einer Beratung der angeblichen
geheimen jüdischen Weltregierung, die sich 1897 am Rande des
Ersten Kongresses der Zionisten in Basel unter verschwörerischen Bedingungen getroffen habe. Der Text selbst wirkte unter
Ausnutzung aller antisemitischer Klischees und machiavellisti-
scher Maximen doch sehr uneinheitlich und eben zusammenge-
schustert und handelte davon, wie sich die Juden zur Erlangung
der Weltherrschaft verhalten sollten. Und plötzlich nahm etwas
konkrete Gestalt an, dessen Existenz die Antisemiten immer behauptet hatten, nämlich die jüdische Weltverschwörung. Viele
glaubten daran. Auch Hitler übernahm seitenweise Stellen aus
den »Protokollen«, ohne sie ordentlich zu zitieren, in sein Machwerk »Mein Kampf« und machte plötzlich aus den Juden die An-
greifer, die Verschwörer, und aus den Antisemiten und Pogrom-
helden die Verteidiger, die sich ja lediglich gegen eine Gefahr
zur Wehr setzten. Hier findet sich wieder der perfideste Trick
der Verschwörungstheoretiker, nämlich die Umkehr der Verhältnisse: Fortan galt jeder Übergriff gegen Juden, jede Verleumdung, jede Diskriminierung, jeder Mord nur als Akt der Selbst-
verteidigung gegen die jüdische Weltverschwörung.

Rathenau selbst hatte den Antisemiten anderthalb Jahre
zuvor unbewusst ein Argument für die Lüge von der jüdischen
Weltverschwörung geliefert: Bei einem Vortrag in Wien hatte
er auf eine These angespielt, die er in einem bereits vor dem Ersten Weltkrieg erschienenen Buch geäußert hatte: Danach beherrschten 300 Wirtschaftsbosse die europäische Wirtschaft.
Darauf gründete er Überlegungen, wie man diesen Zustand verändern und die Wirtschaft demokratisieren könnte. Anfang der

zwanziger Jahre galt Rathenau als einer der wichtigsten Politiker und – zumindest in Deutschland – als markante Persönlichkeit, die niemanden kalt ließ. Er wurde entweder innig verehrt oder abgrundtief gehasst, jedenfalls fanden seine öffentlichen Äußerungen immer eine breite Aufmerksamkeit. Durch böswillige und politisch zielorientierte Verfälschung seiner Worte wurden nun aus den 300 Wirtschaftsbossen 300 jüdische Wirtschaftsbosse, die die Wirtschaft beherrschten, und aus ihnen schließlich 300 Juden. Und diese lenkten nun nicht mehr nur Europas Geschicke, sondern gleich die der ganzen Welt.

»Die Protokolle der Weisen von Zion« wurden, wie gesagt, als Mitschrift der Verhandlungen dieser jüdischen Weltregierung – der sogenannten Weisen von Zion – ausgegeben. Rathenau hatte von diesen 300 Menschen gesprochen, seine Äußerungen wurden verfälscht, und er selbst wurde zum Mitglied dieser angeblichen Weltregierung gemacht. Die Antisemiten glaubten fest daran, dass Walther Rathenau einer der Weisen von Zion sei und somit die Ungeheuerlichkeiten, die in den »Protokollen« standen, miterdacht und mitbezweckt hatte. Dabei war dieses Pamphlet die reinste Erfindung, der größte Schwindel des Jahrhunderts, der bis auf den heutigen Tag nicht bis in seine kleinsten Verästelungen aufgeklärt werden konnte, weil die Entstehungsgeschichte der »Protokolle« selbst so seltsam und absurd verlief.

DIE LÜGE VON DER JÜDISCHEN WELTVERSCHWÖRUNG

Das Ganze nahm seinen Anfang, als Hermann Goedsche, Autor dickleibiger Abenteuer- und Verschwörerromane, in seinem 1868 erschienenen Roman »Biarritz« eine Szene erfand, in der sich – wie alle hundert Jahre – die Weisen von Zion, die Vertreter der zwölf jüdischen Stämme, auf dem jüdischen Friedhof in Prag versammelten, dort, wo tatsächlich der sagenhafte Rabbi Löw begraben liegt. Nach Goedsches Roman berichteten sie auf dieser Zusammenkunft, wie weit sie in der Unterwanderung und dem Erringen der Herrschaft gekommen wären und was sie in Zukunft zu tun gedächten, um den Christen zu schaden. Damit hatten die Idee und die Szenerie einer monströsen jüdischen Verschwörung das Licht der Welt erblickt.

Der erste Akt: Ende des 19. Jahrhunderts wurde der brillanteste Fälscher, den die russische Geheimpolizei jemals hervorgebracht hat, Chef der Pariser Dependance der Ochrana. Die Spezialität von Pjotr Ratschkowski bestand darin, Verwirrung in den Reihen der politischen Emigranten aus Russland zu stiften, indem er Briefe und Dokumente so fälschte, dass sie Misstrauen und Zwietracht säten. Das funktionierte umso leichter, weil die Situation von Menschen in der Emigration selbst immer etwas Paranoides und Hysterisches hat. Zürich und Paris waren vor dem Ersten Weltkrieg die Zentren der russischen Emigration, und so besaß die Pariser Abteilung eine große Bedeutung.

Ratschkowski nun suchte nach Argumenten, um die französische Kritik an den Diskriminierungen der Juden in Russland zu entkräften. Da er eng und gut mit dem Chef der Pariser Polizei, Edmond Adam, zusammenarbeitete, öffnete sich ihm auch der Salon von Madame Juliette Adam, einer glühenden und halsstarrigen Antisemitin. In diesem Zirkel entstand die Idee, ein Dokument herzustellen, das eine Art Protokoll einer geheimen jüdischen Weltregierung präsentierte. Bald hatte man die Rahmenbehauptungen beisammen: Da in Basel gerade der erste Zionisten-Kongress getagt hatte, konnte man einfach behaupten, dort hätten geheime Beratungen stattgefunden. Der abtrünnige, verräterische Sohn eines Rabbis, so spann man sich weiter aus, habe das Protokoll gestohlen, in seiner Pariser Synagoge aufbewahrt und schließlich verkauft. So weit, so gut, nun fehlte nur noch der Text.

Während Ratschkowski sich darüber den Kopf zerbrach, machte ihn jemand auf ein unbekanntes, ja fast verschollenes

Buch eines unglücklichen französischen Schriftstellers aufmerksam. Dieses Buch von 1864 war eigentlich ein Dialog, und zwar
ein grimmiges, satirisches Gespräch, in dem es um den Gegensatz zwischen Moral und Macht, zwischen Recht und Gewaltherrschaft ging: Das Buch, in dem Montesquieu gegen Machia-
velli antrat, stellte eine vorgestellte Diskussion des Autors,
Maurice Joly, mit dem Diktator Napoleon III. dar. Es war als
scharfe Zeitkritik gedacht und auch so verstanden worden – der
Autor jedenfalls wanderte zunächst ins Gefängnis, bevor er sich
ruiniert das Leben nahm.

Nun hatte Ratschkowski seinen Text gefunden. Er beauftragte
seinen Assistenten Matwei Golowinski, der übrigens selbst Jude
war, damit, »Die Protokolle der Weisen von Zion« zu fabrizie-
ren, indem er ganze Passagen, die er mit Zwischenüberschriften,
überleitenden und ergänzenden Texten versah, aus Jolys Buch
übernahm. Doch dann wurde Ratschkowski aus Paris abberufen,
weil er zwischenzeitlich in Ungnade fiel.

Der zweite Akt: Im Jahr 1903 provozierten die *Schwarzen
Hundertschaften* im russischen Kischinjow ein schlimmes Pogrom.
Dieser stockreaktionäre, antisemitische Geheimbund arbeitete
nicht selten mit der politischen Polizei zusammen und erledigte
liebend gern für sie die Schmutzarbeit. Zur Rechtfertigung des
Massakers an wehrlosen jüdischen Mitbürgern publizierte der
Schwarzhunderter Pawolatschi Kruschewan Auszüge aus den inzwischen ins Russische übersetzten »Protokollen der Weisen von
Zion«. Bereits bei seinem ersten Einsatz diente das Machwerk
dazu, Mord, Gemeinheit, unerhörte Brutalität und Fühllosigkeit
zu rechtfertigen.

Zwei Jahre später veröffentlichte der Wanderprediger und
selbsternannte Mönch und Heilige Sergej Nilus, ein Mann vom
Schlage Rasputins, die »Protokolle« sozusagen als Anhang seiner
Schrift »Das Große im Kleinen«. Zar Nikolaus II. zeigte sich fas-
ziniert und wünschte die größtmögliche Verbreitung dieser
»Aufklärungsschrift«. Doch sein kluger Premierminister Pjotr

Stolypin ließ die Herkunft des Buches ermitteln und warnte den Zaren vor einer Blamage, weil es eine Fälschung sei. Zwar erwähnte Nikolaus die Schrift nun nicht mehr, ließ aber zu, dass sich Personen aus seinem Umkreis um die Verbreitung der »Protokolle« kümmerten.

Der dritte Akt: Nach dem Zusammenbruch des Zarenreiches gelangten die »Protokolle der Weisen von Zion« nach Westeuropa, wo sie als angeblicher Beweis für die jüdische Weltverschwörung ihre eigentliche Wirkung entfalteten. Bereits Mitte der zwanziger Jahre erwarb die NSDAP die Urheberrechte an der deutschen Übersetzung von Müller von Hausen, um das Werk als Teil ihrer antisemitischen Hetze in großem Stil zu vertreiben. Der Weg nach Auschwitz führte auch über dieses erfundene Pamphlet, das man nur insofern nicht als Fälschung bezeichnen kann, weil es kein Original dazu gibt, das hätte gefälscht werden können. Denn da es keine geheime jüdische Weltregierung gab oder gibt, kann es auch keine Protokolle derselben geben, und wenn keine Protokolle existieren, ist auch nichts vorhanden, was man hätte fälschen können. Um aller Wortklauberei ein Ende zu machen: Die »Protokolle der Weisen von Zion« waren nie etwas anderes als eine reine Erfindung.

Im Jahr 1934 übernahm eine kleine, aber mutige Anwaltskanzlei in Bern die Aufgabe, gerichtlich gegen »Die Protokolle der Weisen von Zion« vorzugehen. Kaum hatte man sich darauf eingelassen, merkte man, welche Dimension der Prozess bekam: Die Nazis versuchten, ihn nämlich als Bühne zu benutzen, um die Echtheit der »Protokolle« als wichtigen Baustein ihrer Lüge von der jüdisch-bolschewistischen Weltverschwörung zu beweisen. Doch das misslang, denn die Anwälte konnten belegen, dass diese Schrift mit eindeutig antisemitischem Hintergrund durch die zaristische Geheimpolizei fabriziert worden war.

Zurück zu Rathenau: Die jungen Männer, die auf ihn geschossen hatten, gehörten der *Organisation Consul* an, deren Mitglieder für ungefähr 300 politische Morde in den Anfangsjahren der Weimarer Republik verantwortlich zeichneten. Dem Führer dieser Vereinigung, dem Korvettenkapitän Hermann Ehrhardt, konnte man allerdings keinen einzigen Mord, auch keine Beteiligung an einem Attentat nachweisen.

Bis heute ist es schwierig, Wahrheit und Mythos auseinander zu halten. In den ersten Jahren der Weimarer Republik nahm der Terror ein solches Ausmaß, vor allem aber eine Allgegenwärtigkeit an, dass man die *Organisation Consul* bei weitem überschätzte. Aus der konkreten Geheimgesellschaft wurde immer mehr ein Gattungs- oder Sammelbegriff für politischen Mord schlechthin. Das gesellschaftliche Chaos und Wertevakuum, das durch den Zusammenbruch des Kaiserreichs und die Kapitulation Deutschlands entstanden war, betraf besonders junge Männer, die sich mit 17 Jahren freiwillig zum Kriegsdienst gemeldet hatten. Sie hatten Tod und Gefahr an der Westfront erlebt, waren dann von der neuen Regierung an die Ostfront geschickt worden, wo sie in den unübersichtlichen Scharmützeln nicht wussten, ob ihre Feinde weiße oder rote Russen, Litauer, Letten oder Polen waren, wofür und wogegen sie kämpften. Und nun wurden sie plötzlich demobilisiert.

Die jungen Männer fühlten sich überflüssig, ja von der neuen Republik zunächst verraten, dann sogar verfolgt. Das Einzige, was sie mit dem Begriff Heimat verbanden, war soldatische Kameradschaft. So strömten sie in die Freikorps, die sich nun bildeten und deren berühmtestes die Marine-Brigade Ehrhardt war. Diese Freikorps wurden von der Zentralgewalt in Berlin umgehend nach Braunschweig oder München in Marsch gesetzt, um gegen die entstehenden Räterepubliken vorzugehen.

Als sich die Regierung der Weimarer Republik dann einigermaßen gefestigt hatte, sollten die Freikorps aufgelöst werden – einer der Gründe, weshalb sich die Marine-Brigade Ehrhardt 1920 am Kapp-Putsch gegen die Reichsregierung beteiligte. Nachdem der Putsch in sich zusammengebrochen war, wurde die Brigade aufgelöst. Ein Teil der Freikorpsleute ging in den Untergrund und bildete die geheime *Organisation Consul* (OC). Allerdings scheint es, dass dieser Bund eher eine Kaderreserve war und dass die einzelnen Mitglieder ihre Aktionen eigenständig planten und durchführten. Man fühlte sich immer noch im Krieg, und der Feind stand im eigenen Land. So stellten kleine Gruppen verschiedene Listen von Politikern zusammen, die es zu töten galt – auf allen Listen erschien der Name Walther Rathenau.

Seine Mörder, die ehemaligen Marineoffiziere Erwin Kern und Hermann Fischer, beide 25 Jahre alt, hatten einige Gleichgesinnte um sich versammelt. Es ging ihnen darum, jene zu bestrafen, die in ihren Augen Deutschland ins Verderben führten, es ging ihnen um die Tat, nicht um eine abstrakte Idee. Sie waren verwirrte, gefährliche große Jungs, die schon getötet hatten, bevor sie noch beginnen konnten zu leben. Vor dem Attentat auf Walther Rathenau sagte Erwin Kern, der die Gruppe führte, zu seinen Leuten: »Wenn ihr gegriffen werdet, dann schiebt wacker die Schuld auf mich. Das ist selbstverständlich. Sagt um keinen Preis die Wahrheit, sagt irgendwas, Gott, es ist so gleichgültig, was. Sagt irgendetwas, das die Leute verstehen, die gewohnt sind, ihren Morgenblättern zu glauben. Sagt meinetwegen, er sei einer von den Weisen von Zion, oder er habe seine Schwester an Radek verheiratet, oder sonst was Blödes. Oder sagt, was euch die Zeitungen vorkauen werden, was ihnen eingeht wie braune Butter, wenn sie es in eurer Aussage wiederfinden werden.« (Salomon, Die Geächteten)

Zu den Stereotypen der Hetze gegen Rathenau gehörte neben der Behauptung, er sei einer der Weisen von Zion, deren Ziel darin bestand, die Christen zu vernichten, zu versklaven und die christlichen Mädchen zu schänden, dass dieser Walther Rathenau seine Schwester mit Radek verheiratet hätte. Karl Radek, der selbst Jude war, hielt sich zu diesem Zeitpunkt als führendes Mitglied der Russischen Kommunistischen Partei

(Bolschewiki) in Deutschland auf, um die KPD bei der Organisation des linken Putsches gegen die Weimarer Republik anzuleiten. Das passte nun wieder ins Bild der jüdisch-bolschewistischen Weltverschwörung.

Das angesprochene Wertevakuum in den ersten Jahren der Weimar Republik, die von rechten und linken Umsturzversuchen, durch rechte und linke Gewalt ins Wanken gebracht wurde, führte zur Entstehung einer Vielzahl von Geheimbünden. In diesen verbanden sich – erstmals in der Geschichte – ausgesprochen politische Ziele mit ausschweifendem esoterischem Gedankengut. Die meisten dieser Vereinigungen waren antisemitisch gesinnt und ihre Mitglieder waren von der Echtheit der »Protokolle der Weisen von Zion« überzeugt.

DIE VERZERRUNG DER REALITÄT – DER GERMANENORDEN

Bis heute gilt er als eine der rätselhaftesten Personen – der Freiherr Rudolf von Sebottendorf zur Rose, der plötzlich mitten im Krieg in Deutschland auftauchte. Er hatte einige Jahre in der Türkei zugebracht – wenn man wollte, konnte man sich an den legendären Lebenslauf des nicht minder legendären Christian Rosenkreutz erinnert fühlen. Von Sebottendorf existiert nur eine selbstverfasste Lebensbeschreibung »Bevor Hitler kam«, die wohl mehr Dichtung als Wahrheit ist, eine Selbstmystifikation.

In Hoyerswerda soll er 1875 geboren und auf den bürgerlichen Namen Adam Alfred Rudolf Glauer getauft worden sein. Manchmal tauchte auch der Name Torre auf, so allerdings hieß sein Urgroßvater. Das Studium in Berlin brach er ab, um zur See zu fahren. So lernte er die Welt kennen, kam bis nach Australien, ließ sich dann in der Türkei nieder und lernte türkisch, so dass er binnen kurzem zum Verwalter der Güter Hussein Paschas bei Bandirma und in der Nähe von Bursa aufstieg.

Bald schon weckten die tanzenden Derwische und die Lehren des persischen Mystikers Dschalal ad-Din Rumi, die indische und islamische Vorstellungen verbanden, seine Neugier. Über die Beschäftigung mit Rumi kam er zum esoterischen Islam und zu den Sufis. Der jüdische Kaufmann Termudi, der sich mit der Kabbala und den Texten der Alchemisten und *Rosenkreuzer* beschäftigte, weihte ihn in deren Geheimwissen ein.

So war es nur eine Frage der Zeit, dass ihm der esoterische Bestseller dieser Zeit in die Hände fiel, das mehrbändige Werk »Die Geheimlehre« von Helena Petrowna Blawatsky. Die Tochter eines deutschen Offiziers in russischen Diensten und einer aus altem Adel stammenden Russin begründete die *Theosophische Gesellschaft* und vertrat eine mystische Vorstellung, nach der mittels Philosophie, Okkultismus und Magie, Theologie, Askese und Astrologie die höhere Wahrheit zu erreichen sei. Blawatsky hatte einen starken Einfluss auf die russische Religionsphilosophie und natürlich auf die Ideen der *Rosenkreuzer*, die seit dem letzten Drittel des 18. Jahrhunderts in Russland immer stärker Fuß gefasst hatten.

In der Türkei traf Sebottendorf nach eigenen Angaben einen Baron Heinrich von Sebottendorf, der ihn adoptierte. So kehrte er als Freiherr Rudolf von Sebottendorf, mit reichlich Geld versehen, nach Deutschland zurück und kam in München in Kontakt mit einer Großloge des *Germanenordens*. Dieser wiederum galt als eine geheime Verbindung innerhalb des *Reichshammerbundes*. In Letzterem versammelten sich Männer, die gern Freimaurer werden wollten, aber antisemitisch und nationalistisch dachten, was jedoch den Regeln der *Freimaurerei* widersprach. Erstens wollten die Freimaurer sich ja nicht mit Politik beschäftigen, und zweitens war ihr Ziel ein Bruderbund, der die edelsten Männer unabhängig ihrer Hautfarbe, ihrer politischen Überzeugung, ihrer Religion und Nationalität vereinigen sollte, um dadurch Krieg, Streit und Elend zu besiegen.

So gründeten der Großmeister des *Reichshammerbundes* Theodor Fritsch und Hermann Pohl, der zum ersten Ordenskanzler des neuen Ordens wurde, im Jahr 1912 den *Germanenorden*. Dieser Vereinigung, die sich an dem Gradsystem und den Ritualen der Freimaurer orientierte, gehörten anfangs 140 Mitglieder an. Die Großloge für Deutschland befand sich zunächst in Magdeburg, zog aber 1918 nach Berlin um. Die ersten Gaulogen entstanden in Schlesien, Dresden, Königsberg, Berlin, Hamburg und Hannover. Ein halbes Jahr später konnte man bereits verkünden, dass der Orden auf 316 Mitglieder angewachsen war.

Als wichtigste Aufgabe galt ihnen »die Ausbreitung unserer Ideen, unserer Auffassung vom Geist und Wesen des Deutschtums, d. h. zugleich die Bekämpfung aller fremdartigen, undeutschen und idealfeindlichen Einflüsse in unserem Volksleben«. Aber damit nicht genug: »Ein weiteres Gebiet, auf welchem neue planmäßige Arbeit not tut, ist die Überwachung gewisser gegnerischer Zeitungen und Vereine. Es sollte sich jeder O.-Br. [Ordensbruder, der Verf.] (...) ein gegnerisches Organ auswählen, um dessen Inhalt sorgfältig zu verfolgen, die charakteristische Äußerungen (revolutionäre Gesinnung, religiöse Verhöhnungen, Beschimpfungen usw.) zu sammeln, damit sie nötigenfalls zur Hand sind.« Auch »die Überwachung einzelner Personen« wurde den Ordensbrüdern zur Pflicht gemacht, denn schließlich war der *Germanenorden* »ein Bund bitterernster Männer, ein Orden nach Art der alten Ritterorden, indem er in gleicher Weise für die ›Wieder-Aufrichtung des Deutschtums‹ ficht, wie jene für das Christentum kämpften und starben! Freiwilliger Gehorsam ist die erste Pflicht des Ordensbruders. Unser Grundsatz muss lauten: Ob Recht oder Unrecht, es ist mein L.-Br. [Logenbruder, der Verf.]; Recht oder Unrecht, es ist unser Meister; Recht oder Unrecht; es ist unser Großmeister! Das ist die echte rechte, deutsche Logen-Disziplin. Nur in ihrem Zeichen werden wir siegen!« (Allgemeine Ordensnachrichten) Pohl unterschrieb noch als Geschäftsführer und Fritsch bestätigte mit »Gesehen und genehmigt«. Bald schon sollte sich Hermann Pohl Ordenskanzler nennen und mit »Heil und Sieg« unterzeichnen.

Anfangs gab sich der *Germanenorden* offen und betonte, man sei keine geheime Verbindung, wiewohl es einen Kreis beeideter Mitglieder gäbe, die mit Geheimnissen umzugehen hatten, sozusagen einen Orden innerhalb des Ordens. Aber das war noch im Kaiserreich und im Frieden. Als sich mit dem Ende des Ersten Weltkriegs die politischen Gegensätze verschärften, bekamen Geheimnis und Verschwiegenheit einen neuen Stellenwert.

Im Jahr 1919 fordert die Ordensleitung, dass vertrauliche Mitteilungen nur mündlich weitergegeben werden dürften: »Es wäre geradezu eine Torheit, diese Hochziele dem Papier anzuvertrauen (...) Brüder der unteren Grade können auch nicht verlangen, dass sie sofort in alle Beziehungen eingeweiht werden.« (Allgemeine Ordensnachrichten) Der Orden unterhielt eine eigene Rechtsabteilung, die man nach den mittelalterlichen Geheimgerichten für schwere Straftaten »Feme« nannte. Aufgabe der »Feme« war es nicht, Ordensmitglieder zu verteidigen, sondern gerichtlich gegen alle Publikationen und Äußerungen vorzugehen, in denen man das Deutschtum und so weiter herabgesetzt und beleidigt sah. Zu diesem Zweck waren die Mitglieder angehalten, entsprechendes Beweismaterial zu sammeln. Dabei ging es weniger um sachliche Auseinandersetzung als vielmehr um schlichte Denunziation. In der Tat brachte die »Feme« auch ein paar Fälle zur Anzeige, doch verliefen die Prozesse wegen Geringfügigkeit oder purer Gegenstandslosigkeit im Sand.

Auch wenn das heute lächerlich wirkt, darf man den *Germanenorden* nicht unterschätzen. Durch die unmittelbare Verquickung von Politik und Esoterik hat er wesentlich zur Verbreitung und Entwicklung rechtsextremen Gedankenguts beigetragen. Zu den wichtigsten Vorstellungen innerhalb des Ordens gehörten die rassistische Lehre der »Ariosophie« des Guido von List und Jörg Lanz von Liebenfels. Lanz von Liebenfels unterschied höhere und niedere Rassen, wobei die niederen Rassen an der Fortpflanzung gehindert und sterilisiert werden sollten. Die arische Frau hatte sich dem arischen Mann unterzuordnen und ihm arische Kinder zu gebären. Ein wenig arische Zweifel an der arischen Zeugungsfähigkeit des arischen Mannes muss es wohl gegeben haben, denn ergänzend wurde vorgeschlagen, dass sich unverheiratete arische Frauen in arischen Zuchtanstalten arisch begatten lassen sollten, um ebenfalls arische Kinder zu gebären. Im Grunde war das der Plan einer arischen Geburtsoffensive zur Erlangung der Weltherrschaft.

Dass der entlaufene Zisterzienser Lanz von Liebenfels, nachdem er bereits 1905 eine Guido-von-List-Gesellschaft gegründet hatte, 1907 einen *Ordo Novi Templi* (ONT, Orden des Neuen Tempels) ins Leben rief, mag nicht überraschen. Doch all diese Gründungen, deren Zweck es war, die rassistischen und antisemitischen Wahngebilde zu verbreiten, kamen nicht recht in Gang. Dem Ganzen fehlte eine größere Basis. Die Anhänger der Theosophie konnten nur in kleiner Zahl gewonnen werden, denn die theosophischen Ideen von Helena Blawatsky und dem neurosenkreuzerischen Orden des *Golden Dawn* galten der Veredelung des Lebens aller Menschen durch Erkenntnis des wahren Weges und der ewigen und hohen Wahrheit. Da war kein Platz für Rassenwahn und Ariertum. Der *Germanenorden* nahm sich von diesen Vorstellungen, was er gebrauchen konnte. Im Jahr 1917 trat Rudolf von Sebottendorf dem Orden in München bei und wurde bald der wichtigste Mann in dieser Gauloge.

In den Jahren der berstenden Wertesysteme am Ende des Ersten Weltkriegs, in einer um sich greifenden Sinnkrise, schossen die esoterischen Gesellschaften der *Rosenkreuzer*, der Alchemisten, der Okkultisten, der Theosophen – es ist ja auch die Zeit, in der Rudolf Steiner reüssierte –, der Neutempler aus dem Boden. Manche gaben sich geheim, manche halbgeheim, andere entfalteten eine große Werbekampagne, doch die wenigsten waren rassistisch oder politisch.

Schon zu Beginn des 20. Jahrhunderts gründete Theodor Reuß den *Ordo Templi Orientis* (O.T.O., Orden des östlichen Tempels oder Orientalischer Templerorden), der bis auf den heutigen Tag tätig ist. Reuß erklärte, dass er im Besitz aller freimaurerischen Geheimnisse sei, die in sich eine »reine und heilige Magie des Lichtes, die Geheimnisse der mystischen Vollkommenheit und alle Formen von Yoga« bündelten. Aufgenommen wurde nur, wer den dritten Johannisgrad (»Meister«) der *Freimaurerei* vorweisen konnte. Yoga und »weiße Sexualmagie« wurden zu Techniken der Erkenntnis. (König)

Es würde hier zu weit führen, das Lehrsystem der esoterischen Geheimbünde darzustellen oder sich überhaupt in ihre Entwicklung bis auf den heutigen Tag zu vertiefen. Wie beim freimaurerischen O.T.O. oder dem 1915 von Harvey Spencer Lewis in New York gegründeten *Rosenkreuzer*-Orden AMORC (Antiquus Mysticusque Ordo Rosæ Crucis, Alter mystischer Orden vom Rosenkreuz) handelt es sich oft um kleinere, sehr geschlossene Gruppen, die in einer Welt neben der Realität leben. In unserem Zusammenhang ist vor allem wichtig, dass man das in dieser Zeit entstehende moderne esoterische Gedankengut nicht mit den rassistischen und antisemitischen Vorstellungen in einen Topf werfen darf, auch wenn sich Rassisten und Antisemiten bei esoterischen Systemen und Vorstellungen bedient haben. Ein Interesse an der frühen Geschichte und Literatur Nord- und Mitteleuropas, zu der die Kelten und Germanen gehören, selbst eine esoterische oder mystische Interpretation muss deshalb nicht automatisch rassistisch oder chauvinistisch sein.

Die Vorstellungen des *Germanenordens* speisten sich aus vielen Quellen, aus reinen und unreinen. Nur verdirbt ein Tropfen Gift das reinste Wasser. So wurde beim *Germanenorden* aus der Beschäftigung mit den germanischen Altertümern die absurde Behauptung, die Germanen seien die eigentlichen Arier und sie hätten die Kultur durch die große indoarische Wanderung in den Vorderen Orient und zum Mittelmeer gebracht: Die Arier seien also im Norden aufgebrochen, um die Kultur in die restliche Welt zu tragen.

DER MISSBRAUCH DER AHNEN
BEGINNT –
DIE THULE-GESELLSCHAFT

Anfang 1918 gründete Sebottendorf im luxuriösen Münchener Hotel »Vier Jahreszeiten« die *Thule-Gesellschaft*, in der Ariosophie, Antisemitismus, Rassenwahn, Germanophilie und esoterische Techniken und okkulte Veranstaltungen eine unheilvolle Mischung bildeten. Den organisatorischen Unterbau lieferte anfangs die Münchner Loge des *Germanenordens*. Zur *Thule-Gesellschaft* gehörten bald schon einflussreiche Honoratioren Münchens, unter ihnen Universitätsprofessoren, Politiker und Ärzte.

Auch das Vereinszeichen wurde beim *Germanenorden* entlehnt: das Sonnenrad, das unter der Bezeichnung Hakenkreuz in die Geschichte einging. Das Programm der Gesellschaft reicht von Studienkreisen, die sich mit der Sagenwelt der »Edda« beschäftigten und Spekulationen über die Runen anstellten, die jedem Sprachwissenschaftler Grauen einflößen, bis zum Nachgestalten vermeintlicher germanischer Feste.

Allerdings trieb Sebottendorf die teils eher harmlose, teils geschmacklose Freizeitbeschäftigung gelangweilter Herren und Damen der guten Gesellschaft in eine gefährliche, gedankliche und politische Richtung. So erklärte er unmittelbar nach Gründung der Münchener Räterepublik unter Kurt Eisner, der später von dem Grafen Arco-Valley, einem Mitglied der *Thule-Gesellschaft*, erschossen werden sollte: »Wir erlebten gestern den Zusammenbruch alles dessen, was uns vertraut, was uns lieb und wert war. An Stelle unserer blutsverwandten Fürsten herrscht unser Todfeind: Juda.« Mit den Fürsten meinte Sebottendorf die vertriebenen Wittelsbacher, mit Juda die jüdische Abkunft des Chefs der Räterepublik. Drohend fuhr er fort: »Was sich aus dem Chaos entwickeln wird, wissen wir noch nicht. Wir können es ahnen. Eine Zeit wird kommen des Kampfes, der bittersten Not, eine Zeit der Gefahr.« Damit behauptete er zugleich, dass die Juden an »Kampf«, »Not« und »Gefahr« schuld seien.

In dieser Atmosphäre tauchten die »Protokolle der Weisen von Zion« auf. – Sebottendorf zeigte sich entschlossen: »Solange ich hier den eisernen Hammer halte [Anlehnung an Freimaurerrituale, der Verf.], bin ich gewillt, die Thule in diesem Kampf einzusetzen«, denn »unser Orden ist ein Germanenorden, germanisch ist die Treue. Unser Gott ist Walvater, seine Rune ist die Aarrune.«

Und nun wird es völlig schwachsinnig: »Die Aarrune bedeutet Arier, Urfeuer, Sonne, Adler. Und der Adler ist das Symbol der Arier. Um die Fähigkeit der Selbstverbrennung des Adlers zu bezeichnen, wurde er rot ausgeführt.« An dieser Stelle wusste und weiß nun auch der Gutwilligste nicht mehr, ob Sebottendorf vom Adler oder vom Phönix, von dem Vogel, der sich verbrennt und immer wieder aus der Asche steigt, sprach oder schrieb, denn das Bild sollte mahnen, »dass wir durch den Tod gehen müssen, um leben zu können.« (Sebottendorf, Bevor Hitler kam)

Auch Alfred Rosenberg, der spätere Chefideologe des Dritten Reiches, gehörte der *Thule-Gesellschaft* an und bezog von ihr die Ideen für seinen Langweiler »Mythus des 20. Jahrhunderts«. Während der *Germanenorden* aufgrund interner Streitigkeiten zu zerfallen begann, trat die *Thule-Gesellschaft* an seine Stelle und wurde zum Sammelbecken rechtsextremer Ideen und politischer Zielentwicklung, alles esoterisch und pseudohistorisch verbrämt. In der *Thule-Gesellschaft* entwickelte sich ein uneinheitliches Gedankengut, das man als die spätere Ideologie der Nationalsozialisten bezeichnen kann. Das ist es, das letztendlich die Bedeutung und Wirkung des *Germanenordens* ausmacht.

Rudolf von Sebottendorf verschwand so schnell und überraschend wieder aus München, wie er drei Jahre zuvor aufgetaucht war. Es wird vermutet, dass er in die Türkei zurückging. Jedenfalls erschien 1933 in Deutschland sein Buch »Bevor Hitler kam«, das aber sogleich verboten wurde – schließlich begann alles mit Hitler, meinte Hitler.

Im Mai 1945 fand man Sebottendorfs Leiche im Bosporus, als offizielle Todesursache wurde Selbstmord angegeben. Doch es gab Gerüchte, nach denen er für die deutsche Abwehr und für den britischen Secret Service gearbeitet hatte. Da wäre er zu dieser Zeit in Istanbul nicht der Einzige gewesen.

HEIMLICHE MACHENSCHAFTEN –
UNHEIMLICHE GEWALT

Emigrationen bleiben nicht folgenlos, zumal wenn es französische sind. Den harmlos wirkenden jungen Mann, der, aus der Oper kommend, in dieser Winternacht des 14. Februar 1820 den Kopf im Himmel seiner Hoffnungen und Pläne hatte und dabei zunächst nicht bemerkte, dass er beinahe in die Blutlache des soeben von einem Attentäter hingestreckten Herzogs von Berry trat, der immerhin Frankreichs Thronfolger war, traf dieses Attentat gleichsam ins Herz.

Bisher war die Verschwörerei und Geheimbündelei nur intellektuelles Spiel gewesen, ein bloßer Nervenkitzel, amüsanter Zeitvertreib und auch ein Gutteil Wichtigtuerei. Durch die Mordtat wurde alles plötzlich so konkret und so real! »Ich schleppte mich in den Gasthof und ein hitziges Fieber raubte mir mehrere Tage die Besinnung. Als ich wieder zu mir kam, da schwur ich mir selbst, abzulassen von der gefährlichen Bahn, die nur ein Engel oder Teufel, nicht aber ein schwacher Mensch wie ich, ungestraft wagen darf zu betreten«, erinnerte sich Ferdinand Johannes Wit genannt von Dörring einige Abenteuer und einige Jahre später. (Wit genannt von Dörring)

An diesem Abend hatten die Phantasien der heimlichen Verschwörer in den tabakgeschwängerten Pariser Hinterzimmern reale Gestalt angenommen, zeigte sich die verborgene Maschinerie des Terrors kaltblütig und emotionslos das erste Mal in der Öffentlichkeit. Doch nicht nur die Verwirklichung der theoretisch-literarischen Aufrufe erschütterten Wit. Vielmehr kam ihm zu Bewusstsein, dass er sehr schnell mit der Tat in Verbindung gebracht werden könnte, hatte er nicht in den gleichen Kreisen wie der Attentäter verkehrt?

Der junge Mann war nicht besonders vorsichtig gewesen und hatte sich in der eigenen Tollkühnheit gesonnt. Aus London kam er als erfolgreicher Journalist nach Paris, um hier seine Karriere fortzusetzen. Er war ein strahlender Belami, ein gern gesehener Gast sowohl in den konservativen Kreisen der Monarchie als auch in den Hinterzimmern der Revolution, bei den heimlichen Zusammenkünften der Verschwörer, die sich – sonderbar genug – aus Studenten, jungen Intellektuellen und Handwerkern zusammensetzten. Der Mörder des Thronfolgers war ein Sattler, den man noch am Tatort festnahm.

Die These von der freimaurerischen Weltverschwörung hätte kaum eine solche Resonanz gefunden, wenn sie nicht in dem verschwörungsverliebten beginnenden 19. Jahrhundert einen derart idealen Nährboden gefunden hätte. Denn es hatte sich ein entscheidender Wandel vollzogen. Das 18. Jahrhundert war regelrecht vernarrt in die Geheimbünde, und einem anzugehören war schick. Den Aufklärern schlugen zwei Herzen in der Brust, das der Vernunft und das des Mystizismus, des Geheimnisses. War das 18. Jahrhundert noch eine vorpolitische Epoche gewesen, so hatten die amerikanische Verfassung und die Französische Revolution mit der Erklärung der Menschen- und Bürgerrechte das anbrechende 19. Jahrhundert zu einem politischen gemacht, zum Jahrhundert des Liberalismus, das breite Schichten in ungekanntem Ausmaß politisierte. An die Stelle des Geheimnisses trat die Verschwörung, an die Stelle des Ziels der Veredelung des Menschen dessen Befreiung, und zwar entweder als Nation oder als Klasse. Die einen argumentierten, der Mensch sei nur Mensch in seiner Nation, seinem Vaterland, während die anderen behaupteten, der Arbeiter als Subjekt der Geschichte habe kein Vaterland, und deshalb for-

derten sie die nationenübergreifende Vereinigung der Arbeiter-
schaft.

Von den Geheimbünden und Geheimnissen des 18. Jahrhunderts übernahm man nur, was man für die Schaffung einer
verschwiegenen und vor allem verschworenen Gemeinschaft
gebrauchen konnte. Deren Mitglieder sollten bereit sein, bis
zum Äußersten zu gehen und auch das eigene Leben zu opfern,
wenn es Not täte. Das war neu. Die *Illuminaten* waren ein Stück
weit unterwegs gewesen zu dieser Unbedingtheit, ohne sie
aber wirklich zu erreichen. Wahrscheinlich wäre selbst Adam
Weishaupt vor den blutigen Konsequenzen des 19. Jahrhunderts
zurückgeschreckt, zu stark war er dem 18. Jahrhundert und der
Ideenwelt der Aufklärung verpflichtet. Das 19. Jahrhundert
brachte nun etwas wirklich Neues hervor, eine gewaltige Kraft:
den Nihilismus, der die Unterordnung der Moral, der Menschlichkeit, des Gesetzes unter ein politisches Ziel bedeutet.

Trotz seiner Jugend – zum Zeitpunkt des Attentats war Wit
19 Jahre alt –, hatte er bereits eine beachtliche Geheimbund-
karriere hinter sich. Gleich zu Beginn des neuen Jahrhunderts im
August in Eimsbüttel in der Grafschaft Pinneberg geboren, war
Ferdinand Johannes Wit formell dänischer Untertan. Wits kluge
Mutter, die Tochter des Hamburger Pferdehändlers Johann Ferdinand Eckstein, war eine sehr selbstbewusste Frau. Ferdinand
Johannes zählte kaum drei Jahre, da wurde die Mutter von
Herrn Wit geschieden, einem holländischen Pferdehändler, der
wohl kaum der Vater des Jungen war. Auch der zweite Ehemann,
der dänische Kapitän von Dörring, ging früh verlustig, diesmal
durch jähen Tod. So kam der junge Mann, der nur zu gut wusste,
dass beide nicht als leibliche Väter in Betracht kamen, zu seinem
merkwürdigen Nachnamen. Eigentlich galt dieses »genannt« für
beide Bestandteile, er wurde Wit genannt, wie er von Dörring
genannt wurde.

Wit selbst wahrte zeit seines Lebens das Geheimnis der

väterlichen Herkunft. Doch kommen nur zwei erlauchte Herren, die in seinem Leben eine große Rolle spielen sollten, in Frage: Varnhagen von Ense, die preußische Plaudertasche, wusste zu berichten, dass »Wit ein natürlicher Sohn des Graf de Serre sei, der als Emigrant in Hamburg die Frau des Pferdehändlers Wit vertraut gekannt habe«. Dies wollte er von dem preußischen Geheimrat von Kamptz während eines langen Spaziergangs erfahren haben, doch auch dieser galt als enger Freund der Familie. Es konnte dem Geheimrat nur recht sein, wenn der Verdacht auf den französischen Grafen fiel, um einen Sohn wie Ferdinand Johannes reißt man sich nicht. Beide Herren mussten auf ihren guten Ruf achten, der spätere preußische Polizeiminister Kamptz wie der einflussreiche Pariser Liberale de Serre, der zeitweilig Frankreich als Justizminister diente.

Nach einem kurzen Vorspiel kam der junge Wit 1817 an die berühmt-berüchtigte Universität Jena, die sich in diesen Tagen ganz in der Hand der Burschenschaften befand. Bereits unter der napoleonischen Fremdherrschaft hatten sich in Preußen geheime Zirkel gebildet, in denen der nationale Gedanke, die Sehnsucht, nicht mehr Sachse, Preuße, Westfale oder Greiz-Schleiz-Lobensteiner, sondern Deutscher zu sein, zum Programm erhoben wurde. Die Heldentat des preußischen Husarenmajors Ferdinand von Schill, der sich nicht ergeben wollte und den Franzosen immer wieder mit seiner Schwadron ein Schnippchen geschlagen hatte, bis er in Stralsund von einer erheblichen dänisch-holländischen Übermacht besiegt wurde, lebte in den Herzen der Studenten und jungen Akademiker. Was ihren Eltern die Ideen der Aufklärung und der Vernunft bedeutet hatten, das empfanden sie nun für die Idee der nationalen Befreiung und Einigung. Als Reaktion auf die Hinrichtung des patriotischen Buchhändlers Johann Philipp Palm, der 1806 die anonyme Flugschrift »Deutschland in seiner tiefen Erniedrigung« gedruckt hatte, die zum Widerstand gegen die französische Fremdherrschaft aufrief, hatten Marburger Studenten bereits 1807 einen Geheimbund zur Wahrung deutscher Art und Freiheit gegründet, der freilich unter den Bedingungen der Fremdherrschaft nur konspirativ tätig werden konnte.

In der verzweifelten Situation der Befreiungskriege schrieb der preußische Staatskanzler Karl August Fürst von Hardenberg an König Friedrich Wilhelm III., dass »in solcher Zeit Geheimbünde unentbehrlich« seien (Schuster). Er regte an, die Logen der Freimaurer zu nutzen. Die auch unter Napoleon zugelassene *Freimaurerei* bot eine ideale Tarnung und zudem eine, modern gesprochen, organisatorische Benutzeroberfläche. Mit anderen Worten: Man konnte die erprobte Logistik für eigene Zwecke nutzen.

Auf der einen Seite klangen Hardenbergs Überlegungen vernünftig. Die Wiederaufrichtung Preußens und die Beendigung der französischen Fremdherrschaft konnte nur gelingen, wenn man die legalen Mittel bis an ihre Grenzen ausreizte und dann mit illegalen Methoden fortfuhr. Andererseits hatten gerade die regierenden Fürsten eine Scheu vor den Bünden, die sie mit dem Ausbruch der Französischen Revolution in Verbindung brachten. Hardenbergs Vorschlag hörte sich für sie fast so an, als wolle man den Teufel mit dem Beelzebub austreiben. Den Ausschlag dafür, dass die Hardenberg'schen Pläne dann doch königliche Unterstützung fanden, lieferte die Tatsache, dass man sich kannte und schätzte. Die künftigen Geheimbündler waren dem König als verlässliche preußische Patrioten bekannt, gehörten doch selbst Reformer aus dem unmittelbaren Umkreis des Königs zu ihnen wie beispielsweise der General Hermann von Boyen.

So wurde am 16. April 1808 von Königsberger Freimaurern der *Tugendbund* gegründet, der alles daransetzen wollte, um den Verlust an Land, an finanziellen Mitteln durch die von den Besatzungstruppen erhobenen Abgaben und an intellektuellem Vermögen wettzumachen, um die Bedingungen für die Befreiung und Wiederaufrichtung Preußens in alter Größe zu schaffen. Außerdem wurden illegale Beziehungen zum russischen Zaren aufgebaut, der einzigen Gegenkraft zu Napoleon, die auf dem

Kontinent noch bestand. Man sorgte dafür, dass preußische Militärs vorübergehend in der russischen Armee untergebracht wurden wie der Verteidiger Kolbergs, der preußische Generalfeldmarschall August Neidhardt von Gneisenau.

Kurz darauf wurden zwei weitere Geheimorganisationen gegründet: der *Deutsche Bund* und der *Hoffmannsche Bund*. In dem von den beiden Pädagogen Friedrich Ludwig Jahn und Karl Friedrich Friesen am 14. November 1810 gegründeten *Deutschen Bund* – der nicht mit einer früheren Gründung gleichen Namens, die im *Tugendbund* aufging, verwechselt werden darf –, war der entscheidende Schritt vollzogen: Der *Deutsche Bund* ist der erste rein politische Geheimbund, der den neuen Geheimbund des 19. Jahrhunderts darstellt. Seine Ziele, die in der Schaffung eines deutschen Nationalstaats gipfelten, waren ausschließlich politischer Natur. Die Geheimhaltung wurde nicht mehr nur als nervenkitzelndes Spiel betrieben, sondern galt unbedingt, und zwar auf Leben und Tod. Zu dieser Rigorosität trugen die lebensgefährlichen Konsequenzen im Falle der Entdeckung bei: Die Hinrichtung des Buchhändlers Palm hatte gezeigt, dass der Widerstand gegen Napoleon keine Feierabendspielerei war, sondern ein höchst riskantes Unterfangen. Deshalb waren die Mitglieder des *Deutschen Bundes* auch nicht in erster Linie Honoratioren, sondern entschlossene Männer, die sich auch bereit erklärten, für ihre Ideale zu sterben: Es waren Studenten, Professoren, Ärzte und Männer aus allen Schichten des Bürgertums. Untereinander nannten sie sich Freunde. Mit der allgemeinen Mobilmachung 1813 löste sich der *Deutsche Bund* auf und trat fast geschlossen dem Lützow'schen Freikorps bei.

Die geheimen Bünde bereiteten die Befreiungskriege zwischen 1813 und 1815 gegen Napoleon vor. Ohne das Wirken dieser Geheimgesellschaften hätten Ideen wie das von General Gerhard David von Scharnhorst eingeführte sogenannte Krümpersystem nicht so unauffällig funktionieren können: Danach wurden die Rekruten nach kurzer Ausbildung entlassen, um die nächsten einziehen und schulen zu können. So überschritt man zwar nicht

die von Napoleon bewilligte Sollstärke des Heeres, verfügte aber
bald schon über eine Reserve ausgebildeter Soldaten. Hinzu
kam, dass die Studenten der Aufforderung Jahns, des »Turn-
vaters«, folgten und sich sportlich betätigten, um körperlich für
den Kampf gerüstet zu sein. Neben der regulären Armee bildeten
sich zu Beginn des Befreiungskampfes die Freikorps, deren be-
kanntestes das Lützow'sche Freikorps war. Der Dichter Theodor
Körner, der dem Freikorps angehörte, verfasste die Hymne »Lüt-
zows wilde, verwegene Jagd«, die Carl Maria von Weber vertonte:

> »Was glänzt dort vom Walde im Sonnenschein?
> Hör's näher und näher brausen.
> Es ziehen sich herunter in düsteren Reih'n,
> und gellende Hörner schallen darein,
> und erfüllen die Seelen mit Grausen.
> Und wenn ihr die schwarzen Gesellen fragt,
> das ist Lützows wilde verwegene Jagd.
>
> Was scheidet röchelnd vom Sonnenlicht,
> unter winselnden Feinden gebettet?
> Es zuckt der Tod auf dem Angesicht,
> doch die wackeren Herzen erzittern nicht,
> das Vaterland ist ja gerettet!
> Und wenn ihr die schwarzen Gefallenen fragt,
> das ist Lützows wilde verwegene Jagd.
>
> Die wilde Jagd, und die deutsche Jagd,
> Auf Henkersblut und Tyrannen! –
> Drum die ihr uns liebt,
> nicht geweint und geklagt;
> das Land ist ja frei, und der Morgen tagt,
> Wenn wir's auch nur sterbend gewannen!
> Und von Enkeln zu Enkeln sei's nachgesagt:
> das ist Lützows wilde verwegene Jagd.«

Lützwos Freikorps wurde zwar strategisch in die preußische Armee eingegliedert, doch die Freikorpsleute, unter denen sich viele Akademiker befanden, bekamen keinen Sold, sie mussten sich selbst verpflegen und sich auf eigene Kosten ausrüsten. Deshalb trugen sie eine Art Ersatzuniform, schwarze Kleidung, rote Beschläge und goldene Knöpfe.

Nach all diesen Anstrengungen, nach all der Begeisterung für die deutsche Sache, die vergleichbar war mit dem Enthusiasmus der Italiener für die Befreiung und Einigung Italiens in den Jahren der Carbonari-Revolution, konnte man nach dem Sieg über Napoleon nicht einfach wieder zur Tagesordnung übergehen, wie Metternich sich das vorstellte. An den Universitäten bildeten sich Burschenschaften, die das Erbe der Geheimbünde der napoleonischen Zeit aufnahmen. Schließlich war Napoleon unter großen, auch persönlichen Opfern verjagt worden – was aber war mit dem zweiten Teil der Forderung, was wurde aus der nationalen Einigung? Fortan galten nach der Montur der Lützower Schwarz-Rot-Gold als die Farben des deutschen Nationalstaatsbegehrens. Von den kühnen Lützowern und ihrem Kampf gegen Fremdherrschaft und für die deutsche Einigung leiten sich die Farben unserer Nationalflagge her. Weil diese Farben in gewissem Sinn bürgerliche Farben waren, wählte die Weimarer Republik sie zu ihren Farben und wurden sie den Angehörigen der *Thule-Gesellschaft* und den Rechtsextremen ein Gräuel.

Die Studenten der nachnapoleonischen Zeit trugen über grauen Hosen ein schwarzes Wams und ließen sich enorme germanische Bärte stehen. Sie tranken viel Bier, ergingen sich in große Reden, die teilweise eine eigenartige ungemein wichtigtuerische Umständlichkeit kennzeichnete, wünschten die Einigung Deutschlands herbei, verherrlichten die deutschen Farben Schwarz-Rot-Gold und lieferten sich in den Mensuren Zweikämpfe mit Säbeln, um ihre Männlichkeit zu beweisen.

Auf diese Stimmung traf Wit, als er 1817 nach Jena kam. Das malerische Wartburgfest am Abend des 18. Oktober, das den deutschen Fürsten und Metternich einen Schrecken einjagte, als 500 Studenten mit leuchtenden Fackeln, schwarz-rot-goldenen Bändern an der Kleidung und blitzenden Säbeln »die Errettung des Vaterlandes aus schmählichem Sklavenjoch« forderten, mag ihm anfangs gefallen haben. Wie enttäuscht war er aber, als die guten Jungs nach aufrührerischen Reden in schwerem Bierrausch friedlich einschlummerten. Wit suchte Leute, die ernst machten, und er fand sie. Ihr geheimer Führer hieß Karl Follen, auch Follenius genannt.

DIE BURSCHENSCHAFT GERMANIA

Es kam zum Eklat, erst in Erlangen, dann in Frankfurt am Main zwischen den gemäßigten Studenten der Burschenschaft *Teutonia* und den radikalen, der *Germania*. Obwohl das Ganze öffentlich war und mit Geheimbünden wenig gemein hatte, bildete sich innerhalb der *Germania* ein innerer Kreis, der sich dem charismatischen Follen unterordnete, mehr noch, die Mitglieder empfanden sich als seine Jünger. Wegen ihrer Kleidung bezeichnete man sie als die Burschenschaft der *Schwarzen* oder als die *Schwarzen Brüder*. Untereinander nannten sie sich die »Unbedingten« und spielten auf die Lebensmaxime von Follen an, dass alles, was die Vernunft als richtig erkannt habe, zu verwirklichen sei, und zwar unbedingt, auch wenn das die Gewalt gegen Andersdenkende, ja deren Tötung, einschloss. Dieser Follen musste auf junge und entschlossene Männer, die voller Ideale staken, wie ein Messias wirken.

Karl Follen kam 1818 als Privatdozent nach Jena. Als Wit ihm begegnete, geriet er sofort in seinen Bann. Die Kontakte wurden enger, die politischen Diskussionen heftiger. Als der preußische

König Friedrich Wilhelm III. und der russische Zar Alexander I. das benachbarte Weimar besuchten und die Kunde davon nach Jena drang, wurde eilig eine Beratung am Bett des erkrankten Wit abgehalten. Elf Unbedingte beschlossen den Tod des Zaren. Als sie gerade dabei waren, denjenigen auszulosen, der das Attentat vollbringen durfte, traf die Nachricht ein, dass die Monarchen bereits weitergereist seien.

Der Student Karl Ludwig Sand, mit dem Wit zeitweilig das Zimmer teilte, fühlte sich noch mehr als Wit zu Follen hingezogen. Die Predigt des Führers, oder Verführers muss man in diesem Fall sagen, dass es einer Tat bedürfe, fiel bei Sand auf fruchtbaren Boden: Eine Tat musste vollbracht werden, die einem Fanal gleichkam.

Bald darauf bezichtigte Wit sich selbst, er habe einen Triumphbogen, der zu Ehren der russischen Zarenwitwe errichtet worden war, eingerissen. Wegen dieses Unfugs wurde er von der Universität verwiesen und verließ Anfang 1819 Jena, um in Kiel weiterzustudieren. Später wurde nachgewiesen, dass nicht Wit, sondern Sand die Tat verübt hatte. Wit war der verschwörerische Boden in Jena unter den Füßen zu heiß geworden, und er wollte sich dem erdrückenden Einfluss von Follen entziehen. Seine Selbstanklage diente ihm als ehrenvoller und unverfänglicher Vorwand, um Jena – und Follen – zu verlassen. Bei Sand jedoch hatten die dämonischen Einflüsterungen des Karl Follen Erfolg.

Am 23. März 1819 erstach der Student Karl Ludwig Sand den Lustspieldichter August von Kotzebue, der in russischen Diensten stand und sich gelegentlich über die deutschtümelnden Studenten lustig gemacht hatte. Die Unbedingten sahen in ihm einen fortschritts- und deutschfeindlichen Mann, der im Sold des finsteren Reaktionärs Alexander stand und beseitigt werden musste. Die Vorstellung, dass die beiden tödlichen Dolchstiche, die der Student Sand dem russischen Hofrat zufügte, zum Zündfunken eines deutschen Aufstandes gegen die Fürsten für eine vereinte Nation würde, zeigt ein erschreckendes Maß an Realitätsferne und Illusion. Es bleibt schwer zu verstehen, weshalb die Ermordung eines älteren Herrn, der im Hauptberuf als äußerst erfolgreicher Lustspieldichter arbeitete, die Deutschen dermaßen erregen und an ihre »nationale« Pflicht erinnern sollte, wenn man nicht die gefährliche Sogwirkung eines geschlossenen Bundes hinzuzählt.

Bei allen Geheimbünden, die politische Ziele mit terroristischen Mitteln durchzusetzen versuchen, werden wir die Kraft des Nihilismus am Werk sehen. Die Wirklichkeit des Alltags wird als klein, gemein, unwürdig und beleidigend empfunden. Sie ist ein Zustand, der die eigene Seele und das eigene Empfinden beschmutzt und verletzt, so dass man sich ihm entziehen möchte. Das gelingt entweder, indem man Selbstmord begeht, oder an der Zerstörung dieses Zustandes arbeitet. Dazu trifft man sich mit Gleichgesinnten oder begegnet jemandem, der einem den Ausweg aus dieser Situation weist. Hat man sich erst in diese Gruppensituation begeben, verblasst die alltägliche, schlechte, gemeine Realität vor einer Idealität, die in der Gruppe bereits gelebt wird und die auch außerhalb der Gruppe, in der Gesellschaft, verwirklicht würde, wenn man das Seinige beitrüge – also beispielsweise einen alternden Lustspieldichter ersticht. Neben dem toten Kotzebue fand man einen Zettel, auf den Sand einen Vers von Follen geschrieben hatte: »Ein Christus kannst du werden!«

Der Mord an Kotzebue wurde zum Anlass für die sogenannte Demagogenverfolgung. Dass ein junger Mann aus gutem Haus aus wirren politischen Motiven einen unbescholtenen Bürger erstochen hatte, konnte nur das Werk von Demagogen sein, die es darauf angelegt hatten, die Jugend an den Universitäten zu verderben. In großem Stile setzten nun die politische Zensur und die Verfolgung der politischen Opposition ein, die man in der Hauptsache an den Universitäten geheimbündlerisch und konspirativ am Unterwanderungswerke unverdrossen tätig sah. Einige wurden verhaftet, andere wanderten aus.

Auch der junge Wit suchte sein Heil in der Flucht. Hastig bestieg er ein Schiff nach England und fand in der britischen Presse Beachtung mit einem Artikel über die deutsche Opposition. Von nun an schrieb er im liberalen »Morning Chronicle« über deutsche Angelegenheiten. Aufgrund seines charmanten Wesens erhielt er rasch Zugang zu den feinen Kreisen der Londoner Hofgesellschaft und zu den respektablen Clubs der Liberalen. Es schmeichelte seiner Eitelkeit, zwischen den Lagern zu tänzeln und überall zu Hause zu sein. Nicht zu Unrecht bereitete das seiner klugen Mutter Sorgen: »Angehender Diplomatiker sein und kräftiger Deutscher, der für des Vaterlands Wohl das seine opfern will, das lässt sich nicht zusammenreimen. Du glaubst, mir gehe der Wohlstand über Alles, wie irrst Du Dich! Könntest Du durch Männer, die Deine Verhältnisse zur Gegenpartei nicht ahnen, eine Anstellung bekommen, und Du schriebest mir: Ich habe sie ausgeschlagen und ihnen die Gründe gesagt, weil ich kein Heuchler sein mag, so würde ich mit mehr stolz Dich meinen Sohn nennen, als wäre Dir ein Königreich zugefallen.« (Heymann)

Doch das Spiel reizte ihn zu sehr. Als er schließlich im konservativen französischen »Courier« einen heftigen Artikel erscheinen ließ, in dem er ausgerechnet einen Beitrag im liberalen »Morning Chronicle« angriff, den er selbst für die englische Zeitung verfasst hatte, wurde es einigen Leuten zu dumm. Dass ein bedenkenloser junger Mann feurig eine Sache vertrat und genauso feurig ihr Gegenteil, mussten die unterschiedlichen politischen Lager als Verulkung ihrer heiligen Ideen empfinden.

Wits Onkel, der Baron Eckstein, der vom Grafen de Serre unterrichtet worden war, zitierte also den Neffen eilig nach Paris. Am Pier bedeuteten ihm die englischen Behörden, dass sie auf seine Rückkehr nicht nur keinen Wert legten, sondern ihm auch die Einreise verweigern würden. Man fühlte sich von dem zwanzigjährigen Jüngling schlicht verschaukelt. Doch Wit ignorierte diesen Schuss vor den Bug: Von nun an verkehrte er in Paris in den Salons der Royalisten, den Zirkeln der Liberalen und den Hinterstuben der Geheimbünde. An Letzteren herrschte kein Mangel, denn die französische Hauptstadt war zu dieser Zeit ein Eldorado der geheimen Gesellschaften.

Auch wenn man die esoterischen Bünde außer Acht ließe, die zu jener Zeit ja nicht viel mehr als ein Überbleibsel aus dem 18. Jahrhundert waren – die *Rosenkreuzer*, die mystischen und die schottischen Freimaurer, daneben die Zirkel der Okkultisten und Alchemisten –, dann bliebe immer noch eine unüberschaubare Zahl an geheimen Gesellschaften und Bünden, die sich vor allem politischen Zielen verschrieben hatten.

Nach dem Sieg über Napoleon wurden, wie in Italien und in Spanien, auch in Frankreich die Bourbonen wieder eingesetzt, die es in allen Ländern vorzüglich verstanden, durch ihre Dünkelhaftigkeit, ihre Blasiertheit und ihr schlichtes Unverständnis der Zeit gegenüber breite Bevölkerungsschichten gegen sich aufzubringen. Sie lebten in einer Welt, die nicht mehr existierte, und weigerten sich standhaft, die Realität anzuerkennen. Durch königliche Erlasse glaubten sie, die vergangenen Jahrzehnte auslöschen und die Zeit zurückdrehen zu können.

Seit den neunziger Jahren des 18. Jahrhunderts gab es in Frankreich eine Strömung, die immer wieder Geheimbünde hervorbrachte und deren politisches Ziel in der Verwirklichung der Gleichheit bestand. Fast als Ikone dieser Bewegung galt der unermüdliche Geheimbundorganisator, der im Pariser Exil lebende Florentiner Filippo Buonarotti.

Als Wit nach Paris kam, hatten die Carbonari gerade ihre Verfassung gegen den Bourbonen Ferdinand I. durchgesetzt. Doch auch in Frankreich gärte es. Den Anstoß zu den ersten öffentlichen Protesten gegen die Bourbonen gab eine Geheimorganisation, die sich *Les Amis de la Vérité* (Freunde der Wahrheit) nannte. Als nach dem Attentat auf den französischen Thronfolger, den Herzog von Berry, die erste Verfolgungswelle über das Land rollte, wurden einige Mitglieder dieses Bundes festgenommen, andere tauchten unter. Wieder andere gingen nach Italien, um die Carbonari zu unterstützen. Neben den Freunden der Wahrheit trafen sich vor allem Handwerker, die den Ideen der utopischen Sozialisten von Saint-Simon, den »Phalanxen« Fouriers und dem Anarchismus Proudhons huldigten.

Seit der »Verschwörung der Gleichen« 1795 unter Gracchus Babeuf entstand in Frankreich ein frühes sozialistisches Denken, das utopische Gegenwelten ausspann. Diese utopischen Gegenwelten, in denen alle Menschen gleich waren, freie Liebe und keine Ehe existierte, wurden zum Ziel der Tätigkeit geheimer frühsozialistischer Zirkel erklärt, in denen sich neben jungen Intellektuellen vor allem Handwerksgesellen trafen. Die Nuancen der Wunschwelten von Saint-Simon und Fourier variierten und mochten zwischen ihren Anhängern heftige Kontroversen heraufbeschwören, doch standen sie auf dem gleichen Fundament einer schonungslosen Gleichheit. Hinzu traten die populären anarchistischen Ideen Proudhons, dessen Maxime kurz und demagogisch bündig lautete: »Eigentum ist Diebstahl.« Wenn also Eigentum Diebstahl war, dann bedeutete Enteignung nur, dass man sich das Gestohlene zurückholte. Diese geheimen Zirkel der Sozialisten und Anarchisten wurden zu wirkenden Kräften für und in den Revolutionen von 1830 und 1848 in Paris. So entstand auch die *Gesellschaft der Volksfreunde*, die bald darauf zu einer treibenden Kraft in der Julirevolution von 1830 werden sollte. Ihr Führer war der sozialistische Anarchist Auguste Blanqui, der voll und ganz auf das Mittel des geheimbündlerischen Putsches zur Durchsetzung seiner politischen Vorstellungen setzte.

Die politischen Geheimbünde formierten sich in der Hauptsache, weil die Bourbonen Zug um Zug die bürgerlichen Rechte, die Presse- und Meinungsfreiheit beschnitten und dadurch ein Teil der politischen Auseinandersetzung ins Halblegale oder Illegale verschoben wurde. In Deutschland, Österreich, Russland, Spanien und Italien konnte man Ähnliches beobachten: Durch das Verbot und die Behinderung der politischen Mei-

nungsbildung wie der Durchsetzung politischer Vorstellungen
in einer undemokratischen Gesellschaft wurde dieser Impuls
in den Untergrund gedrängt. Dadurch wurden die Geheimbünde politisiert, oder genauer: es war die Ursache dafür, dass
rein politische Geheimbünde entstanden. Aus den politischen
Geheimbünden sollten in diesen Jahren die politischen Parteien
entstehen.

Hinzu kam eine spezielle Pariser Neigung zur Mystifikation.
Es war kein Zufall, dass viele der literarischen Werke, in denen
es um Verschwörungen und geheime Bünde geht, gerade in Paris
entstanden. Erinnert sei nur an die Bücher von Alexandre Du-
mas, Vater wie Sohn, oder an Eugène Sue mit seinem zeitgenös-
sischen Welterfolg »Die Geheimnisse von Paris«.

Das war das Klima, in dem ein Sattler, der einem der geheimen
Bünde angehörte, den Herzog de Berry erstach. Wit fühlte sich
durch die Tat sehr an Sands Attentat erinnert, von dem aus ja
auch eine Spur zu ihm führte. Und kaum war Wit aus Paris geflohen, wurde er schon polizeilich gesucht. In Nizza traf er den
Mann, der wahrscheinlich sein Vater war. Der Minister de Serre
brachte ihn in ein Versteck in einem abgelegenen Bergtal und
redete dem jungen Mann ins Gewissen. Der Haftbefehl wurde
aufgehoben, Wit kehrte nach Paris zurück. Dort vergaß er einen
Teil der guten Vorsätze und die Versprechungen, die er dem
Grafen gegenüber gemacht hatte. Er traf Follen, der wegen seiner Beziehung zur Burschenschaft der *Schwarzen Brüder* polizeilich in Preußen gesucht wurde, und führte ihn in die geheimbündlerischen Kreise in Paris ein. Dennoch war er bemüht,
Abstand zu halten – so ganz hatte er seine guten Vorsätze doch
nicht vergessen.

Das Zentrum der Leitung der *Schwarzen Brüder* verlagerte sich
in die Schweiz, nach Zürich, und auch von dort aus gab Follen
keine Ruhe. Dass Wit sich zurückzog, mochte er, der Messias,
nicht dulden. Ferdinand Johannes Wit genannt von Dörring ge-

hörte schließlich dem Bund der Unbedingten an, dem innersten Zirkel der Burschenschaft *Germania*. Da konnte man sich nicht so einfach davonschleichen oder austreten, da gehörte man ein Leben lang dazu. Follen bat, drohte, erpresste und schimpfte, er zog alle Register: »Bedenke, dass jeder unbesonnene Schritt, der die Aufmerksamkeit auf dies Band, und somit auf uns Alle lenkt, ein Verrath an der Sache ist; bedenke endlich, dass Du uns angehörst, Dir zum Guten und zum Bösen.« Follen war nicht der Mann, der vor irgendetwas zurückschreckte, denn für ihn stand fest, dass »wo es um das Höchste und Letzte gilt, auch das blutende Freundesherz das Herzblut des Freundes nicht verschont.« (Wit genannt von Dörring) Ungeklärte Mordfälle an Bundesmitgliedern verdeutlichten den Ernst der Drohung.

Für eine törichte Idee, für eine brutale Tat, die keinerlei Sinn ergab, hatte Follen mit Sand einen jungen Menschen in einen Mord gehetzt, einen jungen Mann, der ihm absolut ergeben und als Student ihm als Hochschullehrer eigentlich ein Schutzbefohlener war. Dass er anschließend ungerührt und lächelnd zusah, wie man denselben jungen Mann aufs Schafott brachte und ihn mittels Schwerthieb hinrichtete, zeigte den ganzen Zynismus dieses kalten Fanatikers. An Kotzebue lag Follen nichts. Sein Tod war nicht der Hauptzweck des Anschlags gewesen, das Ziel sah er in etwas viel Höherem: Es galt, der Bewegung endlich einen Märtyrer zu verschaffen. Die finstere Rechnung ging auf: Aus dem Holz des Schafotts, auf dem Sand hingerichtet worden war, baute der Henker in seinem Garten eine Laube, die er an die Burschenschaften vermietete, die dort im Gedenken an den edlen Sand bierselig Freiheitslieder sangen. Lange hielt das Vergnügen jedoch nicht an, denn die Hütte musste wieder abgerissen werden. Souvenirjäger hatten sich Reliquien aus dem Holz geschnitten, so dass die Laube bald baufällig wurde und eine ernste Gefahr für die in ihr singenden Burschenschaftler darstellte.

Da Sand die Tat auf sich genommen und über die Mitverschworenen geschwiegen hatte, konnte Follen nichts nachgewiesen werden. Er war der Prototyp des Geheimbundorganisators des 19. Jahrhunderts, fanatisch von einer Idee besessen, die er für allein rechtmäßig hielt, ohne Nachsicht, ohne Rücksicht, gefühlskalt, zynisch, hochmanipulativ, im Grunde ein Verführer. Im innersten Zirkel der Unbedingten waberte ein Gemisch aus Ideologie und ungeklärten sexuellen Verdrängungen. Das Sexuelle wurde ins Terroristische übersetzt. Es kann kein Zweifel daran bestehen, dass Sand Follen auf einer emotionalen Ebene sexuell hörig war. Doch es würde zu kurz greifen, wenn man diese sexuelle Hörigkeit als homosexuell interpretieren wollte. Es war vielmehr so, dass eine unausgelebte und unverstandene Sexualität in einen Freundschafts- und Führerkult umschlug, der homosexuelle Elemente hatte, im Wesentlichen aber in der Erotisierung eines geistigen Abhängigkeitsverhältnisses bestand. In seinen Erinnerungen ließ Wit die Briefe, mit denen Follen ihn unter Druck setzte, zwar erscheinen, doch bei einem Brief strich er einen Absatz heraus und erklärte knapp: »Die hier ausgelassene Stelle bezieht sich lediglich auf ein sehr delicates persönliches Verhältniss.« (Wit genannt von Dörring) Es ist im Grunde nichts Ungewöhnliches, dass sehr enge und abgeschlossene Gruppenstrukturen zwischen jungen, sexuell unerfahrenen Männern unter Führung eines Charismatikers die verdrängt schwüle Erotik des Bruderbundes annehmen können. Solche sexuell grundierten Gefolgschaftsformen lassen sich von den Griechen bis hin zum Kreis um Stefan George nachzeichnen.

GEHEIMBÜNDE BEFREIEN ITALIEN

Wit ließ sich von Follen überreden und nahm im Auftrag der Unbedingten in der Schweiz Kontakt zu den Carbonari auf. Als er sich noch in Genf aufhielt, besuchte ihn Nicola Chiricone Clerkon, der aus Neapel kam und Großmeister der Vendita *La Filantropia Partenopea* – eine der Logen der Carbonari – war.

Nach der Besetzung Neapels durch die österreichischen Truppen des Generals Frimont gehörte der Advokat Clerkon zu denen, die mitreißende Reden in den illegalen und geheimen Logen hielten. Die Carbonari von Neapel beauftragten ihn, durch Italien zu fahren und Verbindungen zu den Brüdern in Rom, in der Toskana, im Veneto, in der Lombardei, in Sardinien-Savoy zu knüpfen.

Doch bevor Clerkon im Juli über Rom, Ancona, Bologna und Genua nach Mailand aufbrach, besuchte er heimlich den General Frimont, der von der Treue des Advokaten, »von seiner vollkommen geänderten früher revolutionären Gesinnung durch die gute Sache mit Eifer und Umsicht geleisteten Dienste« überzeugt war. Frimont erkannte richtig, dass Clerkon ein vorteilhaftes Äußeres mit »vorzüglichen Fähigkeiten, Scharfsinn, List und mannigfaltige Kenntnisse« verband. (Lennhoff, Politische Geheimbünde) Er war ein erstklassiger und erfolgreicher Lockspitzel und wurde dafür bezahlt, dass er auf seiner Reise die ehemaligen Carbonari-Brüder aufspürte und an die Österreicher verriet. Laut Pass war er Niccolo Pietro Zanz aus Udine, Lieferant der österreichischen Armee.

In Mailand erwartete ihn der österreichische Gouverneur Graf Strassoldo, der bereits früher mit Frimont ein Abkommen geschlossen hatte, einen Lockspitzel durch Italien zu schicken, um die Carbonari aufzuspüren. Dieser sandte nun den teuflisch erfolgreichen Clerkon in die Schweiz, um die ausländischen Verbindungen der *Carboneira* aufzudecken. In dem malerischen Bergdorf Monex unweit von Genf nun traf er auf den kranken, bettlägerigen Wit genannt von Dörring. Clerkon warb Wit an, als Generalinspekteur der *Carboneira* für die Schweiz und Deutschland tätig zu sein. Doch Wit kam nicht mehr dazu, in der neuen Funktion aktiv zu werden, denn in der Nacht vom 20. September 1821 drangen fünf Bewaffnete in sein Zimmer ein, zerrten den Kranken aus seinem Bett, warfen ihn auf einen Esel und beförderten ihn ins Tal. Die Reise war eine Tortur, und sie bedrohte sein Leben. Mehr tot als lebendig kam er am 7. November in Turin an.

In den Gefängnissen begegnete der eingesperrte Deutsche den Mitgliedern der italienischen Geheimbünde, die verraten worden waren und sich nicht mehr rechtzeitig hatten in Sicherheit bringen können. Die Bünde – *Federati*, *Carboneira* oder *Adelfi* – ähnelten einander, sie hießen lediglich nach Landstrich verschieden und hatte gewisse lokale Eigenheiten. In den Gefängnissen erlebte Wit fast alles, was man erleben konnte: Er hatte ein heimliches Liebesverhältnis mit der Tochter des Wärters, die aber, wie sich später herausstellte, der österreichischen Polizei als Spitzel diente. Er verzweifelte, schnitt sich die Pulsadern auf, wurde eine Attraktion und sogar dem österreichischen Kommandeur für Lombardo-Venetien, dem Grafen Bubna, vorgestellt, den er aufgrund seines Charmes für sich einnehmen konnte. Dann wurde er nach Mailand verlegt und durfte sich innerhalb der Stadt recht freizügig bewegen. Die Mailänder Damen schienen von dem liebenswürdigen, jungen Abenteurer angetan, jedenfalls verhalf ihm eine junge Herzogin 1822 zur Flucht. Über die Schweiz kam er nach Deutschland zurück, die Häscher immer an den Fersen. Auch in Deutschland fand er keine Ruhe, so ließ er sich in Bayreuth festnehmen, der ewigen Flucht überdrüssig.

Und nun folgte die Posse: Ferdinand Johannes Wit genannt von Dörring, 23 Jahre alt, wurde herumgekarrt, um an verschiedenen Orten verhört zu werden, in Berlin, in Wien, im dänischen Friedrichsort. Doch sooft man ihn auch befragte, es ließ sich schier nichts finden außer Unvorsichtigkeit, Eitelkeit und falscher Gesellschaft, in die sich der junge Mann begeben hatte. Also kam er 1827 wieder frei, setzte sich hin und verfasste seine Lebensgeschichte, die auf dem Buchmarkt Furore machte. In einem Alter, in dem die meisten Menschen am Anfang ihres Lebens stehen, befand er sich gewissermaßen am Ende. Immer der Jüngste, hatte er sein Quantum an Abenteuer, aber wohl

auch an Glück ausgekostet. Es mangelte nicht an gehässigen
Feinden, die ihm das Leben so schwer wie irgend möglich machten: die einen, die untergetauchten Unbedingten, weil er nicht
weit genug gegangen war, die anderen, die Gemäßigten, weil er
es zu weit getrieben hatte. Doch eines war er offenbar nicht gewesen, und das verübelten ihm alle: Er war nie spießig oder
ängstlich darauf bedacht, in irgendein Glied, sei es bei den Revolutionären oder bei den Liberalen, zu treten. Seine Unabhängigkeit wurde ihm nun zum Verhängnis, denn wahre Unabhängigkeit wurde in Deutschland noch nie geschätzt. Man durfte
und darf radikal sein, aber bitte schön nur im Verein.

Da sich für ihn keine Tätigkeit fand, heiratete er eine ver-
mögende junge Witwe aus gutem Haus, musste aber noch mehrere Jahre mit dem preußischen Minister von Schuckmann darum kämpfen, dass ihm gestattet wurde, auf dem Gut seiner
Frau in Oberschlesien leben zu dürfen. Als seine Frau 1854 starb,
vertrieb man ihn im Zuge dubioser Erbstreitigkeiten vom Gut.
Nahezu mittellos und verarmt verbrachte er seine letzten Jahre
als früh gealterter und gebrochener Mann einsam in Meran, wo
er am 9. Oktober 1863 starb. Auch die Unbedingten, die inzwischen als deutsche Helden und Vorkämpfer der deutschen Einheit, die praktisch vor der Tür stand, galten und als Biedermän-
ner dem staunendem Publikum behaglich bei Punsch und Pfeife
von ihrer Jugend Heldentaten berichteten, waren in Ehren wieder in die gute Gesellschaft aufgenommen. Ihnen ward verzie-
hen, und sie wurden mit Staatsposten versehen. Nur einer ruhte
bereits seit 1840 auf dem Bostoner Friedhof, der nach Amerika
ausgewanderte Karl Follen, der sich in Übersee Charles Follen
genannt hatte. Er kam bei einem Schiffsunglück vor Long Island
um – Theodor Fontane beschrieb eine ähnliche Szene in der
Ballade »John Maynard«.

Nach der Niederlage der italienischen Geheimbünde und
dem Scheitern einer zweiten Carbonari-Revolution zog ein junger italienischer Intellektueller die notwendigen Schlüsse. Im

Exil gründete er einen gesamtitalienischen Geheimbund, der zentral geleitet wurde und die schwer zu koordinierende Regionalität überwand. Der junge Mann hieß Giuseppe Mazzini und der Bund hieß *Giovane Italia* (Junges Italien). Die Gründung des Genuesen verzichtete weitgehend auf umfangreiche Regeln über Riten und Zeremonien. Die Aufnahme hing von zwei Fragen ab: War der Kandidat mit dem Ziel einverstanden, das nicht mehr geheim gehalten, sondern ihm mitgeteilt wurde? War er bereit, sich zur absoluten Verschwiegenheit zu verpflichten?

Für die Ziele des Bundes trat man öffentlich ein, um eine breite Unterstützung zu gewinnen. Die *Giovane Italia* war im Grunde eine politische Partei, die mit den Mitteln der Verschwörung arbeiten musste. Und da die Vereinigung aus dem Geheimbundwesen hervorgegangen war, wusste sie sich dieser Mittel auch virtuos zu bedienen. Nachdem es dem Bund 1870 gelang, Italien zu einigen und zu befreien, eine konstitutionelle Monarchie unter König Vittorio Emanuele III. zu errichten, zerfiel er in verschiedene Parteien. Er konnte nur so lange existieren, wie die unterschiedlichen Kräfte durch ein übergeordnetes Ziel zusammengehalten wurden. Über 30 Jahre brauchte die *Giovane Italia*, die eine unabhängige Sektion eines größeren Bundes war, und zwar des von Mazzini und Buonarotti in Paris gegründeten *Jungen Europa*, um an ihr Ziel zu gelangen.

In Russland wiederum wurde das Gespenst Realität, das der ewig intrigierende Staatskanzler Metternich vor Alexander I. in Troppau an die Wand gemalt hatte, um ihn zum Einverständnis zur Niederschlagung der Carbonari-Revolution zu bewegen. Alexander erlebte den Freimaurer-Putsch in Russland allerdings nicht mehr, er starb, kurz bevor sich die Ereignisse überschlugen.

DEN UMSTURZ IM BLICK –
GEHEIMBÜNDE IN RUSSLAND

Marija Rajewskaja war ein Glückskind. Ihr Vater, der berühmte General Nikolaj Nikolajewitsch Rajewski, vergötterte seine kluge und selbstbewusste Tochter, die so ganz nach ihm kam, und sorgte dafür, dass ihr eine glänzende Bildung zuteil wurde. Die 1805 geborene Marija Rajewskaja galt in den zwanziger Jahren des 19. Jahrhunderts als eine der reizvollsten jungen Damen in der guten Gesellschaft von Sankt Petersburg. Mit ihrer Schönheit und Anmut brach sie die Herzen der Männer zuhauf, allen voran das Herz des Dichters Alexander Sergejewitsch Puschkin. Er betete das fünfzehnjährige Mädchen an und hatte Marija vor Augen, als er in seiner Verserzählung »Die Gefangene im Kaukasus« die unglückliche Liebe zwischen einer jungen Tscherkessin und einem gefangenen Russen beschrieb. Und auch in seinem Poem »Die Fontäne von Bachtschissaraj« endet die Liebe dunkel, russisch, leidvoll, romantisch.

Marija mochte Puschkin als Dichter, als Mann interessierte er sie nicht. Dennoch verewigte er sie in den schönsten Versen, die je auf Russisch geschrieben wurden. Fünfzig Jahre später setzte ihr der Dichter Nikolai Alexejewitsch Nekrassow in seinem Poem »Russische Frauen« ein weiteres Denkmal.

Im Jahr 1825 verkündete ihr der geliebte Vater, mit dem sie gewöhnlich in allem übereinstimmte, dass Fürst Sergej Wolkonski um ihre Hand angehalten habe. »Aber ich empfinde gar nichts für ihn!«, rief das neunzehnjährige Mädchen erschrocken aus.

In der sibirischen Verbannung wird der adlige Dekabrist Sergej Wolkonski zum
Bauernfürsten und geht auf in einem einfachen Leben.

Der Held des Krieges gegen Napoleon war knapp 20 Jahre älter
als Marija, allerdings auch eine ausgesprochen glänzende Partie,
um die sie ihre Freundinnen beneideten. So hatte General Rajewski vielleicht etwas vorschnell seine Zusage gegeben, was ihn
noch reuen sollte. Jedenfalls konnte er sie nicht mehr zurück-
nehmen, und Marija heiratete Wolkonski, mehr aus Pflichterfül-
lung denn aus Liebe.

Die Mutter Sergej Wolkonskis stand als Kammerfrau der
Witwe Pauls I. der Zarenfamilie nahe und galt deshalb als zweite

Frau des Reiches. Sergej kannte den derzeitigen Zaren Alexander I. und seinen Bruder Nikolaus seit Kindertagen. Wie oft hatte er für den Knaben Nikolaus mit Zinnsoldaten die napoleonischen Schlachten nachgestellt!

Der Befreiungskampf gegen Napoleon, der als Vaterländischer Krieg in die Geschichte Russlands einging, prägte die Generation der Adligen Anfang des 19. Jahrhunderts nachhaltig. Von ihren russischen Kinderfrauen und Ammen lernten sie ihre Muttersprache und die Geschichten, Legenden, Kinderverse und Volkslieder. Mit ihren Eltern sprachen sie ausschließlich französisch, da das Russische in Adelskreisen als ungebildet und abstoßend galt. Doch die adeligen Kinder, die oft gleich nach der Geburt in die Obhut von Ammen gegeben wurden, entwickelten starke Gefühle zu ihren »Ersatzmüttern« und begannen, sich für das Russische zu interessieren.

Später dann im Krieg, in den Schlachten, auf den langen Märschen, in den vielen gefährlichen Situationen erlebten die jungen Adligen die Stunden der Niederlage und der Verzweiflung wie die Wochen des Triumphes Seite an Seite mit ihren Soldaten, Menschen aus dem Volk. Gleichzeitig lernten sie durch den Feldzug nach Paris Westeuropa kennen, das Europa der Aufklärung. Und nicht nur das: Als Mitglieder von Feldlogen der Freimaurer kamen sie auch in engen Kontakt zu aufgeklärten preußischen Militärs wie Gneisenau, Scharnhorst oder Boyen, die selbst Freimaurer waren, ihren Feldlogen angehörten und erst kürzlich als Voraussetzung der Befreiung Preußens gegen den Widerstand einer reaktionären Hofclique einschneidende Reformen durchgesetzt hatten.

»Großmeister vom Stuhl« der Feldlogen war der legendäre »Marschall Vorwärts«, Gerhard Leberecht von Blücher. In seinem Kriegstagebuch notierte der russische General Michailovskij-Danilevski über einen Besuch in der preußischen Militärloge *Zum eisernen Kreuz*, die dem *Tugendbund* nahe stand. »Die Preußen schilderten die elende Lage ihres Vaterlandes vor dem Krieg und

beschrieben den heiligen Freiheitskampf und die wohltätige
Wirksamkeit der Loge während des Kampfes. Sie erinnerten daran, wie während des Donners der Schlachten und wie sie sich
in der Loge gegenseitig gestärkt, um die Mühseligkeiten des
Feldzuges zu tragen (...) und wie sie so die Ketten zerrissen, die
das Vaterland knechteten.« (Lennhoff, Politische Geheimbünde)

Um wie viel drückender mussten den jungen Russen da die
Zustände in ihrer Heimat erscheinen, wo der Leibeigene rechtlos war und der Soldat misshandelt wurde, wo der Sadist Graf
Aleksej Andrejewitsch Araktschejew, einer der übelsten Gestalten, die die Menschheit je hervorgebracht hatte, als Ratgeber
und erster Diener einen wankelmütigen Zaren beeinflusste. Die
Unentschlossenheit Alexanders I. beruhte auch auf Schuldge-
fühlen, weil er in gewisser Weise an der Ermordung seines wahnsinnigen Vaters, Zar Pauls I., beteiligt gewesen war. Allerdings
versuchte er diesen peinigenden Gefühlen nicht etwa dadurch
zu entkommen, dass er sich um bessere Lebensumstände für
seine Untertanen bemühte, was ja das Ziel der Thronenthebung
Pauls gewesen war. Er versenkte sich lieber in immer neue Spiel-
arten eines mystischen Christentums, was selbst den Fürsten
Metternich Nerven kostete, obwohl ihm diese Neigung Alexanders in die Hände spielte.

DIE RUSSISCHEN FREIMAURER

Mehr und mehr entdeckten die jungen Adligen ihre Liebe zum
russischen Volk. Und sie traten in die Freimaurerlogen ein, die
in Russland immer mal wieder verboten wurden. Nach dem Vorbild des preußischen *Tugendbundes* gründete Graf Alexej Orlow
die *Gesellschaft der russischen Ritter*. In der *Vereinigung der Slawen* versammelten sich vor allem bürgerliche Gelehrte und Offiziere,
um das Slawentum zu fördern und für eine Föderation aller slawischen Völker zu arbeiten, die in einer Republik vereinigt wer-

den sollten. Aus diesen Vorstellungen entwickelte sich später der Panslawismus.

Man hatte auf Alexander I. gehofft. Bei seinem Regierungsantritt träumte dieser Zar davon, Russland in eine Republik zu verwandeln. Als Mensch unter Menschen wollte er über die Straßen gehen, aller Verantwortung enthoben und frei von der Anmaßung des Selbstherrschertums. Doch der romantische Traum hielt nicht lange vor. Vom Gemüt her neigte Alexander der christlichen Mystik zu, vom Verstand her bei der Regierung den Reaktionären vom Schlage Araktschejews und in seinen Wünschen den Liberalen. Dadurch ermutigte und entmutigte er fortwährend die Generation junger Offiziere, die auf den Schlachtfeldern Europas den Sieg gegen Napoleon errungen hatten.

Da Araktschejews Regime die Meinungsfreiheit immer stärker einschränkte, musste man zur Diskussion und Selbstverständigung auf geheime Gesellschaften ausweichen. Die Verhältnisse in Russland gestalteten sich unbefriedigend und unerfreulich. Es wurde immer deutlicher, dass etwas geschehen musste. Was allerdings zu unternehmen sei, darüber gab es nur nebulöse Vorstellungen. Auch in Russland übernahmen und erfüllten die geheimen Verbindungen die Funktion von politischen Parteien, indem sie zu Plattformen der Meinungsbildung wurden.

DER RETTUNGSBUND. Im südrussischen Tultschin, im Hauptquartier der von Feldmarschall Graf Pjotr Christianowitsch Wittgenstein befehligten zweiten Armee, gründeten einige junge Offiziere, darunter Mitglieder alter Adelsfamilien, den *Sojuz Spasenija* (Rettungsbund), einen Geheimbund, der bald mit der *Vereinigung der Slawen* zusammenarbeitete. Das Ziel war die Umgestaltung Russlands zum frühestmöglichen Zeitpunkt. Dem Bund gehörten unter anderem die Fürsten Sergej Trubezkoj und Sergej Wolkonski an. Bei den Aufnahmeritualen wurde viel von den Freimaurern übernommen – die meisten Mitglieder waren gleichzeitig Freimaurer. Auch für sie stellte die *Freimaurerei* eine

ideale Tarnung dar oder, wie sie es selbst nannten, einen »Deckmantel«. Im Bund wurden drei Grade unterschieden. Den Anfang machte der »Bruder«, der den Treueeid geleistet und unbedingten Gehorsam geschworen hatte, aber nur sehr allgemein
über die Ziele des Bundes unterrichtet wurde. Es folgten der
Grad der »Männer«, die von den Zielen und geheimen Plänen
des Bundes erfuhren, und schließlich als innerer Zirkel der »Rat
der Bojaren«. Im alten Russland waren die Bojaren die mächtigen Fürsten gewesen, die Peter der Große entmachtet hatte, weil
er in ihnen ein Hindernis für die Modernisierung Russlands und
eine Gefahr für seine absoluten Machtansprüche sah. Bis zur Regierungszeit Peters war der Rat der Bojaren eine feste Institution
gewesen, eine Garantie für die Mitsprache der Großen des Reiches an der Regierung Russlands.

Nach einiger Zeit trat der Armeeadjutant Pawel Iwanowitsch
Pestel in den *Rettungsbund* ein und wurde bald zur beherrschen-
den Gestalt. Dem Sohn deutscher Einwanderer sagte man eine
glänzende Begabung nach. In einem grün eingeschlagenen Buch,
dem »Grünen Buch«, hatte er eine Art Gesellschaftsplan verfasst,
der nicht nur allgemein humanistische Forderungen enthielt,
sondern sehr konkret der Frage nachging, was wann wie und zu
welchem Zweck zu geschehen hätte. Das handschriftliche Buch
trug den Titel »Russische Wahrheit« und spielte damit auf das
Regierungsprogramm des ersten russischen Staates, der Kiewer
Rus, an. Dessen Gründer, Jaroslaw der Weise, hatte sein Programm »Russkaja Prawda« (Russische Wahrheit) genannt. Wie
dieser forderte Pestel in seinem Programm nicht nur die Aufhebung der Leibeigenschaft, er wollte auch die Monarchie ab-
schaffen.

In Sankt Petersburg und Moskau hatte sich unter dem Grafen Tolstoi und dem Fürsten Dolgorukow der *Severnoe obščestvo*
(Nordbund) gebildet, dem unter anderem die Fürsten Sergej
Platonowitsch Obolenski und Alexander N. Odojewski, Alexander Bestuschew und der Literat Kondrati Rylejew angehörten.

Puschkin stand dem Kreis nahe. Der Fürst Wolkonski wurde
von vom *Južnyj sojuz* (Südbund) beauftragt, den Kontakt zum
Nordbund und zu den polnischen Patrioten zu halten, die sich –
aus der 1819 von patriotischen Offizieren gegründeten *Nationalen
Freimaurerei* kommend – zur *Patriotischen Gesellschaft* zusammenge-
schlossen hatten. Die Südliche Vereinigung ging aus dem *Rettungsbund* hervor.

DIE NATIONALE FREIMAUREREI. Diese Vereinigung, deren Ziel die Wiederherstellung Polens in den Grenzen von 1772
war, wurde 1819 von patriotischen Offizieren in Polen gegründet.
Zum Großmeister wählte man den brillanten Major Valerian
Lukasienski. Der Bund, der vier Grade umfasste, zog viele Polen
an, die weit mehr an ihrem nationalen Gedanken als an der *Freimaurerei* interessiert waren. Statt des Johannistages feierten sie
den 5. Mai, den Jahrestag der polnischen Konstitution von 1791.
Man versammelte sich in den Logen am »zerschlagenen Altar
des Vaterlandes« und fügte den freimaurerischen Pflichten die
Pflicht zum Patriotismus hinzu.

DIE PATRIOTISCHE GESELLSCHAFT. Die Loge in Poz-
nan verzichtete auf die *Freimaurerei* und wurde unter Führung der
Generäle Uminski und Melczinski nach dem Vorbild des preußischen *Tugendbundes* zum *Bund der Sensenmänner* umgestaltet. Im Wald
von Bielany erfolgte am 1. Mai 1821 die Gründung der *Patriotischen
Gesellschaft* als Zusammenschluss der *Nationalen Freimaurerei* mit
dem *Geheimbund der Sensenmänner* und weiterer polnischen Geheimgesellschaften, die die Errichtung eines polnischen Staates
anstrebten. Das Symbol dieses Bundes, den ein Zentralkomitee
mit Lukasienski an der Spitze führte, war ein Kreuz aus einem
Dolch und einer Sense und einem Bild des polnischen Helden
Tadeusz Kościuszko in der Mitte.

Als Fürst Wolkonski als Abgesandter des *Rettungsbundes* in den
Wald von Bielany kam, erkannten er und der Major Lukasienski,

dass sie ähnliche Ziele vertraten. Deshalb beschlossen sie, dass
die Polen bei der Erhebung der Russen die russischen Militär-
kräfte unter dem Großfürsten Konstantin, dem Bruder Zar Alexanders I., binden sollten. Im Gegenzug mussten die Russen die
Eigenstaatlichkeit und Unabhängigkeit Polens akzeptieren.

Inzwischen war bei Alexander I. ein Mann namens Photius
aufgetaucht, ein ungebildeter Mönch, der später Archimandrit
eines der bedeutendsten russischen Klöster, des Jurijewklosters
von Nowgorod, wurde und sich nach dem byzantinischen Patri-
archen und Heiligen des 9. Jahrhunderts benannt hatte, der die
Missionare Kirill und Method aussandte, um die slawischen
Heiden zu missionieren. Dieser Photius gehörte zu jenen charismatischen Gestalten von der Art Rasputins, die zu allen Zeiten
erfolgreich in die russischen Geschicke eingriffen. Photius erschien in einer imposanten Aufmachung: Er trug schwere Ketten
mit Eisenstacheln und verkündete dem Zaren, der allem Obskuren zugeneigt war, er müsse sich von der Sünde und vom falschen (sprich: westeuropäischen) Christentum lossagen, vor
allem aber gegen die Ketzer und Antichristen in den geheimen
Gesellschaften vorgehen. Alexander war so beeindruckt vom
wahrhaft kettenrasselnden Auftritt des Mönchs, der vom Volk
als Heiliger verehrt wurde, dass er die Geheimgesellschaften
und alles, was er dafür hielt, verbot. Auf die Offiziere im *Nordbund* und im *Südbund* indes machte das alles nicht den geringsten
Eindruck, da sie ohnehin verschwörerisch aktiv waren.

Während der radikalere *Südbund* noch mit dem gemäßigten
Nordbund über das Vorgehen stritt – Sollte der Zar gestürzt, vielleicht sogar getötet werden oder nicht? War das Ziel die Republik oder eine konstitutionelle Demokratie? –, wurde der *Patriotischen Gesellschaft* durch Verrat ein schwerer Schlag zugefügt: Im
Oktober 1822 wurden führende Mitglieder, darunter Valerian
Lukasienski, verhaftet. Das Kriegsgericht verurteilte den Major
zur Degradierung und zu neun Jahren schwerem Kerker. Der
Zar milderte das Urteil ab und setzte es auf sieben Jahre herab.

Trotz alledem führte die *Patriotische Gesellschaft* ihre Arbeit fort, und die Beziehungen zum *Südbund* liefen weiter über Wolkonski.

Die Diskussionen zwischen *Südbund* und *Nordbund*, in dem sich inzwischen durch einen Führungswechsel radikalere Ansichten durchgesetzt hatten, gestalteten sich immer enger. 1824 reiste Pestel nach Sankt Petersburg und verabredete mit den Führern des *Nordbundes* einen Aufstand am 11. März 1826, dem Tag des fünfundzwanzigjährigen Kronjubiläums des Zaren. Dieser hatte wissen lassen, dass er diesen Tag im dritten Korps verbringen wollte. Damit spielte er den Verschwörern in die Hände – gerade in diesem Korps verfügte Pestel über blendende Kontakte und einen großen Einfluss.

In dieser aufregenden Zeit nun hielt Sergej Wolkonski 1825 um die Hand eines der schönsten und begehrtesten Mädchen der Petersburger Ballsaison an. Er wurde beim General Rajewski vorstellig, den er noch aus dem Kriegsdienst kannte, und bat ihn um die Hand seiner Tochter Marija. Die seltene Verbindung von Schönheit, Ernsthaftigkeit und Klugheit hatte den Fürsten, der ansonsten ganz und gar in seiner Mission aufging, die russischen Bauern von der Leibeigenschaft und Russland von der tyrannischen und bürokratischen Finsternis zu befreien, mitten ins Herz getroffen. Wenn er schon heiraten musste, dann keine andere als diese Frau. Und er musste, denn er war inzwischen 37 Jahre alt und bald schon nicht mehr im besten Alter, um seine dynastischen Pflichten zu erfüllen. Als Rajewski zustimmte, ahnte Wolkonski selbst noch nicht, was er seiner jungen Frau zumuten würde.

Kurz nach der Hochzeit erkrankte Marija und fuhr mit Mutter, Schwester und der englischen Gouvernante zur Erholung nach Odessa ans Schwarze Meer. Dort verbrachte sie den Sommer, während der frischgebackene Ehemann Divisionsdienst schob und vor allem unermüdlich im Auftrag seines Geheimbundes unterwegs war, neue Verbindungen knüpfte und Nachrichten überbrachte. Doch davon ahnte Marija nicht das Geringste.

Sie glaubte, dass ihr Mann seinen Militärdienst außerordentlich ernst nahm, und hatte keinen Grund, an seiner Treue zu zweifeln. Im ersten Ehejahr lebten die beiden ganze drei Monate zusammen. Lange genug allerdings, um sich zumindest ein wenig kennen zu lernen. Im November holte Sergej seine hochschwangere Frau ab und brachte sie in die gemeinsame Wohnung nach Uman, wo seine Division lag. Kurz darauf begab er sich nach Tultschin, zum Stab der Armee. Marija ahnte immer noch nicht, dass sich ihr Mann in der heißen Phase der Vorbereitung eines Putsches gegen den Zaren befand. Seinen Eifer rechnete sie dem Pflichtgefühl zu, so wie sie es von ihrem Vater kannte.

Eine Woche später kam er mitten in der Nacht nach Hause. Statt seine Frau zu begrüßen und die Diener zu wecken, stürmte er in den Salon und entfachte das Feuer im Kamin gleich selbst. Durch den Lärm aufgeschreckt, sprang sie aus dem Bett und eilte hinunter. Sofort spürte sie, dass etwas Wichtiges im Gange war. Sie sah ihm die hohe Nervosität, die Anspannung, die sie von ihm nicht kannte, an und half ihm beim Verbrennen der Papiere. Auf ihre Frage, was passiert sei, antwortete er nur kurz, dass man Pestel verhaftet hatte. Was Marija an diesem Abend von ihrem Mann über den *Rettungsbund* erfuhr, wissen wir nicht, sie selbst berichtete wenig darüber. Doch er wird ihr nicht allzu viel erzählt haben, um sie nicht zu beunruhigen. Am nächsten Tag brachte er Marija zu ihren Eltern.

Der famose Aufstandsplan war ohnehin bereits vom Leben selbst oder besser vom Tod über den Haufen geworfen worden, denn Alexander I. starb am 19. November 1825 während einer Krimreise in Taganrog. Damit hatten die Geheimbündler nicht gerechnet und folglich keinen Plan B in der Tasche. Zusätzliche Verwirrung brachte die Unüberschaubarkeit der Thronfolge.

Eigentlich hätte Großfürst Konstantin, der russische Statthalter in Warschau, gekrönt werden müssen, doch der verspürte nur wenig Lust, der Herrscher aller Reußen zu werden. Außerdem hätte sich in diesem Fall seine Mesalliance mit einer Polin als Problem erwiesen. Deshalb hatte Konstantin schon vor Jahren seinen Verzicht auf die Thronfolge erklärt und beeidet. Das entsprechende Dokument hatte der Großfürst bei Philaretes, dem Metropoliten von Moskau und Oberhaupt der russisch-orthodoxen Kirche, deponiert. Von dieser Verzichtsurkunde wussten nur wenige Mitglieder der kaiserlichen Familie, der Metropolit, der Oberprokurator Golitzyn und der unvermeidliche Araktschejew. Der zweite Bruder des Zaren, Großfürst Nikolaus, schwankte und wusste nicht recht, wie er sich verhalten sollte. Mit einem Wort: Die Lage bot sich allen Beteiligten in schönster Unübersichtlichkeit dar. Der Thronfolger wollte nicht, der Thronfolger des Thronfolgers wusste nicht, ob er wollen sollte, und die Umstürzler fragten sich vergebens, mit wem sie es jetzt eigentlich zu tun bekämen.

Da nun der alte Plan der Verhaftung des Zaren anlässlich des Thronjubiläums hinfällig geworden war und andererseits besorgniserregende Nachrichten über einen Verrat der Verschwörung eintrafen, kam man überein, die Unruhe zu nutzen, die von der unklaren Nachfolgesituation ausging. Nikolaus, den ohnehin kaum jemand mochte, sollte als Usurpator hingestellt werden, und das Signal für die Erhebung sollte die Verweigerung des Treueeids sein.

OFFIZIERE MACHEN FRONT: DER AUFSTAND DER DEKABRISTEN

Der Befehlshaber der Südlichen Militärkolonie, Graf Witt, hatte Spione in die Geheimgesellschaft der *Südlichen Vereinigung* entsandt beziehungsweise Verräter angeworben. Ihm wurde nachgesagt, dass er Staatsgelder in Millionenhöhe unterschlagen habe und bei Hof in Ungnade gefallen sei. Durch die Aufdeckung der Verschwörung hoffte er, sein Prestige aufzubessern. Witt war die perfekte Besetzung für die Rolle des korrupten russischen Bürokraten. Um von seinen kriminellen Machenschaften abzulenken, versuchte er, untadelige Offiziere, die für ihr Land ihr Leben eingesetzt hatten, ans Messer zu liefern.

Es war ihm gelungen, den Agenten A. K. Boschnjak in die Geheimgesellschaft einzuschleusen. Als weitere Quelle diente ihm der englischstämmige Unteroffizier Sherwood, der mit dem Dekabristen Wadkowski befreundet war und über diesen Geheimnisse erfuhr, die er sogleich weitermeldete. Sherwoods Dienste wurden als so wertvoll eingeschätzt, dass man ihn »den Getreuen« nannte. Durch Protektion schaffte er es bis zum Oberst. Pestel war durch Tapferkeit im Kampf und durch persönliche Fähigkeit zum Oberst aufgestiegen, Sherwood allein durch Verrat. Der dritte Verräter war der Infanteriehauptmann Maiboroda. Pestel vertraute ihm, aber das hinderte ihn nicht daran, jenen und 46 weitere Dekabristen beim Zaren zu denunzieren. Von einem Unteroffizier wie Sherwood, der sich hochzudienen versuchte, konnte man Verrat erwarten. Einem Spion wie Boschnjak Verrat zu verübeln, wäre absurd – es war schließlich sein Handwerk. Für einen Offizier wie Maiboroda jedoch war es unverzeihlich. Was auch immer sie über einen Volksaufstand dachten, seine Standesgenossen begegneten ihm deshalb mit einer solch abgrundtiefen Verachtung, dass er sich 1844 das Leben nahm, weil er die Isolation nicht mehr ertrug.

Witt hatte das gesamte Material über die Verschwörung per Depesche an Zar Nikolaus nach Petersburg gesandt. Daraufhin ordnete der Generalstabschef Iwan Iwanowitsch Diebitsch Pestels Verhaftung an. Im Grunde war damit der ganze Aufstand verraten.

Viel Zeit hatte die Fürstin Marija Wolkonskaja nicht, über ihren Mann und sein merkwürdiges Verhalten nachzudenken oder sich gar Sorgen zu machen. Die Wehen setzten ein, und die besorgten Eltern spielten verrückt: Der General war felsenfest davon überzeugt, dass Marija am besten im Sessel säße. Die Mutter widersprach und wollte ihre Tochter ins Bett stecken, damit sie sich nicht erkälte. Wie gewöhnlich setzte sich der Vater durch. So quälte sich Marija bis zum Morgen ohne medizinische Hilfe in einem großen Sessel, dann kam endlich der Arzt und entband sie von einem Sohn, den sie Nikolai nannte. Nach der Entbindung wankte sie in ihr Bett, das aber nicht angewärmt und folglich eiskalt war. Schwach, wie sie war, zog sie sich sofort eine Erkältung zu, bekam hohes Fieber und schließlich eine Hirnhautentzündung, die sie für zwei Monate ans Bett fesselte. Jedes Mal wenn die Ehefrau und Mutter zwischen Fieberschüben und erschöpftem Dahindämmern nach ihrem Mann fragte, erhielt sie die Antwort, der Fürst sei in Moldawien. Was in diesen Wochen wirklich geschah, erfuhr sie erst später.

In der Nacht zum 14. Dezember versammelten sich die Verschwörer noch einmal bei Rylejew. Sie fühlten sich unsicher, waren sich nicht einig über das weitere Vorgehen. Schließlich hielt Rylejew eine weniger logische, sehr emotionale und schwärmerische Rede. Bestuschew, der an der Beratung teilnahm, erinnerte sich später: »Wie herrlich war Rylejew an jenem Abend. Er war nicht schön, er sprach einfach und nicht fließend; wenn er aber auf sein Lieblingsthema kam, auf die Liebe zum Vaterland – dann belebte sich sein Gesicht. Seine pechschwarzen Augen leuchteten in überirdischem Glanz und seine Rede floss wie feurige Lava, dann konnte man nicht anders, als sich an ihm begeistern. So war es auch an jenem Schicksalsabend, der über das ›to be or not to be‹ entschied.« (Schiemann)

Und es war »not to be«. Der Bezug auf Hamlet findet sich nicht zufällig in den Erinnerungen Bestuschews – er traf exakt die Gefühlslage der Verschwörer. Viele unter ihnen, auch Rylejew, glaubten nicht ernstlich an den Sieg, doch als tief religiöse Schwärmer nährten sie innig die Vorstellung, das Vaterland verlange ihr Opfer.

Aus heutiger Sicht entstand in der Tat eine paradoxe Situation: Auf der einen Seite standen die Verschwörer, die zu Recht

davon ausgingen, verraten und erkannt zu sein. Sie machten sich
wenig Hoffnungen auf einen Sieg, sondern glaubten fest daran,
dass sie den Weg, den sie einmal beschritten hatten, auch zu
Ende gehen müssten. Auf der anderen Seite schaute am Morgen
des 14. Dezember ein gerade berufener Zar aus einem Fenster
des Winterpalais in den milchigen Petersburger Frühnebel und
glaubte sich einer wesentlich größeren Verschwörung gegenüber, als es den Tatsachen entsprach. In dieser Situation der
Gefahr und der Ungewissheit, das muss man Nikolaus wirklich
bescheinigen, floh dieser Zar nicht, um sich in Sicherheit zu
bringen, sondern war zu allem entschlossen. Er drehte sich zu
seinem Adjutanten, Graf Alexander Christoforowitsch von Ben-
ckendorff, um und sagte: »Heute abend sind wir vielleicht beide
nicht mehr auf der Welt. Wir sterben wenigstens in Erfüllung
unserer Pflicht.« (Schiemann) In seiner Stimme schwang die
gleiche Resignation, die die Verschwörer erfasst hatte.

Ein paar Straßen weiter hatte man sich gerade getrennt und
Rylejews Wohnung in den Morgenstunden verlassen: Fürst Sergej Trubezkoj, den die Versammelten zum Militärdiktator für
die Übergangszeit gewählt und bestimmt hatten, Fürst Obolenski, Fürst Odejewski, Alexander Bestuschew, die Brüder Alexander und Sergej Murawjow-Apostol, Oberst Bulatow und
neben vielen anderen Mitverschworenen auch der Leutnant a. D.
Pjotr Kachowski, der meinte, dass er niemanden auf der Welt
habe und das Opfer bringen könne, den Zaren zu töten. Fast
zur gleichen Zeit und nur ein paar hundert Meter entfernt,
sprach der junge Fürst Obolenski ähnliche Gedanken aus wie
der neue Zar, den er stürzen wollte: »Wir werden sterben (...)
doch wie schön wird der Tod sein.« (Lennhoff, Politische Geheimbünde)

Der 14. Dezember 1825 fiel auf einen Montag, der nach russischem Aberglauben ein Unglückstag ist, wie in anderen Ländern der Freitag, der 13. Es war kalt, minus neun Grad. Auf dem
Senatsplatz hatten sich Truppen versammelt, die den Eid ver-

weigern wollten und unter dem Kommando der Dekabristen standen. Sie harrten in der Kälte aus und warteten – eigentlich hätten sie das tun müssen, worauf alle warteten, einschließlich des Zaren, nämlich das Winterpalais stürmen. Doch sie standen da, froren und warteten auf ihren Oberkommandierenden. Fürst Trubezkoj aber wurde von derart massiven Zweifeln heimgesucht, dass er sich lieber nicht auf dem Senatsplatz sehen ließ. Genauer gesagt, den Fürsten lähmte ein veritabler Katzenjammer. Der Militärgouverneur, Graf Michail Andrejewitsch Miloradowitsch, ritt zu den aufständischen Truppen hin und versuchte, sie zur Umkehr zu bewegen, woraufhin ihn Kachowski erschoss. Die Truppen taten nichts, ließen sich aber auch nicht zur Rückkehr in ihre Kasernen bewegen. Die Situation hatte etwas Gespenstisches. Ein Patt, Bewegungslosigkeit, eine aufreizende Ruhe. Schließlich ließ Nikolaus die Truppen niederschießen. Statt sich in Sicherheit zu bringen, kehrte Rylejew so seelenruhig in seine Wohnung zurück, als sei er nur bei Freunden zu Besuch gewesen. Dort wurde er in der Nacht, als die Verhaftungen der Dekabristen begannen, festgenommen.

Auf dem Rückweg von einer Geheimbundversammlung wurde Alexander Murawjow-Apostol von Gendarmen ergriffen. Die Führer des Slawenbundes setzten sich mit Oberleutnant Kusmin vom Regiment Tschernigow in Verbindung. Mehrere Kompanien wurden in Marsch gesetzt, um die Gefangenen zu befreien, doch es war zu spät, man hatte sie schon abtransportiert. Alexanders jüngerer Bruder Sergej Murawjow-Apostol traf als Kurier des *Nordbundes* ein und stellte sich sogleich an die Spitze der aufständischen Heerschar im Süden. In der Hoffnung, dass sich ihnen weitere Truppen anschließen würden, marschierten sie in Richtung Moskau. Doch stattdessen stießen sie bei Kowalowka auf überlegene zaristische Truppen. Sergej Murawjow-Apostol geriet schwerverletzt in Gefangenschaft. Das war das Ende: Alle Dekabristen waren in der Peter-und-Paul-Festung gefangen – oder tot.

Als Marija wieder zu Kräften kam, wunderte sie sich über die Abwesenheit ihres Mannes, der sie weder besucht noch seinen Sohn gesehen hatte. Keine Erklärung vermochte sie zu überzeugen. Schließlich erfuhr sie durch ihr unablässiges Drängen vom niedergeschlagenen Aufstand der Dekabristen und der Verhaftung ihres Mannes. So machte sich Marija mit ihrem Kind und ihrer Schwester auf nach Sankt Petersburg. Unterwegs gab sie ihren Sohn bei ihrer Großtante ab, denn für ein vier Monate altes Kind war die Reise durch die russische Provinz bei nasskaltem Tauwetter in zugigen und eiskalten Kutschen lebensgefährlich.

In Sankt Petersburg erhielt sie die Genehmigung, ihren Mann zu besuchen, und sah nach Monaten im Zimmer des Kommandanten der Festung Sergej Wolkonski wieder. Da stand sie nun, die Königin der Petersburger Bälle, nicht mehr im eleganten Salon oder im glitzernden Tanzsaal, sondern im schmutzigen Grau der Peter-und-Paul-Festung dem Mann gegenüber, von dem sie ein Kind hatte. Er war zwar vor dem Gesetz ihr Ehegatte, aber eigentlich für sie noch ein Fremder. Und dass die Begegnung in Anwesenheit des Kommandanten stattfand, machte alles nicht einfacher. Nach dem Wiedersehen holte Marija den kleinen Nikolai von der Großtante ab und quartierte sich in Moskau bei ihrer Schwester ein.

In Sankt Petersburg wurden unterdessen die Dekabristen teils von General Tschernyschew verhört, teils vom Zaren höchstpersönlich. Manchmal lauschte Nikolaus im Nebenraum, jedenfalls nahm er an der Untersuchung lebhaften Anteil. Beleidigungen, Beschimpfungen, Drohungen gegen die Dekabristen und ihre Familie wechselten mit Versprechungen, sie zu begnadigen, wenn sie aussagten und weitere Mitverschworene verrieten oder belasteten. Sergej Murawjow-Apostol bot der Zar die Begnadigung an, wenn er die anderen nennen würde, erhielt jedoch die voller Verachtung vorgebrachte Antwort: »Ich habe mich gegen die Willkür erhoben, ich kann daher auch keine willkürliche Gnade annehmen.« (Lennhoff, Politische Geheimbünde) Oberst

Bulatow trat in den Hungerstreik. Als man ihm das Essen mit Gewalt einflößen wollte, zerschlug er sich den Kopf an der Wand seiner Zelle und starb auf der Stelle.

Der Prozess selbst war eine Farce: Es wurden keine Verteidiger zugelassen und die vorher festgelegten Urteile verkündet. Einige der Angeklagten wurden zum Tod durch Vierteilen verurteilt, andere sollten enthauptet werden. Einen Teil der Dekabristen verurteilte man zum politischen Tod, das heißt, es gab sie nicht mehr als Person. Schließlich stand einigen lebenslängliche Zwangsarbeit bevor. Gnadenreich wandelte Nikolaus Vierteilung und Enthauptung in den Tod durch den Strang. Als den Zaren, »der jede Gelegenheit nutzte, um – in zweitrangigen Fragen – seine Großmut zu beweisen«, beschrieb ihn Marija Wolkonskaja in ihren Erinnerungen treffend. In erstrangigen Fragen erwies er sich als kalt und brutal.

Aus der Zeitung erfuhr Marija, dass die Verurteilten degradiert worden waren. Auf dem Festungskronwerk hatten die Schergen zur Verbrennung der Offiziersröcke mehrere Feuer angezündet. Bevor ihm die Gendarmen den Rock vom Leibe reißen konnten, den er so stolz getragen hatte, zog Sergej Wolkonski seine Uniform aus und warf sie selbst in die Flammen. Dann wurden über den Köpfen der verurteilten Offiziere ihre Säbel zerbrochen. Manche der plumpen Büttel vollzogen dieses ehrabschneidende Ritual mit einer solchen Ungeschicklichkeit, dass sie den Verurteilten Kopfverletzungen beibrachten. Die ehemaligen Offiziere bekamen die gleiche gewöhnliche Zuchthauskleidung wie jeder Kriminelle, und man setzte ihnen das miserable Zuchthausessen vor.

In der Nacht vom 13. zum 14. Juli 1826 wurden Sergej Wolkonski und einige andere Dekabristen auf den Platz in der Peter-und-Paul-Festung getrieben, um die Hinrichtung ihrer zum Tode verurteilten Kameraden mit anzusehen. Doch bevor Pawel Iwanowitsch Pestel, Sergej Murawjow-Apostol, Pjotr Kachowski, Kondrati Rylejew und Michail Bestuschew-Rjumin herbeigeführt

werden konnten, schrie Fürst Wolkonski voller Leidenschaft:
»Man will uns zu Zeugen der Qualen unserer Gefährten machen. Ruhig zu bleiben, wäre unerhörte Gemeinheit. Nehmt den
Soldaten die Waffen weg, vorwärts!« (Lennhoff, Politische Geheimbünde) In seine erniedrigten und gepeinigten Kameraden
kam eine ungeheure Bewegung. Wenn sie auch nichts mehr besaßen, so hatten sie doch noch Ehre im Leib, die ihnen kein Zar
nehmen konnte. Nur mit Mühe gelang es, den Aufruhr der Gefesselten zu unterdrücken, und General Tschernyschew musste
sie wieder in die Kasematten schließen lassen. Damit war die
ganze infame Inszenierung dahin, die sich der Sadist Tschernyschew so eindrucksvoll ausgemalt hatte. Mürrisch ließ er die fünf
Todgeweihten aus ihren Zellen holen.

Als Erster betrat Pjotr Kachowski die Richtstätte, es folgten
jeweils zu zweit Murawjow-Apostol und Bestuschew-Rjumin
und schließlich Pestel und Rylejew. Pestel, der Lutheraner war,
sagte zum Priester Myslowski: »Segnen Sie mich für die weite
Reise, auch wenn ich kein Rechtgläubiger bin. Mein größter Fehler war wohl, dass ich ernten wollte, bevor die Saat aufgegangen
war.« Und Rylejew nahm Myslowskis Hand, legte sie auf sein
Herz und sagte: »Nicht wahr, mein Vater, es schlägt nicht ra-
scher als sonst.« (Lennhoff, Politische Geheimbünde)

Als sie am Schafott angekommen waren, hatte der Regen die
Stricke ordentlich aufgeweicht. Beim ersten Versuch, die Delin-
quenten zu hängen, rissen einige der Stricke, und die Männer
fielen vom Gerüst. Murawjow-Apostol brach sich dabei das
Bein, lehnte es aber ab, sich stützen zu lassen, und spottete nur
grimmig: »Armes Russland. Bei uns versteht man es nicht einmal
zu hängen.« Tschernyschew trieb zur Eile und schnauzte den
Henker an: »Aufhängen – schnell!« Rylejew rief ihm nur zu: »Ich
bin glücklich, zweimal für das Vaterland sterben zu dürfen.«
(Lennhoff, Politische Geheimbünde)

Beim zweiten Mal gelang es den Henkern, den Auftrag auszuführen. Der Bürogeneral Tschernyschew, der nie Pulverdampf

gerochen hatte, betrachtete die Erhängten mit fröhlicher Miene durch seine Lorgnette. Er hatte gut lachen – später wurde er zum Grafen und bald darauf zum Fürsten ernannt. So trug die Bestrafung der Dekabristen das schmutzige Siegel der Niedertracht, die zu Amt und Würden kam. Die Toten legte man eilig in bereitstehende Tröge mit ungelöschtem Kalk und verscharrte sie irgendwo auf der Insel Golodai.

Wie Fürst Trubezkoj war auch Wolkonski zu 20 Jahren Zwangsarbeit verurteilt worden und verlor Titel, Vermögen und die Bürgerrechte. Am 26. Juli 1826 wurde er mit Trubezkoj, Obolenski und anderen nach Sibirien deportiert. Als Marija davon erfuhr, tat sie etwas Erstaunliches: Sie bestand darauf, ihrem Mann, den sie doch noch nicht lieben konnte, weil sie ihn kaum kannte, nach Sibirien folgen zu dürfen, mit allen Konsequenzen, die sich daraus ergaben. Mit diesem mutigen Entschluss stand sie nicht allein, denn die Fürstin Trubezkoj verlangte das Gleiche. Marijas Familie versuchte ihr ins Gewissen zu reden: Sie sei jung, gerade einmal 21, und sie habe einen Sohn, um den sie sich kümmern müsse. Eigentlich lag ja das Leben noch vor ihr. Von der Verschwörung ihres Mannes hatte sie nichts gewusst, es gab keine finanziellen Probleme, die Familie würde für sie sorgen. Wer hätte ihr Vorwürfe machen dürfen, wenn sie sich von dem fremden Ehemann lossagte?

Doch Marija schrieb an den Zaren und bat ihn, ihrem Mann folgen zu dürfen. Der antwortete vergrätzt: »Dennoch halte ich mich eben wegen dieses Mitgefühls für verpflichtet, Sie an dieser Stelle einmal zu warnen, was Sie erwarten wird, wenn Sie über Irkutsk hinausreisen. Übrigens überlasse ich es vollständig Ihrem Ermessen, die Handlungsweise zu wählen, die Sie in Ihrer augenblicklichen Situation für die geeignetste halten.« (Wolkonskaja) Das war deutlich: Sollte sie sich auf diesen Weg begeben, wäre es eine Reise ohne Wiederkehr. Doch für die warnenden Worte des Zaren blieb sie ebenso taub wie für die verzweifelten Befehle und inständigen Bitten ihres Vaters. Der General wollte nicht zusehen, wie sich die abgöttisch geliebte Tochter ins Verderben stürzte, an dem er sich mitschuldig fühlte, weil er ihre Eheschließung mit Wolkonski gefördert hatte. In der Nacht der Abreise segnete er Marija wortlos und innerlich vor Kummer erstarrt. Sie sollten sich nicht wiedersehen.

Der lange Weg nach Sibirien begann für sie mit dem Abschied von ihrem kleinen Sohn, der noch nicht einmal ein Jahr alt war. Der Zar verbot den Frauen, die ihren Männern in die Verbannung folgten, obwohl ihnen doch schnelle Scheidung angeboten worden war, ihre Kinder mitzunehmen. »Er hatte mit dem Siegel des Briefes gespielt, der mir die Genehmigung erteilte, abzureisen und ihn für immer zu verlassen. Das große runde Siegel machte ihm Spaß. Ich übergab den armen Kleinen der Obhut meiner Schwiegermutter und meiner Schwägerinnen, riss mich mühsam von ihm los und ging.« (Wolkonskaja) Sie sollte auch Nikolai niemals wiedersehen, er starb im Jahr darauf. Auf die Frage, was für sie Heimat sei, sollte sie später einmal antworten, das bisschen Erde, unter dem ihr kleiner Sohn begraben liege.

In Moskau, der letzten Station, bevor sie nach Irkutsk aufbrach, gab Sinaida Wolkonskaja einen Abschiedsempfang für die mutige Schwägerin. Talentierte, junge Damen der Moskauer Gesellschaft musizierten dort, Frauen wie Marija, ihres Standes und ihres Alters − und doch nicht mehr wie sie, denn bereits jetzt trennten sie Welten. Dann brach Marija nach Sibirien zu Sergej auf. Die beiden verbrachten fast ihr ganzes Leben in der Verbannung, gründeten Waisenhäuser und Schulen in Sibirien, wo sie Bauernkinder unterrichteten, und bekamen noch einen Sohn und eine Tochter.

An jenem Abend in Moskau war auch Puschkin erschienen, um sich von der Frau zu verabschieden, in die er einmal verliebt gewesen war. Er bat sie, Verse mitzunehmen, die er für den verbannten Fürsten und Dichter Odojewski geschrieben hatte. Puschkin hatte zwar nicht zu den Dekabristen gehört, stand

Die Prinzessin der Petersburger Ballsaison von 1824: Marija Wolkonskaja
mit ihrem Sohn Mischa, kurz vor ihrem Tod 1862

aber in engem Kontakt zu den Verschwörern, und das war Nikolaus I. ein Dorn im Auge. Offiziell gegen den berühmten Dichter
vorzugehen, wagte er nicht, und so zwang er ihm durch eine
Hofintrige ein Duell auf: Anfang 1837 wurde Puschkin von dem
französischen Emigranten und Abenteurer Charles d'Anthes getötet. Im Grunde war es ein als Duell getarnter Mord auf aller-
höchsten Befehl.

Der polnische Offizier Lukasienski, der Großmeister der
Nationalen Freimaurerei, wurde nicht, wie von Alexander I. verfügt,

nach sieben Jahren aus dem Kerker entlassen, sondern aufgrund einer Intrige in das unterirdische Gewölbe des Geheimen Turms gebracht. Niemandem war es erlaubt, mit ihm zu sprechen. 1858 erkrankte er und durfte zum ersten Mal einen Spaziergang im Gefängnishof unternehmen, frische Luft atmen, den Himmel sehen, die Sonne fühlen. Als er zehn Jahre später starb, war er 42 Jahre lang lebendig begraben gewesen. Kurz vor seinem Tod gelang es dem gleichfalls inhaftierten Grafen Bakunin, ihn zu sprechen. Es waren nur einige wenige Worte, denn das Rede-verbot galt für Lukasienski noch immer.

Dass sich Michail Alexandrowitsch Bakunin im Gefängnis be-fand, hing mit einem Geheimbund zusammen, den er ins Leben gerufen hatte. Dieser verfolgte zwar weit konsequentere Ziele als der *Nordbund* und der *Rettungsbund*, hatte jedoch die Energie der Empörung der Vorläufergeneration in sich aufgenommen.

VON DER VERSCHWÖRUNG
ZUM KLASSENKAMPF

In der Schweiz und in Paris braute sich in den dreißiger Jahren des 19. Jahrhunderts eine hochexplosive Mischung zusammen. Die sogenannte Demagogenverfolgung in den deutschen Län-dern führte dazu, dass sich immer mehr deutsche Emigranten in Zürich und in Paris niederließen. Nach der Ermordung Kotze-bues waren 1820 unter emsiger Mitwirkung Metternichs die Karlsbader Beschlüsse in Kraft getreten, durch die allen libera-len und nationalen Tendenzen in Deutschland Einhalt geboten werden sollte. Die Vertreter dieser Ideen galten als Volksverhet-zer und Demagogen, die man unter anderem durch das Verbot der Burschenschaften, die Überwachung der Universitäten und durch Pressezensur auszuschalten versuchte.

Die emigrierten Burschenschaftler und Akademiker gehörten der deutschen Sektion des *Jungen Europas*, nämlich dem *Jungen*

Deutschland an, das man nicht mit der schriftstellerischen Gruppe gleichen Namens um Heinrich Heine, Ludwig Börne und Karl Gutzkow verwechseln darf. In den etwa 14 Clubs des *Jungen Deutschlands* diskutierten 170 Mitglieder darüber, wie man in Deutschland eine Revolution vom Zaune brechen könne. Doch alle Versuche – wie der Sturm auf den Bundesrat in Frankfurt am Main 1837 – scheiterten. Es blieb bei kleineren Aktionen mit wenigen Teilnehmern, die keine Signalwirkung hatten.

Die Jungdeutschen lasen die Schriften der Frühsozialisten wie Henri de Saint-Simon oder Charles Fourier und beschäftigten sich mit den Lehren des Armenpriesters Félicité de Lammennais. Adolph Barth, ein Jurastudent im Exil, dichtete der Bewegung 1834/1835 ein »Vater unser«, das sehr populär wurde. Darin heißt es:

»Schmettre Tyrannen und Schergen tot;
Sie stehlen unser tägliches Brot.
Wir übten lange und feige Geduld,
Vergib uns, Vater, die schwere Schuld.
Wir wollen die Galgen mit ihnen zieren,
Dass sie uns nicht mehr in Versuchung führen.
Wir schlagen sie tot in Deinem Namen
Und erlösen uns von allem Übel! Amen.«

Die Jungdeutschen kamen in den Kontakt mit den deutschen Handwerksgesellen, die sich wie zu allen Zeiten zahlreich in Zürich und Paris aufhielten. Durch ihr Interesse an der sozialen Frage konnten sie immer mehr Gesellen für sich gewinnen und bald über 270 Mitglieder verfügen. Damit wuchs allerdings in den Zirkeln auch das Gewicht der Handwerker, die sich mehr für soziale Fragen als für einen politischen Putsch mit abstrakter Zielsetzung interessierten.

Als man 1835 in der Schweiz die Leiche des Studenten Ludwig Lessing fand, der mit mehreren Messerstichen getötet worden war, nahm der Druck auf die geheimen Verbindungen zu. Lessing galt als preußischer Polizeispitzel und war offenbar von den Jungdeutschen wegen Verrats hingerichtet worden. Und er war nicht der Einzige.

DER BUND DER GEÄCHTETEN. In Paris war bereits 1834 der *Bund der Geächteten* als Geheimgesellschaft von Intellektuellen und Handwerkern gegründet worden. Das Ziel des streng hierarchisch organisierten und absolut konspirativ wirkenden Bundes bestand in der »Befreiung Deutschlands von dem Joche schimpflicher Knechtschaft«. (Schraepler) In seinen Statuten lehnte er sich an die von Filippo Buonarotti formulierten Regeln des Geheimbunds der Carbonari an. Der Bund gliederte sich in »Hütten«, denen je maximal zehn einfache Mitglieder angehören durften und die Namen wie »Gutenberg«, »Bürgertugend« oder »Volkswille« trugen. Darauf folgte eine mittlere Gruppe, die kleiner war und aus erfahrenen Mitgliedern bestand, die sich bereits in illegalen Aktionen bewährt hatten. Geleitet wurde die ganze Organisation durch die »Nationalhütte«, von einer kleinen Gruppe von Leuten, die unbedingte Befehlsgewalt besaßen. Diese übten sie – in Anlehnung an die altgriechischen Gerichtshöfe – in »Dikasterien« aus. Die einfachen Mitglieder wussten weder über die Oberen Bescheid, noch kannten sie die ferneren Ziele des Bundes. Die für alle Mitglieder zugänglichen Ziele lauteten: soziale und politische Freiheit, Gleichheit und nationale Einheit. Auf Verrat stand der Tod, und das war nicht nur als abschreckende Drohung gemeint.

Im Jahr 1836 wurden die Bezeichnungen, die man der *Carboneira* abgeschaut hatte, ersetzt durch »Zelte«, »Lager« und »Kreislager«. Die »Nationalhütte« hieß fortan »Brennpunkt«. Je mehr der Geheimbund an Mitgliedern und an Eigenleben gewann, desto weiter entfernte er sich vom Vorbild. Man ging dazu über, außerhalb des Bundes Propaganda zu betreiben, und gab eine Zeitung heraus mit dem Titel »Der Geächtete«.

Einer der wichtigen Männer des Bundes, der Publizist und Politiker Jacob Venedey, schrieb darin: »Dreißig Millionen Menschen leben in Deutschland, achtundzwanzig Millionen von diesen – Bauern, Knechte, Tagelöhner, Handwerker und sonstige Sklaven – arbeiten jahraus, jahrein, ohne am Ende des Jahres einen einzigen Rasttag gehabt zu haben, ohne oft einen einzigen Tag gehabt zu haben, an dem sie sich satt gegessen.« (Schraepler) Venedey schätzte die Ansichten des katholischen Armenpriesters Lammenais, die in dem Satz gipfelten: »Jeder hat das Recht, zu erhalten, was er hat, sonst könnte niemand etwas besitzen. Jeder hat das Recht, durch seine Arbeit etwas zu erwerben, was er nicht hat, denn sonst wäre die Armut ewig.« (Lammenais)

Obwohl man noch vom Proudhon'schen »Eigentum ist Diebstahl« entfernt war, vollzog Venedey bereits den verhängnisvollen Schritt: Er siedelte die Gleichheit vor der Freiheit an und behauptete, nur wenn die Menschen gleich wären, könnten sie auch frei werden. Ludwig Börne übersetzte eine Schrift von Lammenais, in der er noch vor Marx das arbeitende Volk als Klasse sah und so etwas wie ein Bewusstsein der Arbeitenden als Klasse hervorrief. Die Veröffentlichung traf auf reges Interesse, bei den Mitgliedern des *Jungen Deutschlands* in der Schweiz wie bei denen des *Bundes der Geächteten* in Paris, der im Wesentlichen auf die französische Hauptstadt beschränkt blieb. Laut den Recherchen von Wolfgang Schieder gab es in Paris rund hundert »Geächtete«, in Deutschland um die zwanzig.

Mit dem Eintritt des Juristen Theodor Schuster radikalisierten sich die Anschauungen im Bund. Für Schuster gab es nur die Klasse der »verzehrenden, nichts hervorbringenden Reichen«, der die »Klasse der alles hervorbringenden und entbehrenden Armen« gegenüberstand. Er machte die Losung des Seidenweber-Aufstandes in Lyon 1831 zum Schlachtruf des Bundes: »Wohlstand durch Arbeit oder Untergang im Kampf«. (Schraepler)

DER BUND DER GERECHTEN. Immer mehr Jungdeutsche traten dem *Bund der Geächteten* bei, in dem der Wunsch nach Demokratie in der Organisation selbst, die Ablehnung, nach Anweisung unbekannter und ungewählter Oberer handeln zu müssen, immer stärker wurde und den Bund in eine Zerreißprobe trieb. Es kam zu heftigen Diskussionen und schließlich zum Eklat: Im Verlauf der Auseinandersetzungen brachte Gerhard Pappers Geld, Unterlagen und das Siegel des »Brennpunkts« an sich und gründete mit der Mehrheit der »Geächteten« den *Bund der Gerechten*. Schuster blieb mit einer kleinen Schar im alten Bund zurück, den er diktatorisch leitete. Die verbliebenen »Geächteten« sanken zu einer kleinen, bedeutungslosen Sekte herab.

Wegen der politischen Unfreiheit blieb auch der *Bund der Gerechten* eine geheime Gesellschaft. Die »Gemeinden« als unterste organisatorische Einheit, der nicht mehr als zehn Mitglieder angehörten, wählten ihren »Vorsteher«, den sie jederzeit abberufen konnten. Die »Vorsteher« von jeweils fünf bis zehn »Gemeinden« bildeten einen »Gau«. Die »Gaue« wurden zur »Volkshalle« zusammengefasst, die durch fünf gewählte Vertreter geleitet wurde.

Damit hatte zum ersten Mal in der Geschichte eine Geheimgesellschaft ihre Leitung demokratisch gewählt. Da der *Bund der Gerechten* also über demokratische Strukturen verfügte, war aus dem Geheimbund bereits eine politische Partei geworden, die ein rein politisches Programm besaß und in ihrem Aufbau Zentralismus und Demokratie vereinte. Nur musste sie aufgrund äußerer Zwänge noch geheimbündlerisch agieren. Dabei ging es nicht mehr wie bei den Freimaurern um den Schutz des Geheimnisses vor den »Profanen«, sondern um den Schutz des Bundes und seiner Mitglieder vor der politischen Polizei.

Im Auftrag der Bundesleitung verfasste der Frühsozialist Wilhelm Weitling ein Programm, in dem er die Gedanken von Saint-Simon und Fourier verarbeitete. In seiner zur Jahreswende 1838/1839 erschienenen Schrift »Die Menschheit wie sie ist und

wie sie sein sollte« präsentiert er einen sympathischen Gefühlssozialismus. Nun fehlte nur noch eines, damit aus einem Geheimbund eine der mächtigsten politischen Bewegungen werden
konnte, der alle Mittel, auch geheimbündlerische, recht waren.
Diese Prinzipienlosigkeit sollte später die Dialektik von Strategie und Taktik heißen.

Durch eine an Verwicklungen reiche Geschichte kam Karl
Marx, der in Brüssel im Exil lebte, einer der klügsten Köpfe des
damaligen Deutschlands, mit dem *Bund der Gerechten* in Kontakt,
dem er 1847 beitrat. Als ehemaliger Junghegelianer hatte er die
Krise der Philosophie durchlitten und für sich festgestellt, dass
auf dem philosophischen Feld alles bereits getan und kein Ruhm
mehr zu ernten war. Aber Ruhm war es, wonach er besonders
verlangte. Er kam zu dem Schluss, dass sich die Philosophie mit
der Praxis, mit dem Leben der Menschen beschäftigen müsse,
denn – und das war seine geniale Grundidee – das Leben der
Menschen und die Form dieses Lebens, die Gesellschaft, funk-
tionierten nach allgemeinen Gesetzmäßigkeiten wie die Natur
nach den sogenannten Naturgesetzen. Genau genommen war
dieser Gedanke so furchtbar originell nun auch wieder nicht,
denn er lag in der Luft: Auguste Comte, der bestimmte philosophische Richtungen bündelte und den Positivismus erfand,
hatte ihn zur gleichen Zeit in Paris.

Doch der junge charismatische Deutsche verharrte nicht bei
der Philosophie, sondern machte sich auf die Suche nach einem
höchst realen Resonanzboden für seine Idee, nach einer sozialen
Bewegung, die sie zu ihrem Programm machen sollte. Als er auf
die eher gutmütige Führung des *Bundes der Gerechten* stieß, auf im
Grunde ihres Herzens biedere deutsche Handwerker, begriff er
sofort, dass sie ein einzigartiges Instrument in der Hand hielten,
dessen er sich mit seiner natürlichen Autorität rasch bemächtigen konnte. Der Einzige, der ihm aus gutem Grund mit großer
Reserve entgegentrat, war der Chefideologe Weitling. Der ehemalige Schneider schrieb und dachte zwar ganz respektabel für

den Bund, hatte allerdings einem der talentiertesten Schüler
Hegels, der zudem noch praktische Erfahrungen als Redakteur
einer Zeitung besaß, nichts entgegenzusetzen. Und da damals
noch nicht das Kartell des Mittelmaßes regierte, verfassten Marx
und Friedrich Engels für den *Bund der Gerechten* das »Kommunistische Manifest« und machten aus ihm eine politische Kampf-
partei, aus der die Sozialdemokratische Bewegung hervorging.

So entstand die SPD aus einem Geheimbund, was nichts Ungewöhnliches ist, denn in der Mitte des 19. Jahrhunderts bildeten
sich auf ihren jeweils eigenen Wegen aus den Geheimbünden
politische Parteien: Aus einem aufklärerischen Teil der *Freimaurerei* bildeten sich die Liberalen Parteien, aus den *Gold- und Rosenkreuzern* und auch aus Teilen der *Freimaurerei* die Konservativen.
Das Gefühl aber, »Wir sind die verfolgten Guten inmitten einer
bösen Welt von Feinden«, und die Selbstüberhebung der Funktionäre, das noch aus der Geheimbündelei stammte, sollte die
SPD niemals überwinden.

Auch bei den aus der Sozialdemokratie und den *Narodniki*,
den russischen Volkstümlern, hervorgegangenen Kommunisten lässt sich das Erbe der Geheimbünde an organisatorischen
Überbleibseln bis in die jüngste Vergangenheit nachweisen. Die
Kommunistischen Parteien leninscher Prägung hatten ein Zwei-
Grad-System: Man unterschied zwischen Mitgliedern und Kandidaten. Kandidaten waren Menschen, die gern in die kommunistische Partei aufgenommen werden wollten und zunächst
eine mehrjährige (in der Regel zwei bis drei Jahre) Probezeit zu
absolvieren hatten. Aufgenommen wurden sie nur, wenn zwei
Mitglieder für sie bürgten.

Mit dem Entstehen der politischen Parteien verloren die
Geheimbünde einen bedeutenden Teil ihrer gesellschaftlichen
Funktion als Zentren des Disputs und der Meinungsbildung.
Allerdings kennt die Geschichte keine Einseitigkeiten: Noch be-
vor sich die politischen Parteien aus den Bünden bildeten, waren

diese bereits durch die Politik infiziert worden. Im 19. und
20. Jahrhundert entstanden rein politische Geheimbünde, die
mit explizit politischen Zielsetzungen gegründet wurden. Das
waren nicht länger Orte der Meinungsbildung, sondern Vereinigungen zum Kampf, nicht selten auf Leben und Tod. Die Ziele
dieser neuen Geheimgesellschaften bewegten sich meist um die
beiden großen Themen des 19. Jahrhunderts, die soziale und die
nationale Frage, die, weil sie nicht gelöst wurden, zu den großen
Katastrophen des 20. Jahrhunderts führten. Den Schlüssel für
eine der größten Bedrohungen unserer Zeit, die vom Wirken
der modernen Geheimgesellschaften ausgeht, und für den politischen Terrorismus als Teil der Strategie politischer Bünde liefert der große Kontrahent von Karl Marx und Erbe der Dekabristen, der Russe Michail Bakunin.

DAS GRAUSAME WERK
DER NARODNIKI

Der 1. März 1881 fiel auf einen Sonntag. Um zehn Uhr morgens
kamen in einer Wohnung in Sankt Petersburg sechs junge, reichlich übernächtigte und vor unterdrückter Nervosität innerlich
vibrierende Menschen zusammen, die einem gefürchteten Geheimbund angehörten. In den Jahren seit 1878 und vor allem in
den vergangenen Monaten war Russland durch eine Welle von
Attentaten auf hohe und höchste Beamte des Staates erschüttert
worden, durch Attentate, für die dieser Geheimbund verantwortlich zeichnete. Wenn man der Attentäter habhaft wurde,
stieß man ausnahmslos auf junge Menschen, die nicht selten
selbst der Schicht angehörten, gegen die sich ihre Attentate richteten, so als seien sie die zornigen Enkel der Dekabristen.

SEMLJA I WOLJA (Land und Freiheit) Die liberalen und anarchistischen Revolutionäre der Zwischenzeit, die Elterngenera-

tion der Bakunins, Ogarjows oder Tschernyschewskis, die entweder im westeuropäischen Exil lebten oder in Sibirien in der
Verbannung harrten, hatten die Erinnerung an den Reform-
willen der Dekabristen wachgehalten, waren aber in den Augen
der Jungen mit ihren Vorstellungen von Erziehung und Reform
gründlich gescheitert. Dieses harte Urteil fällten sie nicht aus
jugendlicher Überheblichkeit, sondern aus enttäuschter Erfahrung. Sie hatten sich ja tatsächlich einer geheimen Gesellschaft
angeschlossen, die den Namen *Semlja i wolja* (Land und Freiheit)
trug. Sie waren aufs Land gegangen, versorgten die Bauern me-
dizinisch oder unterrichteten ihre Kinder, vor allem lebten sie
mitten unter dem Volk in größter Armut und Einfachheit. Und
vom Volk, von den ungebildeten Bauern erwarteten sie die Rettung Russlands. Auf dem Land sollte die neue Freiheit erwach-
sen, die das Ergebnis der Gleichheit war. Doch so aufopfernd
und selbstlos sie auch arbeiteten, die Bauern interessierten sich
nicht für ihre Vorstellungen, sondern brachten sie manchmal sogar selbst zur Polizei.

Schließlich wurden unter ihnen Stimmen laut, man müsse
zunächst das Volk befreien, indem man die Herrschenden mit
den Mitteln des Terrors gefügig machte. Manch einer war sogar
der Meinung, dass der Terror selbst dann seinen Zweck erfüllen
würde, wenn er die Regierenden dazu verleitete, die Lage in
Russland noch unerträglicher zu gestalten und die Menschen
noch mehr zu unterdrücken. Dieser erhöhte Druck führe unwei-
gerlich zum Anwachsen des Gegendrucks.

So kam es dazu, dass sich im Januar 1878 eine schöne, junge
Frau aus dem Adel in die Schlange der Bittsteller einreihte, die
General Dimitri Fjodorowitsch Trepow, Militärgouverneur von
Sankt Petersburg, einmal in der Woche gewohnheitsmäßig emp-
fing. Als sie an der Reihe war und vor Trepow stand, entnahm sie
ihrer Tasche eine kleine Pistole und feuerte kaltblütig aus nächs-
ter Nähe auf den General, der schwerverletzt zusammenbrach.
Die Attentäterin Vera Sassulitsch wurde festgenommen. Gegen

sie und weitere Mitglieder des Geheimbundes der *Narodniki* kam es zum Prozess.

Auf die Frage des Richters nach ihrem Tatmotiv gab Sassulitsch zu Protokoll: »Ich konnte nicht ertragen, dass die Schändung der menschlichen Persönlichkeit ungestraft bleibt.« (Prawdin) Die Verteidiger benutzten nun die Tribüne des Prozesses, um das System anzuklagen. Trepow hatte einen politischen Gefangenen, der bei einem Besuch des Generals in der Peter- und-Paul-Festung die Mütze nicht abnahm, auspeitschen lassen. Und nun geschah das Unerwartete: Das Gericht sprach die Angeklagten, auch die Attentäterin, frei. Das war bei weitem mehr, als die Angeklagten selbst, als die Verteidigung zu hoffen gewagt hatten.

Die Geheimpolizei wollte sich nicht geschlagen geben und Vera Sassulitsch beim Verlassen des Gerichtssaales verhaften. Doch als sie aus dem Gerichtsgebäude trat und die Häscher sich ihr näherten, fuhr rasant eine Kutsche vor. Bewaffnete junge Männer sprangen heraus, entführten die Sassulitsch vor den Augen der übertölpelten Geheimpolizei und brachten sie in Sicherheit.

Die Folgen waren verheerend, denn selbst bei allergrößter Sympathie für die Attentäter und abgrundtiefer Verachtung für Trepow musste man eingestehen, dass das Urteil der Jury nicht auf rechtsstaatlichen oder juristischen Erwägungen beruhte, sondern rein emotionale Gründe hatte – Willkür bleibt Willkür. Um derart peinliche Schlappen künftig auszuschließen, übergab die Regierung die politischen Prozesse dem Militärkollegium. In der Gruppe *Land und Freiheit* wiederum kam es zu heftigen Diskussionen: Sollte man weiter an der Bildung des Volkes arbeiten oder zum Terror übergehen? Der Weg des Terrors schien erfolgversprechender, das Volk war zu träge, um für Veränderungen einzutreten – weil es den Leuten noch zu gut ging, meinten die einen, weil es ihnen zu schlecht ging, behaupteten die anderen. Die Befürworter des Terrors setzten sich durch, und es kam zur

Schöpfer der Statuten des
Terrors, die bis heute ange-
wandt werden: der Russe
Sergej Netschajew

Spaltung der Gruppe, da die Standpunkte zu weit auseinander
lagen. Die Gruppe, die den Terror befürwortete, bildete einen
neuen Geheimbund, der sich nach ihrer zeitweilig erscheinenden Zeitung *Narodnaja wolja* (Volkswille) nannte.

DIE NARODNIKI. Ziel dieses Bundes von Verschwörern war
die Änderung der politischen Verhältnisse ausschließlich mit
den Mitteln des Terrors. Die *Narodniki* schufen ein Netz geheimer Gruppen, die sich intensiv mit gestellten Teil- oder Spezial-
aufgaben befassten. Das gemeinsame Zentrum dieser Gruppen,
die auf ein Ziel hinarbeiteten, war das »Vollzugskomitee«, dem
sich alle bedingungslos unterordneten und dem sie ihre Kräfte
und Mittel zur Verfügung stellten. Dazu bedurfte es einer opfer-
willigen und fest entschlossenen Gruppe von Menschen. Jedes
Mitglied hatte »1. alle Geistes- und Seelenkräfte der revolutionären Sache hinzugeben, ihretwillen alle Familienbande,
Sympathien, Liebe und Freundschaft aufzugeben; 2. wenn nötig

das Leben hinzugeben, ohne Rücksicht auf sich und andere.«
(Figner)

Die Struktur der Organisation, die die jungen *Narodniki* nutz-
ten, hatte eigentlich ein Mann erdacht, von dem zu diesem Zeitpunkt nur sehr wenige Menschen in Russland wussten, wo er
sich befand. Nach dem Prozess und seiner Verurteilung war er
wie vom Erdboden verschluckt. Der Mann hieß Sergej Netschajew und darf mit Fug und Recht als der Erfinder der modernen
Terrororganisationen gelten. Zwar hatte es auch schon vor seiner Zeit Attentate und Formen des individuellen Terrors gegeben, doch Netschajew erfand die Organisation von Fanatikern,
die ihr Leben und das der anderen bedenkenlos hingaben, wenn
es laut Anweisung des Zentralkomitees der Sache nützte. Netschajew kann mithin als der Erfinder der Terrororganisation
schlechthin gelten, der aus den Formen der Geheimbündelei
eine Struktur entwickelte, die einzig dem Zweck der erfolgreichen Durchführung individuellen Terrors diente.

Als es am Anfang der siebziger Jahre des 19. Jahrhunderts an
den russischen Universitäten brodelte, stürzte sich der junge Religionslehrer Netschajew fanatisch in die revolutionäre Arbeit
mit dem festen Ziel, ein großer Revolutionär zu werden. Als
Sohn von Tagelöhnern hatte er sich mit eiserner Energie auto-
didaktisch gebildet, legte die Prüfung zum Religionslehrer ab,
bekam eine Anstellung und studierte nebenher als Gasthörer an
der Universität. Doch mit den Studenten, die aus bürgerlichen
und adeligen Kreisen stammten und mit Bildung aufwuchsen,
konnte er nicht mithalten. Man ließ ihn reden, man hörte ihm
gnädig zu, denn man hatte das seltene Exemplar eines Mannes
vor sich, der tatsächlich aus dem Volk kam, doch seine Reden
waren allzu wirr, und seine Überlegungen hielten keiner Nach-
frage stand. Sergej begriff schließlich, dass er nur geduldet war.

Da erhielt eines Abends die junge Studentin Vera Sassulitsch
einen Brief, in dem ihr ein Fremder mitteilte, beim Spaziergang
sei ihm aus einem vorbeifahrenden Arrestwagen ein zerknüllter

Zettel zugeworfen worden. Der Verfasser bat darum, den Brief an Vera Sassulitsch weiterzuleiten, was er hiermit getan habe. Er bitte Frau Sassulitsch, seinen Brief zu vernichten. Der zerknüllte Zettel stammte von Netschajew, der darin behauptete, dass man ihn festgenommen habe und in die Peter-und-Paul-Festung transportierte.

Eifrig setzten nun die revolutionären Studenten ihre Verbindungen ein, um den vermeintlichen politischen Häftling zu befreien, während dieser längst in der Schweiz war und mit Bakunin diskutierte. Denn nur wenn Bakunin ihn akzeptierte und legitimierte, wenn er in dessen direktem Auftrag handelte, könnte er sich in Russland in der Bewegung herausheben, dann wäre er endlich jemand. So gaukelte er Bakunin vor, er sei der Abgesandte des geheimen Komitees eines revolutionären Bundes und von diesem aus dem Kerker befreit worden, um Bakunin für die Zusammenarbeit zu gewinnen.

Für den alten Revolutionär wiederum kam der junge Mann wie gerufen, denn der Anarchist verlor in der internationalen Bewegung spürbar an Einfluss. Da konnte eine neue starke Organisation von russischen Revolutionären, die ihn um Rat und Hilfe bat, seinem Ansehen in der internationalen Arbeiterbewegung nur dienlich sein. Denn der arglose Bakunin stand dem ausgebufften Machtpolitiker Karl Marx gegenüber, der vor keinem Mittel zurückschreckte, um den Anarchisten aus der Internationale auszuschließen und diese Organisation seinem herrischen Machtwillen zu unterwerfen. Mit der gleichen dreisten Verdrehung, diesem Gemisch aus billiger Polemik und aus dem Zusammenhang gerissenen Zitaten, mit dem er dereinst die Junghegelianer lächerlich gemacht hatte, sollte Karl Marx nun auch Bakunin mit Häme überziehen, anstatt sich mit ihm auseinander zu setzen. Das ging selbst Friedrich Engels zu weit. Er bat Marx um Zurückhaltung, mit Bakunin dürfe man so nicht umgehen, der habe schließlich Hegel verstanden. Umso schlimmer für Bakunin, dachte Marx.

So waren sie aufeinander angewiesen, Bakunin und Netschajew, um ihre Positionen zu festigen. Arglos wie er war, ließ sich Bakunin von Netschajew täuschen, zumal die Aussicht, eine starke revolutionäre Bewegung in Russland unterstützen zu können, ganz nach seinem großen Herzen war. Mit dem jungen Geheimbündler verfasste er einen Aufruf nach dem anderen, den sie nach Russland an die vorgetäuschten Komiteemitglieder schickten. Netschajew adressierte die Aufrufe an alle, die er irgendwoher kannte, und Bakunin staunte, wie viele geheime Mitglieder Netschajews Organisation hatte. Ob die Aufrufe tatsächlich ankamen und ob diejenigen, die sie erhielten, sie lasen oder wegwarfen, war für Netschajew zweitrangig. Er wollte und musste Bakunin mit einer imposanten Zahl von Mitverschwörern beeindrucken, die angeblich auf seine Aufrufe warteten wie auf nichts anderes in der Welt. Schließlich setzte Bakunin durch, dass Netschajew zur Finanzierung der Aktivitäten die Hälfte eines in der Schweiz angelegten revolutionären Fonds erhielt. Obwohl er das Geld erschlichen hatte, bereicherte sich Netschajew nicht. Er gab es wirklich für seine geheimbündlerische Tätigkeit aus – indem er damit seine Rückkehr nach Russland finanzierte.

Dort machte er sich daran, seinen Geheimbund nach einfachen, aber äußerst wirkungsvollen Prinzipien aufzubauen. Er überzeugte fünf junge Menschen, denen er sich als Gesandter eines geheimen Zentralkomitees vorstellte. Netschajew vermied es, sich als Entscheidungsträger zu präsentieren, sondern schlüpfte lieber in die Rolle des geheimen Überbringers. Er wusste nur zu gut, dass diese jungen gebildeten Menschen, die vor Idealismus und Tatendrang glühten, sehr schnell mit persönlicher Kritik zur Hand gewesen wären, wenn sie ihn als Haupt der Verschwörung zu akzeptieren hatten. So aber war er nur der Überbringer, und ihre Phantasie konnte sich große Bilder malen von der unermesslichen Weisheit der unbekannten Musterrevolutionäre, die selbstlos im Verborgenen für das Wohl Russlands schufteten. Dieser famose Trick bewahrte Netschajew davor, dass die Leute seiner überdrüssig wurden, wie er es vor seiner Reise nach Zürich erlebt hatte.

Jeder dieser Studenten hatte nun selbst eine Gruppe von fünf Geheimbündlern zu organisieren, deren Mitglieder nur ihm bekannt waren und die auch nur ihn und die Mitglieder ihrer Gruppe kannten. Von diesen Fünfen sollte wieder jedes Gruppenmitglied eine neue Gruppe von fünf Mitgliedern bilden und so weiter, das beliebte Schneeballsystem eben. Innerhalb der Verbindung wurden keine Namen benutzt, nur Zahlen, die wiederum so aufgebaut waren, dass auch die Kenntnis der Zahl keine Rückschlüsse auf die Größe der Organisation zuließ. Das zweite Mitglied der ersten Gruppe beispielsweise hieß »12«, das dritte der zweiten »23« und das fünfte der zweiundzwanzigsten Gruppe »225«. Sicher, wenn man das System kannte, ließ sich einiges errechnen, doch das musste man erst einmal wissen.

Doch bald schon kam es zur Katastrophe: Ein junger, eigensinniger Mensch mit Namen Iwanow, der sich nicht gängeln lassen wollte, erwog seinen Austritt aus dem Bund und erzählte das auch einigen Mitverschworenen. Anlass für die Meinungsverschiedenheit war, dass Iwanow sich weigerte, einen Auftrag auszuführen, der dazu geführt hätte, dass sich die studentischen Lebensumstände verschlechterten, vor allem die der armen Studenten. Iwanow konnte nicht ahnen, dass es Netschajew genau darum ging: die Verhältnisse zu erschweren, um Empörung und revolutionäre Energie hervorzurufen.

Netschajew lockte den Widerspenstigen in eine Grotte in einem Park und brachte Iwanow dort im Verein mit den Mitgliedern seiner Gruppe auf brutale Weise um. Zunächst drangsalierten Iwanows vier Genossen ihn mit ihren Messern, beinahe wäre ihm die Flucht dennoch gelungen, aber dann holte ihn Netschajew ein und tötete ihn kaltblütig mit einem Genickschuss. Der Leichnam wurde mit Ziegelsteinen beschwert und in einem Teich versenkt, wo ihn die Polizei zwei Tage später fand. Schnell gelang es den Ermittlern, der Verschwörer habhaft zu werden, nur Netschajew glückte die Flucht ins Ausland. Bis auf für die unmittelbar an der Tat Beteiligten fielen die Strafen milde aus. Netschajew wurde von der Schweiz an Russland ausgeliefert und dort verurteilt, verschwand allerdings auf dem Weg in die Verbannung.

Bei dem Prozess konnte die Polizei mit einem Fund punkten: Sie hatte bei einer Hausdurchsuchung das chiffrierte Notizbuch Netschajews gefunden, das die politische Philosophie seines Bundes enthielt, eine zynische Philosophie, wie sie von den *Narodniki* und allen späteren Geheimbünden mit terroristischer Ausrichtung bis hin zur I R A und zur R A F und Al-Qaida benutzt wurde und wird.

STATUTEN DES TERRORS

Netschajews Notizbuch stellt die Büchse der Pandora der modernen politischen Geheimbünde mit terroristischer Ausrichtung dar. Es heißt darin: »1. Der Revolutionär ist ein vom Schicksal Gezeichneter. Er kennt keine persönlichen Interessen, Angelegenheiten, Gefühle, Bindungen; er hat kein Eigentum, ja nicht einmal einen Namen ..., 2. Er hat in der Tiefe seines Wesens, nicht nur in Worten, sondern in der Tat, alle Beziehungen zu der bürgerlichen Ordnung und der ganzen Kulturwelt mit all ihren Gesetzen, Bräuchen und Sitten zerrissen. Er ist für sie ein unerbittlicher Feind, und wenn er weiter in ihr lebt, so tut er es nur deshalb, um sie desto sicherer zerstören zu können.« Erinnert das nicht an Al-Qaida?

Doch weiter: »3. der Revolutionär ... kennt nur eine Wissenschaft, die Wissenschaft der Zerstörung. Dafür – und nur dafür – studiert er jetzt Mechanik, Physik, Chemie, vielleicht gar Medizin. Dafür studiert er Tag und Nacht die lebendige Wissenschaft von Menschen, Charakteren, Zuständen und Bedingungen der gegenwärtigen Gesellschaftsordnung in allen möglichen Schichten. Das alleinige Ziel aber ist die schnellste Zerstörung dieser üblen Weltordnung.«

Die üble Welt-Ordnung ist je nach Bedarf – man kann das in den betreffenden Texten mit der Suchen-Ersetzen-Funktion austauschen – die Ordnung der Zaren, der Kapitalisten, der Globalisierer, der Kreuzfahrer. Hinter diesen Sätzen verbirgt sich das psycho-organisatorische System mit seiner schlichten, aber dafür eisern geschlossenen ideologischen Begründung, die sich, weil sie geschlossen ist, immer selbst bestätigt. Hier zeigt sich zum ersten Mal in der Geschichte der Menschheit eine Gefahr, der die Moderne bis auf den heutigen Tag und darüber hinaus ausgesetzt ist.

Da sich die Kernaussagen, aufregend und erschütternd zugleich, nicht mehr verändern, lohnt es sich, hier zu verweilen: »5. Der Revolutionär (...) muss sich stählen, Foltern zu ertragen. 6. Hart zu sich selber, muss er auch hart zu den anderen sein. Alle zarten, verzärtelnden Gefühle der Verwandtschaft, der Freundschaft, der Liebe, der Dankbarkeit und sogar der Ehre selbst müssen in ihm erstickt sein von der einzigen kalten Leidenschaft für die revolutionäre Sache (...) In seinem kaltblütigen und unermüdlichen Streben nach schonungsloser Zerstörung muss er bereit sein, selber umzukommen, oder mit seinen eigenen Händen, alles umzubringen, was ihr im Wege steht (...). 8. Das Maß der Freundschaft und Ergebenheit zu einem Mitrevolutionär wird lediglich von dem Grad seiner Nützlichkeit in der revolutionären Praxis bestimmt.«

Das markiert den archimedischen Punkt, an dem die alten Grundgesetze der Moral und die Urinstinkte menschlichen Verhaltens ausgehebelt werden zugunsten eines kalten, unmenschlichen Regelsystems: Alles, aber auch wirklich alles, was der Sache nutzt, ist erlaubt. Der kommunistische Dichter Bertolt Brecht hat den stalinistischen Mechanismus der »Selbstreinigung« exakt in seinem äußerst umstrittenen Drama »Die Maßnahme« dargestellt. Darin werden fünf kommunistische Agitatoren von Russland aus nach China gesandt, um dort Propaganda zu betreiben. Als einer der Agitatoren zur Gefahr für die anderen wird, beschließen sie, ihn zu töten. Doch mit dem Mord ist es nicht getan, denn die Mörder wollen das Einverständnis des Opfers für seine Tötung – natürlich im Interesse der Sache. Im Interesse der Sache, für die kommunistische Weltrevolution, erklärt sich das Opfer einverstanden mit seiner Ermordung und bittet darum, in eine Kalkgrube geworfen und verscharrt zu werden. Brechts »Maßnahme« rechtfertigt – pathetisch und ohne Distanz – den menschenverachtenden Terror und stellt eine anpoetisierte Anleitung zum politisch motivierten Terror dar. In Stil und Mechanismus ähnelt dieser Text der »Geistlichen Anleitung« der Attentäter des 11. September 2001:

»Besinne dich auf den unbedingten Gehorsam in dieser Nacht, denn du wirst mit entscheidenden Situationen konfrontiert sein, in denen es 100 Prozent auf unbedingten Gehorsam ankommt. Bezähme dich, mach dich selbst verstehen, überzeuge dich und sporne dich dazu an. (...)

Reinige dein Herz und säubere es von Makeln und vergiss oder ignoriere etwas, dessen Namen Welt ist. Die Zeit des Spielens ist vorbei, es ist die wahre Verabredung gekommen. (...)

Prüfe deine Waffe vor der Reise und noch einmal unmittelbar vor der Reise. *Jeder von euch muss sein Messer schärfen und seinem Schlachtopfer (schnell) Frieden geben.* (...)

Wenn sich dann die wahre Verheißung nähert, zerreiße dein Gewand und lege dein Gewand und deine Brust frei, um den Tod auf dem Wege Gottes willkommen zu heißen.«

Diese Sätze kannten die Todespiloten des 11. September, »die nur dafür ... Mechanik, Physik, Chemie, vielleicht gar Medizin« studiert hatten, auswendig.

Doch zurück zur Blaupause, zu Netschajew: »10. Jeder Kamerad muss ständig einige Revolutionäre zweiten oder dritten Grades, d. h. nicht vollkommen uneingeweihte, zur Hand haben und sie als einen Teil des allgemeinen revolutionären Kapitals betrachten, das zu seiner Verfügung gestellt worden ist. Er muss dieses ihm anvertraute Kapital sparsam verbrauchen und sich bemühen, aus ihm den größten Nutzen zu ziehen (...) 11. Wenn ein Kamerad in Not gerät und es entschieden werden soll, ob er gerettet werden soll oder nicht, darf sich der Revolutionär nicht von persönlichen Gefühlen leiten lassen sondern nur von dem Nutzen für die revolutionäre Sache (...) 14. Für sein Ziel der schonungslosen Zerstörung darf, ja muss oft der Revolutionär in der Gesellschaft leben und sich ganz und gar nicht als der ausgeben, der er in Wirklichkeit ist. Der Revolutionär muss überallhin eindringen; in alle niederen und mittleren Schichten, in den Kaufmannsladen, in die Kirche, in das herrschaftliche Haus, in die bürokratische, die militärische Welt, in die Literatur, ja in die III. Abteilung [die zaristische Geheimpolizei, der Verf.] und sogar in das Winterpalais.«

Dann teilte Netschajew »die ganze üble Gesellschaft« in Kategorien ein, in welcher Reihenfolge und Dringlichkeit sie zu töten seien. »22. Überzeugt davon, dass (für die schwerarbeitenden Massen) die Befreiung und die Erreichung des Glückes nur auf dem Weg der allzerstörenden Volksrevolution möglich sind, wird die Geheimgesellschaft aus aller Kraft und mit allen Mitteln zur Entwicklung und Verbreitung dieser Plagen und Übel beitragen, die die Geduld des Volkes endlich brechen und es zum allgemeinen Aufstand zwingen müssen.« Unter Volksrevolution versteht Netschajew die Zerschlagung aller »staatlichen Traditionen der Ordnung und alle Klassen«. (Prawdin)

Auf dieser Basis entwickelten die *Narodniki* ihre Statuten, die das Mitglied verpflichteten, »2. wenn nötig das Leben hinzugeben, ohne Rücksicht auf sich und andere; 3. nichts zu besitzen, das nicht gleichzeitig der Organisation gehörte; 4. seinem individuellen Willen zu entsagen und ihn den Mehrheitsbeschlüssen der Organisation unterzuordnen; 6. in allen Beziehungen öffentlichen und privaten Charakters, in allen offiziellen Handlungen und Erklärungen sich nie als Mitglied, sondern stets nur als Beauftragter des Volkskomitees zu bezeichnen.« (Figner)

Die *Narodniki* entfesselten einen bis dahin in der modernen Geschichte beispiellosen Individualterror. Viele Gouverneure und Gendarmeriegeneräle töteten sie in den folgenden Jahren – man könnte eine lange Liste aufstellen, sie würde ermüden in ihrer Regelmäßigkeit –, aber unter all den Aktivitäten gab es sieben, bisher erfolglose Attentatsversuche auf Alexander II., den Zaren des Russischen Reiches.

Einmal hatten sie ein Bahnwärterhäuschen gemietet, um dort Bomben unterzubringen. Sobald der Zar in seinem Zug das Häuschen auf seinem Weg auf die Krim passierte, wollten sie die Bomben zünden. Doch kurz vor Abfahrt des Zuges wurde die Reihenfolge der Waggons geändert, was dem Zaren das Leben rettete. Ein andermal schlich sich ein Tischler, der der Gruppe angehörte, ins Winterpalais ein und bekam sogar eine Anstellung, weil er sich geschickt und anstellig zeigte. Er erledigte Reparaturen in der großen Küche, die sich unter dem großen Esszimmer befand. Dort wollte er in dem Augenblick eine Bombe zünden, in dem sich der Zar mit einem Staatsgast zum Diner setzte. Es gelang ihm auch, den Sprengstoff unbemerkt in mehreren Tranchen in den Palast zu schmuggeln, die Bombe zu bauen und zu installieren. Er brachte es sogar fertig, die wachhabenden Gendarmen abzulenken. Am 5. Februar 1880 verband er die Zündschnüre mit dem Zünder im Dynamit und verließ den Palast auf Nimmerwiedersehen.

Als nun der Zar mit Staatsgast und Familie den Speisesaal betrat, erschütterte eine furchtbare Explosion die Hallen der Residenz. Nach dem ersten Schreck stellte man fest, dass der Zar, der Gast und die Familie unverletzt geblieben waren, weil die Bombe zu schwach war, um den Speisesaal zum Einsturz zu bringen. Allerdings wurden 50 Soldaten des finnischen Wachregiments getötet, die sich im Zwischenstockwerk zwischen Küche und Speisesaal befanden. Eine anschließende polizeiliche Untersuchung brachte erschreckende Sicherheitsmängel und

Die erste Frau,
die in Russland wegen
eines Attentats
hingerichtet wurde: Sofija
Perowskaja leitete die
Ermordung des Zaren.

absurde Zustände ans Licht. Im Winterpalais wohnten 5000
Menschen, von denen niemand wusste, welche Aufgaben sie
eigentlich hatten. Der Zarenpalast war bis zu diesem Zeitpunkt
das größte Nachtasyl von Sankt Petersburg.

All die erfolglosen Bemühungen verstärkten aber nur die
Aktivitäten der Gruppe. In der Sadowaja, einer Straße, durch die
Alexander regelmäßig vom Palast aus fuhr, mietete die Gruppe,
zu der unter anderem Trigoni, Sheljabow, Vera Figner, Rys-
sakow, Grinewizki und als Leiterin die adlige Sofija Lwowna
Perowskaja gehörten. Ihr Urgroßvater war Kirill Grigorjewitsch
Rasumowski, der letzte Hetman der ukrainischen Kosaken, der
Gouverneur der Krim unter Alexander I., ihr Vater der Gouver-
neur von Sankt Petersburg. Dieser, so heißt es, sei ein grausamer
Mann gewesen, der ihre Mutter misshandelt und seinen Sohn,
Sofijas Bruder, dazu gezwungen habe, ihm das gleichzutun.

Ob das stimmte oder nur der Selbstrechtfertigung der Terroristen diente, lässt sich nicht belegen, denn die Gewährsleute
aus den Reihen der *Narodniki* legten großen Wert darauf, ihre
Gegner als Unmenschen erscheinen zu lassen. Jeder Funktionär
des Systems war für sie ein Monster. In den Erinnerungen von
Frau Figner gibt es nicht eine Stelle, in der Achtung vor dem
Gegner anklingt. Für die Feinde kam jedes abwertende Attribut
gelegen, bei den eigenen Leuten wurde nicht an den goldensten
Worten gespart. Diese Frau hatte Menschen getötet, physisch
und moralisch, und sich zum Schluss von Stalin die Rente zahlen lassen, aber ihre Schriften und Erinnerungen stauben nur so
von unecht glänzendem Gefasel und der Selbstgerechtigkeit mo-
ralischer Übermenschen.

Will man die Gedankengänge der Terroristen in ihrer Wirk-
weise verstehen, so empfiehlt es sich, Turgenjews Roman »Vater
und Söhne« zu lesen, wo das erste Mal diese Haltung als »Nihilismus« beschrieben wird, oder Dostojewskis »Dämonen«, ein
Roman, zu dem der Schriftsteller durch den Prozess gegen Netschajew angeregt worden war, oder eben die Erinnerungen von
Vera Figner, die man aber nicht für bare Münze nehmen darf,
sondern nur als Beispiel für die Funktionsweise dieses Denkens.
Die Grundfrage ist und bleibt, ob der Gegner als Mensch wahrgenommen wird oder eben nicht, was dann auch alle Maßnah-
men für jedes konkrete oder abstrakte Ziel rechtfertigt. Dabei ist
es im Mechanismus des Geheimbundes völlig unerheblich, ob
seine ideologischen Ziele politisch links oder rechts oder religiös
sind – die Verhaltensmuster ähneln sich, in welchem Dienst die
Mitglieder des Bundes auch immer zu stehen glauben, welchen
Idealen sie huldigen und welche Ziele sie verfolgen.

Die Gruppe von Frau Perowskaja, die beauftragt war, den
Zaren zu töten und es nun zum achten Mal versuchte, hatte von
einem Laden, den sie zur Tarnung als Käseladen führte, in ge-
duldiger und anstrengender Handarbeit einen Tunnel unter die
Straße getrieben, um dort Minen unterzubringen. Wenn Alexan-

der II. mit seiner Kutsche diesen Weg nehmen würde, wie es seiner Gewohnheit entsprach, wollte man ihn in die Luft sprengen.

Am 1. März 1881 sollte das Attentat nun endlich gelingen. Da Trigoni und Sheljabow zwei Tage vorher verraten und verhaftet worden waren, glaubte man, auch keine Zeit mehr zu haben, denn die III. Abteilung hatte sich bereits an ihre Fersen geheftet. Es konnte nur eine Frage der Zeit sein, bis die Geheimpolizei auch sie fasste. Zur maßlosen Enttäuschung aller traf die Nachricht ein, dass zwar die Minen nicht fertig, die Bomben aber einsatzbereit seien (unter Bomben muss man sich hier etwas größere Handgranaten vorstellen). Also entschied die Gruppe, sich an der Straße zu postieren. Auf das Zeichen von Sofija Perowskaja sollten Grinewizki und Ryssakow die Bomben auf die Kutsche des Zaren werfen. Falls das nicht zum Ziel führte, wollte man sich mit bloßen Messern auf den Zaren stürzen – diesmal musste es klappen! Alle spürten, dass es ein neuntes Mal nicht geben konnte. Und dann kam die Enttäuschung: Der Zar nahm einen anderen Weg. Alles schien umsonst, die Verzweiflung wuchs. Da wies Sofija Perowskaja alle an, ihre Posten dennoch zu beziehen. Sie war sich sicher, dass der Zar auf dem Rückweg den Weg durch die Sadowaja nehmen würde.

TOD DEM ZAREN

So kam es, dass eine schöne, junge Frau, die adlige Sofija Perowskaja, auf dem Bürgersteig der Sadowaja stand und wartete. Auf einen Verehrer, mochten die Leute denken, auf einen heimlichen Geliebten. Bestimmt, so mutmaßten sie, war sie verheiratet. Deshalb erregte die wartende Dame kein Misstrauen, höchstens Missbilligung. Als Sofija Perowskaja die Kutsche des Zaren sah, nahm sie ihr Taschentuch und winkte den anderen zu. Das war das vereinbarte Zeichen. Grinewizki und Ryssakow näherten sich der Kutsche, so weit sie konnten, und warfen ihre Bom-

Terroristen ermorden unter Führung der Perowskaja den Zaren, der die Leibeigenschaft
abschaffte, den Bauernbefreier Alexander II.

ben. Gegen zwei Uhr zerrissen zwei ohrenbetäubende Detona-
tionen die sonntägliche Stille. Grinewizki, der zu dicht daran
war, wurde von der eigenen Bombe zerfetzt. Der Kutscher raste
mit dem schwerverletzten Zaren zum Winterpalais. Man trug ihn
in sein Schlafzimmer. Aber auch die Ärzte hatten keine Chance.
Die Bomben hatten dem Zaren die Beine abgerissen, und Alexander II. verblutete unter furchtbaren Schmerzen.

Die Terroristen hatten den Zaren getötet, der die Bauern
befreit und die Leibeigenschaft abgeschafft hatte, der Zar, der
von dem liberalen Dichter Wassili Shukowski unterrichtet worden war und der sich offen für Reformen zeigte. Unter ihm kam
endlich der Reformprozess in Gang, den die Dekabristen so sehr
ersehnt hatten. Damit musste der Zar den *Narodniki* als ärgster
Feind erscheinen, als jemand, der die Revolution verhinderte,
indem er längst fällige Reformen in Angriff nahm. Und ging es
nicht darum, die Lage schlimmer und drückender zu gestalten?

Vera Figner behauptete später, es sei den *Narodniki* nicht
nur um den Terror gegangen, dieser sei lediglich eine Kampf-
methode gewesen. Aber das schrieb sie, als Stalin sie dafür bezahlte, dass sie ihre Erinnerungen verfasste. Es sollte eine große
revolutionäre Geschichte Russlands werden, die bei den *Narodniki* begann und bei Stalin endete, zwar nicht im Buch, aber in
der gedanklichen Verlängerung. Und die Vorläufer des großen
Stalin konnten schließlich keine Terroristen sein. Sofija Perowskaja jedenfalls erwarb den zweifelhaften Ruhm, als erste Frau
in Russland aufgrund eines politischen Vergehens hingerichtet
worden zu sein.

Mitten in der Vorbereitung des Attentats hatte die Gruppe
Nachricht von einem Verschwundenen erhalten. Netschajew
war es gelungen, ihnen eine Botschaft zu schicken, obwohl er in
der Peter-und-Paul-Festung saß, noch dazu in einem geheimen
Gefängnis mit Decknamen Alexej-Ravelin, von dem nur wenige
wussten. Wer dort hinkam, fiel dem Vergessen anheim. Einzel-
zelle, kein Name, nur eine Nummer, nicht einmal die Wärter
wussten, wen sie bewachten, und es galt ein striktes Sprechver-
bot. Die Wärter durften kein Wort wechseln mit dem unbekannten Gefangenen, mit der Nummer in der Zelle, ihm keine Frage
stellen, jeder Kontakt blieb untersagt. Doch über die Jahre hinweg gelang es Netschajew, einen Kontakt zu seinen Wärtern
aufzubauen. Er überzeugte sie davon, dass er nur im Gefängnis
sei, weil er im Dienst des neuen Zaren stünde und der alte bald
sterben würde. Sie hatten die Nachricht herausgeschmuggelt.
  Die Gruppe schwankte, ob sie Netschajew befreien sollte,
doch dieser hatte in seinen Statuten selbst gefordert, wenn »es
entschieden werden soll, ob er gerettet werden soll oder nicht,
darf sich der Revolutionär nicht von persönlichen Gefühlen leiten lassen, sondern nur von dem Nutzen für die revolutionäre
Sache«. Da die Gruppe über begrenzte Kräfte verfügte, konnte
sie nur ein Projekt verwirklichen – entweder die Befreiung Net-

schajews oder die Ermordung des Zaren. Man wog die Bedeutung beider Ziele ab und entschied sich dafür, den Zaren zu töten. – Im November 1882 starb Sergej Netschajew an Skorbut und der allgemeinen Wassersucht. Er war knapp 35 Jahre alt geworden.

Nach dem Attentat kam es zu zahlreichen Verhaftungen. Selbst das Alexej-Ravelin war dermaßen überfüllt, dass die Essensrationen rigoros verkleinert wurden. Vera Sassulitsch gelang die Flucht in die Schweiz. Dort gründete sie mit anderen die Gruppe *Sojuz Borbeu sa ocobojdenie rabotschewo klaca* (Befreiung der Arbeit), die sich, wie wir es von einigen Vertretern aus dem Umfeld der deutschen Terroristen der siebziger Jahre des 20. Jahrhunderts kennen, von der terroristischen Aktion und der Geheimbündelei abwandte und eine politische Partei gründete: Aus der Gruppe *Befreiung der Arbeit* entstand die Sozialdemokratische Arbeiterpartei Russlands.

Im Jahr 1903 kam es zur Spaltung, als ein gewisser Lenin sich an Netschajews Erbe erinnerte und die Partei zu einer Verkleidung eines neuen Geheimbundes machte. Den Kern der Partei der Bolschewiki bildeten Berufsrevolutionäre, die nach den Netschajew'schen Prinzipien handelten. Stalin brachte es auf den Punkt, als er feststellte: »Revolutionäre sind Tote auf Urlaub.« Die Prinzipien der Organisation und Werte des Sergej Netschajew wurden von Anarchisten und vor allem Kommunisten weitergegeben. In diesem System und nach diesen Prinzipien wurden bis in die achtziger Jahre des 20. Jahrhunderts auch palästinensische und arabische »Widerstandskämpfer« von den Russen ausgebildet.

Die *Narodniki* waren zwar nach dem Attentat personell sehr geschwächt, aber sie erholten sich und führten den Terror weiter. Allerdings gaben sie sich ebenfalls eine politische Vertretung, einen offiziellen Arm: die Sozialrevolutionäre Partei Russlands. Ihr Terror führte über die Ermordung des Innenministers Wjatscheslaw von Plehwe 1904 bis zur Erschießung des Minister-

präsidenten Pjotr Stolypin, der Russland eine Verfassung geben
wollte, im September 1911. An dessen Tod waren sowohl der
letzte der Zaren, Nikolaus II., der keine Verfassung wollte, sich
aber vor dem tatkräftigen Stolypin fürchtete, als auch die Sozialrevolutionäre gleichermaßen interessiert. Stolypins Mörder gehörte den Sozialrevolutionären an und arbeitete zugleich als
Spitzel für die politische Polizei. Überhaupt hatte sich zu dieser
Zeit ein Mit- und Gegeneinander von Polizei und Terroristen
herausgebildet. In dem Chaos von Doppel- und Dreifachspio-
nen, von umgedrehten und um- und umgedrehten Agenten
konnte sich niemand mehr wirklich zurechtfinden.

Die Philosophie des politisch motivierten Geheimbundes,
dessen bevorzugtes Mittel der individuelle Terror darstellt, beruht auf dem Nihilismus. Dieser bedeutet die Verneinung allgemeiner menschlicher Werte der Moral und der Ethik zugunsten
eines abstrakten Ziels, dem alles untergeordnet wird. Zur Erreichung dieses Ziels ist jedes Mittel erlaubt. Durch die Zerstörung
der an Werten orientierten Welt hofft der Nihilist zur Wahrheit
zu gelangen, zu dem, was wirklich Sinn hat, sinn-voll ist. Doch
sinnvolles Leben, was nichts anderes ist als Leben in der Wahrheit, kann nur jenseits dieser Welt stattfinden. Da im Nihilismus
aber keine Transzendenz ins Jenseits, kein Paradies vorgesehen
ist, muss das sinnvolle Leben im Diesseits stattfinden. Deshalb
muss das falsche Diesseits weggebombt werden, um Platz für
das wahre Diesseits zu schaffen. Wenn bisweilen wie bei der Al-
Qaida doch ein Jenseits angenommen wird, so dient die Tat als
Fahrkarte dorthin, als Passierschein ins Paradies.

Die unglaubliche Enttäuschung des Terroristen über den Zustand der Welt, die mit einer narzisstischen Störung einhergeht
oder auf einer solchen aufsattelt, erzeugt Überdruss, Gefühls-
kälte und Überheblichkeit, schließlich einen gesteigerten Mora-
lismus, der in Amoralität kippt. Dieses Kippen ist ein ungeheuer-
licher Sturz ins Dunkel, der an sich verzweifelnde ideologische
Glaube schlägt um in den fanatischen Glauben, die Akteure wer-

den zu Opfern ihrer eigenen Ideologie. Wenn die Massen nicht die Welt verändern, weil es an Klassenbewusstsein, an revolutionärem Elan und so weiter mangelt, dann muss es eben eine zu allem entschlossene Elite unternehmen, dann muss sie sich opfern.

Die Ermordung des Zaren durch die *Narodniki* war eine Art Selbstmord. Die Gesellschaft war für sie eine zutiefst ungerechte, eine kalte, zynische, mit allen Mitteln zu bekämpfende Welt. Die Realität, die so ohne Sinn blieb, wurde für sie zur großen Leere, zum Nichts, das es zu bekämpfen gilt. Da dieser Sinnverlust so radikal, so vollständig war, konnte es kein Arrangement geben. Ein fanatischer Glaube an das Opfer machte diese Menschen kommunikationslos, zu einer bewaffneten unteilbaren Einheit, die nur noch im Hamsterrad einer eisernen, abgeschirmten, sinnlosen sich selbst bestätigenden Sprache dachte, im Leerlauf der Phrasen. Eine psycholinguistische Untersuchung der Sprache der *Narodniki* – wie auch von RAF, IRA oder Al-Qaida – würde diese Beziehungslosigkeit, diesen ungeheuer tragischen Sinn- und Sinnenverlust, diese schaurige Einsamkeit zu Tage fördern.

Die Welt selbst wird nicht mehr wahrgenommen, nur noch ein synthetisches Bild, man kann es auch eine Wahnvorstellung nennen. Was das in der Praxis bedeutet, kann man sich bei den *Narodniki*, den Bündlern der *Organisation Consul*, der RAF oder auch bei islamistischen Terroristen anschauen. Der fanatische Glaube ist abgrundtief ent-täuscht von der Welt, in der er keinen Sinn mehr findet, und hat mit ihr abgeschlossen. Er sucht nur noch nach einer Erlösung für sich, sei es im Rausch der Tat, in der Größe des Opfers oder in der Belohnung, wie sie eine naiv-kindliche Jenseitsvorstellung vorgaukelt. – Mit dem Auftritt der *Narodniki* ist der politische Geheimbund etabliert.

DER SCHMALE PFAD ZUM FRIEDEN –
GEHEIMBÜNDE IN IRLAND

»Alle IRA-Einheiten sind angewiesen worden, ihre Waffen niederzulegen.« Mit diesen Worten kündigte die Irisch-Republikanische Armee am 28. Juli 2005 das Ende des Terrors und des bewaffneten Kampfes an. Knapp zwei Monate später, am 26. September, bestätigte der Leiter der zuständigen Kommission, der kanadische General John de Chastelain, die vollständige Entwaffnung der IRA. Damit schien ein langer Bürgerkrieg beendet zu sein, in dem sich über drei Jahrhunderte immer neue bewaffnete Geheimbünde gegenübergestanden hatten.

Ob diese blutige Tragödie wirklich vorbei ist, steht zu hoffen. Doch die Reaktion von Ian Paisley, dem einflussreichen Führer der Protestanten, lässt Befürchtungen zu: Kaum dass die gute Nachricht durch die Welt hallte, redete er das Ereignis klein. Es gäbe keine Garantie für die Entwaffnung, so ließ er verlauten, da sie nicht transparent erfolge. Obwohl vereinbart worden war, dass es weder Fotos von der Niederlegung der Waffen noch Angaben über deren Anzahl und Art geben sollte, benutzte Paisley ausgerechnet diesen Umstand, um die Aufrichtigkeit der Katholiken bei dieser Maßnahme öffentlich anzuzweifeln. Mehr noch: Indem er zwischen den Zeilen unterstellte, die Katholiken könnten gelogen und falsch gespielt haben – in seinen Augen sind sie ohnehin Lügner –, heizte er den Konflikt untergründig, aber wirksam aufs Neue an.

Nach all den Jahrhunderten voller Gewalt und Terror, dem

endlosen Kleinkrieg zwischen geheimen Vereinigungen und den Aufständen gegen die englische Vorherrschaft lassen sich in Irland Schuld und Unschuld kaum mehr auseinander dividieren. Fest steht nur eines: Diese Jahrhunderte des blutigen, teils versteckten, teils offenen Bürgerkriegs sind das Ergebnis einer brutalen und überheblichen Politik Englands gegenüber der Grünen Insel, die sie sehr lange als rechtmäßige Kolonie betrachteten, was manche Unbelehrbare noch heute tun. Die Schande Englands heißt Irland.

Es gibt kein anderes Land auf der Welt, dessen Geschichte sich über derart weite Strecken als eine Geschichte von Geheimbünden darstellt, die sich gegenseitig oder eine fremde Macht erbittert bekämpften, mit allen Formen der Gewalt, mit Mord, Lynchjustiz und Folter. Und doch wird jeder Betrachter der irischen Geschichte erkennen müssen, dass es die englische Politik war, die die Zwietracht und den tödlichen Hass schürte und aufrechterhielt. Bis in die jüngste Vergangenheit hat die englische Politik die protestantischen Iren wie Menschen zweiter und die katholischen Iren wie Menschen dritter Klasse behandelt.

JAHRHUNDERTEALTE FRONTEN

Wollte man der Historie der irischen Geheimbünde nur annähernd gerecht werden, müsste man ein dickes Buch schreiben, in dessen Kapiteln sich jedoch die Grundstrukturen endlos wiederholen. Was die irische Geschichte immer wieder angetrieben hat und antreibt, ist das stetige Zusammenspiel von vier Komponenten in jeweils unterschiedlicher Nuancierung: einmal die nationale Komponente, die das Unabhängigkeitsstreben der Iren gegen die Engländer enthält, dann die soziale Komponente, die den Gegensatz von reichen Landlords und armen Pächtern benennt, danach die religiöse Komponente, die sich in der Unversöhnlichkeit von Katholiken und Protestanten ausdrückt und

schließlich die koloniale Komponente, die in der kolonialen
Ausplünderung durch unfaire Handelsgesetze und weitere wirtschaftliche Schikanen besteht.

Nachdem sich die Engländer die Insel einverleibt hatten,
gingen sie mit äußerster Brutalität gegen den irischen Katholizismus vor. Katholische Priester wurden verjagt oder getötet,
es gab Zwangstaufen, und wer nicht Protestant werden wollte,
wurde verjagt oder umgesiedelt in karge Gegenden mit rauem
Klima.

Die wohl früheste moderne Geheimorganisation der Iren finden wir vermutlich in den *Defenders*, einem katholischen Bund,
der um 1641 gegründet wurde, um die Rechte der Katholiken zu
wahren. König Charles I. förderte die Einwanderung von Protestanten, die auf Kosten der katholischen Bevölkerung bevorzugt
wurden. Man stellte ihnen Land zur Verfügung, das zuvor Katholiken unter tausend windigen Vorwänden abgenommen worden war. Der Führer der Geheimorganisation, Rory O'Moore,
der nach Spanien geflohen war und dort gegen Mauren kämpfte,
hatte diesen Bund nach seiner heimlichen Rückkehr unter der
verarmten und erbitterten katholischen Bevölkerung Irlands organisiert.

Am 23. Oktober 1641 kam es zu einem Aufstand der *Defenders*,
der in eine grausame Protestantenverfolgung umschlug. Die Brutalität, mit der Protestanten verfolgt und massakriert wurden,
entsprach der Gewalt, mit der die Protestanten zuvor die Katholiken verfolgten. Das Losungswort der *Defenders* lautete: »God,
our Lady and Rory O'Moore«. Des Nachts zogen sie heimlich in
die Berge, feierten die katholische Messe, die man verboten
hatte, um danach mordend und plündernd über die Protestanten herzufallen.

Die Tätigkeit der Geheimgesellschaft überforderte die englische Armee, weil sich kein Gegner zeigte, gegen den sie mit ihrer Überlegenheit in die Schlacht ziehen konnte. Fast acht Jahre
dauerte dieser Zustand an, dann hatte der Lordprotektor Oliver

Cromwell in London Einzug gehalten. Der fanatische Puritaner hasste alles, was Freude bereitet, Toleranz kannte er nicht. Cromwell setzte nun die Armee, unterstützt von seinen »Eisenseiten«, gegen die katholische Bevölkerung ein. In der Stadt Drogheda wurden nach der Erstürmung 4000 Männer, Frauen und Kinder erschlagen, gequält, vergewaltigt. In Wexford, der nächsten Stadt, die gestürmt wurde, ging es nicht anders zu. Die Priester, derer man habhaft werden konnte, wurden gehängt, und Cromwells Leute setzten Kopfgelder auf katholische Geistliche aus. Die Papisten sollten ausradiert werden. Der katholische Grundbesitz wurde eingezogen und an Protestanten übergeben, so auch an Cromwells Offiziere. Aus Kriegsverbrechern wurden Landlords. So verknüpfte sich die religiöse mit der sozialen und nationalen Komponente.

Unter Jakob II. zog etwas Gerechtigkeit ein, doch die Unterdrückung der Katholiken begann erneut, als Wilhelm von Oranien 1688 als Ergebnis der Glorious Revolution zum englischen König gekrönt wurde. Die geheimen Bünde der katholischen Iren organisierten den Aufstand, der sich zum Bürgerkrieg zwischen irischen Protestanten und irischen Katholiken ausweitete. Wilhelm von Oranien, als englischer König William III., siegte 1690 am Boyne und 1691 bei Aughrim.

Bei der Schlacht am Boyne standen 7000 Soldaten unter dem Kommando Jakobs II., dem aus dem Exil zurückgekehrten Stuart, der mit französischer Hilfe die Krone zurückerobern wollte, der Streitmacht des von Cromwells Erben eingesetzten Königs Wilhelm von Oranien gegenüber. Dank reichlicher finanzieller Unterstützung der Londoner City verfügte er über ein Heer aus 35000 hugenottischen, dänischen, preußischen, finnischen und Schweizer Söldnern. Es war kein glänzender Sieg, den Wilhelm erfocht, glänzend war nur seine erdrückende fünffache Übermacht.

KATHOLISCHE BÜNDE, PROTESTANTISCHE VEREINIGUNGEN

Der Frieden von Limerick 1691 benachteiligte die Katholiken und legte die Saat für neuen Hass und rief die Tätigkeit zahlloser kleiner geheimer Bünde auf lokaler Ebene ins Leben, die mit terroristischen Mitteln auf eine terroristische Enteignungspolitik des Staates antworteten. So durften beispielsweise irische Fabrikanten nur nach England exportieren und wurden dort auch noch mit Einfuhrzöllen bedacht, die das Ziel hatten, den englischen Fabrikanten die lästige irische Konkurrenz vom Hals zu halten. Die großen Landlords, die aus ihren irischen Pächtern das letzte Geld und die letzten Abgaben herauspressten, lebten in London, wo sie das irische Geld ausgaben. Neben eine rückschrittliche Religionspolitik trat eine Wirtschaftspolitik, die zu Verarmung und zu regelmäßigen Hungerkatastrophen führen musste. Die Geheimbünde bestanden aus ruinierten Pächtern, die in nächtlichen Aktionen das Eigentum der Landlords zu zerstören suchten.

Im Jahr 1774 entstand in Ulster die protestantische Vereinigung der *Peep-o'Day-Boys*. Als Antwort darauf schlossen sich die katholischen *Defenders* erneut zusammen und wurden zu ihren erbitterten Gegnern. Kurz darauf bildeten sich auf der ganzen Insel Logen einer in Dublin von Napper Tandy gegründeten Geheimgesellschaft, die sich *United Irishmen* nannte. Die Mitglieder dieses Bundes strebten eine Gleichstellung von Katholiken und Protestanten an und hofften, dass es mit dem Ende des Haders zwischen den beiden Konfessionen möglich sein würde, gemeinsam für ein freies Irland zu arbeiten. Doch das war es, was England, das mit seiner Irland-Politik stets Zwietracht gesät hatte, am wenigsten wollte. Es kam dann auch nicht dazu. Zu groß war der Hass, und die Vereinigung der *United Irishmen* wurde immer mehr zu einem rein katholischen Geheimbund, dem auch die *Defenders* beitraten.

Die *Peep-o'Day-Boys* vertrieben Tausende von Katholiken aus Ulster und übergaben deren Besitz an Protestanten. 1795 kam es zu einer Schlacht zwischen den beiden Geheimbünden. Auf dem Höhepunkt der Schlacht griff die englische Armee zugunsten der *Peep-o'Day-Boys* ein und tötete feige die kämpfenden Katholiken der *United Irishmen*. Die Protestanten vergaßen das Einschreiten des Militärs, hefteten sich den Sieg allein und ganz an ihre Fahnen und nannten das denkwürdige Massaker »Battle of Diamond«. In Siegerlaune fanden sie sich vor dem Haus von Thomas Wilson, einer ihrer Führer und eifrigsten Katholikenfresser, in Loughgall ein und gründeten einen Orden, der sowohl offen, von den Engländern geschützt und protegiert, als auch geheim zur Durchführung terroristischer Aktionen agierte, einen Orden, dem sie den Namen *The Orange Society* (Oranierorden) gaben.

THE ORANGE SOCIETY. Bei den Oraniern taucht zum ersten Mal etwas auf, das in der modernen politischen Geschichte knapp hundert Jahre später gang und gäbe werden sollte: Eine legale, öffentliche Institution oder Partei barg in ihrem Innern eine geheime Vereinigung, eine spezielle Abteilung, die für geheime und illegale Aktionen zuständig war.

Auch die Bolschewiki, die Sozialrevolutionäre Russlands, die deutschen Kommunisten, aber auch die italienischen Faschisten, die Nationalsozialisten oder die IRA – all diese Vereinigungen, die sich durch weit auseinander liegende Ziele kennzeichneten und kaum Gemeinsamkeiten in ihrer politischen Ausrichtung aufwiesen –, hatten organisatorisch die Möglichkeit, entweder die legale oder die illegale Karte auszuspielen, je nachdem, ob sie nicht in demokratischen Verhältnissen tätig sein wollten oder es nicht konnten. Diese Alternative entsprach im Übrigen auch der politischen Taktik dieser Organisationen. Das Gleiche gilt heute zum Beispiel für die palästinensische PLO oder die baskische ETA.

Die *Orange Society* orientierte sich in ihrer Struktur ein Stück weit an der schottischen *Freimaurerei*. Es gab eine Großloge und verschiedene Grade wie den »Purpur«-Grad und den »Mark-Man«-Grad. Die Orangemen arbeiteten ein Ritual aus, bei dem es um den Auszug der Kinder Israels aus Ägypten ging und das natürlich auf den Aufbruch ins »gelobte« irisch-protestantische Land anspielte. Bald darauf entstand auch eine Großloge in den USA.

Einen immer wiederkehrenden Anlass zur bewussten Provokation der katholischen Bevölkerung bietet der bis heute alljährlich stattfindende Marsch der Oranier durch Ulster am Jahrestag des Sieges von Wilhelm von Oranien am Boyne. Während dieses Umzugs werden Songs gesungen, in denen es schon mal heißen kann, dass man im Papistenblut waten werde. Dass diese Umzüge auch durch Viertel führen, die von katholischen Nordiren bewohnt werden, trägt sicher nicht zur Aussöhnung bei. Der Orden zählt zurzeit etwa 80 000 Mitglieder.

DIE IRA. Die Irisch-Republikanische Armee entstand während der Osterproklamation, in der die Aufständischen die Irische Republik ausriefen. Sie bildete sich aus den Verbänden der *Irish Volunteers*, eines Zusammenschlusses aus geheimen Verbindungen, die bis ins 18. Jahrhundert zurückreichten, und den Gewerkschaftsmilizen der *Irish Citizens Army*. Als im Jahr 1921 die Teilung Irlands in eine Irische Republik und ein zu England gehörendes Nordirland festgeschrieben wurde, verlagerte die IRA ihre Operationsbasis nach Nordirland und kämpfte dort mit den Mitteln des Terrors gegen die britische Besatzung.

So standen sich bis zum Waffenstillstand und zur Einstellung des bewaffneten Kampfes durch die IRA und ihre freiwillige Entwaffnung in Nordirland auf der einen Seite protestantische Bünde wie der *The Orange Society* und die englische Verwaltung und auf der anderen die IRA mit der Sinn-Féin-Partei als politischem Arm gegenüber.

Auf beiden Seiten hat das lange Blutvergießen in den Familien viel Hass erzeugt, der sich im armen und sozial schwachen Nordirland nicht so leicht abbauen lassen wird. Die geheimen Gesellschaften sind aktiv, und auf beiden Seiten gibt es Kräfte, die an einer Normalisierung der Verhältnisse nicht interessiert sind, weil sie dadurch ihre Macht verlieren würden. Momentan sind sie in der Defensive.

Ob es gelingt, die geheimen, illegalen Strukturen in Nordirland oder im Baskenland in die Legalität zu überführen, den Schritt in die demokratische und legale Vertretung der Interessen der Separatisten zu vollziehen, wird die Zukunft zeigen. Es hängt davon ab, ob auf allen Seiten genügend Vernunft und der Wille zum demokratischen Handeln vorhanden ist. Wo es an Vertrauen mangelt, bleibt jede Normalisierung zerbrechlich.

Irland ist ein sprechendes Beispiel dafür, wie eine Politik, die über Jahrhunderte darin bestand, den Hass zwischen Religionsgruppen zu schüren, zu einer seelischen und zivilisatorischen Katastrophe führte. Die Vielzahl der irischen Geheimbünde geht darauf zurück, dass es für die entrechtete Bevölkerung, die sich in ihrem Stolz und ihrer Ehre gekränkt fühlte, keine andere Möglichkeit gab, sich zu wehren.

BLUT FÜR DAS HEILIGE SERBIEN

In den Kreisen der national denkenden Offiziere kannte man den tatendurstigen jungen Hauptmann Dragutin Dimitrijević gut, der von einem Großserbien träumte, eine Vorstellung, die er mit vielen Militärs und manchem Politiker teilte. Und er war ein Feind Österreichs. Dabei wurde Serbien erst 1882 ein selbständiges Königreich. Drei Jahre später erklärte es Bulgarien den Krieg – ohne das Eingreifen Österreichs hätte dieser erste großserbische Versuch bereits zum Verlust von Klein-Serbien geführt und somit in die Katastrophe. Das jedoch hatten Offiziere wie Dimitrijević längst vergessen.

Der Anbruch des neuen Jahrhunderts bescherte ihnen plötzlich ein sehr seriöses und auch ein sehr überflüssiges Problem. Eigentlich mochte man es nur albern nennen, aber gerade weil es so albern schien, wurde es für sie höchst gefährlich: Der junge König Alexander I. Obrenović verkündete nämlich seine Hochzeit mit einer stadtbekannten Kokotte. Dass der künftige Ehrfurcht gebietende großserbische König zum Schoßhündchen einer durchtriebenen Femme fatal werden sollte, stellte nicht nur für tapfere Offiziere wie Dimitrijević und Politiker aller Parteien eine Zumutung dar. Auch die gute Gesellschaft von Belgrad zeigte sich schlicht entrüstet.

Diese Draga Mašin kannte sich aus mit Männern. Sie wusste, wenn es einer Frau darum ging, Erfüllung in der Liebe zu finden, hatte sie bereits verloren. Gewinnen konnte sie nur, wenn sie nach der Macht strebte. Und das tat Draga. Jede andere wäre dahingeschmolzen, wenn ihr der König Avancen gemacht hätte, nicht aber Draga. Sie verweigerte sich ihm, allerdings nicht ohne ihm ein Quäntchen Hoffnung zu lassen. Nachts stand der liebeskranke Monarch vor ihrem Haus in der Belgrader Innenstadt und erfüllte die Nacht mit Liebesschwüren. Sein Bitten und Betteln um Einlass wurde schon peinlich. Doch die Stadtverwaltung konnte ja schlecht die Häuser im Umkreis von Dragas Zuhause räumen lassen, um Zeugen dieser peinlichen Vorgänge zu vermeiden. Die Dame verstand es, den König so lange hinzuhalten, bis er fast wahnsinnig wurde. Und dabei lebte er ohnehin dicht am Wahnsinn.

Groß geworden in einer einzigen Ehekrise – anders kann man das Zusammenleben der russischen Fürstin Natalja mit dem serbischen König Milan nicht nennen, der allen möglichen Frauen hinterherstieg, so dass man sagen muss, dass er fremdging, wenn er einmal bei seiner Frau zu Hause blieb –, reagierte Alexander eigensinnig, brutal, gelegentlich grausam, irrational und egozentrisch. Hinzu kam ein sexueller Defekt. Als er Draga diesen gestand, wusste die kluge Frau, dass sie den Jüngling nun besaß. Sie gab ihm das Gefühl, dass sie ihn dennoch liebe, dass er sie auch sexuell erfüllte. Nachdem sie bereits den Bruder von Oberst Mašin ruiniert hatte, eröffnete sich ihr die Chance, in zweiter Ehe den König zu heiraten. Und so setzte Alexander die Hochzeit mit Draga Mašin durch und düpierte die Prinzessin von Schaumburg-Lippe, die er eigentlich ehelichen sollte. Dadurch wäre der kleine serbische König mit einem Schlag zum Schwager des russischen und des deutschen Kaisers geworden. Nun, für die düpierte Prinzessin war es ein Glück, dass die Heirat nicht zustande kam.

Der Ministerpräsident, der sich weigerte, der Braut zu huldigen, Minister, hohe Offiziere nahmen ihren Abschied oder wurden eingesperrt. Die Entrüstung nahm kein Ende und auch die Rücktritte nicht. Aber die Macht ist etwas Eigenes, sie ist der ärgste Feind des Menschen und zugleich seine Wahrheit. In dem Moment, wo Draga auf dem serbischen Thron saß, verließen sie ihre Instinkte. Anstatt ihre Macht zu festigen, indem sie ihre Feinde klug an sich band, kostete sie dieselbe in vollen Zügen aus und trieb auch noch den letzten Gutwilligen in den Kreis derer, die sich zu verschwören begannen. Während sich die Unzufriedenen trafen und berieten, was zu tun war, setzte Draga bereits zum nächsten Affront an.

Da die Ehe erwartungsgemäß kinderlos blieb, wurde der jüngere Bruder Dragas, Nikodem Lunjevica, ein im Offizierskorps nicht gerade beliebter Spieler, zum Thronerben bestimmt. Noch bevor die Thronfolge vom Parlament bestätigt war, gebärdete er sich als Kronprinz. Er bestand darauf, dass die Königshymne gespielt wurde, wenn er das Varieté betrat, und dass die Offiziere ihm salutierten. Solcherlei Anmaßung erregten Zorn. Das heilige Serbien verkam immer mehr zu einem Operettenstaat, was nicht zu dulden war.

In der Wohnung des aus dem Amt gejagten Justizministers Gencić versammelten sich Oberst Misić, selbst der Schwager der Königin, Oberst Mašin, Hauptmann Dimitrijević und der Advokat Novaković, um das gemeinsame Vorgehen zu besprechen. Nun ging es nicht mehr darum, sich den Ärger von der Seele zu reden, man war zum Handeln entschlossen. Anfangs meinten sie, es würde genügen, wenn sie die Königin, das »unheilvolle Weib« entfernten, aber dann ahnten sie, dass sie damit einen halb wahnsinnigen in einen völlig wahnsinnigen König verwandeln würden. Es blieb ihnen nichts weiter übrig, als ein Komplott zu schmieden. Der König und die Königin mussten getötet werden zur Rettung der Monarchie.

In der serbischen Geschichte gab es zwei rivalisierende Geschlechter, die Prinzen und Könige stellten: die Obrenovićs und die Karageorgevićs. Die Ahnherren dieser Geschlechter fochten bereits bei der Schlacht auf dem Amselfeld mit. Deshalb gelobten die Verschwörer, dass sie den im Exil weilenden Peter Karageorgević anstelle des amtierenden Alexander Obrenović als König einsetzen wollten. Die Verschwörung wurde bis ins Kleinste vorausgeplant, doch wo ein Geheimnis ist, da finden sich auch Verräter. Mehrmals wurde der König gewarnt, doch weder er noch seine Frau nahmen die Warnungen ernst. Alexander ließ wissen, er wünsche nicht noch einmal mit diesem Geschwätz belästigt zu werden. Draga hatte über der Macht gänzlich ihren Verstand und ihre Intuition verloren. Sie wähnte sich bereits so weit über ihren früheren Liebhabern, dass sie glaubte, von diesen Schwächlingen würde es ohnehin keiner wagen, die Hand zu erheben. Aber sie wagten es.

DIE SCHWARZE HAND – EIN GEHEIMBUND LÖST EINEN WELTKRIEG AUS

Am Abend des 10. Juni 1903 gab Oberst Mašin durch ein geheimes Schreiben das Signal: Gegen ein Uhr morgens verfügten sich die Offiziere der beiden für die Aktion auserkorenen Regimenter zu ihren Truppen, denen sie vorlogen, der König wolle sich von Draga trennen, die ihn aber eingesperrt habe. Alexander müsse nun befreit werden.

Es scheint eine Berufskrankheit der Offiziere zu sein, dass sie immer in der Befehlskette denken, selbst wenn sie putschen. Die Dekabristen erzählten ihren Soldaten, dass Nikolaus die Herrschaft an sich reißen wollte und sie nur den rechtmäßigen Zaren, den Großfürsten Konstantin, verteidigen würden. Die Männer des 20. Juli 1944 wollten Hitler töten, um das Attentat der SS in die Schuhe zu schieben. Als Verteidiger von Recht und Ordnung hätten sie die oberste Stelle in der Befehlskette eingenommen und die SS als vermeintliche Putschisten entwaffnen können. Und auch hier in Serbien wurde die Absicht, den König zu ermorden, mit der Behauptung kaschiert, man wolle ihn retten.

Die beiden Regimenter besetzten also den Belgrader Königs-
palast, den Konak. Nachdem die Wachen entwaffnet worden
waren, sicherten die Truppen den Palast ab, der nun von einigen
Offizieren, unter ihnen Dimitrijević, gestürmt wurde. Im Adju-
tantenzimmer eröffnete der königliche Ordonnanzoffizier Miljković das Feuer auf Dimitrijević und verwundete den Hauptmann lebensgefährlich, woraufhin die anderen Verschwörer
Miljković mit Dynamit niederstreckten. Dann durchsuchten sie
Raum für Raum und töteten alle, die ihnen Widerstand leisteten. Da jemand die elektrischen Leitungen gekappt hatte, stol-
perten sie durch den dunklen Palast. Der Generaladjutant Petrović, den man aus dem Bett geholt hatte, damit er die Verschwörer
zum König führen sollte, ging mit ihnen die abstrusesten Wege,
um sie vom König fern zu halten. Als die Verschwörer merkten,
dass sie zum Narren gehalten wurden, erschossen sie Petrović.
Schließlich fanden sie zwar das Schlafzimmer des Königs, aber
es war leer und verlassen. Resigniert stellten sie fest, dass sich der
König und die Königin in Sicherheit gebracht hatten, und verließen den Raum.

In dieser Minute, in der sie sich eingestanden, dass der Anschlag misslungen war, hörten sie einen Schrei, der wie ein Hilferuf klang. Er kam aus der Richtung des Schlafzimmers. Rasch
eilten sie dorthin zurück – doch das Zimmer war nach wie vor
leer. Während sich alle fragten, woher dieser Ruf gekommen sein
mochte, entdeckte einer eine Tür, die man vorher übersehen
hatte. Ein Offizier riss die Tür auf, und nun fanden die Verschwörer endlich König und Königin, die in einem Alkoven kau-
erten. Mit ihrem Hilferuf hatte Draga ihr Versteck verraten. Außer sich vor Angst bot Alexander seine Abdankung an. Der
Offizier Mišić wusste, dass dies der entscheidende Moment war:
Wenn die Verschwörer nun aus Mitleid weich würden, konnte
das ganze Vorhaben scheitern. Also brüllte er entschlossen: »Da
seht ihr den Schurken und seine Dirne! Haut sie nieder.« (Geor-
gievic) Und er wurde beim Wort genommen. Die Offiziere zo-

gen blank und hieben auf die beiden verängstigten Menschen ein. Dann zogen sie die übel zugerichteten halbtoten Körper aus dem Alkoven und schossen auf sie. Die entstellten Leichname wurden auf einen Billardtisch gelegt.

Am 15. Juni riefen die Verschwörer Peter Karageorgević zum König von Serbien aus, am 20. Juni traf der neue König aus seinem Exil in Belgrad ein. Die Beseitigung des regierenden Königs und die Einsetzung eines neuen hatte das Selbstbewusstsein der Verschwörer kräftig gesteigert. Im gestärkten Gefühl ihrer Bedeutung für die serbische Politik kämpften sie für ihre Ideale und die Verwirklichung ihres Zieles, die Vereinigung der Südslawen unter großserbischer Führung fortan noch konsequenter und fanatischer.

Für Vojin Tankosić, der bei dem Attentat auf das Königspaar die beiden Brüder von Draga Mašin, darunter auch den »Thronfolger«, verhaften und erschießen ließ, wurde der Einsatz illegaler, geheimbündlerischer und verschwörerischer Methoden zum eigentlichen Lebenselixier. Das Gleiche galt für den von seiner schweren Verwundung genesenen Dimitrijević, genannt Apis. Er ging für eine Weile ins Ausland, nach Berlin, um Deutsch zu lernen, und dann nach Sankt Petersburg, wo er mit militanten Panslawisten in Verbindung trat. Deren Vorstellung von einer großen slawischen Nation, die, nachdem sie geeint wäre, den europäischen Osten und Süden beherrschen sollte und gleichzeitig durch ihre überragende Macht ganz Europa dominierte, passte perfekt zu den Zielen von Apis und Tankosić, die ein balkanisches Großserbien im Sinn hatten.

Groß- und Vormachtgedanken hatten im Grunde in dieser Zeit alle, das war nichts Besonderes. Die Franzosen sahen ihre Grande Nation als erste Ordnungsmacht in Europa, die Engländer verstanden sich in der Idee des liberalen Imperialismus, wie sie es selbst nannten, als Führungsmacht der Welt, und die Deutschen fühlten sich mit der Mitteleuropa-Idee des Liberalen Friedrich Naumann zur Großmacht berufen. Allerdings konnte die Ausgangsbasis nicht unterschiedlicher sein: Die Briten und Franzosen agierten auf der Grundlage ihres Kolonialreiches, die Deutschen gingen von den staunenswerten Erfolgen ihrer wirtschaftlichen Entwicklung aus, und die Russen wurden von einer großen heiligen Idee getragen. Das Motiv der heiligen Idee hatte im Slawischen ohnehin gerade Konjunktur, die einen warfen Bomben für die heilige Idee der Befreiung Russlands vom Zarenjoch, die anderen zettelten Verschwörungen an für die heilige Idee eines großen slawischen Reiches.

MLADA BOSNA UND NARODNA ODBRANA. Wieder zurück in Belgrad arbeiteten Tankosić und Apis mit der *Mlada Bosna* (Junges Bosnien) zusammen. Die *Mlada Bosna* entstand nach der Annexionskrise: Seit der Berliner Konferenz von 1878 befand sich Bosnien unter österreichischer Verwaltung. Zum Thronjubiläum Kaiser Franz Josephs annektierten die Österreicher Bosnien-Herzegowina, was im Grunde nur hieß, dass sie das verwaltete Land nun offiziell dem Reich einverleibten. Das rief den wilden Hass derer hervor, die für ein Großserbien eintraten. Unter den Studenten bildete sich eine Geheimgesellschaft, die *Mlada Bosna*, außerdem wurde auch eine andere nationalistische Organisation aktiv, die *Narodna Odbrana*, die sich aber in der Hauptsache der Agitation widmete. Tankosić hatte Komitadschi-Gruppen organisiert – serbische Freischärler –, die vor allem in Mazedonien gegen die Bulgaren kämpften, während der zurückgekehrte Apis sich im Generalstab um die Geheimdienstarbeit kümmerte.

Für Männer wie Apis und Tankosić, die schier vor Tatendrang barsten und das Fluidum der Verschwörung liebten, kam die tägliche Kleinarbeit einem Treten auf der Stelle gleich. Die *Narodna Odbrana* entwickelte sich allmählich zu einem politischen Verein, der versuchte, in der Legalität anzukommen. Die *Mlada Bosna* mit ihren unsteten Schülern und Studenten wiederum ging eine immer engere Beziehung zum russischen Anarchismus und zum Nihilismus ein, was den Monarchisten Tankosić und Apis ein Dorn im Auge sein musste. Bald wurde ihnen klar, dass sie eine eigene kleine, aber schlagkräftige Organisation benötigten. Damit könnten sie die bestehenden Organisationen erfolgreich unterwandern, sie ihrem Willen gefügig machen und auf verschiedenen Wegen abgestimmt zum gleichen Ziel führen. Aus der *Mlada Bosna* ließen sich junge fanatische Attentäter rekrutieren, während die halblegalen Organisationsstrukturen der *Narodna Odbrana* die Logistik liefern würden – Helfer, die beförderten, versteckten und Unterschlupf gewährten. Außerdem konnten die illegalen Aktionen legal gerechtfertigt und Agitation getrieben werden.

CRNA RUKA – DIE SCHWARZE HAND. So kam es, dass sich im Frühjahr 1911 im Hinterzimmer der Redaktion der Zeitung »Piemont« neben Vojin Tankosić und Apis einige Männer versammelten: Konsul Bogdan Radenković, Major Radivojević, Oberst Cedomir Popović, Oberstleutnant Velimir Vemić, der Journalist Misko Jovanović, Major Milan Vasić und Oberst Milan Milovanović. Sie gründeten die geheime Gesellschaft *Ujedinjenje ili Smrt* (Einheit oder Tod), auch *Crna ruka* (Die schwarze Hand) genannt. Sie ging auf eine Idee von Radenković zurück, die dieser in einer jener zahllosen Besprechungen im vertrauten Kreise geäußert hatte, in der man wieder einmal die Unzuverlässigkeit der *Mlada Bosna* und die Hasenfüßigkeit der *Narodna Odbrana* bitter beklagt hatte.

Das Wappen der Geheimgesellschaft sprach Bände: Auf einer schwarzen Fahne war ein Totenkopf mit gekreuzten Knochen zu sehen, umgeben von einem Messer, einem Revolver und einem Giftfläschchen. Das Ziel bestand in der »Vereinigung des Serbentums«. Da die Vereinigung den revolutionären statt den kulturellen Kampf führen wollte, also auf das Attentat statt auf die Agitation setzte, bezeichnete sie sich als »absolut geheim«. Verräter wurden mit dem Tod bedroht. Im Artikel 30 der Statuten hieß es zum Beispiel: »Jedes Mitglied muss sich dessen bewusst sein, dass der Mensch durch seine Mitgliedschaft in der Organisation seine Persönlichkeit verliert.« (Cassels) Die Mitglieder trugen keine Namen, sondern erhielten Nummern. Jedes Mitglied sollte neue Mitglieder anwerben, die aber nur ihren Werber kannten, nicht die Führung der Vereinigung, die geheim blieb. Die Weisungen der Führung oder der Zentralverwaltung wurden über Mittelsmänner weitergeleitet und galten als absolut bindend. Womit der Verräter zu rechnen hatte, zeigten ja bereits die Insignien des Bundes.

Mit dem Geheimbund schufen sich Tankosić und Apis das ideale Instrument. Als dann noch der Russe Nikolai Hartwig, ein glühender Panslawist, der zuvor den Engländern in Teheran als russischer Botschafter im Kampf um den Einfluss in Mittelasien manch böses Schnippchen geschlagen hatte, Botschafter in Belgrad wurde und der serbische Nationalist Miroslav Spalajković als Botschafter nach Sankt Petersburg ging, hatte sich eine starke Konstellation gebildet, die den Zielen von Apis und Tankosić entgegenkam. Mit ausdrücklicher Billigung von Botschafter Hartwig stand Apis in engem Kontakt mit dem Militärattaché der russischen Botschaft, Wiktor A. Artamanow, der die großserbischen Aktionen gelegentlich finanziell unterstützte. Das Ganze verlief nach folgendem Muster: Apis signalisierte Artamanow, dass man eine größere Aktion plane und dafür Geld brauche. Dann machte sich Artamanow in Absprache mit Hartwig an die Beschaffung der Summe, die entweder aus einem Botschaftsbudget, aus einem panslawistischen Fonds oder aus Spenden stammte.

Noch vor der Gründung des geheimen Bundes kam es zu einem wichtigen Attentatsversuch, der in der Folge zu einer fast mythischen Bedeutung anschwellen sollte. Der Student Bogdan Zerajić, der mit Inbrunst russische Literatur, besonders aber Bakunin, Herzen, Ogarjow und Tschernyschewski las, aber auch unzählige Male Schillers »Wilhelm Tell« geradezu verschlungen hatte, plante die Ermordung des österreichischen Verwalters von Bosnien, Marian Freiherr Varešanin von Vares. Dass der böse österreichische Landvogt Gessler, der die nach Freiheit dürstenden Schweizer bedrückte, durch diese hohle Gasse kommen musste, wo Wilhelm Tell bereits mit der Armbrust seiner harrte, hatte Zerajić wohl etwas zu wörtlich genommen. Auch die Bemerkung, wonach der Starke am mächtigsten allein sei. Am 15. Juni 1910 schoss der Student Zerajić auf Varešanin, der auf dem Weg in den Konak von Sarajevo war. An der Idee mangelte es nicht, dafür an der Ausbildung an der Waffe. Zerajić schoss fünf Kugeln auf Varešanin ab, von denen keine traf. Also tötete er sich konsequenterweise und zielsicher mit der sechsten und letzten selbst. Die Studenten erblickten in ihm den Helden und Märtyrer, denn wichtiger als sein Erfolg schien ihnen die Tat, so dass sie ihm fortan nachzueifern gedachten. Wie viele Schwüre in den folgenden Monaten und Jahren an seinem Grab abgelegt worden sind, weiß niemand, denn die meisten kamen nicht zur Ausführung. Der Schwur des Gavrilo Princip jedoch sollte zur grausigen Realität werden.

Princip fühlte sich vom Leben benachteiligt, seine Intelligenz konnte mit seinen hochfliegenden geistigen Plänen nicht Schritt halten. So ging er heimlich über die Grenze nach Serbien, um in einer Komitadschi-Einheit Dienst zu tun. Doch auch hier wurde der Siebzehnjährige abgewiesen, weil er körperlich zu schwach war. Die Zurückweisung und die intellektuelle Erfolglosigkeit entfachten nur weiter das Feuer, das in ihm brannte: Er wollte der großserbischen Sache, dem Vaterland, dienen.

In Belgrad verkehrte er in den Cafés der Nationalisten, die nur von Kampf und Attentaten sprachen. Am 22. März 1914 las Princip im Café in der Zeitung, dass Erzherzog Franz Ferdinand, der österreichische Thronfolger, im Juni nach Sarajevo käme, um die Sommermanöver zu leiten. Auch Tankosić und Apis blieb der geplante Besuch des Thronfolgers nicht verborgen, und Apis testete in einer Beratung der Zentralverwaltung

des Bundes die Idee, ein Attentat auf Franz Ferdinand zu ver-
üben, wenn dieser sich schon selbst aus provozierendem Leicht-
sinn in die Höhle des Löwen begab.

Für Princip stand die Sache fest. Das war seine Chance,
sich als ein würdiger Nachfahre von Zerajić in Szene zu setzen.
Als er einem Gefährten namens Nedeljko Čabrinović, der sich
als Klempner und Tischler durchs Leben schlug und an einer
Lungenkrankheit litt, die Idee, den Thronfolger zu ermorden,
mitteilte, war Čabrinović eher dafür, den österreichischen Verwalter Oskar Potiorek zu töten, ließ sich aber von Princip überzeugen. Als der dritte Freund, Trifko Grabez, der Sohn eines
orthodoxen Priesters, der wegen eines Schülerstreiks der Schule
verwiesen wurde, aus den Osterferien zurückkehrte, wurde er
über das Vorhaben informiert und schloss sich dem Plan an.
Nun weihten sie den Lehrer und eifrigen Propagandisten Danilo
Ilić, der während seines Studiums in Zürich Trotzki und Lunart-
scharski kennen gelernt hatte, in ihr Vorhaben ein. Das Problem
der Möchtegern-Attentäter bestand darin, an Waffen zu kommen. Dass sie diese Waffen über die Grenze nach Bosnien
schmuggeln mussten, so weit hatten sie nicht gedacht. Wahrscheinlich wäre der ganze famose Plan nach eifrigen und nacht-
durchwachten Diskussionen wieder fallen gelassen worden,
wenn sie sich nicht an den feschen »Cigo« gewandt hätten, einen
Finanzbeamten, der in allen Verschwörerkreisen Belgrads zu
Hause war.

Milan Čiganović gehörte den Komitadschi an, kannte daher
auch Tankosić und trat der Vereinigung *Einheit oder Tod* bei. Die
Stelle im Finanzministerium hatten ihm seine einflussreichen
Bundesbrüder besorgt, um seine Existenz zu sichern und zu tar-
nen. Als Princip und seine Gefährten Cigo ansprachen, wurde er
zunächst einmal schmallippig, was so gar nicht seiner draufgän-
gerischen Art entsprach, und zog sich zurück.

Čiganović war es klar, dass diese naiven Jungen an das Gleiche dachten, worüber sie im Bund bereits diskutierten. Er infor-

mierte Tankosić, der sprach mit Apis. Dass die ganze Schmutzarbeit von ein paar jugendlichen Fanatikern, die man nicht mit
dem Bund in Verbindung bringen konnte, erledigt werden sollte,
war ein Geschenk des Himmels. Denn sollte das Attentat glücken, das wusste Apis, würde es sehr viel Ärger geben, einen
Ärger, den man weder mit dem Bund noch mit Serbien überhaupt in Verbindung bringen durfte. So kam ihn das Vorhaben
der jungen Bosnier mehr als gelegen. Apis brummte, dass man
die Jungs gehen lassen solle. Damit war die Sache entschieden.
Tankosić ließ Princip und Grabez zu sich bringen und fragte sie,
ob sie schießen könnten. Sie verneinten. Ihnen wurden Waffen
ausgehändigt, und sie erhielten eine kurze Schießausbildung.

Niemals hätte es Princip mit einer Waffe von Belgrad nach
Sarajevo geschafft, und auch einen so komplexen Attentats-
plan hätte der unerfahrene Junge sich kaum ausdenken können,
wenn er und seine beiden Freunde nicht von *Einheit oder Tod*
logistisch und organisatorisch unterstützt worden wären. Apis
traf sich Ende Mai mit Artamanow und bat ihn um Geld, weil
eine größere Aktion bevorstünde, und dieser stellte die ge-
wünschte Summe zur Verfügung. Ob er auch wusste, wofür das
russische Geld bestimmt war, wird wohl ein Geheimnis bleiben.

DAS ATTENTAT

Am Morgen des 28. Mai, an dem in diesem Jahr Christi Himmel-
fahrt begangen wurde, machten sich die Attentäter in spe auf
den Weg nach Sarajevo. Die Reiseroute war exakt von Apis
geplant worden. Sie wurden von Mittelsmännern sicher bis
Sarajevo geleitet, die Waffen derweil außerhalb von Sarajevo
beim Kaufmann Miško Jovanović, einem Mitglied der *Narodna
Odbrana*, versteckt. Sieht man sich die einzelnen Stationen an,
erkennt man, wie geschickt und dreist der Geheimbund die Organisation der *Narodna Odbrana* für seine Zwecke nutzte.

Nach einem ausgefeilten Plan wurden die Attentäter am Morgen des 28. Juni 1914 an verschiedenen Stellen in Sarajevo postiert, an denen der Erzherzog vorbeikommen musste. Gegen zehn Uhr fuhr die Wagenkolonne an dem einzigen muslimischen Attentäter, dem Bosnier Muhamed Mehmedbašić, vorbei. Er hätte eine Bombe werfen sollen, versagte aber wie erstarrt und völlig handlungsunfähig im entscheidenden Augenblick. Als Nächstes kam die Kolonne an Čabrinović vorbei, der seine Bombe warf, anschließend das Zyankali schluckte und in den Fluss sprang.

Der Fahrer des Erzherzogs sah das schwarze Ding, das auf sie zuflog, und gab Gas, und der Erzherzog, der ebenfalls die Bombe entdeckte, hob geistesgegenwärtig den Arm, um seine Frau zu schützen, so dass die Bombe von seinem Arm abprallte, hinter den Wagen fiel und dort explodierte. Sie verletzte die Ordonnanz, den Oberstleutnant Merizzi. Čabrinović, der sich nur erbrach, das Gift war wohl zu alt, wurde aus dem Fluss gefischt, der an dieser Stelle so flach war, dass man beim besten Willen nicht ertrinken konnte. Weder Opfer noch Täter kamen vorerst ums Leben.

Die übrigen Attentäter standen noch auf ihren Posten, doch verloren sie langsam die Hoffnung, noch zum Zuge zu kommen. Franz Ferdinand wollte nach dem Empfang im Rathaus den verletzten Oberstleutnant im Krankenhaus besuchen. Princip gab das Warten auf und verließ seinen Posten. Da sah er plötzlich, dass vor ihm der Wagen des Erzherzogs rangierte. Der Fahrer, der merkte, dass er sich verfahren hatte, wollte gerade wenden und hielt deshalb kurz an. Princip griff nach seiner Pistole und schoss aus nächster Nähe auf den Erzherzog und die Erzherzogin.

Die beiden hatten am 28. Juni 1900, auf den Tag genau vor 14 Jahren, geheiratet. Sie war die große Liebe seines Lebens, für sie hatte er gekämpft gegen Franz Joseph, der die Hochzeit mit der kleinen Gräfin, die eine Mesalliance darstellte, nicht dulden wollte, für sie hatte er in einem feierlichen Akt in der Wiener Hofburg auf das Thronfolgerecht ihrer künftigen Kinder verzichtet. Trotz der Demütigungen am Wiener Hof, trotz der ausgefeiltesten Gemeinheiten der Hofschranzen führten sie eine glückliche und liebevolle Ehe in größter Einfachheit.

Princip traf Franz Ferdinand an der Halsschlagader, Sophie in den Unterleib. Als der Fahrer mitbekam, was geschehen war, raste er zum Konak zurück. Der schwerverwundete Franz Ferdinand beschwor seine Frau: »Sopherl! Sopherl! Sterbe nicht! Bleibe am Leben für unsere Kinder!« Doch Sophie starb noch während der Fahrt, Franz Ferdinand folgte ihr kurz darauf im Konak in den Tod.

Die Attentäter hatten den Mann getötet, der Österreich-Ungarn reformieren wollte und alle Völker des Vielvölkerstaates gleichzustellen wünschte. Franz Ferdinand und Sophie von Hohenheim waren die ersten Toten des Ersten Weltkriegs, Millionen sollten folgen. Und wie immer man die Kriegsschuldfrage diskutieren will und mag – der Auslöser war ein Attentat, das mit russischem Geld von serbischen Geheimbündlern organisiert und von ideologisch fanatisierten jungen Männern ausgeführt worden war.

Die Rechnung des Dragutin Dimitrijević, der seine Geheimbundlaufbahn mit einem Königsmord begonnen hatte, ging auf, denn die Untersuchung des Attentats reichte nicht bis zu ihm. Die Zusammenhänge wurden erst später aufgeklärt, doch da stand er selbst vor Gericht. Der Regierungschef Nicola Pašić, der seinerzeit beim Mord an Alexander Obrenović und Draga Mašin beteiligt gewesen war, bezichtigte Dimitrijević, er habe das versuchte Attentat gegen den serbischen Prinzregenten Alexander Karageorgijević am 29. Juni 1916 in Thessaloniki organisiert. Als Beweis führte man an, dass er den zwei Attentätern Unterschlupf gewährt hatte. Einer der beiden war der einzige Attentäter von Sarajevo, dem die Flucht gelang. Mehmedbašić, der Mann, der im Juni 1914 nicht gehandelt hatte.

Die im Prozess zum Tode Verurteilten wurden fast alle begnadigt, außer Vulović, einem Gründungsmitglied des einstmals mächtigen Geheimbundes *Einheit oder Tod*, dem Attentäter Malobabić und schließlich Oberst Dragutin Dimitrijević. Pasić wusste, wozu Apis in der Lage war. Eine bessere Gelegenheit, den ehemaligen Bundesgenossen loszuwerden, würde sich ihm nicht wieder bieten. Apis war nunmehr der Einzige – Tankosić war im Krieg gefallen –, der außer ihm selbst die genauen Umstände des Attentats von Sarajevo kannte sowie auch und vor allem die Verstrickungen des ehrbaren Politikers Nicola Pasić und der russischen Botschaft.

JENSEITS DES GESETZES –
DIESSEITS DER MACHT

Im Grunde sind sie Robin Hoods Erben, die kriminellen Vereinigungen, die sich aus Geheimbünden entwickelten. Sowohl die Mafia als auch die chinesischen Triaden stammen aus einer alten Geheimbundtradition. Die Mafia lässt sich bis in die Tage des Cirio Annichiarico und seinen *Decisi* zurückverfolgen, die Triaden hingegen reichen bis zu den Anfängen des chinesischen Staates zurück. Nur weil sie heute auf kriminellem Gebiet tätig sind, darf man ihre geheimbündlerische Tradition und ihre wirtschaftlichen und bisweilen auch politischen Zielsetzungen nicht unterschätzen. Sie existieren nicht nur jenseits des Gesetzes, sie existieren auch jenseits des Staates, weil sie ein eigener Staat sind mit einem eigenen Gesetz und eigenen Organen zur Regelung und Überwachung der Einhaltung des Gesetzes.

Jenseits des Gesetzes finden wir auch die afrikanischen Geheimbünde, die unterhalb der Gesetze, die die Kolonialmächte einführten, fortbestanden, weil die Kolonialzeit die Stammes- und Clanstrukturen im Grunde nicht aufbrach und Nationen sehr selten nur entstanden, sondern sich staatliche Gebilde herauskristallisierten, unter denen oftmals die alten Clan- und Stammesstrukturen weiterwirkten. Die Betrachtung der afrikanischen Geheimbünde kann deshalb nur eine rein historische sein, weil sich das reiche ethnographische Material mit dem Ende der Kolonialzeit verringerte. Es gibt inzwischen ganze Landstriche im Herzen von Afrika, über die man im Grunde nicht viel weiß.

Die Betrachtung der afrikanischen Geheimbünde in der ersten
Hälfte des vorigen Jahrhunderts erlaubt uns, ein Gefühl dafür zu
bekommen, welche Bünde vor 4000 Jahren in Mitteleuropa bestanden haben, die kultischen Geheimbünde, die verschwiegenen Vereinigungen der Schmiede.

AFRIKANISCHE GEHEIMBÜNDE

Die wechselvolle Geschichte dieses Kontinents, eine sehr lange
Tradition der geheimen Bünde, ihre unterschiedlichen Entwick-
lungsstränge und ihr komplexer kultureller Hintergrund können
hier nur exemplarisch skizziert werden. Für die Entwicklung
afrikanischer, vor allem kultischer Geheimbünde bis etwa 1960
gibt es – insbesondere in Frankreich als ehemaliger Kolonial-
macht – eine umfangreiche ethnologische Fachliteratur. Mit der
Unabhängigkeit der afrikanischen Staaten gehen diese Studien
jedoch drastisch zurück, so dass Aussagen über den vermutlich
immer noch starken Einfluss dieser Bünde auf unsicherem Boden stehen.

STRUKTUREN UND RITUALE. Nicht die Mitglieder der
Bünde galten als geheim, da gab es keine Überraschungen, es
waren immer Männer des Dorfes oder des Stammes. Verheimlicht wurden die Riten und religiösen Vorstellungen im engeren
Sinn. Alle glaubten an die jeweiligen Stammesgottheiten, doch
die Menschen besaßen ein unterschiedlich detailliertes oder
komplexes Wissen über die Gottheiten, vor allem über die Art
und Weise der Kommunikation mit ihnen. Wer das Geheimwissen erhalten sollten, wurde in einen Bund aufgenommen. Die
Initiation begann meist damit, dass der Kandidat einen Trank
verabreicht bekam, der eine Art Scheintod bei ihm auslöste. Der
Knabe oder junge Mann – es handelte sich fast ausschließlich
um Jugendliche männlichen Geschlechts –, »starb« vor den Au-

gen seines Stammes. Er wurde in ein Loch gelegt, bei manchen Riten auch mit einem Toten gemeinsam, um etwas später – oft zwei oder drei Tage – wieder aus dem Loch genommen zu werden. Die Wirkung des Trankes ließ nach, er schlug die Augen auf und war neugeboren. Nachdem seine alte Persönlichkeit gestorben war, wurde er als neuer Mensch in den Bund aufgenommen. Er gehörte nun bis an das Ende seines Lebens dem Bund an.

In diesem Ablauf findet sich wieder die Dreiteilung des Initiationsrituals, das sich ja in Trennungsritus, Schwellenritus und Aufnahmeritus gliedert. Der Tod – das Trinken der Mixtur und die Ohnmacht – stellte die Trennung vom alten Leben dar. Der Schwellenritus vollzog sich in der Zeit des Übergangs – dem (Schein-)Tod zwischen Leichen. Der Aufnahmeritus schließlich bestand in der Erweckung, der Bemalung oder Tätowierung, dem Abtrennen eines Fingerglieds als Zeichen und dem Aufnahmefest. Die Aufnahme eines jungen Mannes in den Bund wurde immer mit ekstatischen Tänzen gefeiert. Die Tänze stellten die mythische Welt dar, die Welt, in der er nun eigentlich lebte. Das Leben auf der Erde galt nur als Reflex des Lebens in der mythischen Welt, zu der der Aufgenommene nun im Kontakt stand, nämlich zur Welt der Götter.

Die Vereinigung mit dieser Welt vollzog sich in den Zusammenkünften der Männer des Geheimbundes an einem besonderen Ort. Für Menschen, die dem Bund nicht angehörten, war der Zutritt strikt verboten. Wer das Tabu brach, musste sterben, um die Götter wieder zu besänftigten. Der Frevel galt als so ungeheuerlich, dass er nur mit Blut gesühnt werden konnte.

Im Zentrum des Bundes standen oft bestimmte Kultgegenstände. In einer geheimen Gesellschaft, die der französische Ethnologe Hippolyte Charbonnier untersuchte, war es der sogenannte Maghena-Topf. Maghena hieß das Totem-Tier, dessen Geist auf den Geheimbund überging. Der Maghena-Topf befand sich in der Obhut des Oberhaupts der Geheimgesellschaft. In diesen Topf mit gestoßenen Blättern ließen die Vorfahren das

Blut der Menschenopfer fließen, auch deren Fleisch wurde darin gekocht. Zu den rituellen Handlungen im Geheimbund konnten durchaus Praktiken des kultischen Kannibalismus gehören. Das Fleisch von Angehörigen feindlicher Stämme oder von schwachen Mitgliedern des eigenen Stammes, auch von Frauen und Kindern, mischte man mit dem Fleisch von Tieren, Rindern oder Schafen, kochte und verspeiste es anschließend. Gefäße wie der Maghena-Topf wurden umso wertvoller, je mehr Blut geopferter Menschen hineinfloss.

In den Versammlungen der Geheimbünde war der Mensch nicht mehr er selbst. Er wurde zu einem Teil des Göttlichen, gehörte zu den Göttern und lebte mit ihnen an diesem verbotenen Ort zu dieser außerirdischen, außeralltäglichen Zeit. Deshalb teilte er auch die Speise mit ihnen. Dieser rituelle Kannibalismus wurde vor 3000 Jahren auch in Europa praktiziert. Selbst im Christentum findet man noch Erinnerungen an das gemeinsame Mahl, wo Leib und Blut als Brot und Wein aufgenommen wurden. Es ist hier nicht der Ort, die komplizierten Entwicklungen und Umformungen der Kulte und Rituale zu verfolgen.

In den frühen menschlichen Kulturen wie auch in Stämmen, die in anderen kulturellen Vorstellungen leben, hing und hängt das Geheimnis immer mit dem Religiösen zusammen, denn das Geheimnis des Lebens ist das Mysterium des Göttlichen. Es kann nur das Trachten der Menschen sein, mit diesem Göttlichen einen Bund einzugehen, der ein Geheimbund sein muss, weil außerhalb des Bundes nicht über die Kommunikation mit den Göttern gesprochen werden darf, mit den Göttern oder mit den Geistern.

DIE SCHMIEDE. Mit den Göttern in Zusammenhang stehen seit alters besondere handwerkliche Fähigkeiten. Neben den kultischen Geheimbünden gab und gibt es auch die geheimen Vereinigungen der Schmiede, die in einer besonderen Beziehung zu den Göttern standen: Nur wer das Feuer beherrschte, vermochte zu schmieden. Zudem fiel brennend wie der Blitz auch Erz in Gestalt von Kometen vom Himmel auf die Erde herab, sozusagen von allmächtigen Göttern zur Erde geschleudert, und wurde von Zauberern aufgelesen. Erz wurde also tief im Berg unter der Erde und auf der Oberfläche gefunden, und es kam vom Himmel. Die Liste der Beispiele für die herausragende Rolle der Schmiede in den Mythen der Völker, Stämme und Gemeinschaften kann beliebig fortgesetzt werden. In einem Punkt ähneln sie einander alle. Schmiede waren eng mit der Herrschaft verbunden, wurden entweder selbst Häuptling oder Stammesführer oder verhalfen dem neuen Häuptling zum Sieg – natürlich durch die vorzüglichen Waffen, die sie schmiedeten.

In den Stämmen Afrikas und Südostasiens ließ sich die besondere Bedeutung des Schmiedes, der gleichzeitig auch als Häuptling geehrt wird, noch bis vor ein paar Jahren beobachten. Manchmal ist das auch heute noch möglich. In diesen Kulturen ist der König ganz das Amt: Die Institution ist ein Symbol für das Ganze, zwischen Person und Amt wird noch nicht unterschieden. Bei südafrikanischen Stämmen symbolisiert der Häuptling auch das Land, auf dem der Stamm lebt.

Im Zentrum dieser Vorstellungen hebt sich deutlich die Gestalt des Schmieds ab. Vor dem staunenden Volk, das ihn mit weit aufgerissenen Augen anstarrt, verwandelt er unansehnliche Steine in goldglänzendes Metall. Nur er ist in der Lage, im unauffälligen Stein das Metall zu erkennen, für die Uneingeweihten sieht dieser Stein aus wie alle anderen. Im Erz wiederum sind Stein und Metall verbunden, und sie werden durch Feuer getrennt. Sie können geschwängert werden und gebären. Auf babylonisch heißt »kubu kubulu« Erz, aber »kubu« bedeutet auch Fötus, wie Mircea Eliade es in seinem Buch über Schmiede und Alchemisten darstellte. Mit anderen Worten: Die Erze wachsen in der Erde wie Kinder im Mutterleib. Ließe man sie ungehindert gedeihen, würden sie zu Gold. So wird der Schmied zum

IM SOG DER POLITIK

Geburtshelfer, der Bergmann aber begeht mit der Förderung der Erze ein Sakrileg. Deshalb wird er zu besonderer Religiosität und strengen Bräuchen verpflichtet, um diesen Frevel wieder auszugleichen.

In einigen sibirischen Völkern, aber auch in indischen Mythologien gilt der Schmied als Stammvater. Im alten Iran galt der Schmied Kavya als Ahnherr der Kavya-Dynastie. Bei den sibirischen Jakuten wurde Elliei, der aus Berufung zum Schmied wurde, als Vater des Stammes verehrt. Im Pamir sah man die Kunst des Schmiedens als Gabe des Propheten.

Im südlichen Kongo wurde der Gründer des Dorfes als Schmied gesehen, auch wurden dort Schmiede mit den Häuptlingen und Zauberern gleichgesetzt. Unter kongolesischen Stämmen verbreitet war das saisonale Schmieden: Der Geheimbund der Schmiede, also der Bund der Männer, die um das göttliche Geheimnis des Erzgewinnens, Schmelzens und Schmiedens wussten, versammelte sich zu einer bestimmten Jahreszeit. Man sonderte sich von der Gemeinschaft ab, und bevor mit der Arbeit begonnen wurde, führte man bestimmte Riten durch, die zumeist Reinigungsriten waren. Während dieser Zeit durften die Schmiede nicht unrein sein, auch nicht mit Frauen zusammenkommen, weil sie dadurch wieder verunreinigt worden wären. Hatte ein Mann in der Nacht einen unbeabsichtigten Samenerguss, musste er den Bund der Schmiede verlassen und durfte nicht mehr an der Arbeit teilnehmen.

DIE TIERMENSCHEN. Im Kongo und im ganzen westlichen Afrika gab es die Geheimbünde der Tiermenschen. Suchen wir eine Erklärung für die Ereignisse in diesem großen, reichen Land, das heute im Chaos des Bürgerkrieges unterzugehen scheint und das Joseph Conrad in seinem Roman »Herz der Finsternis« beschrieb, müssen wir uns zunächst von dem Begriff Bürgerkrieg verabschieden. Hier kämpfen nicht Bürger eines Landes gegen Bürger desselben Landes, die eine andere politische oder religiöse Vorstellung haben. Hier kämpfen verschiedene Stämme oder unterschiedliche Clans gegeneinander.

Kongo im Dezember 1929: Es war heller Tag. In Nähe des Dorfes wollte das Mädchen Nakia wie so häufig junge Triebe sammeln. Als Nakia lange ausblieb, ging ihre Mutter sie schließlich suchen. Sie fand ihre Tochter am Fluss, tot, mit durchschnittener Kehle.

Asabeni trat aus ihrer Hütte, als sie die Hilferufe ihrer kleinen Schwester Bamanakanza hörte. Sofort eilte sie in die Richtung und entdeckte nur wenige Meter von ihrer Hütte entfernt das tote Kind, an dessen Hals man drei typische Stichwunden sah, ein Zeichen, das für die Bewohner des Dorfes eine schreckliche Bedeutung besaß. »Anioto!«

Mit ihrer Mutter hatte Kwoboi Verwandte im Nachbardorf besucht, sie verließ die Hütte kurz, um im nahen Busch ihre Notdurft zu verrichten. Plötzlich drangen zur plaudernden Mutter die Hilferufe ihrer Tochter und sie eilte zu ihr. Sie fand das Mädchen bereits tot, mit Stichen am Hals.

Niodoko war gerade zehn Jahre alt geworden. Er besuchte seinen Onkel im Nachbardorf. Kurz nachdem er ans andere Ende des Dorfes gegangen war, um mit seinen Freunden zu spielen, kam ein anderer Junge, der Pygmäe Tololo, und berichtete, dass Niodoko von *Anioto* angegriffen worden sei. Mit Tololo suchte er seinen Neffen und fand seine Leiche, mit Stichen am Hals.

Diese Mordserie setzte sich mit Unterbrechungen fort. Für die Bevölkerung bedeutete es ein Verhängnis. Niemand war sich mehr des Lebens seiner Kinder, aber auch seines eigenen Lebens sicher. Zwar töteten die *Anioto* in der Hauptsache Kinder, manchmal aber auch Frauen, seltener Männer. Für die Menschen stand fest, dass dämonische Wesen, Tiermenschen, ihr Unwesen trieben, und dass sie ihnen ausgeliefert waren.

Die Kolonialbehörden leiteten eine Untersuchung ein. Endlich fand der Ermittler einen Zeugen, der die beiden Täter erkannt und selbst einen Anschlag überlebt hatte. Die beiden

Männer wurden festgenommen. Sie hatten 36 Morde verübt. Bestimmte Tatzeiten konnten nicht festgestellt werden, aber alle Morde ereigneten sich am Tag. Die Opfer wurden im Wald, am Pfad, in der Nähe des Dorfes, sogar in der Nähe der Hütten angefallen. Wichtig für die Wahl des Ortes war nur, dass sich die Täter unbemerkt nähern konnten. Die meisten Opfer wurden durch Messerstiche in den Hals getötet, manchen schnitten sie die Kehle durch, einige wenige enthaupteten die Mörder. Die Wunden stammten von einem *Anioto*-Messer.

Anioto steht in der Sprache des Stammes der Kibudu für ein Mitglied der Geheimgesellschaft der Leopardenmenschen. In anderen Gebieten im Kongo und in Gabun hatte sich der Geheimbund der *Ngo* verbreitet, der Geheimbund der Panthermenschen. Daneben gab es die Kaimanmenschen oder in Angola die Löwenmenschen, die Angst und Schrecken verbreiteten.

Diese Geheimbünde teilten sich in einen inneren und einen äußeren Kreis. Der innere Kreis bestand aus Familienoberhäuptern und war sehr angesehen. Die Mitglieder dieses Zirkels wussten über alles Bescheid und entschieden über alles, auch über den Einsatz der Mitglieder des äußeren Kreises für bestimmte Aufträge, über Neuaufnahmen und über Todesurteile. Zum äußeren Kreis gehörten ausgewählte, aber gewöhnliche Stammesmitglieder. Die Initiation erfolgte teilweise durch Menschenopfer und rituellen Kannibalismus.

Außer dem Blut und dem Leib verfügte der Mensch nach ihrem Glauben über den Geist. Der Geist war unsterblich und verließ Leib und Blut. Er konnte sich des Familienoberhaupts oder eines Tieres bedienen, nicht nur nach dem Tod des Menschen. Auch während des Lebens vermochte der Geist sich für gewisse Zeit vom Körper zu trennen. Wenn der Geist in ein Tier drang, so vermochte er mit Hilfe des Tieres grausame Taten zu vollbringen.

Diese Vorstellung benutzten die Geheimgesellschaften der Tiermenschen. Als Angehörige der Bruderschaft konnten sie je-

In Benin und andernorts in Afrika war bis in die jüngere Vergangenheit die Geheim-gesellschaft der Leopardenmenschen aktiv.

derzeit als Tiermenschen im Auftrag eines Geistes morden. Die Mordfälle, die in den dreißiger Jahren von den Kolonialverwaltungen untersucht und aufgeklärt wurden, brachten selten religiöse Motive ans Licht, auch wenn die Formen rituellen Charakter haben mochten. Meist waren es die sehr menschlichen Motive der Eifersucht, der Rache und der Habgier.

Ein Mann zum Beispiel, der schier in Zorn darüber verging, dass er nicht Häuptling geworden war, lief zum Nachbarhäuptling und bat ihn, die Tiermenschen einzusetzen, um seinen Stamm zu bestrafen. Er wollte seinen Leuten zeigen, wie es war, wenn sie nicht unter seinem Schutz stünden. Damit kein Verdacht auf ihn selbst fiel, bat er den fremden Häuptling, zuerst seine Frau töten zu lassen. Ein vorenthaltenes Erbe, ein Korb bei der Brautwahl, all das fand sich in den Papieren der Kolonialverwaltung an Motiven. Die oben geschilderten Verbrechen von 1929 stiftete Mbadi an, der den Tod seines Vaters rächen wollte. Er war davon überzeugt, dass ein Zauberer seinen Vater getötet hatte.

Die Morde richteten sich nicht gezielt gegen die einzelne Person. Wen es traf, war eher zufällig – immer wurde damit der Clan gemeint. Hierzu sagte einer der Männer aus, er töte »irgendjemanden, immer wenn sich eine günstige Gelegenheit ergibt, immer wenn eine Person des Clans ohne Begeleitung ist«. (Moderne Universalgeschichte) Ein Helfer der *Anioto* erklärte: »Ich kenne die *Anioto*, denn ich lebe seit langem bei ihnen. Ich begehe keine Verbrechen, meine Aufgabe besteht nur darin, den *Anioto* zu helfen. Ich trage das Fleisch, das sie von den Leichen der getöteten Personen schneiden. Ich bringe es an unseren Aufenthaltsort. Dort kocht man das Fleisch und isst es.« (Moderne Universalgeschichte)

Diese Untersuchungen und Prozesse fanden in den dreißiger Jahren statt. Danach wurden die Menschenopfer immer mehr durch Tieropfer ersetzt. Die rituellen Mahlzeiten entfernten sich vom Kannibalismus und wurden ebenfalls auf Tiere übertragen. Die Auflösung der Stammesstrukturen, das unaufhaltsame Eindringen der Zivilisation veränderte die Lebensverhältnisse gewaltig.

Doch das Ende des Kolonialismus bedeutete auch das Ende der europäischen Verwaltung. Und damit entstand das Problem der Nachfolge: Aufgrund historischer Entwicklungen fanden sich keine Nationen als Träger der neuen Staaten, vielmehr sind die neuen Staaten eine äußere Organisationsform für Stämme, Clans, Stammesverbindungen und Volksgruppen. Also geht es darum, welcher Clan sich den Reichtum des Landes aneignen oder möglichst große Summen der Entwicklungshilfe auf seine Konten leiten kann. Schuldenerlass und Entwicklungshilfe kommen nicht immer dort an, wo sie hingehören, sondern finanzieren auch eine Elite, die man fälschlich korrupt nennt. Aber was wissen wir über die Wertehierarchien und Wertesysteme in verschiedenen Clans und Stämmen, was wissen wir über Herrschaft und Kommunikation beispielsweise im Kongo? Das ethnologische Material ist alt, es stammt aus der Zeit der Kolonialherrschaft. Bestimmte Forschungen galten in einer ideologisierten gesellschaftlichen Situation im Westen als nicht genehm. Über die geheimen und offenen Verbindungen im heutigen Afrika, über den Wandel in den beschriebenen Bünden wissen wir reichlich wenig. Das sollten wir aber, wenn wir wirklich eine effektive Hilfe leisten wollen, statt uns immer weiter in der Hoffnung zu wiegen, dass schon genug bei den eigentlich Hilfebedürftigen ankommen wird.

Anfangs waren die afrikanischen Geheimbünde kultische Bünde. Aber sie haben alle Aktivitäten des menschlichen Lebens in sich aufgenommen, auch solche, die wir als kriminell bezeichnen würden. Dabei ist das nichts Ungewöhnliches, es ist verbreiteter, als wir denken, und findet auch in Europa statt.

DIE CHINESISCHEN TRIADEN

Es klingt nicht sonderlich originell, wenn man schreibt, dass China die älteste Geheimbundtradition der Welt besitzt, denn was hatten die Chinesen nicht vor oder zumindest zeitgleich mit dem Vorderen Orient und dem mediterranen Raum? Aber es trifft eben zu: China blickt auf eine außergewöhnlich lange Tradition der Geheimbünde zurück. Und die meisten von ihnen hatten von Anfang an ein politisches Ziel, wenn es auch religiös verbrämt wurde.

In China finden sich geheime Gesellschaften, die nach unserem Verständnis zu den esoterischen zählen müssten. Doch sie waren weit mehr, sie stellten ethische, philosophische und religiöse Geheimbünde zugleich dar. Natürlich ist es nicht unproblematisch, westliches Denken auf chinesische Verhältnisse zu übertragen, wo sich unser analytisches Weltverständnis einer synthetischen, soziomorphen Weise des Verstehens gegenübersieht. Soziomorph bedeutet eine Form des Denkens, das die perfekte Einordnung in die großen Zusammenhänge sucht. Während das europäische Denken die Dinge auseinander nimmt und in kleinste Bestandteile zerlegt, um sie in ihrer Wechselwirkung zu untersuchen, bewegt sich das chinesische Denken zum perfekten Einklang, zum Finden in größere Zusammenhänge. Während in Europa ein Dirigent vor eine Gruppe von Musikern gestellt wird, um Einsatz und Takt vorzugeben, benötigen chinesische Musiker, wenn sie chinesische Musik spielen, traditionell keinen Dirigenten, weil sie miteinander so lange üben, bis es »passt«.

Beispielhaft drückt sich das schon in den verschiedenen Schriftarten aus. Während in unserer Schrift Buchstaben zu verschiedenen Worten kombiniert werden, besteht die chinesische Schrift aus Bildzeichen für Worte mit unterschiedlichen Bedeutungen oder ganze Sachverhalte. Sie werden nicht zu sinntragenden Worten kombiniert, sondern stehen als Ganzes dafür. Der Mensch analysiert nicht die Welt, sondern sucht seinen Platz in den Zusammenhängen, sucht seine Einordnung. Diese Einordnung beruht auf Erkenntnis. Die Welt ist an sich gut geordnet. Wenn es den Menschen schlecht geht, dann wurde die gute Ordnung gestört oder vernachlässigt, dann wurden die alten Bücher falsch ausgelegt, und man muss in die gute Ordnung zurückfinden. In den Geheimbünden strebten die Mitglieder danach, durch Rituale und Kontemplation, durch Meditation und Übungen den richtigen Platz in der Welt zu finden. Das bedeutete: die angemessene Art zu handeln, den eigenen, richtig verstandenen Platz in der Weltordnung einzunehmen. Das Schriftzeichen für »erobern« ist »nach Süden schauen« – China war praktisch unbegrenzt: im Norden das Gebirge, im Westen die Wüste. Nur im Süden konnte neues Land gewonnen werden. Wer nach Süden schaute, eroberte. Das Zeichen für »Regen« ist auch der »Schauer der Erregung«, denn Himmel und Erde sind Entsprechungen für Frau und Mann und umgekehrt.

Wo es Widerstand gab und an Entsprechungen mangelte, stimmte etwas nicht, etwas passte nicht. Sich in die Entsprechungen hineinzufinden, damit das eigene Leben nicht auf Widerstände traf, sondern fließen konnte, darin gipfelte die Suche der Menschen in den Geheimgesellschaften. Die Chinesen versuchten nicht, die Welt zu verändern, sie waren darauf aus, diese zu verstehen und sich in ihr zu orten. Nicht selten nahmen die Bünde in gesellschaftlichen Konfliktsituationen einen ausgesprochen politischen Charakter an. Wenn der Suche nach den Entsprechungen politische Hindernisse in den Weg gelegt wurden oder Unruhen ausbrachen, weil die Entsprechungen gestört wurden, konnte es geschehen, dass sich die ursprünglich esoterischen Bewegungen an die Spitze der Auseinandersetzung stellten. Die Geheimgesellschaften unterhielten, wenn sie sich in die Aufstände begaben, sogar Truppen.

Sieht man einmal von Eroberungen und Fremdherrschaften beispielsweise durch die Mongolen ab, kann man sehr grob in der chinesischen Geschichte folgenden Zyklus erkennen: Eine Dynastie kam an die Macht und verteilte das Land an ihre Anhänger. Die Bauern wirtschafteten auf dem Land, alle lebten ihrem Stand entsprechend gut. Die Grundbesitzer verpachteten das Land, weil sie selbst es nicht mehr bearbeiten wollten, oder es wurde unter ihren zahlreichen Erben aufgeteilt. Diese verpachteten wiederum das geerbte Land, und die Pächter teilten es weiter auf. Am Ende hatten die Bauern immer mehr Besitzer zu ernähren, und es kam zu Misswirtschaft und Hungersnöten. Die Schuld daran wurde der herrschenden Dynastie angelastet. Diese hatte die alten Bücher falsch ausgelegt und somit die Ordnung durcheinander gebracht. Um die Ordnung wiederherzustellen und die Götter zu versöhnen, mussten aber die alten Bücher richtig interpretiert werden. Also bildete sich eine Bewegung, die jene Dynastie stürzte und einen Bauernkaiser auf den Himmelsthron brachte, der eine neue Dynastie gründete. Er versöhnte die Götter und verstand die alten Bücher richtig. Der frühere Zustand, in dem alle ihrem Stand gemäß gut lebten, war wiederhergestellt – bis der Zyklus von neuem begann.

Ein Kuriosum verdeutlicht, wie stark dieses Einordnungsdenken, das ja nach Entsprechungen sucht, immer noch wirkt: In den siebziger Jahren verblüfften die chinesischen Zeitungen die ganze Welt mit Artikeln gegen Konfuzius. Bestellte Werktätige schrieben bestellte Leserbriefe, in denen es wie bestellt hieß, Konfuzius sei ein Faschist, der erschossen werden müsse. Doch der gute Mann, der da erschossen werden sollte, war bereits seit gut 1500 Jahren tot.

Schließlich kamen Sinologen hinter das Geheimnis. Bei Konfuzius gibt es ein Schriftzeichen, das bedeutet: Ich bin ein Anhänger der Dynastie Zhou. Der in Analogien denkende moderne Chinese verstand sofort, was damit gemeint war, nämlich: Ich bin ein Anhänger des Politikers Zhou Enlai. Als dieser im Zuge des Machtkampfes innerhalb der kommunistischen Partei Chinas ausgebootet wurde, erfolgte der öffentliche Angriff über die Analogie. Mit Konfuzius meinten die eifrigen Briefschreiber, die Sprachrohre des Volkszorns, eben Zhou Enlai.

In diesem geistigen Feld bewegten und bewegen sich die chinesischen Geheimgesellschaften. Auch der Name der Ming-Dynastie geht wahrscheinlich auf einen Geheimbund zurück: Das Schriftzeichen für »Ming«, das sowohl »viel« wie »Licht« bedeutet, verweist auf eine Geheimgesellschaft, die sich mit den

Lehren des Parsismus, der von Zarathustra gestifteten altpersischen Religion, beschäftigte.

Im 11. Jahrhundert bildete sich eine Geheimgesellschaft, deren Anhänger sich streng vegetarisch ernährten und neben einem ausgeprägten Dämonenkult dem Buddhismus huldigten. Sie setzten sich an die Spitze eines Aufstandes. Sie überfielen und töteten Reiche und Beamte, bis ihr Führer Fang La in Gefangenschaft geriet. Die Rebellion brach zusammen, und die Mitglieder des Geheimbundes töteten sich in großen Gruppen selbst.

Im 13. Jahrhundert erreichte die Dekadenz und Dreistigkeit der mongolischen Fremdherrschaft ihren Höhepunkt, so dass sich die Aufstände häuften. Als es 1267 zu einem ruinösen Preisanstieg kam und 1315 auch noch religiöse Gefühle verletzt wurden, als die Regierung beschloss, die Gräber in den Feldern einzuebnen, um die Anbauflächen zu vergrößern, brachen Aufstände aus. Die eigentlich religiösen Geheimgesellschaften, die schöne Namen wie *Bailian* (Weißer Lotos), *Baiyun* (Weiße Wolke) oder *Hung-chin* (Rote Turbane) trugen, wurden zu Zentren des Widerstandes. Der *Bailian*-Bund war schon 1133 von Mao Ziyuan aus Suzhou gegründet worden. Die Mitglieder ernährten sich vegetarisch und weigerten sich, Steuern zu zahlen und Frondienste zu leisten. Sie verehrten den Amitabha Buddha, der für die Weisheit der Gleichheit allen Seins steht. Das Symbol dieses Buddhas ist der Lotus. Ähnliches glaubten die Anhänger des *Baiyun*-Bundes, den der Mönch Kong Qingijao ins Leben rief.

Diese Geheimgesellschaften erreichten ein erstaunlich hohes Alter und gehören zu den Vorläufern der kriminellen Triaden, weil sie einer unveränderlichen religiösen und philosophischen Lehre folgten und sich nur gelegentlich aus akutem Anlass politisch betätigten. Bis ins 19. Jahrhundert hinein traten sie immer wieder bei Aufständen in Erscheinung, die übrige Zeit verbrachten sie damit, den rechten Weg zu gehen und zu meditieren.

Im Jahr 1335 und 1337 brachen Aufstände des *Maitreya*-Bundes aus, dessen Anhänger auf eine Art buddhistischen Messias warteten. Der Maitreya ist der Buddha des künftigen Weltzeitalters. Das Gedankengut dieser Gesellschaft war geprägt von einer strengen Weltuntergangslehre, die das Weltende mit der Erlösung gleichsetzte. Diese Vorstellungen ähneln dem chiliastischen Denken, das etwa zeitgleich in Europa entstand und von Joachim von Fiores Drei-Reiche-Lehre bestimmt wurde.

Die wichtigste unter diesen alten Geheimgesellschaften verbarg sich hinter der Bezeichnung *Hung-chin*, die sich nach den roten Turbanen ihrer Mitglieder nannte. Als der Yangtse-Fluss 1351 über die Ufer trat, entfesselten sie einen Aufstand, der zur Ablösung der Yuan-Dynastie führte. Zunächst beherrschte der Bund die nordchinesische Tiefebene und die Provinz Anhui. Ihr Anführer Han Shantong wurde als Reinkarnation des Maitreya-Buddhas verehrt. Im Jahr 1355 wurde sein Sohn Han Lin'er zum Kaiser einer neuen Song-Dynastie.

Bei Aufständen in Südchina trat zum ersten Mal eine Geheimgesellschaft in Erscheinung, die sich je nach Region *Sanhehui* oder *Tiandihui* (Bruderschaft des Himmels und der Erde, *Trias-Gesellschaft*) nannte. Die Anhänger sahen sich als Brüder und schworen einander unbedingte Treue. Die *Trias-Gesellschaft* wuchs rasch, verzweigte sich und wurde in den folgenden Jahren zur einflussreichsten Geheimgesellschaft in Südchina. Im Jahre 1850 gelang es ihr, durch intensive revolutionäre Propaganda, einen großen Aufstand auszulösen.

Am bekanntesten wurde schließlich die Geheimgesellschaft der *Yihequan* (Faust der Eintracht und der Gerechtigkeit), die von den Europäern wegen ihrer Vorliebe für bestimmte Kampftechniken, die wir unter den Sammelnamen Karate und vor allem Kung Fu kennen, *Boxer* genannt wurden. Die Angehörigen dieses Bundes entwickelten die alten Techniken des chinesischen Boxens zur Methode des psychischen und physischen Trainings. Magische Praktiken sollten sie unverwundbar machen.

Aufnahmeritual der *Hung-chin*: Der Kandidat hat bei seiner Initiation einen langen und lebensgefährlichen Weg zu gehen.

Ihre Initiationsrituale fanden in den Tempeln statt, in deren Innern jene Zeitlosigkeit herrschte, die das diffuse Licht des Halbdunkels schafft. Es zeigten sich Chen Wu, der Gott der Magie, und Kuanti, der Gott der Bewaffneten. Durch Beschwörungen, Magie und Drogen wurde ein Gefühl der Ekstase er-

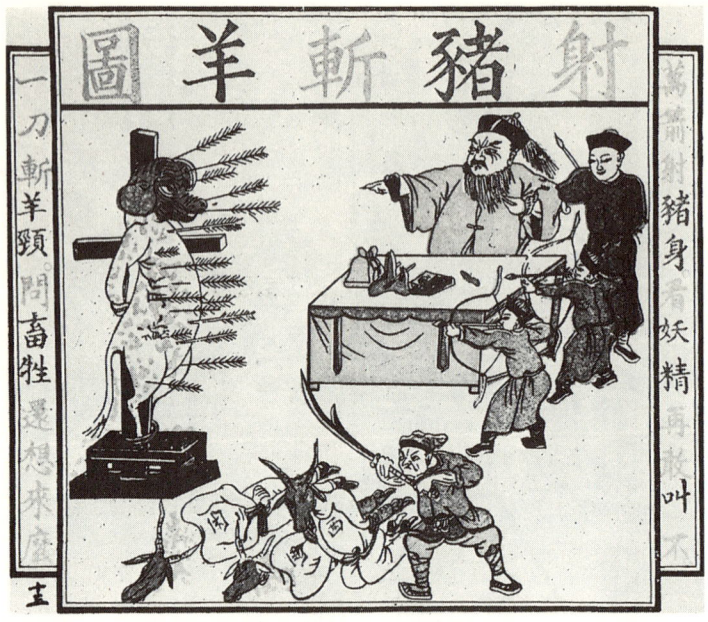

Plakat einer chinesischen Geheimgesellschaft um 1900: Es zeigt, wie die Christen
(Schwein) und Ausländer (Ziege) gefoltert werden.

zeugt. Das Thema der Initiation des Kandidaten war die Reise
durch die Unterwelt, die am Ort des Großen Friedens endete.

Die Boxer hassten alle Neuerungen, waren fremdenfeind-
lich gesinnt und drangsalierten Chinesen, die zum Christentum
übergetreten waren. Außerdem verübten sie Anschläge auf Ei-
senbahnen, Fabriken und Geschäfte, die Importwaren führten.
Vom kaiserlichen Hof unterstützt und von wachsender Sympathie in der Bevölkerung getragen, wagten die Boxer, die sich seit
1899 *Yihetuan* nannten, im Jahr 1900 den Aufstand, der jedoch von
ausländischen Truppen niedergeschlagen wurde. Die Belage-
rung des Botschaftsviertels in Peking durch die Boxer bot dafür
den offiziellen Anlass.

DIE TRIADEN. Die chinesischen Gruppen organisierter Kriminalität bildeten sich im Wesentlichen aus überlebenden Boxern,
aus den Angehörigen der *Tianihu* und der *Hongjin*-Gesellschaft.

Die Triaden verschmolzen unterschiedliche, sehr alte Vor-
stellungen miteinander, die in der Beziehung Erde-Himmel-
Mensch gipfelten. Sie entwickelten eine mündliche und schrift-
liche Geheimsprache, die auch bestimme Fingerzeige, Zeichen
aus Fingerstellungen, einschloss. Da in diesen esoterischen Bünden in Zeiten der Aufstände und der Unruhen auch immer die
Gewalt gegen Reiche und Raub eine Rolle spielten – anfangs als
Robin-Hood-Syndrom, dann aber auch religiös motiviert als
Ablehnung des Reichtums schlechthin –, gehörte die kriminelle
Ebene bereits sehr früh dazu, stellte allerdings keinen Selbst-
zweck über längere Zeit dar.

Mächtig wurden die Triaden, als Sun Yatsen sie in seinen
Kampf für die chinesische Republik einspannte. Aber die Triaden wären nicht die Triaden, wenn sie sich ohne Gegenleistung
benutzen ließen. Deshalb gingen die neuen Herren erbarmungslos gegen die alten Geheimgesellschaften vor. Mao Zedong verschärfte den Druck auf die Bünde, weil er zum einen erbost darüber war, dass sie auf Seiten seiner Gegner standen. Zum
anderen kann der kommunistische Staat, der ein totaler Staat
ist, keine privaten oder geheimen Veranstaltungen seiner Untertanen zulassen, die er nicht zu kontrollieren vermag.

Die Triaden wurden zunächst in die Illegalität, dann in die
Kriminalität und anschließend ins Exil gezwungen. Das Feld
ihrer wirtschaftlichen Aktivitäten ist ein totales. Es gibt nichts,
was es nicht gibt, unter anderem eindeutig kriminelle Geschäfte
wie Schutzgelderpressung – ihrem traditionellen Einflussfak-
tor im Goldenen Dreieck, dem Grenzgebiet zwischen Thai-
land, Birma und Laos – und Drogenhandel. Auch dieser ist, was
nichts verharmlosen soll, historisch gewachsen, denn China besitzt eine lange Tradition im Opiumanbau und Opiumhandel.
Durch die Aktivitäten der Ostindischen Handelsgesellschaft,

die im frühen 19. Jahrhundert einen Teil ihre Gewinne aus dem illegalen Opiumschmuggel zog, trugen die Europäer erheblich zum Ausbau der Netze bei. Es hat nicht zuletzt historische Gründe, dass die Niederlande einen der größten Umschlagplätze für Rauschgift in Europa darstellen, wenn sie nicht gar der größte sind.

Man greift zu kurz und versteht das Wesen der Triaden nicht, wenn man sie als Mafia und als ausschließlich kriminelle Vereinigung sieht. Sie sind ein Gemisch aus mächtigen Geheimbünden, die sowohl bestimmte sehr verbindliche ethische Grundsätze vertreten und einfordern, als auch das Leben ihrer Mitglieder verwalten. Sie bilden so etwas wie einen unsichtbaren Staat, dessen Grenzen keine territorialen, sondern rein ethnische sind. Ein besondere Philosophie, ein spezielles Lebensgefühl und ausgeprägte Hierarchien kennzeichnen diesen Staat, dessen Handlungsspektrum kriminelle und ausgesprochen gewalttätige Mittel einschließt und der unter anderem auf dem großen Feld des permanenten Gesetzesbruchs und des Verbrechens tätig ist. Dass die Gesetze der Nationen, in denen die Triaden agieren, für sie nicht gelten, heißt nicht, dass sie gesetzlos sind. Sie haben ihre eigenen Gesetze, was in ihren Augen den Bruch der offiziellen Gesetze rechtfertigt.

Nach Maos Sieg über die Koumintang des Chiang Kai-sheck und der Gründung der Volksrepublik China 1949 wurden die Hauptquartiere der Triaden nach Singapur verlegt. Sie operieren in Südostasien, unter sehr schweren Bedingungen aber auch in Rotchina, in Hongkong und in Taiwan. Mit chinesischen Auswanderern kamen sie in die USA. Dort konnten sie umso leichter Fuß fassen, als sich die Chinesen dort in Ghettos ansiedelten und unter sich blieben. Die Triade 14 K (rund 20 000 Mitglieder), die *Sun Yee On* (rund 30 000 Mitglieder) und die *Wo Shing Wo* (rund 25 000 Mitglieder) operieren vornehmlich von Hongkong aus, die *United Bamboo Gang* in Taiwan und die *Big Circle Gang* in Rotchina.

Die 14 K soll das Goldene Dreieck kontrollieren und führend im Rauschgifthandel sein. Zu den kriminellen Geschäftsfeldern der Triaden gehören weltweit Schutzgelderpressung, Drogenhandel, Handel mit Waffen, Immobilien und Menschen, Glücksspiel, Prostitution, Geldwäsche und Betrug. Zur internen Kommunikation dienen neben den bereits genannten Geheimsprachen und Handzeichen auch Zeichen, die sich an Hauseingängen und an Geschäften befinden.

In New York beispielsweise teilten sich die Gangs der *Flying Dragons*, der *Ghost Shadow*, der *Grandpa's Boys* und der *White Tiger* das Chinaviertel in Interessensphären auf. Die breite Öffentlichkeit wurde erst durch den blutigen Krieg darauf aufmerksam, den sich 1977 rivalisierende Gruppen lieferten. Selbst ein kleiner Straßenhändler muss in New Yorks Chinatown im Monat für sein kleines Stück Bürgersteig ein Schutzgeld von 2000 US-Dollar im Monat zahlen.

Dass die Triaden sich in der Vergangenheit in den Vereinigten Staaten ohne nennenswerte Verfolgung entwickeln konnten, hatte mehrere Ursachen. Kaum ein Verbrechen kam zur Anzeige, weil diese im ethnischen Rahmen der Chinesen stattfanden, die nichts meldeten, weil sie um ihre Sicherheit fürchteten und dem Erfolg der Strafverfolgungsbehörden misstrauten. Hinzu kam, dass nicht wenige Chinesen die Schutzgelderpressung als normal, sozusagen als eine Art Steuer empfanden. Aber es gibt auch politische Gründe, die eine gewisse Zurückhaltung bei den Ermittlungen erklären: Die CIA plante mit Hilfe der Triaden in China zu operieren, und man wollte Chiang Kai-sheck, unter dessen Schutz die Auslandschinesen standen, nicht düpieren.

In Europa bestehen nach Angaben der Autoren Flormann und Krevert die eigentlichen Stützpunkte der Triaden in den Chinarestaurants, von denen bis zu 95 Prozent Schutzgelder zahlen. Jährlich sollen bis zu einer Million Chinesen China verlassen, davon viele in Richtung Westeuropa. Da die wenigsten Asyl bekommen, werden die meisten eingeschleust und leben illegal in den Ländern. Illegal lebende Menschen, Menschen, die es für die Justiz nicht gibt, sind rechtlos und das ideale Reservoir für die Triaden.

Längst verfügen die Triaden über Operationsbasen in Deutschland, die sich von ihren Mutterorganisationen in Großbritannien und den Niederlanden emanzipieren. In Deutschland betätigen sie sich als Schutzgelderpresser, Drogenhändler, Einbrecher, Schleuser von Menschen oder sie begehen Raubüberfälle. Nicht selten sind die Besitzer der Chinarestaurants Opfer von Schutzgelderpressungen, und manchmal sind ihre Lokale auch der Stützpunkt einer Gang. Als im Jahr 2001 die Inhaberin eines Chinarestaurants in Lütjenburg im Kreis Plön festgenommen wurde, stellte sich heraus, dass ihr Restaurant Stützpunkt einer Schleuserorganisation war, die 120 chinesische Kinder im Alter von 13 bis 17 Jahren nach Deutschland geschmuggelt hatte. Die Kinder und Jugendlichen mussten die Kosten für ihre Schleusung, zwischen 15 000 und 30 000 Euro, abarbeiten. Die Wirtin und ihr Sohn organisierten das Geschäft in neun Bundesländern. Ein Mitarbeiter der Ausländerbehörde, der für gefälschte Aufenthaltsgenehmigungen rund 250 000 Euro eingestrichen hatte, wurde festgenommen.

Die Geheimgesellschaft der Triaden wächst, auch in Deutschland. Sie arbeitet vorwiegend mit kriminellen Methoden. Es ist nur eine Frage der Zeit, wann sie mit ihren Aktivitäten den Rahmen ihrer Landsleute verlässt. Dass sie schon jetzt den deutschen Steuerzahler massiv schädigen, steht fest. Es gibt keine tolerierbare Kriminalität. Der Kauf von Zigaretten beim vietnamesischen Händler um die Ecke füllt die Kriegskasse für größere Aktionen: für den Aufbau eines Drogenrings, der Drogen heranschafft, die an unsere Kinder verkauft werden.

GNADENLOSE EHRENMÄNNER:
DIE MAFIA

»Ich wollte Karriere machen, und ich hatte es von Anfang an akzeptiert, denn ich fühlte mich sehr wohl. Damals war ich Soldat der Cosa Nostra, ich gehorchte den Befehlen, und ich wusste, dass ich vorwärts kommen würde, wenn ich einen kleinen Jungen erdrosseln würde. Ich fühlte mich wie im siebenten Himmel.« So äußerte sich der Mafioso vor Gericht, der den siebenjährigen Giuseppe Di Matteo erwürgt hatte. (Dicki)

Ebenso alt wie das Wissen um die Existenz geheimer Bünde ist auch die Frage, inwieweit sie unsere kulturelle Ordnung, unser Leben, die Sicherheit und die freien Entfaltungsmöglichkeiten des einzelnen Individuums gefährden. Dass geheime Gesellschaften in bestimmten Situationen Weichen für historische Entwicklungen gestellt haben, zeigt sich etwa an dem Attentat von Sarajevo und seinen Folgen oder an dem Mord an Zar Alexander II., durch den möglicherweise eine liberale Entwicklung Russlands verhindert wurde. Auch wenn man darüber diskutieren und spekulieren kann, so steht doch unverrückbar fest, dass eine aus den Geheimbünden entstandene Organisation, die nach wie vor geheimbündlerisch organisiert und ritualisiert ist, tatsächlich eine Gefahr für die Sicherheit, die Kultur und die Zivilisation darstellt, eine größere Gefahr, als uns bewusst ist. Vielleicht ist es sogar die noch allzu sehr unterschätzte, wirkliche Gefahr, die von den Geheimbünden der Gegenwart ausgeht.

Wir neigen dazu, die kriminelle Vereinigung der Mafia zu verharmlosen, weil sie in Buch und Film so nett dargestellt ist, und wenn dann Al Pacino den Paten gibt, werden die Verbrechen, die Brutalität, die Erpressung, die Morde, die selbst vor Kindern nicht Halt machen, doch sehr abstrakt. Bei allem Glanz, den die Medien der Mafia verleihen, bei aller Räuberromantik bleibt sie ein Übel und kreuzgefährlich.

Wenn wir Mafia sagen, gebrauchen wir das Wort unbewusst als Sammelbezeichnung für ihre verschiedenen Organisationen, die einander ähneln. Die Syndikate sind aufgrund ihrer Herkunft landschaftlich organisiert. Die eigentliche Mafia ist die sizilianische Organisation, die den Namen *Cosa Nostra* (Unsere Sache) trägt. Sie hat ihren Mittelpunkt in Palermo und besteht aus 186 Clans mit rund 5000 Mitgliedern. Die *Camorra* mit ihrem Zentrum Neapel soll aus 126 Clans mit über 6000 Mitgliedern bestehen. Für Kalabrien ist die *'Ndrangheta* zuständig mit 144 Familien und über 5000 Mitgliedern. Schließlich kümmert sich um Apulien die *Nuova Sacra Corona Unita* (Neue Heilige Krone der Einheit) mit 30 Familien und über 1000 Mitgliedern.

Wenn die Mafia im Ausland aktiv wird und beispielsweise in Deutschland Schutzgelder von Inhabern italienischer Lokale oder Firmen erpressen will, geht sie streng landsmannschaftlich vor. Einem Italiener aus einem sizilianischen Ort wird nicht selten ein Mafioso aus seinem Heimatdorf geschickt, und es ist eher ungewöhnlich, dass ein Angehöriger der neapolitanischen *Camorra* bei ihm auftaucht. Die Einflusssphären sind streng abgeschirmt. Auch die kriminellen Organisationen haben gelernt, dass es geschäftlich günstiger ist zu kooperieren als gegeneinander Krieg zu führen. Ganz davon abgesehen, dass jede bewaffnete Auseinandersetzung ein unerwünschtes öffentliches Aufsehen erregt und womöglich polizeiliche Ermittlungen nach sich zieht.

Deshalb ist die Mafia in jeder Beziehung eine Geheimgesellschaft. Sie bewahrt in ihrem Inneren Geheimnisse, agiert nach Möglichkeit geheim und versucht, ihre Existenz so geheim wie möglich zu halten. Am liebsten würde sie den Eindruck hervorrufen, dass es sie gar nicht gibt, dass sie eine Erfindung der Romanautoren ist wie die Landung von Außerirdischen. Diese Strategie hatte in der Vergangenheit Erfolg. Bis zu den aufsehenerregenden Anti-Mafia-Prozessen der achtziger Jahre in Italien wurde die Existenz der Mafia selbst von seriösen Autoren eher der Folklore zugerechnet.

Für das Wort Mafia gibt es verschiedene Herleitungen, die aber allesamt unsicher sind. Die vorgeschlagenen Deutungen beziehen ihre Vielfalt aus der reichen Vergangenheit Siziliens: Die Griechen bevölkerten die Insel, auch die Araber waren da, die Normanen, die Franzosen, die Spanier – und alle hinterließen sie Spuren. So bietet man als Deutung an, der Name gehe auf »mahyah«, den arabischen Begriff für Prahlerei, oder auf eine Kombination aus »mu« für Mut und »afat« für Beschützer zurück. Es könnte aber auch Ehre heißen.

Jedenfalls wurden aus bewaffneten Gruppen, die die Bauern vor Übergriffen der Spanier oder der Franzosen schützen sollten, Schutztruppen der Großgrundbesitzer. Schließlich begannen sie, auf eigene Rechnung zu arbeiten. Banden wie die *Decisi* entstanden in der ersten Hälfte des 19. Jahrhunderts in Süditalien immer wieder. Giuseppe Garibaldis Sieg auf Sizilien schuf die Möglichkeit einer einheimischen Verwaltung der Insel, und da sich jene bewaffneten Gruppen Garibaldi anschlossen und bei der Eroberung der Insel im Jahr 1860 halfen, gelangten sie auch in administrative Positionen.

AUFNAHMERITUALE UND STRUKTUREN. Um die heimliche Regierung Siziliens zu werden, bildeten sie einen Geheimbund, der sich in seinen Riten stark von den Freimaurern und von den Carbonari anregen ließ. Der Kandidat, der von den Mafiosi dazu ausersehen wurde, der Organisation beizutreten, wird zu einem Essen geladen. Zuvor ist er schon mit kleineren und größeren Aufträgen, unter denen auch gern schon einmal ein Mord sein durfte, getestet worden. Nach einer scheinbar belanglosen Unterhaltung ziehen sich die Ehrenmänner dann ohne den Kandidaten ins Haus zurück und fällen die endgültige Entscheidung über seine Aufnahme. Ist das Votum positiv, ruft man ihn ins Haus, wo ihm eine Reihe von Fragen gestellt werden. So kann es geschehen, dass einer der Ehrenmänner wissen will, welche Gefühle der Kandidat hätte, wenn er jemanden tötete. Die Form der Fragestellung wirkt seltsam, denn der Kandidat wird im Konjunktiv nach Taten gefragt, die er höchst real begangen hat – was im Übrigen jeder der Anwesenden weiß, da er in ihrem Auftrag handelte.

Verläuft auch die Befragung zur Zufriedenheit, wechselt man in ein anderes Zimmer. Die Mafiosi nehmen Platz an einem runden Tisch, auf dem eine Pistole, ein Dolch und ein Heiligenbild liegen. Nun folgen die letzten Fragen: »Wenn du ins Gefängnis kommst, wirst du uns dann treu bleiben und nicht zum Verräter werden?« Was der Kandidat natürlich bejaht.

Schließlich nimmt einer der Ehrenmänner den Finger des Kandidaten und sticht mit einer Nadel hinein. Das Blut wird auf das Heiligenbild geschmiert. Dann legt man das Bild in die geöffneten Hände des Kandidaten und zündet es an, so dass es in seinen Händen verbrennt. Dabei spricht einer der Ehrenmänner die Worte: »Wenn du die Cosa Nostra verrätst, wird dein Fleisch brennen wie diese Heilige.« Nun werden dem Aufgenommenen die Regeln erläutert. So muss man über seine Mitgliedschaft schweigen, darf sich auch einem anderen Mafioso nicht als solcher vorstellen, sondern muss diesem gegenüber immer von einem Dritten vorgestellt werden. (Dicki)

Die *Cosa Nostra* ist streng hierarchisch aufgebaut. Die unterste, die Arbeitsebene, wird von Gruppen aus bis zu zehn Mitgliedern gebildet, Soldaten, die alle anfallenden Arbeiten von Raub, Erpressung bis Mord auf Befehl zu erledigen haben. Geführt werden sie von einem »capodecina«. Die »capodecini« werden vom Clanchef, dem »capofamiglia«, eingesetzt, der wiederum mit seinen Kollegen die »capomanamdentos« wählt, die Distriktführer. Außerdem suchen sie fünf Mitglieder aus für die Leitung der »cupola«, der Provinz, die aus Distrikten besteht.

Als die Mafia, die sich über den Olivenöl- und Zitronenhandel, den sie in Sizilien beherrschte, in den USA ausbreitete, hielt sie engen Kontakt zu den neuen Familien in Übersee. Mehr noch, es gelang ihr, von Sizilien aus die Fäden in der Hand zu behalten. Der Ausgang des Zweiten Weltkriegs stärkte ihre Position, denn sie half den amerikanischen Truppen durch Aufklärung und Spionage, aber auch durch Sabotage und durch direktes bewaffnetes Eingreifen dabei, Sizilien zu erobern. Dadurch konnte sie, als nach 1945 ein neuer Staat gebildet wurde, ihre Leute in den Verwaltungen postieren.

Immer wieder kam es zu Mafiakriegen, zu blutig ausgetragenen Kämpfen zwischen den Familien um die Vorherrschaft. Die wichtigste Auseinandersetzung entbrannte, als der Corleone-Clan, durch das Rauschgiftgeschäft gestärkt, Anfang der siebziger Jahre die Macht in der *Cosa Nostra* übernahm. Der erste Boss der Bosse dieses Clans war Luciano Leggio, sein Nachfolger Toto Riina. In jener Zeit eröffnete sich für die Mafia ein zweites, sehr lohnendes Geschäftsfeld, nämlich die Bauwirtschaft, die durch den Einsatz von Mitteln zur Strukturförderung aus Rom und später auch aus Brüssel ausgesprochen lukrativ wurde. Man brauchte sich nur in den öffentlichen Ausschreibungen durchsetzen. Doch wozu bezahlte man die Leute in den öffentlichen Verwaltungen? Weshalb unterhielt man eine Privatarmee, die lästigen Konkurrenten, Kontrolleuren und widerspenstigen Beamten Angebote unterbreitete, die sie nicht ablehnen konnten? Bis heute alimentiert der europäische Steuerzahler auch die Mafia. Aber es ist ein Skandal eigener Größe, wer alles von Europas Steuerzahlern finanziert wird – das reicht von der Mafia bis zu Arafats Witwe in Paris.

Die Mafia ging aus einer Geheimgesellschaft hervor. Sie besitzt ihre eigene Struktur, ihre eigenen Aufnahmerituale, ihre eigenen Begriffe von Verhaltensmaximen und von Ehre. Sie ist ein Staat im Staate. Sie hat es immer geschafft, sich den besonderen Bedingungen anzupassen. Die Ausweitung der wirtschaftlichen Tätigkeit in der Kombination aus legalen und illegalen Geschäften wurde ergänzt durch den Versuch, einflussreiche Personen aus Politik, Justiz, Wirtschaft und Kultur zu »kaufen«, entweder, indem man diese korrumpierte, oder, indem es gelang, sie in eine Situation zu bringen, die sie erpressbar machte.

Ende der siebziger Jahre geschah etwas Unerhörtes. Ein kleiner Untersuchungsrichter wagte es, sich gegen die mächtige geheime Gesellschaft der Ehrenmänner zu stellen! Der in Palermo aufgewachsene Giovanni Falcone war Untersuchungsrichter geworden und konnte in dieser Position endlich mit seinem engsten Mitarbeiter Paolo Borsellino den Kampf gegen die Mafia eröffnen. Und Falcone ließ sich weder einschüchtern noch kaufen, er ließ sich beschützen und arbeitete zäh und akribisch weiter.

Da er seine Laufbahn am Finanzgericht begonnen hatte, rollte er das Mafia-Geflecht geduldig von der Seite der finanziellen Transaktionen auf. Langsam kam er voran. Es gelang ihm, Überläufer aus den Reihen der Mafia, sogenannte »peniti«, zu gewinnen, die gegen gewisse Vergünstigungen wie ein geringeres Strafmaß sich zur Aussage bereit zeigten. In zeit- und kräfteraubenden Verhören gelang es Falcone, als Erstes die Struktur einer Organisation ans Licht zu holen, die es offiziell bisher gar nicht gab. Am Ende sollte er über 342 Mafiosi, darunter den Boss der Bosse, vor Gericht stellen. Die Qualität seines Beweismaterials führte tatsächlich zur Verurteilung von Männern, die Verbindungen bis in die höchsten Kreise der Politik besaßen. Doch in den hohen Etagen der Politik hatte man gerade andere Sorgen, nämlich den Skandal, der sich um Roberto Calvi und die Freimaurerloge P2 mit ihrem einflussreichen Großmeister Licio Gelli anbahnte. Doch dazu später.

Falcone gelang es, einen harten Schlag gegen die Mafia zu führen. Er gründete sogar eine spezielle Untersuchungsbehörde, die zentral gegen die Mafia ermittelte. Man konnte das organisierte Verbrechen nur erfolgreich bekämpfen, wenn man den

Ein früher Mafia-Prozess in Palermo, bei dem die Angeklagten gemäß alter Prozessordnung im Käfig sitzen.

Kraken als Ganzes ins Visier nahm und nicht immer nur einzelne Tentakeln sah, weil eifersüchtig gehütete Zuständigkeiten die Sicht behinderten.

Als Giovanni Falcone mit seiner Frau am 23. Mai 1992 von Palermo aus zum Flughafen fuhr – wie immer im kugelsicheren Wagen, von zwei Autos mit Leibwächtern eingerahmt –, detonierte unter ihnen Sprengstoff und zerriss den Konvoi. Die Mafia unter Toto Riina hatte dem Staat den Krieg erklärt. Zwar war Riina bereits verhaftet, doch gelang es ihm aus dem Gefängnis heraus, die *Cosa Nostra* zu leiten. Borsellino, der die Arbeit seines ermordeten Chefs übernommen hatte, wurde kurz darauf vor seinem Haus in Palermo erschossen.

Eines hatte Riina jedoch bei seiner Kriegserklärung nicht bedacht: Mit dem Terror, den er entfesselte, machte er es den einflussreichen Politikern, die auf seiner Gehaltsliste standen, unmöglich, ihm zu helfen. Im Übrigen schätzten diese Politiker die Mafia zwar als eine Art Hilfe im Süden, aber die Vorstel-

lung, nach ihrer Pfeife zu tanzen, passte ihnen überhaupt nicht.
So führten die Anschläge nur zur Verschärfung der Gesetze.
Schließlich konnte Riina seine Organisation nicht mehr von der
Zelle aus dirigieren, und der öffentliche Druck nahm ein solches
Ausmaß an, dass an eine Aufhebung des Urteils gegen den
Mafia-Boss kaum mehr zu denken war. Also übernahm ein ande-
rer Mann die Führung des Imperiums, der für einen geordneten
militärischen Rückzug sorgte, ein Mann, der es bevorzugte, das
Unternehmen geräuschlos zu leiten, ein Mann, den die Polizei
seit Jahrzehnten wegen einer ganzen Sammlung schwerer Ver-
brechen suchte, zu denen auch Mord gehörte.

Am 11. Mai 2006 umstellten Elitepolizisten unweit des sizilianischen Ortes Corleone eine armselige Hütte. Als sie diese
stürmten, trafen sie im karg eingerichteten Innern auf einen
alten Mann, den sie verhafteten. Dieser Mann, der die Ange-
wohnheit hatte, seine Firma mittels kleiner beschriebener Zettelchen mit Anweisungen zu leiten, ergab sich in sein Schicksal,
ohne Gegenwehr, ohne Gefühlsaufwallung. Es schien, als habe
er tief in seinem Herzen gewusst, dass es eines Tages so kommen
musste. Möglicherweise war er auch der inzwischen 43 Jahre
andauernden Flucht überdrüssig, einer Flucht, die den größten
Teil seines Lebens ausmachte. Der Mann, den die italienische
Polizei verhaftete, hieß Bernardo Provenzano, genannt der
Traktor, und leitete einen weltweit operierenden Konzern ohne
Handy, ohne Internet, allein mit seinen Zettelchen, die er auf
einer alten Schreibmaschine tippte, einen Konzern mit einem
geschätzten Jahresumsatz von 60 bis 80 Milliarden Euro. Bernardo Provenzano folgte Riina als Boss der Bosse und hatte
durch seinen geschickten taktischen Rückzug die Mafia gerettet.

So recht will in Italien die Freude über die Festnahme jedoch
nicht aufkommen, denn dass die Polizei den mächtigen Mann so
einfach festnehmen konnte, der sich allein im Haus befand,
ohne Leibwächter, legt die Vermutung nahe, dass die Mafia ihren Boss pensioniert hat und die Pensionskosten dem Staat auf-

bürden will. Die Verhaftung von Provenzano zeigt nur, dass die Mafia das »Kapitel Provenzano« bereits abgeschlossen hat und einen neuen Kurs verfolgt. Die neuen Bosse leben bereits im internationalen Jetset, beschäftigen teure Anwälte und agieren international. Bei Treffen mit Mitgliedern der Triaden, den Kokainschmugglern des Kalikartells oder der Russenmafia stecken sie ihre Einflusssphären ab und vereinbaren Kooperationen. Sie sind inzwischen vernetzter als die Polizeibehörden. Sie dürfen mit Fug und Recht als die wirkliche Gefahr des neuen Jahrtausends gelten. Sie sind die eigentlichen geheimen Bünde, die nicht gewählt werden, aber dennoch Herrschaft ausüben. Sie verwandeln Politiker in Marionetten. Die Verwicklungen des siebenmaligen Premierministers und Senators auf Lebenszeit der italienischen Republik Giulio Andreotti konnten bis heute nicht aufgeklärt werden. Nachdem er von einem Gericht ordnungsgemäß wegen eines bestellten Mordes an einem Journalisten verurteilt worden war, hob das Berufungsgericht das Urteil wieder auf. Doch das wahrhaft Erregende besteht darin, dass in Italien die Kirche, die Mafia und ein Freimaurerbund zusammenarbeiteten.

III DIE MACHT DER GEHEIMBÜNDE: WAHRHEIT UND DICHTUNG

»Dreihundert Männer, die sich alle gegenseitig kennen, führen das Szepter über das wirtschaftliche Schicksal des europäischen Kontinents, und ihre Nachfolger wählen sie aus ihrem eigenen Kreis.«

Walther Rathenau

MORD UND MACHTKAMPF
IM VATIKAN, 2. FOLGE

Wenige Wochen nachdem er seiner Mutter am Telefon mitgeteilt hatte, dass er gemeinsam mit zwei Freunden Nachforschungen über die Aktivitäten von *Opus Dei* in der Schweizergarde
anstellte, wurde Cédric Tornay, Vizekorporal ebendieser Garde,
erschossen in der Dienstwohnung seines Kommandanten Oberst
Alois Estermann aufgefunden. Nicht weit von ihm entfernt lagen Estermanns Leiche sowie die seiner Frau Gladys Meza.
Beide wurden ebenfalls durch Pistolenkugeln getötet. Die Tür
der Wohnung im Kasernengebäude der Schweizergarde stand
angeblich offen, wodurch das Verbrechen von einer Ordensschwester, deren Namen der Vatikan nicht bekannt gibt, entdeckt werden konnte. Die barmherzige Schwester sagte aus, sie
habe ihre Wohnung verlassen, um nach dem Rechten zu sehen,
weil sie dumpfe Geräusche gehört habe.

In diesem Fall stimmte nichts – am wenigsten das offizielle
Bulletin aus dem Vatikan. Diese Version war nicht nur die unwahrscheinlichste von allen, sondern entwertete sich sozusagen
selbst: Allzu spürbar war das peinliche Bemühen, die Version
von Joaquín Navarro-Valls, zu bestätigen, die der Pressesprecher
des Vatikans und Mitglied von *Opus Dei* gleich nach seiner
Ankunft am Tatort zum Besten gegeben hatte. Navarro-Valls
verkündete, zweifellos habe der dreiundzwanzigjährige Vizekorporal in einem »Anfall von Wahnsinn« aus Wut über eine verweigerte Auszeichnung seinen Vorgesetzten und dessen Frau er-

schossen und anschließend die Waffe gegen sich selbst gerichtet. Nur zwei Stunden nach der Entdeckung des Verbrechens untermauerte er sein Statement mit dem denkwürdigen Satz: »Der Vatikan hat die moralische Gewissheit, dass die Ereignisse sich so zugetragen haben.« Wozu brauchte es da noch kriminalpolizeiliche Ermittlungen. Statt einer Auswertung der Untersuchungen am Tatort gab es eine »moralische Gewissheit«. All das machte das offizielle Statement wertlos.

Bei einem Kriminalfall geht es um Fakten. Tatsachen, Indizien, Zeugenaussagen und die wissenschaftlich fundierte Untersuchung von Tatopfern und Tatort sollten vor der Bewertung der Ergebnisse der Ermittlungen liegen, und erst recht vor der »moralischen Gewissheit«. Selbst wenn die Schuld des Täters geklärt ist, gibt es diese noch nicht. Von einer »moralischen Gewissheit« kann man frühestens dann sprechen, wenn das richtige Strafmaß – was immer das auch heißt – für den Täter gewählt wurde. Erst wenn Tat, Motiv und Täter feststehen, kann es zu einer moralischen Bewertung kommen, die sich in einem vom Gesetz definierten Strafrahmen ausdrückt. Und all das will der flinke Herr Navarro-Valls in zwei Stunden geleistet haben?

DAS GANZE STINKT

Aber vielleicht ging es ja gar nicht um Aufklärung. Die Morde im Vatikan waren eine Katastrophe. Ging es – aus welchen Gründen auch immer – möglicherweise darum, polizeiliche Ermittlungen und einen Prozess zu beenden, bevor er noch beginnen konnte? Wurde Cédric Tornay deshalb so rasch zum Täter gestempelt, und zwar von der zweithöchsten Autorität, dem Vatikan? Einen Toten konnte man trefflich beschuldigen und ihm für alle Zeit die Verantwortung für ein Verbrechen zuschieben. In diesem Sinn hatte der Pressesprecher das Urteil über den Vizekorporal gesprochen.

Durch die Äußerungen von Navarro-Valls wurde die Aufklärung des Falles auf skandalöse Weise verhindert. Was war der Grund? Gehen wir einmal von der harmlosesten Erklärung aus: Der Pressesprecher und einige Mitglieder der Kurie waren schockiert und sahen den Riesenskandal vor sich, den die Morde im Vatikan in der ganzen Welt auslösen müssten. Ein gigantisches Heer an Journalisten würde über sie herfallen, unzählige Spekulationen und Gerüchte kämen in Umlauf. Wenn es wirklich nur dieser gewaltige Schock war, der sie dazu trieb, den Skandal zu beenden, noch bevor er Wellen schlagen konnte, indem sie rasch eine stichhaltige Erklärung zu liefern versuchten, dann haben sie mit ihrem ausgesprochen naiven und dilettantischen Verhalten genau das Gegenteil erreicht. Die Erklärung der Tat durch den Pressesprecher erfolgte einfach zu schnell, als wäre der Heilige Geist im Expresstempo über ihn gekommen. Die Leute um Navarro-Valls konnten aber nicht im Ernst damit rechnen, dass ihnen irgendjemand diese gnadenvolle Ausschüttung abnehmen würde. Begründete Zweifel an der Version des Vatikans ergaben sich auch aus den Herzlosigkeiten und Gemeinheiten, die ihnen gegenüber der Mutter von Cédric Tornay unterliefen. War das nur die taktlose Ungeschicklichkeit von Leuten, die sich in falsche Entscheidungen verrannt hatten und nun nicht mehr zurückkonnten? Festzuhalten bleibt, dass auch die harmlose Erklärung – die These von der schlichten Überforderung der Verantwortlichen –, den Eindruck einer versuchten Vertuschung macht.

Eine weitere Erklärung für die Vertuschung wurde diskutiert: Danach habe man möglicherweise verhindern wollen, dass sich als Hintergrund der Tat homosexuelle oder bisexuelle Neigungen herauskristallisierten. Diese These hat allerdings der Vatikan selbst später in Umlauf gebracht, um seine Version des Tathergangs zu stützen.

Die Art und Weise aber, wie diese Vertuschung ins Werk gesetzt wurde, ohne Rücksicht auf Glaubwürdigkeit und mit einer auf Autorität und Macht beruhenden Brutalität, weist eher darauf hin, dass hier etwas vor der Öffentlichkeit verborgen werden sollte, etwas, das weit schlimmer war als der angebliche Amoklauf Tornays. Anders ausgedrückt: Würde die Erklärung von Navarro-Valls der Wahrheit entsprechen, hätte es keinen Grund dafür gegeben, mit allen Mitteln externe polizeiliche Ermittlungen zu verhindern.

Was hatte man nicht alles getan, um eine professionelle Untersuchung zu unterbinden! Der Vatikan verfügt über kein kriminaltechnisches Labor und keine Ermittler mit kriminalpolizeilicher Ausbildung. In Kriminalfällen wird normalerweise die römische Polizei um Hilfe gebeten – hier aber wurde sie konsequent vom Tatort fern gehalten. Der italienische Innenminister Giorgio Napolitano stellte am 6. Mai 1998 klar: »Der Vatikan hat die italienische Regierung in keiner Form um Unterstützung gebeten und ohne eine entsprechende Anfrage werden weder Polizei noch Justiz tätig. Wir sind in keiner Weise beteiligt.« (Discepoli di Verità)

Schließlich wurde ein Richter, der im Vatikan als Einzelrichter wirkte, mit der Leitung der Ermittlungen beauftragt. Er war zwar in Kriminalfällen unerfahren, kannte sich dafür aber im Kirchenrecht aus. Dass man Fachleuten einen Vertrauensmann vorzog, ist schon nicht gerade unverdächtig, zumal es sich um einen komplizierten Fall handelte. Doch in diesem Stil ging es weiter: Zwei im ehrenamtlichen Dienst für den Vatikan ergraute Gerichtsmediziner, die Professoren Giovanni Arcudi und Piero Fucci, führten sowohl die ballistischen Untersuchungen als auch die Rekonstruktion des Tathergangs durch. Selbst bei größtem Vertrauen in die breit angelegten Interessen und Talente eines Mediziners stellt sich damit doch die Frage, was diese Herren in die Lage versetzt haben soll, kriminaltechnische und ballistische Untersuchungen an Schusswaffen vorzunehmen. Diese Untersuchungen fanden im Übrigen erst vier Tage später statt.

Nach Bekanntwerden des Verbrechens tummelten sich ab 21.30 Uhr die unterschiedlichsten Leute am Tatort: Navarro-Valls, Monsignore Giovanni Battista Re, der Leiter der Abteilung für Allgemeine Angelegenheiten des Staatsekretariats – er ist so etwas wie der Kanzleramtsminister in Deutschland –, dessen Mitarbeiter Pedro Lopez Quintana, der Generalinspekteur der vatikanischen Polizei, und sein Stellvertreter Raoul Bonarelli – um nur die wichtigsten zu nennen. Mit anderen Worten, man trat sich gegenseitig fast die Füße platt an einem ungesicherten, sprich nicht untersuchten Tatort. Der bestellte Untersuchungsrichter Gianluigi Morrone traf gegen 22 Uhr ein – als Letzter. Eigentlich hätte er entweder in Ohnmacht fallen oder die ganze Gesellschaft an die Luft setzten müssen, die aus mangelnder Professionalität schon unabsichtlich Beweismittel und Spuren vernichtet oder überformt hatte.

In der Diskussion der folgenden Monate würde es immer wieder um ein viertes Glas gehen, das auf dem Tisch gestanden haben soll und das jemand verschwinden ließ. Und auch die ballistischen Untersuchungen der vielseitig begabten Professoren dürften nicht zuletzt deshalb sehr fragwürdig sein, weil die Lage der Leichen bereits vor den Ermittlungen von irgendjemandem verändert wurde. Nach diesem Auflauf am Tatort stimmte natürlich dort nichts mehr, so dass schon von daher alle Ergebnisse mit Vorsicht zu genießen sind.

Schließlich tauchte ein Abschiedsbrief von Tornay an seine Mutter auf, doch hier konnte es wieder nicht ein einfacher Brief sein: Er liegt nämlich in zwei Versionen vor, einmal handschriftlich und dann mit der Maschine getippt. In der maschinenschriftlichen Version, die aus dem Vatikan an die Öffentlichkeit drang, verwechselte der Schreiber den Namen von Cédrics Schwester Melinda, die in jener Fassung plötzlich zu Melissa wurde. Es mag sein, dass jemand im Vatikan den handschriftlichen Brief schnell abgetippt hat und dass ihm dabei der Fehler unterlief. Anders als im getippten Schreiben verabschiedet sich

Cédric im handschriftlichen Brief von seinen Schwestern, nicht aber von seinen Brüdern. Von Cédrics Mutter beauftragte Graphologen schließlich stellten fest, dass die Handschrift gefälscht sei.

Aber selbst wenn der Brief echt ist, weist der Wortlaut noch längst nicht auf einen Mord hin. Navarro-Valls hatte die Tat als einen Mord im Affekt, als einen Anfall von Wahnsinn benannt. Nur, was ist das für eine Handlung im Affekt, bei dem man sich erst einmal hinsetzt und einen Brief verfasst? Ein affektus interruptus?

Der Vatikan veröffentlichte Auszüge aus dem Untersuchungsbericht, die aber mehr Fragen aufwerfen als beantworten. Ein Motiv ist darin nicht zu entdecken, dafür findet sich die dreist vorgetragene These: »Professor Arcudi und Professor Fucci hatten bereits bemerkt, dass die schnelle Folge, in der Tornay die Schüsse abgab, ein Indiz dafür ist, dass der Vizekorporal von einem Anfall von Wahnsinn, einer akuten mentalen Kurzschlussreaktion übermannt wurde, die ihm vollständig oder zumindest in beträchtlichem Maß jegliche Fähigkeit zur Selbstbeherrschung nahm.« (Discepoli di Verità) Das war aber nicht Fuccis und Arcudis originäre Feststellung, sondern genau die Erklärung, die Navarro-Valls bereits zwei Stunden nach Entdeckung der Tat der Presse vortrug. Ein Schelm, wer Arges dabei denkt. Die rasche Abfolge der Schüsse kann im Übrigen genauso gut auf einen Profi hinweisen, der einen Auftragsmord oder eine »Hinrichtung« erledigte.

Die Autopsie, die Gerichtsmediziner der Universität Lausanne 2002 vornahmen, warf viele neue Fragen auf, zumal sie der römischen Obduktion widersprach. Ein wichtiges Ergebnis bestand darin, dass der Schuss, mit dem sich Cédric Tornay »in einem Anfall von Wahnsinn« getötet haben soll, nicht aus seiner Dienstwaffe, einer neun Millimeter Sauer, stammte. Aus der Größe des Austrittslochs der Kugel am Schädel von Tornay schlossen die Mediziner, dass er durch eine Waffe mit einem

Kaliber von sieben Millimeter erschossen worden sein musste. Damit nicht genug: Nach dem Eintrittswinkel der Kugel musste der Schuss von oben erfolgt sein und nicht von unten, wie es die Selbstmordtheorie vorgab. Nach dieser war Cédric Tornay in die Knie gegangen und hatte sich den Pistolenlauf in den Mund gesteckt.

Aufgrund von Blut in der Lunge schließlich kamen die Schweizer Gerichtsmediziner zu dem Ergebnis, dass sich Tornay durch einen Schlag auf den Kopf im Koma befand, als er erschossen wurde. Denn das Blut stammte vom Bruch des Felsenbeines an der Schläfe. Die ausgeschlagenen Zähne weisen darauf hin, dass ihm die Waffe mit Gewalt in den Mund geschoben wurde. Der vatikanische Sanitätsdienst schrieb nach der Obduktion der Leiche am 5. Mai 1998, Cédric Tornay sei »am 4. Mai 1998 zwischen 20.30 Uhr und 21 Uhr infolge einer Schussverletzung« gestorben. Laut Kommuniqué trat der Tod der Estermanns kurz nach 21 Uhr ein. Es lässt sich also durchaus die seriöse These aufstellen, dass Tornay das erste Opfer war. Doch in diese Richtung wurde nie ermittelt, da ja von vornherein die »moralische Gewissheit« bestand.

Luigi Marinelli, Mitautor des Enthüllungsbuchs »Via col vento in Vaticano« (»Vom Winde verweht im Vatikan«, auf Deutsch erschienen unter dem Titel »Wir klagen an: zwanzig römische Prälaten über die dunklen Seiten des Vatikans«) schreibt: »Karrieristen und Freimaurer, wo man nur hinschaut im Vatikan. Das dürfen wir nicht länger hinnehmen.« Das zumindest ist erstaunlich, denn Katholiken ist es bereits seit 1738 verboten, Logenbruder zu werden, sogar bei Strafe der Exkommunikation. Papst Johannes Paul II. erinnerte in den achtziger Jahren noch einmal an dieses Verbot, um aller Welt zu demonstrieren, dass der Vatikan mit einer Freimaurerloge nichts zu tun haben kann, schon gar nicht mit der ins Gerede gekommenen P2.

Hat der mysteriöse Dreifachmord vielleicht doch einen anderen Hintergrund? Galt es einer freimaurerischen Verschwörung Paroli zu bieten? Der Großmeister der Loge *Grande Oriente d'Italia*, Giuliano Di Bernardo, hat sich bereits 1992 zu den Vorwürfen einer freimaurerischen Verschwörung geäußert: »Die Kräfte der katholischen Reaktion sind im Aufmarsch begriffen, sie ziehen ihre Truppen zusammen und attackieren die Logenbruderschaft. Aber warum wird stattdessen nicht darüber geredet, dass das *Opus Dei*, der katholische Integralismus, seine Krakenarme in die internationale Finanzwelt ausgestreckt hat? (...) Es gibt keinerlei Verschwörung der Logenbrüder, wenn es eine Verschwörung gibt, dann geht sie vom *Opus Dei* aus.« (Discepoli di Verità) Damit sind die entscheidenden Stichworte gefallen: Macht, Einfluss und Geld – in gewissem Sinn kann man die drei Begriffe auch gleichsetzen. Die nervösen Äußerungen deuten auf gigantische Verflechtungen hin und in der Tat auf Machtkämpfe.

Um uns nicht in den wirklich unüberschaubaren Verzweigungen zu verlieren, bleiben wir beim nackten Hauptstrang.

DIE FREIMAURERLOGE
PROPAGANDA DUE

Nach der italienischen Einigung und der Gründung des Königreiches Italien wurde 1887 in Rom die Freimaurerloge *Propaganda Due* (P2) gegründet, um gezielt der katholischen Agitation der Propaganda Fide entgegenzuwirken. Die Propaganda Fide oder auch Kongregation für die Verbreitung des Glaubens wurde 1622 gegründet, um gegen den Protestantismus zu kämpfen, und arbeitete eng mit dem Jesuiten-Orden zusammen. In dem jungen bürgerlichen Nationalstaat Italien kam Ende des 19. Jahrhunderts der Emanzipation des Bürgertums und des Staates vom kurialen Katholizismus, das heißt vom traditionellerweise großen Einfluss des Vatikans auf die Geschicke Italiens, eine bedeutende Rolle zu. Damit hatte die P2 nicht nur eine klare aufkläre-

rische Frontstellung, sie besaß auch ein fest umrissenes Ziel und
einen erklärten Gegner. Mussolini löste die Loge auf. Mit dem
Ende des Faschismus gründete Licio Gelli 1944 die Freimaurerloge P2 neu und wurde ihr »Meister vom Stuhl«. Zwar erkannte
die italienische Großloge *Grande Oriente d'Italia* die P2 nur sehr
zögernd an, doch die gute, alte *Freimaurerei* interessierte Gelli nur
wenig. Er sah sich vielmehr in der Tradition der ursprünglichen
P2 mit ihrem klaren Ziel und eindeutigen Feindbild. Das war für
ihn jedoch nicht mehr die katholische Kirche, sondern es waren
die Kommunisten, die in Italien immer mehr Geltung erlangten.

Jahrzehntelang bezeichneten einflussreiche Intellektuelle die
These, dass Moskau die kommunistischen Parteien in der kapi-
talistischen Welt mit Geldern versorgte, wie man eine fünfte Kolonne unterhält, als reaktionäre Hirngespinste. Jeder, der eine
hohe Meinung von seinem Intellekt und der Unabhängigkeit
seines Denkens hegte, lachte über derlei Vorstellungen. Doch
der Zusammenbruch des Kommunismus in der Sowjetunion öffnete die Archive und bewies, dass die kommunistische Weltbe-
wegung – übrigens auch die Friedensbewegung im Westen und
andere im linken Spektrum angesiedelte alternative Gruppen –
aus einem Fonds mitfinanziert wurden, in den alle sozialisti-
schen Länder einzahlten, die Sowjetunion mit der größten
Summe, dann folgte schon die DDR. Die erfolgreichsten kommunistischen Parteien in Westeuropa, die FKP in Frankreich
und die italienische IKP, erhielten das meiste Geld. Dem wollte
Licio Gelli entgegenwirken. Seine Idee bestand darin, den Staat
mit allen Mitteln zu unterwandern, um im Falle eines Wahlsiegs
der Kommunisten deren Regierungsübernahme durch einen Mi-
litärputsch zu verhindern.

Die P2 war von Anfang an ein Geheimbund mit einer eindeutigen politischen Zielsetzung, die mit den Mitteln der Verschwörung umgesetzt werden sollte. Zu diesem Zweck entwickelte
Gelli eine erstaunliche Aktivität: Durch Überzeugen, Überreden, durch Korruption, Lüge, Betrug und Erpressung wob er un-

ermüdlich ein dichtes Netz aus hochrangigen Persönlichkeiten aus Politik, Wirtschaft, Geheimdienst, Armee, Polizei, Justiz, Finanz und katholischen Prälaten. Er führte Akten über alles und jeden. Er war ein Meister der Erpressung und beherrschte das Spiel mit der Angst. Einem seiner engsten Gefährten, dem Journalisten Mino Pecorelli, gehörte eine überraschend gut funktionierende Ein-Mann-Nachrichtenagentur, der »Osservatore Politico«. Zum gegenseitigen Vorteil versorgte Gelli Pecorelli mit Informationen. Dessen Agentur stand trotz seines zweifelhaften Leumunds hoch im Kurs, weil er über wirklich erstklassige und exklusive Informationen verfügte. Der Journalist erlaubte sich keine Enten. Anderseits konnte Gelli durch gezielte Veröffentlichungen aus seinen schier unerschöpflichen Dossiers die öffentliche Meinung beeinflussen, Konkurrenten oder Abtrünnige ruinieren und Zweifelnde in Angst und Schrecken versetzen, was seinen Drohungen gewichtigen Nachdruck verlieh.

Die Großloge *Grande Oriente d'Italia* erkannte schließlich, dass Gellis Loge nicht die *Freimaurerei* betrieb, die ja auch in parteipolitischer Enthaltsamkeit besteht, und schloss 1976 die P2 aus der italienischen *Freimaurerei* aus. Doch das konnte Gelli egal sein. Er hatte inzwischen Zugang zu den exklusiven Kreisen und war weder auf Protektion noch auf einen Deckmantel angewiesen. Und seine P2 wuchs unaufhörlich. Eine Hausdurchsuchung bei Gelli förderte 1981 eine Mitgliederliste zu Tage, die 926 Logenbrüder verzeichnete, darunter die Führung der Geheimdienste und 44 Parlamentsabgeordnete. Unter den Mitgliedern waren auch Ehrenmänner der Mafia. Die Mafiosi kauften nicht nur Politiker, sondern hatten auch großes Interesse daran, mit seriösen Geschäftsleuten in Kontakt zu kommen, um ihre eigenen Geschäfte zu legalisieren und das schmutzige Geld beispielsweise aus dem Drogenhandel zu waschen. In den Logen der Freimaurer trafen sie gleich beide – Geschäftsleute wie Politiker.

Auf der einen Seite gelang es Gelli, über den Rechtsanwalt und Bankier Michele Sindona als Bindeglied sehr behutsam

»Onkel Giulio« Andreotti (mit Brille) mit seinem Freund und Statthalter in Sizilien, dem
mafianahen Salvo Lima.

Kontakte zur sizilianischen Mafia aufzubauen, auf der anderen
Seite knüpfte er enge Beziehungen zu dem Bankier Roberto
Calvi. Die Kontakte zur Mafia liefen auch über Politiker: Nach
den Recherchen von John Dicki fungierte der christdemokrati-
sche Politiker Salvo Lima als Kontaktmann zwischen der Mafia
und den politischen Kreisen in Rom um den italienischen Premierminister Giulio Andreotti, der in *Cosa-Nostra*-Kreisen angeblich »Onkel Giulio« hieß. Wegen des von der Mafia ausgeführ-
ten Mordes an einem Journalisten, der Onkel Giulio erpressen
wollte, wurde Andreotti vor Gericht gestellt. Der Staatsanwalt
schloss sein Plädoyer mit den Worten, Andreotti habe »in einem
düsteren Delirium der Macht einen Pakt mit der Mafia« geschlossen. Als er den Freispruch verkündete, den Andreotti
nur der Verjährungsfrist verdankte, sagte der Richter, Andreotti
müsse seine Taten vor der Geschichte verantworten. Onkel Giulio gab unbeeindruckt zurück: »In einem Gerichtsverfahren in-

Der in Bedrängnis geratende Finanzjongleur des Vatikans Paulus Marcinkus (links) im
Gespräch mit Papst Johannes Paul II.

teressiert mich nur das Ergebnis. Und das Ergebnis war in diesem Fall positiv. Was das Übrige angeht, Amen.« (Dicki)

Über Kontakte zu Andreotti verfügten die Mafia, Licio Gelli,
zunächst Sindona, dann auch Calvi und natürlich einflussreiche
Mitglieder der Kurie im Vatikan. Calvis Beziehungen zum Vatikan waren ebenfalls vorzüglich. Umberto Ortolani, ein persönlicher Freund von Papst Paul VI., gehörte der P2 an und kannte
seinen Logenbruder Roberto Calvi wiederum sehr gut. Als Sindona in einen veritablen Finanzskandal versank und sich nach
Amerika absetzte, sprang Calvi mit dem Banco Ambrosiano
ein und baute das Geschäft mit der Vatikanbank (IOR) aus.
Chef des Istituto per le Opere di Religione (Institut für religiöse
Werke) war damals der Erzbischof Paulus Marcinkus, der aus
Chicago in den Vatikan kam. Marcinkus hatte die Finanzen
rasch wieder im Griff, so dass man aus dem bedrohlichen Sin-
dona-Skandal mit einem blauen Auge hervorging.

Giorgio Ambrosoli deckte
die Machenschaften von
Marcinkus, Sindona und
Calvi auf und bezahlte seinen Mut mit dem Leben.

Auch Roberto Calvi funktionierte prächtig. In Kooperation
mit Marcinkus hatte er rasch über 200 Scheinfirmen gegründet,
ein unentwirrbares Konglomerat, ein Schattenreich aus Fiktion
und Halbwahrheiten, das kaum ein Prüfer der italienischen Ban-
kenaufsicht oder des Finanzministeriums überblickte. Kam
doch ein Ermittler dem permanenten Diebstahl Calvis auf die
Spur, wurde er entweder von Vorgesetzten behindert oder versetzt. Gegen den ehrlichen Ermittler wurde eine Rufmordkampagne gestartet, oder man brachte ihn gleich um wie den tadel-
losen, klugen Giorgio Ambrosoli, der als Konkursverwalter für
eine der Calvi'schen Scheinfirmen eingesetzt war. In engagierter
Detailarbeit war es ihm gelungen, dem »Bankier Gottes« auf die
Schliche zu kommen und das verfilzte Gespinst zu entwirren.
Nachdem Giorgio Ambrosoli seine Ermittlungsergebnisse
abgeliefert hatte, traf er kurz vor Mitternacht zu Hause ein.

Seine Frau hatte mit dem Essen auf ihn gewartet und winkte ihm
vom Fenster aus zu. Er winkte zurück, müde, aber erleichtert,
dass er diese große Aufgabe erledigt hatte. In diesem Moment,
als ihn eine große Ruhe überkommen haben muss, als er die sei-
dige Juliluft tief einsog, trat aus dem Dunkel der Killer Arico
und fragte: »Giorgio Ambrosoli?« Entspannt wie er war, antwortete er: »Ja.« Da trafen ihn schon aus nächster Nähe die Kugeln,
die seinen Brustkorb zerschmetterten. Ambrosoli war auf der
Stelle tot.

Am nächsten Morgen hob Arico 100000 US-Dollar von seinem Konto bei der Credit Suisse in Genf ab. Das Geld stammte
von einem Konto Sindonas bei der Banca del Gottardo in der
Schweiz, die Calvi gehörte. Alle größeren Probleme schienen
damit gelöst. Doch dann kam es zu einem ebenso störenden wie
verstörenden Ereignis: Die Kardinäle, die sich nach dem Tod
von Papst Paul VI. ins Konklave zurückgezogen hatten, wählten
Albino Luciano, der sich Johannes Paul I. nannte. Für Calvi
hätte es nicht schlimmer kommen können: Er kannte den neuen
Papst bereits aus Venedig und wusste, dass der freundliche Kardinal ein ehrlicher Mann von Prinzipien war.

Kaum trat Johannes Paul I. das hohe Amt an, fand er eine
Ausgabe des »Osservatore Politico« auf seinem Tisch. Der OP
veröffentlichte die Liste der Angehörigen der Kurie, die der vatikanischen Freimaurerloge angehörten, der Großloge *Ecclesia*.
Die Liste beeindruckte durch die Würdenträger, die zur Loge
gehörten. Unter anderem fanden sich dort auch die Namen von
Paulus Marcinkus und Pasquale Macchi, dem Sekretär Pauls VI.
Der Herausgeber des OP, Mino Pecorelli, hatte sich mit Gelli
überworfen und die Liste als Schuss vor den Bug abgedruckt,
denn er wollte seinen »Meister vom Stuhl« erpressen.

Daraus wurde zwar nichts, denn kurz darauf fand man Peco-
rellis Leiche, aber für Johannes Paul I. konnte es kein deutliche-
res Zeichen geben, dass es an der Zeit war, die Finanzangelegen-
heiten des Vatikans zu überprüfen und sich mit dem Problem

Der »lachende Papst«
Johannes Paul I., dessen
kurze Amtszeit von nur
33 Tagen bis heute Anlass
zu Spekulationen gibt.

einer vatikanischen Freimaurerloge zu beschäftigen, in das offenbar hohe Amtsträger der Kirche verstrickt waren, die wiederum Kontakte in die hohe Politik und nur Gott weiß wohin
noch unterhielten. Die Liste enthielt 121 Namen. Der Papst
nahm die Liste nicht für bare Münze. Er kannte die Kurie inzwischen gut genug, um zu wissen, dass mancher Name auch deshalb auftauchte, weil man dessen Träger ins Abseits manövrieren
wollte. Dennoch wurde ihm schlagartig bewusst, dass innerhalb
des Vatikans ein Geheimbund wirkte. Und die Frage der Finanzen wies eine enge Verquickung mit dem Problem der Geheimloge auf. Marcinkus spürte, dass man ihn kaltstellen wollte,
Calvi besprach sich unausgesetzt mit Gelli, denn nur ein Wunder konnte ihn jetzt noch retten, ein Wunder, das im plötzlichen

Tod des Papstes bestand. Und das Wunder trat ein, ob durch eifrige Gebete oder durch weltliche Mittel konnte nie festgestellt werden.

Nach einem reichlich kurzen Pontifikat von nur 33 Tagen wurde Papst Johannes Paul I. am Morgen tot in seinem Bett aufgefunden. Weil sein rasches Ableben vielen einflussreichen Leuten in der Politik, in der Mafia und in der P2 so sehr gelegen kam, verstummten die Gerüchte und Hypothesen nicht, dass man ihn vergiftet habe. Nachdem er mit seinen engsten Mitarbeitern zu Abend gegessen und ein Glas Wasser getrunken hatte, legte er sich am Abend des 28. September 1978 in sein Bett, um nicht mehr aufzuwachen.

Als neuer Pontifex maximus wurde der Pole Karol Wojtyła gewählt, der einen enormen Bedarf an Geld hatte, weil er die antikommunistische Bewegung in Osteuropa, besonders aber in Polen unterstützen wollte. Das rettete Calvi vorübergehend den Kopf. Doch das Finanzimperium stand auf gepumpten Füßen, und das Einzige, was für neue Kredite und frisches Geld sorgte, um den dringendsten Verpflichtungen nachzukommen, war die Bürgschaft der Vatikanbank.

Im Grunde folgte Roberto Calvi der Geschäftsidee, die Honoré de Balzac einst treffend karikiert hatte: Wenn eine Firma pleite ist, so empfiehlt der große Romancier, gründe man eine neue, um der alten Firma mit der neuen wieder aufzuhelfen. Das kann man eine Weile so fortsetzen. Genauso hatte Calvi das Imperium aufgebaut, das auf der einen Seite von der P2 und den Verbindungen und Kontakten Gellis gestützt wurde und auf der anderen Seite durch die moralische Autorität der katholischen Kirche über jeden Zweifel erhaben schien. Als Gegenleistung forderte der Vatikan von Roberto Calvi Geld und immer wieder Geld, das er aus dem geschäftlichen Kreislauf nehmen musste. Und nicht nur sie, auch Gelli hielt seine Riesenhände auf. Vermutlich saß noch ein dritter Partner – allerdings inkognito – mit am Tisch, und zwar die Mafia, genauer gesagt der Corleone-

Clan, der gerade die Macht in der *Cosa Nostra* übernommen hatte, also Toto Riina.

Dass einem Unternehmen, dem ständig operatives Geld entnommen wird und das selbst eigentlich kein Stammkapital besitzt, irgendwann die Luft ausgehen muss, ist eigentlich logisch. Roberto Calvi, den drohenden Zusammenbruch seines Imperiums vor Augen, wandte sich an den Vatikan um Hilfe, er lag Gelli in den Ohren. Dieser wusste jedoch, dass Calvi nicht mehr zu helfen war und beschäftigte sich nur noch mit seiner eigenen Rettung, damit die P2 und er selbst nicht mit in den Skandal hineingerissen wurden. Marcinkus erkannte, dass ihm der Boden unter den Füßen brannte und dass Calvi sich im freien Fall befand. Auch für ihn stellte sich das enorme Problem, zu verhindern, dass der Zusammenbruch den Vatikan mit in den finanziellen Abgrund riss. Denn der Vatikan bürgte für alle Kredite und Verbindlichkeiten von Calvis Finanzimperium.

Calvi hatte nur zu Recht, als er seiner Tochter sagte, dass die Priester den Petersplatz und jeden Stein des Petersdoms verkaufen könnten, es würde die Schuldenlast nicht decken. In seinen letzten Tagen muss Calvi gedacht haben, dass sie alle ein gemeinsames Problem hätten und dass sie dieses gemeinsame Problem auch zusammen lösen würden. Als er aber in einem kurzen Gespräch mit Onkel Giulio merkte, wie der alte Fuchs auf Distanz ging, dürfte ihm gedämmert haben, dass längst die Operation »Rette sich, wer kann« angelaufen war. Und in dieser katastrophalen Situation entschloss sich Calvi wohl dazu, einen kühnen Ausweg zu wagen.

IN HEILIGER HEIMLICHKEIT – DAS OPUS DEI

Unter dem neuen Papst breitete sich langsam, aber stetig eine neue Kraft aus, die über große finanzielle Möglichkeiten verfügte: Die Gründung des *Opus Dei* geht zurück auf eine Vision, die der junge Priester Josemaría Escrivá bei den Exerzitien im Madrider Vinzentinerinnenkloster hatte. Vollständig offenbarte ihm Gott seinen Willen. Escrivá erinnerte sich an diese Vision in der Rückschau: »Am 2. Oktober, dem Fest des heiligen Schutzengels – inzwischen sind fast vierzig Jahre vergangen –, zeigte der Herr seinen Willen, dass das *Opus Dei* entstehe, eine Mobilisierung von Christen, die bereit sind, sich mit Freuden für andere aufzuopfern, alle Wege des Menschen auf Erden zu vergöttlichen, jedes rechtschaffene Werk, jede redliche Arbeit und jede irdische Beschäftigung zu heiligen.« (Allen)

Das Symbol von *Opus Dei* ist ein einfaches Kreuz in einem Kreis. Es soll bedeuten, dass die Heiligung der Welt von innen heraus geschieht, aus der Heiligkeit des Menschen. Diese erlangt er nicht durch besondere spirituelle Übungen, sondern durch ein heiliges Verhalten noch in den kleinsten Dingen und Verrichtungen des Alltags. Der Mensch, der in der Welt ist, soll nicht aus ihr heraustreten, sondern selbst zum Heiligen werden, sozusagen ein Agent des Heiligen in der Welt. Die Heiligkeit, die im Menschen entsteht, begreift Escrivá als Licht, das aus diesem Menschen heraus in die Welt strahlt, in der er sich befindet.

Im *Opus Dei* gibt es die sogenannten Numerarier. Das sind Männer, und zwar ausschließlich, die in besonderen Siedlungen wohnen, den *Opus-Dei*-Zentren. Sie sind nicht verheiratet, sondern leben keusch, weil sie ein Zölibatsversprechen abgegeben haben – ihre Familie ist das *Opus Dei*. Ungefähr 20 Prozent der Mitglieder sind Numerarier, wie Navarro-Valls beispielsweise. Einige arbeiten ausschließlich für die Organisation, viele gehen weiter ihren bürgerlichen Berufen nach, kehren aber nach Feierabend zu »ihrer Familie« ins *Opus-Dei*-Zentrum zurück.

Daneben gibt es die Möglichkeit, Supernumerarier zu werden. Diese Mitglieder gehören dem »Werk Gottes« an, leben jedoch weiterhin mit Frau und Kindern zusammen. Von Anfang an hat sich *Opus Dei* darum bemüht, Honoratioren, hohe Offiziere, Politiker oder Wirtschaftsmagnaten für sich zu gewinnen, um so ein Netzwerk der Macht zu schaffen. Ungefähr 70 Prozent der geheimen Gesellschaft sind Supernumerarier, die sie mit beträchtlichen Summen unterstützen.

In einer zweiten Vision offenbarte Gott Escrivá nach eigener Auskunft, das Opus solle auch für Frauen zugänglich sein. So schuf er um 1930 einen Zweig der Organisation für das weibliche Geschlecht, das er bis dahin bei der Verheiligung etwas vernachlässigt hatte. Es verwundert nicht, dass Escrivás Gott den Frauen eine ausschließlich dienende Rolle zuwies.

Und da aller guten Dinge drei sind, suchte Gott seinen emsigen Diener Josemaría ein drittes Mal in einer Vision auf und teilte ihm mit, dass er sich nun, nachdem er bereits die Laien und die Frauen habe, eine Priesterorganisation wünsche. Jetzt kam alles Gute zusammen: Eine Laienorganisation, die eine Art inneres Mönchstum in sich trug, wurde komplettiert durch eine eigene Priesterorganisation. Damit konnte Escrivá zum einen nicht zum Orden gehörende Priester aus den Ordensangelegenheiten heraushalten und zum anderen überall in der katholischen Kirche und vor allem in der Kurie Gewährsleute platzieren, die seinen oder, allgemeiner, den Wünschen des *Opus Dei* in einer Art Kadavergehorsam entsprachen.

Numerarier können zu Priestern geweiht werden, die dann ausschließlich innerhalb des *Opus Dei* wirken. Daneben gehören der Priestergesellschaft noch etwa 2000 Diözesanpriester an. Die Mitglieder der Priestergesellschaft zum heiligen Kreuz, besonders die Diözesanpriester unter ihnen, gelten als streng geheim. Während in jüngster Zeit die Geheimhaltung bei den Numerariern und den Supernumerariern etwas gelockert wurde, bleibt die Liste der Mitglieder der Priestergesellschaft zum heiligen Kreuz unter Verschluss. Es steht zu vermuten, dass eine Veröffentlichung einem Schock gleichkäme, weil sie dokumentieren würde, wie weit es dem Orden seit dem Pontifikat von Johannes Paul II. gelungen ist, den Klerus zu unterwandern.

Dem Orden gehören weltweit 85 491 Mitglieder an, 1850 Priester, 2000 Diözesanpriester und 83 641 Laien. Die Zahlen stammen aus offiziellen Veröffentlichungen des *Opus Dei*, unabhängige Schätzungen gibt es nicht. Gut möglich, dass die Anzahl der Diözesanpriester wesentlich höher ist als vom Opus angegeben, denn sie sind es, die den Einfluss der Organisation in der katholischen Kirche festigen und ausweiten. Aufgrund der Geheimhaltung weiß man in der Regel nicht, ob der Priester, Prälat oder Bischof, der einem gegenübersitzt, im Neben-, pardon, Hauptberuf dieser Vereinigung angehört.

Als Johannes Paul II. das *Opus Dei* 1982 zu einer Personalprälatur erhob, war die Katastrophe perfekt. Damit konnte niemand mehr in der Kurie den Orden kontrollieren, denn nun hatte er den kirchenrechtlichen Status einer Diözese. Der Leiter stand fortan auf der Stufe eines Bischofs und war nur dem Papst und sonst niemanden gegenüber verantwortlich war.

Das Ziel von *Opus Dei* ist eine Verbreitung des katholischen Glaubens in einer Form, die manche als reaktionär bezeichnen würden. Im Mittelpunkt steht ein veraltetes Gesellschaftsbild, nach dem der Mensch schuldig ist. Besonders gilt das für die Frauen, die unter dem Mann stehen, der nur zum Heiligen werden kann, wenn er die Verunreinigungen, die Sünden der Welt abstreift. Lust, Neugier, körperlicher und intellektueller Genuss werden ersetzt durch Beten und Selbstgeißelungen, um das sündige Fleisch abzutöten. Die Geißelwerkzeuge würden selbst für einen Hardcore-Masochisten eine Herausforderung darstellen. Vornehmlich handelt es sich um eine Art Peitsche (Geißel), mit der man sich über die Schulter das Gesäß blutig peitschen kann, und einen Bußgürtel, der mit nach innen gerichteten Metalldornen gespickt ist und um die Oberschenkel geschnallt wird. Gesäß und Oberschenkel wurden wegen ihrer Empfindlichkeit für die Geißelung ausgewählt und natürlich auch, weil sie verhüllt sind und Fremde somit die Spuren der Kasteiung nicht entdecken können. Der Gott in Escrivás Visionen trug die Züge eines sado-masochistischen Gottes, in dessen Lebensregeln sich viele Christen nicht wiederfinden können.

Die beharrliche Aufklärungsarbeit in den letzten Jahrzehnten, auch die Wirkung von Büchern wie »Sakrileg«, bescherten dem *Opus Dei* ein so katastrophales Image, dass es listig ein wenig die Tür öffnete und sehr freundlich durch den Türspalt lächelte. John L. Allen, ein kritischer Katholik, der ein dickes Buch über die Organisation geschrieben hat, scheint diesem neuen Public-Relations-Charme des Ordens auf den Leim gegangen zu sein: Seiner Ansicht nach handelt es sich nicht um wirkliche Geheimhaltung. Reichlich naiv trägt er vor, *Opus Dei* könne keine Mitgliederlisten vorlegen, weil es selbst über keine verfüge. Wenn diese Vereinigung aber keinen Überblick über ihre Mitglieder besitzt, woher hat sie dann die veröffentlichten Zahlen? Mitglieder, von denen man nichts weiß, kann man auch nicht zählen. Ganz und gar beglückt zeigt sich der kritische Autor darüber, dass ihm so viele Numerarier und Supernumerarier Interviews gaben und sich auch zu ihrer Mitgliedschaft bekannten, ja mehr noch, die Pressestelle des Ordens verhielt sich ausgesprochen kooperativ bei der Vermittlung dieser Interviews. John L. Allen muss gespürt haben, dass man ihn am Nasenring seiner Objektivität auf den Weg des Werkes Gottes führte. Also interviewte er auch ein paar Aussteiger, die seltsamerweise recht positiv über die Personalprälatur sprachen. Wahrscheinlich half auch hier die Pressestelle des Ordens bei der Vermittlung der Gespräche. In Anbetracht der Geheimhaltung weiß man im Übrigen auch nicht mit Sicherheit, ob der ein oder andere Aussteiger nicht inzwischen wieder eingestiegen ist.

Infolge der kaum verbrämten Förderung durch Papst Johannes Paul II. wurden immer mehr *Opus-Dei*-Leute als Diözesanpriester im Vatikan tätig. Das blieb den Priestern, die der großen Freimaurerloge des Vatikans angehörten, nicht verborgen, und sie spürten die Gefahr, zumal der drohende Finanzskandal sie in die

Defensive zwang. Dass sich Roberto Calvi in dieser Situation ausgerechnet an das *Opus Dei* wandte, das, wie er wusste, über die finanziellen Möglichkeiten verfügte, um sein Imperium zu retten, dürfte sein Schicksal besiegelt haben.

Im September 1980 kam es zu einem Treffen zwischen dem Chef des militärischen Geheimdienstes Italiens (SISMI), General Santovito, und Kardinal Silvestrini, der rechten Hand des Kardinalstaatssekretärs Agostino Casaroli. Zum einen lief die Finanzierung der antikommunistischen Aktivitäten durch Marcinkus und Calvi der gesprächsoffenen Haltung Casarolis zuwider, zum anderen erkannte man, dass sich ein schwerer Finanzskandal anbahnte und die Dinge aus dem Ruder liefen. Santovito sollte Material besorgen, das Marcinkus belasten würde.

Trotz Verschleierung, trotz der Morde gab es immer noch Leute in der Finanzaufsicht, die nicht lockerließen. Nach beeideter Aussage von Roberto Calvis Frau Clara soll Johannes Paul II. ihm zugesichert haben, dass er die Neuordnung der Finanzen übernehmen könne, wenn er den Vatikan aus dem sich abzeichnenden Skandal heraushalten würde. Aber wie konnte er das schaffen? In diesem Moment brauchte Calvi den Vatikan wie nie im Leben. Doch der zog sich zurück, und niemand konnte sich an irgendwelche Absprachen erinnern. Und er war auf Gellis Verbindungen angewiesen. Aber der suchte dringend 80 Millionen US-Dollar für ein paar Waffengeschäfte, Geld, das er von Calvi wollte, das dieser aber nicht hatte.

Als die italienische Börsenaufsichtsbehörde Consob Roberto Calvi die verbindliche Auflage erteilte, die Aktionäre des Banco Ambrosiano offen zu legen und eine unabhängige Prüfung der Bücher ankündigte, sah sich Calvi am Ende. Keinen Monat später hing er unter der Blackfriars Bridge in London. Und der Skandal brach über Italien herein, über den die Regierung des Ministerpräsidenten Arnoldo Forlani stürzte. Die Untersuchungen deuteten an, welch dichtmaschiges Netz Licio Gelli für seine Verschwörung aus den Spitzen der italienischen Gesellschaft gewoben hatte. Gelli selbst zog inzwischen den Aufenthalt in Argentinien vor. Den »Selbstmord« an Calvi verübte höchstwahrscheinlich die Mafia, weil die Drogengelder der Corleone-Gruppe, die Calvi betreute, im Bankrott mit verbrannten. Damit hatte sich der Bankier als unzuverlässig erwiesen. Und wer in den Augen der Ehrenmänner unzuverlässig ist, muss sterben. Viele Hunde sind des Hasen Tod – im Moment des Bankrotts fand sich Calvi in einer Welt voller verärgerter Leute wieder, die sich plötzlich nicht mehr daran erinnern konnten, dass sie bewusst ein Risiko eingegangen waren und alle mitgespielt hatten.

Mit dem Zusammenbruch von Calvis Imperium aber schlug die Stunde des *Opus Dei*. Der Bankrott des Banco Ambrosiano offenbarte eine Schuldensumme von 1,3 Milliarden US-Dollar. In einem Geheimabkommen verpflichtete sich der Vatikan, 250 Millionen US-Dollar zu zahlen, um seinen Anteil an den Verbindlichkeiten den Gläubigern gegenüber zu begleichen. Dass der Vatikan bei Lichte besehen so glimpflich davonkam, verdankte er den vielen guten Kontakten, die er besaß. Das Geld stellte das *Opus Dei* zur Verfügung, das dafür in den Rang einer Personalprälatur erhoben wurde. Nach den Angaben der Discepoli de verità gewann das *Opus Dei* nun zunehmend an Einfluss, und es brach ein erbitterter Machtkampf um die führenden Positionen im Vatikan aus. Schließlich geht es um nichts Geringeres als um die Führung der Weltkirche, um die politische und theologische Linie, die für zwei Milliarden Menschen auf der Welt bindend ist. Und das *Opus Dei* agiert ebenso geheim wie die klerikalen Logenbrüder. Traditionell kontrollieren die Freimaurer die vatikanische Verwaltung, die Polizeitruppe des Vatikanstaats und den vatikanischen Geheimdienst.

»MORALISCHE GEWISSHEIT«
ODER DIE FAKTISCHE WAHRHEIT
IM FALL ESTERMANN

Auch der Papst kann nur aufgrund von Berichten und Einschätzungen entscheiden. Dazu muss er informiert werden. Wer also »das Ohr des Papstes« besitzt, hat entscheidenden Einfluss auf die päpstliche Politik. Das *Opus Dei* eroberte die Pressestelle. Nach der Bereitstellung der Gelder, mit der sich der Vatikan aus dem Skandal freikaufte, übernahm es die Finanzaufsicht, also die Kontrolle und Gestaltung der Finanzpolitik des Vatikans. Und nun streckte es nach den Angaben der Discepoli de verità die Hände nach der Schweizergarde aus.

Der Plan bestand aus zwei Stufen. Die erste Stufe hatte zum Ziel, den Kommandanten der Schweizergarde zu stellen und die Garde dann in einem zweiten Schritt zu einem Spezialkorps umzubauen, das Polizei- und Geheimdienstaufgaben übernahm. Der Personenschutz des Papstes gehörte bereits zu den Aufgaben der Schweizergarde. Und auch das vermutliche *Opus-Dei*-Mitglied Alois Estermann war schon seit Jahren der Schattenmann des Papstes.

Nach dem Ausscheiden des letzten Kommandanten der Garde, Oberst Buchs, zogen sich die Querelen der Neubesetzung der Position monatelang hin. Die Logenbrüder, die Estermann als *Opus-Dei*-Mitglied zu verhindern suchten, kämpften zäh gegen die Gefolgsleute des Ordens an, die ihn durchsetzen wollten. In der Zeit vor, aber besonders nach dem Ausscheiden von Oberst Buchs kam es zu einem skandalösen Vorgang. Um die Neutralität der Garde zu gewährleisten, dürfen Orden und Vereinigungen unter ihnen keine Mitglieder werben. Das *Opus Dei* tat es mit Billigung von Estermann dennoch, man versuchte, Cédric Tornay und zwei weitere Kameraden zu werben. Als die drei jungen Männer sich eher reserviert gaben, sprach Estermann mit ihnen. Schließlich wurden sie nach Venezuela, der

Heimat von Estermanns Frau Gladys, in ein *Opus-Dei*-Camp geschickt. In dieser Zeit sagte Cédric am Telefon zu seiner Mutter, dass er Nachforschungen über das *Opus Dei* in der Schweizergarde anstelle.

Bis heute ist nicht bekannt, was in Venezuela ablief. Offenbar wurde Tornay bei seinen Nachforschungen von einem mysteriösen Priester unterstützt, der wohl sein Beichtvater war. In den Listen des Vatikans erscheint der französische Priester Yvan Bertorello, auch Padre Yvano genannt, nirgends. Man geht davon aus, dass Bertorello zum Geheimdienst des Vatikans gehörte und somit die Schmutzarbeit für die Logenbrüder erledigte. Allerdings tauchte er im Korps der Schweizergarde auf, als das *Opus Dei* mit seiner Werbung begann – der Krieg um die Schweizergrade hatte wohl angefangen. Während der Trauerfeierlichkeit für Cédric Tornay teilte Bertorello jedenfalls dessen Mutter Muguette Baudat unter Tränen mit, ihr Sohn sei umgebracht worden. Und da er das beweisen könne, schwebe er ebenfalls in Lebensgefahr. Mehr war von ihm nicht zu erfahren.

Bis heute gibt es keine Erklärung für den Dreifachmord. Selbst wenn die Version des Vatikans stimmte, ist sein Verhalten nicht nachzuvollziehen. Aus welchem Grund wird die Akkreditierung der Anwälte von Frau Baudat verweigert, was die formelle Voraussetzung dafür ist, dass Anwälte tätig werden können? Warum lehnt der Vatikan es ab, das Verfahren noch einmal aufzurollen, um die neuen Indizien und Beweise, die Cédric Tornays Mutter vorlegte, zu überprüfen? Frau Baudats Anwälte machten den Fall deshalb bei einem Schweizer Gericht anhängig. Während der Arbeit an diesem Buch lagen noch keine Ergebnisse vor.

In den eigenen Ermittlungen des Vatikans ging es immer nur darum, die »Spontanversion« von Navarro-Valls zu bestätigen – die Ergebnisse standen von vornherein fest. In Richtung der Estermanns gab es keinerlei Ermittlung, und der Möglichkeit,

dass Cédric Tornay das erste Opfer des Komplotts war, wurde
nie nachgegangen.

Der im Jahr 2005 eröffnete Prozess gegen den vermutlichen
Drahtzieher des Attentats auf Roberto Calvi, Pippo Calo, wurde
bis vor kurzem ausgesetzt, weil immer wieder neue Anträge ein-
gebracht werden, die offensichtlich den Fortgang des Prozesses
behindern sollen. Kommt Zeit, kommt Rat. Es sieht so aus, als
ob bewährte Verbindungen weiterhin eine Aufklärung zu verhindern suchen. Zumindest nehmen die italienischen Medien,
warum auch immer, wenig Anteil an dem Prozess. Die Zeugenaussagen widersprechen sich, zumal die Ereignisse bereits über
20 Jahre zurückliegen. Interessant allerdings ist die Aussage von
Carlo, Roberto Calvis Sohn, der sich erinnerte, dass sein Vater
von Andreotti persönlich bedroht worden war. Roberto Calvi
habe diese Drohung als Morddrohung verstanden.

Ebenso scheint es, dass das *Opus Dei* in dem Machtkampf
im Vatikan entscheidend vorangekommen ist. Auch wenn diese
Organisation darum bemüht ist, ihr Image zu verbessern, bleibt
sie im Kern eine Geheimgesellschaft, die sich einen Hauch von
Offenheit erlaubt. Doch zu viel Licht kann auch blenden. Was
steht nicht alles auf dem Spiel: Es geht um sehr viel Macht und
um sehr viel Geld. Und wo Macht ist, da ist auch Machtmiss-
brauch. Macht entsteht aus Netzwerken. Es geht darum, mit
Hilfe dieser Netzwerke in die verschiedenen Bereiche des öffentlichen Lebens einzudringen und in ihnen ein Klima zu erzeu-
gen, das den eigenen Bestrebungen entgegenkommt. Das ist an
sich nichts Besonderes, so verhalten sich auch Parteien. Aber
Parteien sagen, wer sie sind und was sie wollen. Geheime Bünde
aber agieren über geheime Mitglieder in Gremien und an wichtigen Positionen. Wer sind sie? Gibt es sie wirklich, die Verschwörung der Freimaurer?

LEBEN IN EINER ERFUNDENEN
WELT – DIE PRIEURÉ DE SION

Nichts ist spannender als die Wahrheit. Die Wahrheit um die
Prieuré de Sion erzählt weit mehr über die Funktionsweise von Geheimbünden und ist als menschliches Drama weit packender als
die willkürliche Vermischung von Templerlegenden und der Geschichte des frühen Mittelalters, die am Ende noch die gute Maria Magdalena post mortem mit Jesus Christus verheiratet, leider
aber darüber schwieg, ob in erster oder in zweiter Ehe. Um nicht
missverstanden zu werden, bei Dan Brown, der einen Roman
verfasste, also eine erfundene Geschichte, ist diese Spekulation
höchst vergnüglich – bei Leuten, die es als Wahrheit ausgeben,
wird es nur ärgerlich.

Im Grunde begann alles mit einem jungen Mann, der aus
dürftigen Verhältnissen stammte, jedoch einen großen Ehrgeiz
besaß, verbunden mit einer erstaunlichen Geltungssucht. Den
Mangel an Bildung sollte seine große Phantasie ausgleichen,
eine Phantasie, der er zeit seines Lebens erlag. Setzte sie zum
Flug an, verwandelte sich Pierre zum rechtmäßigen König von
Frankreich. Es war ein wenig wie bei Harry Potter, der bei seinen
Verwandten gedemütigt wird, aber im Reich der Phantasie – in
»Wirklichkeit« also – ein großer Zauberer ist.

Pierre Plantard wurde 1920 als Sohn eines Butlers in Paris geboren. Als der Vater bei einem Arbeitsunfall ums Leben kam,
musste die Mutter sich und ihren Sohn mit ihrer Witwenrente
und mit Gelegenheitsjobs als Köchin durchbringen. Der junge
Mann erreichte keinen Universitätsabschluss und nach welcher
Klasse er die Schule verließ, ist nicht belegt. Sicher ist nur,
dass er mit 17 der Schule den Rücken kehrte und eigentlich mit
einer Berufsausbildung hätte beginnen müssen. Stattdessen beschäftigte er sich mit der Gründung von Vereinigungen und der
Herausgabe von Zeitschriften.

Zunächst rief er katholische Jugendorganisationen ins Leben

und organisierte Feriencamps. Er schaffte es sogar, auf einer Veranstaltung zu sprechen und ein paar junge Leute um sich zu scharen, die er vermutlich im Camp kennen lernte und die nur zu gern ihrem Leben eine höhere Bedeutung verliehen hätten. In den Polizeiberichten über diese jungen, um das Jahr 1920 geborenen Menschen findet sich nur der trockene Vermerk, sie seien unauffällig und es liege polizeilich nichts gegen sie vor. Über Plantard schrieb der Verfasser des Berichts, er gebe sich zwar als Journalist aus, habe aber eigentlich nichts gelernt.

Vom Milieu her war man katholisch, autoritätsgläubig und wohl eher antisemitisch. Zunächst gründete Plantard, der sich Anfang der vierziger Jahre auch Varran de Verestra nannte, eine Vereinigung mit dem Namen *Renovation Nationale Française*, in der es um Sport und Bildung für die Jugendlichen zur Wiedergeburt der französischen Nation ging. Der Titel der Vereinigung erinnerte nicht zufällig an den Namen der rechtsnationalistischen Action Française. Frankreichs Reinigung und Wiedergeburt wollte Monsieur Plantard durch Antisemitismus, Anti-*Freimaurertum* und Katholizismus erreichen. Deshalb beantragte er auch, das Haus eines jüdischen Exilanten übernehmen zu dürfen.

Die Idee von der freimaurerisch-jüdischen Weltverschwörung war nicht sonderlich originell, gehörte aber in diesen Tagen zum festen Bestandteil der Ansichten nicht weniger Menschen. Der edle Varran de Verestra schrieb sogar zwei Briefe an den Regierungschef des unbesetzten Frankreichs, an Marschall Petain, und drängte ihn zum Handeln. Pierre Plantard wusste mit Bestimmtheit, dass der freimaurerisch-jüdische-gaullistische Putsch kurz bevorstand. Doch der eifrige Warner hatte auch eine gute Nachricht: Er konnte Petain hundert kampferfahrene Ritter zur Verfügung stellen, die sich für Frankreich aufopfern würden. Diesen Brief schrieb der knapp zwanzigjährige Jüngling, der weder Wehr- noch Kriegsdienst geleistet hatte, an einen ergrauten Marschall, der als Offizier am Ersten Weltkrieg teilgenommen hatte. Eine Antwort bekam Plantard alias de Verestra nicht, wie zu allem Überfluss die deutsche Besatzungsmacht die Gründung der Vereinigung nicht genehmigte. Welches Interesse sollten die Deutschen auch an der Wiedergeburt der französischen Nation haben?

Die deutsche Besatzung hatte Paris kaum verlassen, die französischen Truppen noch nicht richtig Quartier gemacht, da schritt Pierre Athanase Marie Plantard zur Gründung eines »Grand ordre«, eines Großen Ordens mit Namen *Alpha Galates*. Plantard hieß nun nicht mehr Varran de Verestra, sondern Pierre von Frankreich. Der Orden sah sich in der Tradition der Druiden und berief sich auf die »Ersten Gallier«. Der Gründung war zwar kein Erfolg beschieden, aber Pierre Plantard wusste nun, dass er eine bedeutende Rolle als Ritter in der französischen Geschichte zu spielen hatte. Die Devise des Ordens lautete »Ehre und Vaterland«. Plantard, das heißt Pierre von Frankreich, ging ins Hochsavoyen in die kleine Stadt Annemasse und verdingte sich als technischer Zeichner. Seit 1948 war er verheiratet und hatte eine Tochter. Wahrscheinlich verließ er Paris, um in der Provinz eine neues Leben anzufangen und sich als treusorgender Familienvater in eine (klein-)bürgerliche Existenz hineinzufinden. Aber dabei war ihm einiges im Wege: seine überbordende Phantasie, seine maßlose Geltungssucht und das unbesiegbare Gefühl, zu Höherem berufen zu sein.

Die Katastrophe brach über ihn hinein, als er wegen Betrugs für sechs Monate ins Gefängnis wanderte. Seine Ehe scheiterte und wurde geschieden. Nun war er wieder frei, frei für seine Aufgabe. Am 7. Mai 1956 gründete er mit seinem Freund André Bonhomme einen Verein. Da sie ihn auf einem nahe gelegenen Berg, der Mont Sion hieß, ins Leben riefen, nannten sie ihn *Prieuré de Sion*. Plantard, der Einfluss gewinnen wollte, schlug vor, eine kleine Zeitschrift herauszugeben, die sie »Circuit« nannten. Verein und Zeitung hatten nur insofern etwas mit dem Rittertum zu tun, als die Gründung einer gutgemeinten Donquichotterie gleichkam. Ansonsten verschrieben sich die Mitglieder

dem Kampf gegen Bauspekulanten, verteidigten Billigwohnun-
gen und unterstützen die Oppositionspolitiker der Region.

In anderer Hinsicht bedeutete dieser Verein für Plantard etwas Unschätzbares: Er schenkte ihm die Idee eines Ritterordens.
Nicht eines solchen wie seiner frühen Gründung *Alpha Galates*,
die ihn zu einem modernen Asterix machte, sondern eines regelrechten Kreuzritterordens. Dieser Orden war in seinem Kopf fix
und fertig, nun fehlte nur noch sein Zweck. Und auch der fand
sich, der hatte nämlich mit ihm selbst zu tun, mit Pierre von
Frankreich, dem letzten Nachkommen der Merowinger.

Für das Abendland sind das Geschlecht der Merowinger von
nicht zu überschätzender Bedeutung, schuf doch Chlodwig den
fränkischen Staat und konvertierte zum katholischen Christentum. Damit war das abendländische Europa geschaffen. Die
Merowinger erlahmten als Geschlecht und wurden von ihren
Verwaltern, den sogenannten Hausmeiern, aus den Machtposi-
tionen verdrängt.

Plantards Augen müssen geleuchtet haben, als er entdeckte,
dass sich hier eine Verbindung zu einer anderen großen Legende
ergab, zu den Templern nämlich. Denn die Hausmeier, die zu
Königen wurden, kamen aus dem Geschlecht der Karpetinger.
Und der vorletzte Karpetinger, Philipp der Schöne, hatte die
Templer verfolgt, verboten, auf den Scheiterhaufen geschickt
und enteignet. Die Frage, weshalb dieser starke Orden wie eine
morsche Festung in sich zusammengefallen war, beschäftigte von
jeher die Forschung. Und Plantard kannte die Lösung! Weil sie
nicht der eigentliche Orden waren, weil ihr Geheimnis in einem
noch viel geheimeren Orden bestand, der *Prieuré de Sion*, die es
sich zur Aufgabe gemacht hatten, die Nachkommen der Merowinger, die rechtmäßigen Könige Frankreichs, zu beschützen.
Und der letzte Merowinger, das war natürlich er selbst, Pierre de
France.

In der Folgezeit deponierte Plantard anonym geheime Dossiers in der Nationalbibliothek in Paris, die unter anderem die

vollständige Liste der Großmeister der *Prieuré de Sion* enthielt.
Die Liste beeindruckt in der Konsequenz, mit der sie sich selbst
ad absurdum führt. Dem Orden sollen vorgestanden haben:
der Pariser Okkultist Nicolas Flamel, der Magier und Prophet
Nostradamus, der Alchemist Robert Fludd, der deutsche Pietist
Johann Valentin Andreae, Isaac Newton und der wackere Frei-
maurer Charles Radclyffe, die Schriftsteller Charles Nodier und
Victor Hugo und der Komponist Claude Debussy. Leonardo da
Vinci zählte auch zur Ahnengalerie und Plantards Vorgänger im
Amt war der Dichter Jean Cocteau.

Was Plantard nicht einfiel, fügten die beiden Schriftsteller
Gérard de Sède und Philippe de Chérisey hinzu, nämlich die Legende um den sagenhaften Schatz, der in der Kirche in Rennes-
le-Château von dem seltsamen Abbé Saunière gefunden worden
sein sollte und der nur der Schatz der Templer sein konnte. De
Sède ergänzte, dass dies nicht nur der Schatz der Templer, sondern auch der des salomonischen Tempels gewesen sein musste,
nämlich der Heilige Gral, den jene wackeren Ritter nach Frankreich gebracht hatten.

Man muss dabei bedenken, dass die Gegend um Rennes-le-
Château zu den geheimnisumwittertsten Regionen Frankreichs
gehört. Die Templer hatten hier ihre Besitztümer, und in dieser
Landschaft entstanden die großen Ketzerbewegungen des Mittelalters. Die Albigenser und Katharer waren Esoteriker, Mystiker und bezüglich der Mystik verwandt mit den *Rosenkreuzern*.

Über die Geschichte des Schatzes von Rennes-le-Château
existieren so viele Varianten, wie es Esoteriker und britische
Fernsehleute gibt. Letztere kamen auf die famose Idee, das französische Wort »sangral« (von »sang real«, königlichem Blut), das
auch als Bezeichnung für den Heiligen Gral – San Gral – auftaucht, sei ein Hinweis darauf, dass der Gral das heilige Blut ent-
hielte, also das Blut von Jesus Christus. Von dieser Idee bis zum
Phantom der Blutlinie war es dann nur noch ein kleiner Schritt.
Aus ihrer Jugend hatten die britischen Fernsehleute noch sehr

gut die Empörung über Martin Scorseses Film »Die letzte Versuchung Christi« in Erinnerung, in dem Jesus mit Maria Magdalena eine Familie gründete. Der Film schlug damals hohe Wellen und löste einen Skandal erster Güte aus, mit katholischen
Demonstrationen vor Kinos, in denen der Film lief, Bannworte
des Papstes, auch Zerstörungen von Kinos und Filmrollen kamen vor. Und nun hatten die englischen Autoren, denen bei der
reichlich kruden Geschichte von der Nachkommenschaft der
Templer und dem mysteriösen Schatz von Rennes-le-Chateâu
noch das aufregende Moment fehlte, die Essenz, die aus dem
biederen Gebräu die Höllentinktur machte. Hier war es, das ver-
kaufsträchtige skandalöse Element, das dem Ganzen erst die
richtige Würze verlieh: Jesus Christus zeugte mit Maria Magdalena Kinder, die sie nach dem Tod ihres Ehemanns – warum
auch immer – nach Frankreich brachte und dort das Geschlecht
der Merowinger begründete, indem sie die Nachkommenschaft
Jesu vollzog. So wurden die Eheleute Jesus Christus und Maria
Magdalena-Christus zu Stammvater und Stammmutter der fränkischen Merowinger kurzgeschlossen. Diese als Merowinger ver-
kleideten, in direkter Linie von Jesus Christus abstammenden
Nachkommen wurden zum lebendigen Gral, denn in ihren Adern
sprudelte das Blut des Messias.

Nach dieser Theorie nun war der gute Pierre nicht nur der
letzte Nachkomme des letzten Merowingerkönigs Dagoberts II.,
sondern auch der Urenkel von Jesus Christus. Folgt man den
Theorien der britischen Fernsehautoren Baigent, Lincoln und
Leigh muss man in der Tat fast daran glauben, dass Pierre Athanase Marie Plantard ein direkter Nachkomme von Jesus Christus war, denn auch bei ihm passen die Details perfekt, verstarb
er doch im Jahr 2000. Es konnte doch kein Zufall sein, dass Jesus
Christus junior alias Plantard im heiligen Jahr heimkehrt zum
Vater, 2000 Jahre nach der Kreuzigung seines Urahns. Und dass
er offiziell nur der Sohn eines Butlers war – wen kann das ver-
unsichern, war der juristische Vater von Jesus doch auch ein

Zimmermann und Maria eine Magd wie Plantards Mutter eine Köchin. Kaum jemand in der Welt außer Baigent, Lincoln und Leigh, nicht einmal der Papst oder Plantard selbst haben das gewusst. Man mag sich mit großem Vergnügen trefflich in die Irrgärten dieser Spekulationen verlieren, mit der Wirklichkeit des Lebens oder der Geschichte haben sie nichts zu tun. Mit einem Wort, historisch gesehen sind sie horrender Unfug.

Das Problem dieser Spekulationen, die gern als Theorien posieren, besteht darin, dass sie jegliche historische Einordnung, jedes Wissen über historische Prozesse vermeiden und sich ausschließlich mit der Kombination von Phänomenen beschäftigen. Auf dieser Grundlage lässt sich alles behaupten und scheinbar beweisen, weil der Zirkelschluss immer zwingend ist. Würde man für Jesus in der Reihenfolge der Blutlinie die Marsmännchen setzen, ginge die Gleichung genauso auf. Dann hätten die Außerirdischen den Schatz versteckt, die *Prieuré de Sion* würde die Nachkommen der Außerirdischen bewachen, die von der Kirche verfolgt würden, denn schließlich besäßen die Außerirdischen den Beweis dafür, dass es keinen Gott gäbe und damit die Existenz der Kirche in Frage stellen und so weiter und so fort.

Bevor man über die Wahrscheinlichkeit der Blutlinie spekuliert, stellt sich die Frage nach ihrer biologischen Wahrscheinlichkeit, nach ihrem theologischen Sinn und ihrem historischen Zweck. Die gesamte Geschichte der Menschheit besteht aus dem Aufsteigen von Geschlechtern und deren Niedergang, nachdem sie für eine kürzere oder längere Zeit die Bühne beherrschten. Man muss sich nur einmal das Desinteresse der Österreicher an ihrer legitimen Dynastie, den Habsburgern, anschauen, die wenigstens allseits bekannt sind, um den Nutzen eines geheimen und beschützten Abkömmlings einer vor 1300 Jahren untergegangenen Familie ermessen zu können. Wenn wirklich morgen ein Nachfahre Dagoberts an die Öffentlichkeit träte, würde das einen Eindruck auf die französische Republik machen? Allerdings ist der Traum von der Wiederkehr des guten

Königs so alt wie die Herrschaft. Man erinnere sich nur an die
Sage um Friedrich Barbarossa, der im Kyffhäuser ruht und eines
Tages zurückkehren wird, um Deutschland zu retten. Oder an
den Legendenkreis um den Zaren Dimitri in Russland. Es gibt
keinen einzigen einsehbaren Grund, warum ein geheimer Ritterorden die Abkömmlinge einer untergegangenen Dynastie beschützen sollte.

Theologisch gesehen sind wir alle Kinder Gottes und feiern
in der Messe die mystische Gemeinschaft. Glauben wir an
Christus, dann stammen wir auch alle von Christus ab. Theologisch wäre die Blutlinie eine reine Doppelung. Biologisch gesehen wäre in den vergangenen 2000 Jahren das Blut durch Heirat so »verdünnt« worden, hätte sich der genetische Cocktail so
oft gemischt, dass kaum mehr etwas vom göttlichen Saft übrig
geblieben sein dürfte – es sei denn, man hätte streng auf inzes-
tuöse Beziehungen geachtet, was ja dann auch eine Aufgabe der
Prieuré de Sion gewesen sein könnte. Aber warum hätten kluge
Männer sich darum kümmern sollen, die Nachkommen einer
Familie zu beschützen? Zu welchem Zeck? Was war das Ziel?

Alle Geheimgesellschaften aller Zeiten schufen sich zum
Zweck der Legitimation eine Legende. Mit der *Prieuré de Sion*
haben wir es aber am Ausgang des 20. Jahrhunderts zum ersten
Mal mit der Legende einer Geheimgesellschaft ohne Geheimgesellschaft zu tun. Die *Prieuré de Sion* als Geheimbund hat es in
der Realität nie gegeben, als Fiktion allerdings. Als Plantard, um
seinem behaupteten Bund Glaubwürdigkeit zu verleihen, die
Namen bekannter Persönlichkeiten durchblicken ließ, kam es
zum Offenbarungseid. Angeblich gehörte der Unternehmer Ro-
ger-Patrice Pelat dem Orden an. Als die Kriminalpolizei dessen
Leiche entdeckte, wurde Plantard am Quai des Orfèvres ver-
nommen. Ohne es zu wollen, war der Hochstapler in eine hand-
feste politische Affäre geraten.

Pelat nämlich unterhielt freundschaftliche Beziehungen zu
Präsident Mitterrand und dessen ehemaligem Premierminister

Pierre Bérégovoy. Der Unternehmer hatte Bérégovoy einen zins-
losen Kredit gewährt. Als das herauskam, brach die Affäre aus,
und man ahnte, dass dies nur die Spitze des Eisbergs war. Im
Grunde wurde die gesamte Geschichte nie aufgeklärt, Tatsache
ist aber, dass einige Leute im Umfeld Mitterrands zu dieser Zeit
unter mysteriösen Umständen umkamen: Pelat, Bérégovoy,
François Grossouvre, ein Vertrauter des Präsidenten, und Pierre-
Yves Guézou, der Verantwortliche für die Abhöraktion im Ély-
sée-Palast, der am 12. Dezember 1994 in seiner Wohnung erhängt
aufgefunden wurde. Pelat, Bérégovoy und Grossouvre hatten
sich laut Polizeibericht erschossen. Wenn irgendwann einmal
die noch vorhandenen Akten zu Mitterrand eingesehen werden
dürfen, könnte die Französische Republik einige Überraschungen erleben.

   Plantard, für den das alles mehrere Nummern zu groß war
und der keinen mächtigen Geheimbund hinter sich hatte, gab
schließlich zu, dass er sich das alles ausgedacht hatte. Der Ermittler ermahnte ihn, mit diesem dubiosen Unfug aufzuhören
und ließ den »harmlosen Spinner« laufen. Plantard lebte bis zu
seinem Tod im Jahr 2000 sehr bescheiden und zurückgezogen in
Paris. Den Reibach an dieser Geschichte machten, wie so häufig,
andere.

UND HEUTE?

In jeder Stunde unseres Lebens sind Geheimbünde mehr oder weniger öffentlich am Werk. Nach wie vor üben sie großen Einfluss auf das Denken und Fühlen ihrer Mitglieder aus, im Geschäftsleben und auch in der Politik. Das bedeutet mitnichten, dass sie unsere Welt unterwandert hätten – sie gehören zu unserem Leben, zu unserer Welt mit dazu. Sie entstanden und werden weitergeführt aus menschlicher Furcht, aus gesellschaftlichen Zwängen und aus uneingelösten Sehnsüchten, die wiederum von Versagens- oder Endlichkeitsängsten angetrieben sein können.

Das Wirken der esoterischen Geheimbünde wird bisweilen unterschätzt, weil sie keinerlei Ehrgeiz haben, die Wirtschaft oder die Politik zu beeinflussen. Doch sie haben ihre Mitglieder fest im Griff, und ihr Gefährdungspotenzial besteht darin, dass sie in Krisenzeiten sehr wohl die öffentliche Meinung beeinflussen könnten. Sie wirken in einer Grauzone, in der Geheimbund und Sekte nicht mehr sauber unterschieden werden können. Wodurch unterscheiden sich bestimmte Templerbünde von der Sekte der Sonnentempler, die in den achtziger Jahren durch einen Massenselbstmord in der Schweiz traurige Berühmtheit erlangten?

DIE ESOTERISCHEN GEHEIMBÜNDE

Das Kaleidoskop der esoterischen Bünde und Zirkel ist so groß, dass es ein eigenes dickleibiges Buch ergeben würde, wenn man den Versuch wagte, sie zu beschreiben. Konzentrieren wir uns auf die Grundtypen.

Zum einen entstand eine Vielzahl von Gruppen, die sich gern Orden nannten, in der Nachfolge der theosophischen Bewegung der Helena Blawatsky. Diese Bewegung versuchte, das esoterische Wissen von der Pansophie über die Magie bis hin zum Okkultismus als großes geistiges Erbe der Menschheit für das Leben der Menschen in einem neuen ganzheitlichen Weltbild produktiv zu machen, indem sie in der zweiten Hälfte des 19. Jahrhunderts zum ersten Mal in der Geschichte westliches und fernöstliches Wissen miteinander kombinierte.

Unter dem Eindruck dieser Ideen experimentierten der österreichische Industrielle Karl Kellner und der Deutsche Theodor Reuß mit Vorstellungen und Techniken der Pansophie, der Alchemie und des indischen Hatha-Yoga. Zu diesen Techniken gehört das Auffangen von Körperflüssigkeiten, wie Sperma, um es zur Herstellung von Wundertinkturen zu benutzen. Großes Interesse hatten sie auch an sexuellen Praktiken.

Anfang des 20. Jahrhunderts kamen beide in Kontakt mit zwei von der offiziellen *Freimaurerei* nicht angenommenen Riten, mit der sogenannten Winkelfreimaurerei des Alten und Primitiven Ritus von Memphis und Misraim und dem Alten und Angenommenen Schottischen Ritus. Der letztere Ritus besaß 33 stark mystisch angelegte Grade, unter anderem neben den drei Johannisgraden den »Royal Arch«, den »Ritter vom Rosenkreuz«, den »Ritter Kadosh« und die Grade des »Chefs des Tabernakels«, des »Prinzen des Tabernakels«, des »Ritters der ehernen Schlange« und des »Prinzen des königlichen Gewölbes«. Der um die Mitte des 19. Jahrhunderts entstandene Memphis und Misraim Ritus kannte unglaubliche 90 Grade, die sehr stark mit der ägyptischen Esoterik spielten.

Reuß, der Großmeister des Alten und Primitiven Ritus von Memphis und Misraim für Deutschland, gründete ein knappes Jahr nach Kellners Tod 1906 den O.T.O. (Ordo Templi Orientis), der bis auf den heutigen Tag existiert. Mit den Templern hatte das im Grunde wenig zu tun, außer dass man sich auf das von den Templern im Orient, deshalb auch »Orientis«, gefundene und nach Europa transportierte Geheimwissen berief. Der Begriff »Orientis« wurde sehr weit gefasst, denn er schloss Indien und das Yoga mit ein. Im O.T.O. und den aus ihm entstehenden und mit ihm konkurrierenden Gruppen geht es darum, die rechte Art des Lebens zu finden, seinen Mittelpunkt zu erkunden und sich in ein Verhältnis zur Unendlichkeit zu begeben, in dem man mit der wie auch immer gearteten Weltseele eine Symbiose eingeht, die mittels körperlicher und meditativer Techniken hergestellt wird.

Kurz nach der Gründung des O.T.O. kam der berüchtigte Aleister Crowley mit ihm in Berührung und nutzte die Idee, indem er satanische Messen veranstaltete. Er nahm die Verleumdungen gegen die historischen Templer, dass sie Baphomet (den Teufel) angebetet, auf das Kreuz gespuckt und einander das Gesäß geküsst haben sollten, für bare Münze und empfand sich im Sinne der Anklage als Templer. Die Geschichte geht manchmal seltsame Wege.

Mit Gruppierungen, die in den USA aus dem O.T.O. hervorgegangen sind oder sich von ihm abgespalten haben, kamen auch Leute wie Charles Manson und Ron L. Hubbard in Berührung. Fairerweise muss man allerdings einräumen, dass man Reuß oder den O.T.O. nicht für die Schriften und Taten von Mördern wie beispielsweise Manson oder Sektengründern wie Hubbard verantwortlich machen kann. Es zeigt nur, welche Breitenwirkung sich unter der Oberfläche tatsächlich entfaltet.

Am Anfang des 20. Jahrhunderts gründete Harvey Spencer Lewis in Amerika den ebenfalls bis auf den heutigen Tag aktiven AMORC (Antiquus Mysticusque Ordo Rosæ Crucis, Alter mystischer Orden vom Rosenkreuz). Der Orden ist den *Rosenkreuzern* und der Alchemie verpflichtet.

Der junge Lewis kam auf einer Reise 1908 nach Frankreich in Kontakt mit Clovis Lassalle, der ihn in die Welt der *Rosenkreuzer* einführte. Ende des 19. Jahrhunderts gab es in Frankreich viele Zirkel der *Rosenkreuzer*, der Alchemisten, der Okkultisten und der Martinisten. Letztere waren Anhänger des Philosophen Louis Claude Marquis de Saint-Martin und seiner sehr populären Lehre, nach der der suchende Mensch den göttlichen Ursprung in der Bewegung seines Herzens wiederfinden sollte, sich erforschen und seinem im Herzen gefundenen göttlichen Weg folgen müsse. Spencer lernte auch die verschiedenen mystischen und nicht anerkannten Freimaurerriten kennen.

Lassalle stand nämlich in Kontakt mit dem »Großmagier« Stanislas de Guaita, der wiederum den berühmten »Papus«, Dr. Gerard Anaclet-Vincent Encausse, in seinen *Ordre Kabbalistique de la Rose-Croix* (Kabbalistischer Orden vom Rosenkreuz) eingeführt hatte. Sie alle standen in Auseinandersetzung mit der Theosophischen Gesellschaft. Encausse wurde durch seine Beziehung zum russischen Zaren Nikolaus II. bekannt. Pjotr Ratschkowski hatte Anfang des 20. Jahrhunderts die »Protokolle der Weisen von Zion« auch gefälscht, um eine Palastintrige gegen Levi Elphas, den Günstling der Zarin, und dessen Schützling Encausse zu unterstützen.

Encausse ist wahrscheinlich der wichtigste esoterische Schriftsteller des 20. Jahrhunderts, der unzählige Zirkel beeinflusst hat. Auch wenn es unvorstellbar klingt – auch heute noch arbeiten in der Dunkelheit an getarnten Orten Alchemisten daran, den Stein der Weisen zu finden, mit dem man Gold machen und das ewige Leben erlangen kann. Die bekannteste Figur, auf die sich alle beziehen, ist der mysteriöse Fulcanelli, dem es gelang, sich selbst so zu mystifizieren, dass man nicht einmal sicher weiß, wie er mit bürgerlichem Namen hieß und woher er kam. Fulcanelli versammelte Schüler um sich, an die er sein ge-

heimes Wissen weitergab. Sein Hauptwerk ist »Das Mysterium
der Kathedralen und die esoterische Deutung der hermetischen
Symbole des Großen Werks«. Unter großem Werk muss man die
alchemistische Gewinnung des Steins der Weisen verstehen.
Fulcanellis Schüler Eugène Canseliet erläutert: »Dank ihm gibt
die Gotische Kathedrale ihr Geheimnis preis. Und nicht ohne
Überraschung, nicht ohne innere Bewegung vernehmen wir, wie
unsere Vorfahren den ersten Stein zu ihrem Fundament ausar-
beiteten, jenen leuchtenden Edelstein, edler als das Gold selbst,
auf welchem Jesus seine Kirche errichtet hat. Alle Wahrheit,
alle Philosophie, alle Religion ruht auf diesem einzigen Stein.«
(Fulcanelli)

Es gibt in diesem breiten Spektrum sehr seriöse *Rosenkreuzer*
und Pansophisten, denen man bitter Unrecht täte, wenn man sie
mit den vielen obskuren Vereinigungen in einen Topf werfen
würde, die sich aus esoterischem Wissen, das einen großen und
legitimen Teil des menschlichen Wissens darstellt, mit Dreistigkeit und Unverständnis, manchmal auch zu niederen Zwecken,
bedienen. Aber man kann den Bäcker nicht dafür bestrafen,
wenn ein Kunde ein Brötchen kauft, es steinhart werden lässt
und anschließend damit einen Menschen erschlägt. Zu allen
Zeiten dienten die Geheimgesellschaften nicht nur der Wahr-
heitssuche, sondern wurden und werden von Scharlatanen dazu
missbraucht, Menschen zu versklaven und Geld zu machen.
Auch hier ist die Grenze zwischen geheimen Verbindungen zu
Sekten fließend.

BEI TEMPLERN UND FREIMAURERN

Jenseits der Esoterik existieren die verschiedenen Templer-
Orden weltweit tatsächlich. Meist im 19. Jahrhundert oder später
gegründet, wollten sie die Nachfolge der legendären Templer als
geistlicher Ritterorden antreten, nahmen allerdings Abschied

vom Kreuzzugsgedanken. Im Grunde geht es ihnen allen um praktiziertes Christentum und karitative Hilfe, die sie durch Spenden und die Mitgliederbeiträge finanzieren. Sie unterhalten oder unterstützen Seniorenheime, Kliniken und Notärzte. Wir kennen das von den anderen geistlichen Ritterorden, den Maltesern und Johannitern. Das ist nicht verwunderlich, denn der Grund für das Entstehen dieser Orden bestand im Schutz und in der Versorgung der Pilger im Heiligen Land.

Die verschiedenen Templer-Nachfolger unterscheiden sich in der Gewichtung von Glauben und sozialer Hilfe und in der Frage der Konfessionalität. Manche empfinden sich als katholisch, andere wieder als ökumenisch. Wichtigste Voraussetzung für die Aufnahme ist die Unbescholtenheit. Der künftige Ritter muss den christlichen Glauben verinnerlicht haben und in gesicherten Verhältnissen leben. Bei den Maltesern erreicht man bestimmte Grade sogar nur, kann also nur zum inneren Orden zählen, wenn man adelig ist. Dass diese Orden durch ihre Struktur auch ein Netzwerk bilden, das gegebenenfalls genutzt werden kann, liegt auf der Hand.

Das gilt jedoch gleichermaßen für die demokratischen Parteien. So gibt es in den öffentlich-rechtlichen Rundfunkanstalten keine hohe Leitungsfunktion (Intendant, Programmdirektor, Chefredakteur), die von jemandem besetzt ist, der kein Parteibuch besitzt oder zumindest nicht einer Partei sehr nahe steht. Bevor man also mit spitzen Fingern auf die Netzwerkaktivitäten der geheimen Bünde und der Orden zeigt, bedenke man, dass die Parteien den Kampf um Macht und Einfluss auf jedes kommunale Müllwerk ausgeweitet haben.

Der stärkste auch heute noch aktive Geheimbund ist die *Freimaurerei*. Nach unbestätigten Angaben arbeiten auf der Welt acht Millionen Freimaurer in 50 000 Logen. Mit vier Millionen Logenbrüdern stellen die Vereinigten Staaten von Amerika das größte Kontingent an Freimaurern. Und das hat Tradition, schließlich waren bereits die Gründungsväter der USA, George Washing-

Immer wieder Anlass zur Spekulation und angeblicher Beweis für die Herrschaft der *Illuminaten* in den USA: die Ein-Dollar-Note mit Pyramide.

ton, Thomas Jefferson und Benjamin Franklin Freimaurer, und die Mehrzahl der Unterzeichner der Unabhängigkeitserklärung gehörte den Logen an. Thomas Dehler soll das Licht bekommen haben wie auch Axel Cäsar Springer, Gustav Heinemann oder Winston Churchill.

Zwar gilt der Grundsatz, dass Logenbrüder einander helfen müssen, doch genauso ehern ist das Gesetz, dass Politik und Religion in der Loge nichts zu suchen haben. Denn das Prinzip der *Freimaurerei* besteht gerade darin, Grenzen zu überwinden, anstatt sie zu setzen. Männer, die im bürgerlichen Leben Christdemokraten oder Sozialdemokraten sind, sollen in der Loge die Parteipolitik überwinden, um zum Besten der Menschheit zu wirken. Die Arbeit am Rauen Stein, also, verkürzt gesagt, am Alltagsmenschen, bedeutet, sich selbst als Mensch entsprechend der christlich-aufklärerischen Moral zu vervollkommnen. Die entscheidenden Kernbegriffe sind Menschlichkeit, Toleranz, Selbstlosigkeit und Nächstenliebe.

VOM BUND ZUM NETZWERK

Jedes Netzwerk, das existiert, wird auch benutzt, aber bitte schön, eben jedes, und nicht nur das der Bünde. Man muss sehr genau hinschauen und sich von seinen Klischees verabschieden. Nicht selten waren die, die ein Verbrechen anprangerten, tatsächlich die Verbrecher. Die Nazis haben die Juden als Mörder und Verschwörer hingestellt, die Nazis waren die Mörder und Verschwörer. Stalin hat die Freimaurer zu Mördern und Verschwörern erklärt, er selbst war der Mörder und Verschwörer. Wer Verschwörung betreibt, hat auch die größte Angst vor ihr. Die Welt ist viel zu komplex, als dass Verschwörungen wirklich funktionieren können.

DIE BILDERBERGER. Ein informelles Treffen, das zum ersten Mal 1954 in dem edlen Hotel Bilderberg im holländischen Oosterbeek unter der Schirmherrschaft des niederländischen Prinzen Bernhard stattfand, gab dieser Vereinigung den Namen. Rasch wurde sie zu einem Synonym für einen Geheimbund, der angeblich eine internationale Verschwörung darstellte, eine Verschwörung des raffgierigen Finanzkapitals gegen die ganze Welt.

Wer sich Verschwörungstheorien zu Gemüte führen möchte, muss nur ins Internet schauen, es ist voll davon. In einer Karikatur erblickt man Frau Merkel, damals noch Oppositionsführerin, und Herrn Schröder, zuzeiten noch Bundeskanzler, die von den Bilderbergern anstelle von Pferden vor ihren Karren gespannt wurden. Ganz davon abgesehen, dass Gerhard Schröder auf keinem der Treffen erschien – wohl weil die Konferenzsprache englisch ist und man ohne exzellente Englischkenntnisse auf dieser Konferenz nicht erscheinen sollte, wenn man sich nicht zum Gespött machen will –, ist dieser Typus von Karikaturen bekannt: Manchmal waren es hässliche Kapitalisten und dann wieder Juden, die man so niederträchtig, wie man konnte, zeichnete.

Hinter diesen Verschwörungstheorien steckt immer wieder der alte Gemeinplatz von der Weltverschwörung einer kleinen, einflussreichen Gruppe – seien es die Freimaurer, seien es die Illuminaten, seien es die Juden oder die Kapitalisten. Verschwörungstheorien stellen zumeist eine Verleumdung dar, und nicht selten lassen sich die Motive dahinter klar erkennen.

Die Bilderberger sind kein Geheimbund. Entstanden sind sie kurz nach der Katastrophe des Nationalsozialismus und des Zweiten Weltkriegs. Einflussreiche Persönlichkeiten des öffentlichen Lebens wollten sich als Privatpersonen in strengster Vertraulichkeit treffen, um Standpunkte auszutauschen und sich zu informieren. Es ging darum, die Demokratie in Europa zu festigen und Europa und die USA einander näher zu bringen. Seitdem wird alljährlich eine zweieinhalbtägige Konferenz veranstaltet, auf der in Seminaren über bestimmte aktuelle Themen diskutiert wird. Führungskräfte aus Wissenschaft, Wirtschaft und Politik treffen sich unabhängig von parteipolitischer Orientierung oder Zugehörigkeit. Ohne die Vertraulichkeit der Veranstaltung wäre die sachorientierte Diskussion nicht möglich, denn es geht ja gerade darum, für einen Moment die Schützengräben der Parteipolitik und die Konkurrenz der Wirtschaft zu verlassen. Die Bilderberger stellen ein Netzwerk dar.

Allerdings können aus Geheimbünden auch Netzwerke entstehen, manchmal ist das sogar deren Zweck. In einer Sendung des US-Fernsehgiganten NBC fragte am 31. August 2003 der Reporter den Gast, was es heiße, dass er und sein Kontrahent Mitglieder des Geheimbundes *Skull & Bones* wären. Der überraschte Gast antwortete: »Nicht viel, weil es ein Geheimnis ist.« Der Kontrahent, vom gleichen Reporter am 9. Februar 2004 befragt, rechnete bereits mit der Frage und entgegnet nur kurz: »Es ist so geheim, wir können darüber nicht sprechen.« Weiter kam der Moderator Tim Russert weder beim Präsidentschaftskandidaten John Kerry noch beim Amtsinhaber George W. Bush. Die beiden mauerten, spielten wieder auf das politische Feld hinüber und weigerten sich beharrlich, über dieses Thema zu sprechen. Das verwundert nicht, denn zwei Regeln stehen an erster Stelle: Das Geheimnis der Gesellschaft ist zu wahren, und man muss einander bei der Kariere unterstützen. Damit sind in der Tat die wichtigsten Regeln benannt. Der Rest ist nostalgisches Brauchtum, gemixt mit ein wenig studentischem Budenzauber.

SKULL & BONES. Studentische Geheimgesellschaften wie *Skull & Bones* gibt es an den englischen und amerikanischen Eliteuniversitäten. Der Bund in Cambridge nennt sich Cambridge Apostels und wurde wie die meisten dieser studentischen Vereinigungen im frühen 19. Jahrhundert gegründet. William Huntington Russel, der Gründer der *Skull & Bones,* soll die Idee aus Deutschland mitgebracht haben, wo er Anfang des 19. Jahrhunderts ein Studienjahr verbracht hatte. Manches in den Bräuchen der Bonesmen erinnert tatsächlich an die deutschen Burschenschaften, während die Vorliebe für den Komponisten Haydn an die Freimaurer gemahnt. Möglicherweise gehörte General Russel der *Germania* an. Der Bund ist ausschließlich an der Yale University tätig und rekrutiert seine Mitglieder aus dem jeweils neuen Semester. Kein Student kann sich um die Mitgliedschaft bewerben, sondern er wird als Junior von denen ausgewählt, die im Jahr zuvor im Bund initiiert wurden.

Nach dem Studium kann sich ein Bonesman auf die Protektion der älteren Jahrgänge verlassen, die bereits wichtige Positionen in Politik, Wirtschaft, Medien oder Militär erreicht haben. Zuweilen benötigt der junge Mann die Protektion nicht, weil er über familiäre Kontakte verfügt. Die Mehrzahl der Bonesmen stammt aus traditionsreichen Familienclans und kann bereits auf eine eigene kleine Ahnengalerie von Yale-Absolventen und Bonesmen in der eigenen Familie zurückblicken. Auch hier spielt – wie man an dem Republikaner Bush und dem Demokraten Kerry sehen kann – die politische Überzeugung keine Rolle, sondern ausschließlich die Herkunft und die Persönlichkeit. Deshalb wäre es auch abwegig, von einem verschwörerischen Geheimbund zu sprechen, weil es nicht um politische Konfessionen oder kleine Gruppen mit fest umrissenen Zielen geht, sondern um eine Organisation zur Herausbildung und Aufrechterhaltung einer Elite.

Die Mitglieder von Geheimbünden stellt man sich manchmal ein wenig wie zweidimensionale Wesen vor, deren dritte Dimension der Bund ist, doch das ist ganz und gar nicht der Fall: Sie tragen mit ihrer ganzen Persönlichkeit, mit ihrer vollen Dimensionalität zur Arbeit des Bundes bei und verändern ihn auch. So hat sich im ausgehenden 20. Jahrhundert ein völlig neuer Typ des politischen Geheimbundes entwickelt: das Netzwerk.

Macht lässt sich in der modernen pluralistischen Gesellschaft nur mittels Netzwerke erobern. Netzwerke aber sind informelle Vereinigungen, die weder gewählt werden, noch stellen sie sich in der Regel der Öffentlichkeit. Sie tagen hinter verschlossenen Türen und stimmen ihre Aktivitäten ab. Netzwerke sind Geheimbünde ohne Ritual und ohne Prinzipien, außer dem einen alles überragenden Prinzip, das der eigenen Karriere. Politische Präferenzen stehen vor diesem »anything goes« zurück. Als Beispiel mag man sich die jüngsten Ereignisse um eine Gruppe junger SPD-Funktionäre ansehen, die sich Netzwerker nennen, die nicht dem gleichen Parteiflügel angehören, aber einer Generation. Um ihr Ziel durchzusetzen, nämlich den Generationswechsel in der eigenen Partei, organisierten sie mit der Kandidatur von Andrea Nahles den Putsch gegen den Parteivorsitzenden Franz Müntefering. Nahles siegte gegen Münteferings Kandidaten, Müntefering zog sich zurück. Mit dem Ergebnis, dass sich die Parteiführung mit Matthias Platzeck und Hubertus Heil verjüngte. Kein Parteitag hatte die Netzwerker zu ihrer abgestimmten Aktion demokratisch legitimiert.

Vor Jahren enthüllte das Magazin »Der Spiegel« die Existenz des Andenpaktes, einer Gruppe jüngerer CDU-Mitglieder, die sich aus der Jungen Union kannten und nun Ministerpräsidenten sind oder an anderen Stellen Schlüsselfunktionen in der CDU einnehmen. Es fällt auf, wie Angela Merkels Personalpolitik diesen Pakt bei der Besetzung von Ämtern bewusst und zielgerichtet umgeht.

Wenn die moderne westliche Gesellschaft unterwandert wird, dann nicht von den Geheimbünden, sondern von den Netzwerken, die pragmatisch, flexibel und ausschließlich karriereorientiert handeln. Wobei das Bild von der Unterwanderung nicht ganz stimmig ist, denn die Netzwerker arbeiten sich in die Substanz der Gesellschaft ein wie Pilzfäden. Das führt allerdings zu einer großen Beliebigkeit, weil die Politik sich in Taktik erschöpft, und vor allem zu einem beispiellosen Werteverlust.

Zu den Geheimbünden aber gehören im Gegensatz zu den Netzwerken Werte. Ob wir diese teilen, ob sie uns genehm sind, steht auf einem anderen Blatt, aber es lässt sich keine geheime Gesellschaft ohne Werte denken. Wo Werte als antiquiert gelten, ist der Geheimbund ein Überbleibsel aus der Vergangenheit. Aber die Tatsache von gestern kann durchaus eine Herausforderung von morgen werden, wenn sich die schicken Netzwerke erschöpft haben, oder vielmehr wenn sie in ihrer reinen Taktik ausgetrocknet sind. Die Geheimbünde haben eine große Vergangenheit. Etwas, das älter ist als selbst die katholische Kirche, wird nicht aus der Geschichte verschwinden, wie die Religion gehört es zu unserem Seelenbestand. Schon jetzt entfliehen die Leute aus der grauen Wirklichkeit in fiktive Welten. Es sieht so aus, als blieben am Ende ein paar ewig intrigierende Netzwerker allein in der farblosen Realität zurück.

Warten wir also auf die nächsten Geheimgesellschaften ...

ANHANG

LITERATURVERZEICHNIS

Die nachfolgenden Bücher wurden in der Auseinandersetzung
mit dem Thema als Anregung und als Quellen benutzt:

NACHSCHLAGEWERKE

Asmussen, Jes Peter, Læssøe, Jørgen und Colpe, Carsten: Hand-
    buch der Religionsgeschichte. 3 Bde. Göttingen 1971–1975
Frick, Karl R.H.: Die Erleuchteten. Gnostisch-theosophische und
    alchemistisch-rosenkreuzerische Geheimgesellschaften. Wies-
    baden 2005
Gennep, Arnold van: Übergangsriten. 3., erw. Aufl. Frankfurt/M.,
    New York, Paris 2005 (frz. Original 1909)
Heckethorn, Charles William: Geheime Gesellschaften, Geheim-
    bünde und Geheimlehren. Leipzig 1900
Kiesewetter, Carl: Die Geheimwissenschaften. Eine Kulturge-
    schichte der Esoterik. Wiesbaden 2005 (zuerst 1895)
Lennhoff, Eugen: Politische Geheimbünde. Bd. 1. Zürich, Leipzig,
    Wien 1931
Lexikon der Päpste und des Papsttums. Freiburg, Basel, Wien 2001
Moderne Universalgeschichte der Geheimwissenschaften. 5 Bde.
    Düsseldorf, Wien 1979
Otto, Rudolf: Das Heilige. Über das Irrationale in der Idee des
    Göttlichen und sein Verhältnis zum Rationalen. München
    2. Aufl. 2004 (zuerst 1917)

Peuckert, Will-Erich: Geheimkulte. Hamburg 1988

Schreiber, Hermann, Georg Schreiber: Mysten, Maurer und Mormonen. Geheimbünde in vier Jahrtausenden. Wien 1956

Schuster, Georg: Geheime Gesellschaften, Verbindungen und Orden. Köln 2003

Sellner, Albert Christian: Immerwährender Heiligenkalender. Mit Patronaten, Attributen und Namensregister. Frankfurt/M. 2001

Turner, Victor: Das Ritual. Struktur und Antistruktur. Frankfurt/M., New York und Paris 2005 (engl. Original 1969)

I DIE STUMME MACHT
DER VERSCHWÖRUNG

Andreae, Johann Valentin: Fama Fraternitatis (1614). Confessio Fraternitatis. (1615). Chymische Hochzeit: Christiani Rosenkreutz. Anno 1459 (1616). Hg. v. Richard van Dülmen. Stuttgart 1994

Andreae, Johann Valentin: Christianopolis. Utopie eines christlichen Staates aus dem Jahre 1619. Leipzig 1977

Bahrdt, Karl Friedrich: Das Religionsedikt. Ein Lustspiel. Wien 1787

Bartholdy, Jakob Ludwig Salomo: Denkschriften über die geheimen Gesellschaften im mittäglichen Italien und insbesondere über die Carbonari. Stuttgart, Tübingen 1822 (engl. Original London 1821)

Becker, Alfred: Christian Gottlob Neefe und die Bonner Illuminaten. Bonn 1969

Bertier de Sauvigny, Guillaume de: Metternich. Staatsmann und Diplomat für Österreich und den Frieden. Gernsbach 1988

Beuckers, Klaus Gereon: Der Kölner Dom. Darmstadt 2004

Brecht, Martin: Kirchenordnung und Kirchenzucht in Württemberg im 16. bis zum 18. Jahrhundert. Stuttgart 1967

Carlyle, Thomas: Geschichte Friedrich II. genannt der Große. 6 Bde. Meersburg am Bodensee 1928

Corpus Hermeticum. 2 Bde. Stuttgart-Bad Cannstatt 1997

Culianu, Ioan P.: Eros und Magie in der Renaissance. Frankfurt/M.
2001

Das Erbe des Christian Rosenkreuz. Vorträge gehalten anlässlich
des Amsterdamer Symposiums, 18.–20. November 1986: Johann
Valentin Andreae 1586–1986 und die Manifeste der Rosenkreu-
zerbruderschaft 1614–1616. Amsterdam 1988

Demurger, Alain: Die Templer. Aufstieg und Untergang 1118–1314.
München 1991

Demurger, Alain: Der letzte Templer. Leben und Sterben des Großmeisters Jacques de Molay. München 2004

Demurger, Alain: Die Ritter des Herrn. Geschichte der geistlichen
Ritterorden. München 2003

Die Illuminaten. Hg. v. Archiv für Altes Gedankengut und Wissen.
Sinzheim 2001

Die Schriften der Gold-und Rosenkreutzer. Hg. v. Archiv für Altes
Gedankengut und Wissen. Sinzheim 1999

Dülmen, Richard van: Der Geheimbund der Illuminaten. Darstel-
lung, Analyse, Dokumentation. Stuttgart-Bad Cannstatt 1975

Edighoffer, Roland: Die Rosenkreuzer. München 1995

Eliade, Mircea: Schmiede und Alchemisten. Stuttgart 1980

Engel, Leopold: Geschichte des Illuminaten-Ordens. Bd. I und II.
München 1978

Fludd, Robert: Die Verteidigung der Rosenkreuzer. Wuppertal 2005
(lat. Original Leiden 1617)

French, Peter J.: John Dee. The world of an Elizabethan Magus.
London 1972

Freudenberg, Franz: Paracelsus und Fludd. Die beiden großen Okkultisten und Ärzte des 15. und 16. Jahrhunderts. Mit einer Auswahl ihrer Schriften. Berlin 1918

Frey-Jaun, Regine: Die Berufung des Türhüters. Zur »Chymischen
Hochzeit Christiani Rosenkreutz« von Johann Valentin Andreae.
Bern, Frankfurt /M., New York 1989

Frietzsch, Wolfram: Die Geheimnisse der Rosenkreuzer. Wiesbaden
2005

Frommel, Wolfgang: Templer und Rosenkreuz. Ein Traktat zur Christologie Stefan Georges. Amsterdam 1991.

Fuchs, Gerhard W.: Karl Leonhard Reinhold – Illuminat und Philosoph. Eine Studie über den Zusammenhang seines Engagements als Freimaurer und Illuminat mit seinem Leben und philosophischen Wirken. Frankfurt/M. 1994

Gilly, Charles: Adam Haslmayer. Der erste Verkünder der Manifeste der Rosenkreuzer. Amsterdam 1994

Görres, Joseph: Die christliche Mystik. 5 Bde. Frankfurt/M. 1989 (zuerst 1840/1841)

Hamann, Johann Georg: Werke. 6 Bde. Wuppertal 1999

Hammermayer, Ludwig: Der Wilhelmsbader Freimaurer-Konvent von 1782. Ein Höhe- und Wendepunkt in der Geschichte der deutschen und europäischen Geheimgesellschaften. Heidelberg 1980

Hauf, Monika: Der Mythos der Templer. Solothurn, Düsseldorf 1995

Heldmann, Friedrich: Die drey aeltesten geschichtlichen Denkmale der teutschen Freymaurerbrüderschaft sammt Grundzügen zu einer allgemeinen Geschichte der Freymaurerey. Arau 1819

Herre, Franz: Metternich. Staatsmann des Friedens. Köln 1983

Honnefelder, Ludger: Dombau und Theologie im mittelalterlichen Köln. Festschrift zur 750-Jahrfeier der Grundsteinlegung des Kölner Domes und zum 65. Geburtstag von Joachim Kardinal Meisner 1998. Köln 1998

Hossfeld, Paul: Albertus Magnus als Naturphilosoph und Naturwissenschaftler. Bonn 1983

Huffman, William H.: Robert Fludd and the end of the Renaissance. London, New York 1988

Huizinga, Johan: Herbst des Mittelalters. Stuttgart 1987

Hunter, Michael: Ashmole, Elias (1617–1692). In: Oxford Dictionary of National Biography. London 2004

Jacobi, Friedrich Heinrich: Werke. 3 Bde. Hamburg 2000

Jacobi, Klaus: Meister Eckhart: Lebensstationen – Redesituationen. Berlin 1997

Jung, Carl Gustav: Mysterium Coniunctionis. 2 Bde. Düsseldorf 1995

Jung, Carl Gustav: Psychologie und Alchemie. Solothurn, Düsseldorf 1995

Jung, Carl Gustav: Studien über alchemistische Vorstellungen. Solothurn, Düsseldorf 1995

Jung-Stilling, Johann Heinrich: Das Heimweh. Frankfurt/M. 1994

Kepler, Johannes: Von den gesicherten Grundlagen der Astrologie. Tübingen 1999 (Nachdruck der Ausg. von 1602)

Kiesewetter, Carl: John Dee. Ein Spiritist des 16. Jahrhunderts. Kulturgeschichtliche Studie. Leipzig 1893

Knigge, Adolph Freiherr: Ausgewählte Werke. Philosophie II: Ordenswesen. Bd. 7. Hannover 1994

Knoop, Douglas und Jones, G.P.: Die Genesis der Freimaurerei. Bayreuth 1968 (engl. Original: 1949)

Krüger, Manfred: Origines und die Entstehung der christlichen Idee der Wiedergeburt in der Denkbewegung von Pythagoras bis Lessing. Hildesheim 1996

Lagercrantz, Olof: Vom Leben auf der anderen Seite. Ein Buch über Emmanuel Swedenborg. Frankfurt/M. 1997

Le Forestier, René: Die templerische und okkultistische Freimaurerei im 18. und 19. Jahrhundert, 4 Bde. Leimen 1987 (frz. Erstausg. der 1928 entstandenen Texte: 1970)

Lehmann, Hartmut (Hg.) in Zsarb. mit Ruth Albrecht: Glaubenswelt und Lebenswelten. Göttingen 2004

Lennhoff, Eugen, Oskar Posner: Internationales Freimaurer-Lexikon. Wien 1992 (zuerst 1932)

Lennhoff, Eugen: Die Freimaurer. Geschichte, Wesen, Wirken und Geheimnis der Königlichen Kunst. Bayreuth 1988 (zuerst 1929)

Libera, Alain de: Denken im Mittelalter. München 2003

Maistre, Joseph Marie de: Die Freimaurerei. Denkschrift an den Herzog Ferdinand von Braunschweig-Lüneburg. Wien 1995 (frz. Original: 1782)

Markner, Reinhard, Monika Neugebauer-Wölk, Hermann Schüttler (Hg.): Die Korrespondenz des Illuminatenordens Bd. 1. Tübingen 2005

Massenbach, Christian von: Auszüge aus den Memoiren zur Geschichte des preußischen Staates unter den Regierungen Friedrich Wilhelms II. und Friedrich Wilhelm III. Amsterdam 1809

Meister Eckhart: Predigten. 2 Bde. Frankfurt/M. 1993

Mojsisch, Burkhard: Meister Eckhart. Analogie, Univozität und Einheit. Hamburg 1983

Müller-Seidel, Walter: Die Weimarer Klassik und ihre Geheimbünde. Würzburg 2003

Neugebauer-Wölk, Monika: Reichsjustiz und Aufklärung. Das Reichskammergericht im Netzwerk der Illuminaten. Wetzlar 1993

Neugebauer-Wölk, Monika: Esoterische Bünde und Bürgerliche Gesellschaft. Wolfenbüttel und Göttingen 1995

Ohff, Heinz: Preußens Könige. München 1999

Oslo, Alain: Die Geheimlehre der Tempelritter. Geschichte und Legende. Düsseldorf 1998

Paracelsus: Okkulte Schriften. Mikrokosmos und Makrokosmos. Ein Portrait des Universalgelehrten Theophrastus Bombastus von Hohenheim. Hg. v. Helmut Werner. Köln 2004

Peuckert, Will-Erich: Das Rosenkreuz. Berlin 1986

Peuckert, Will-Erich: Die Rosenkreutzer. Zur Geschichte einer Reformation. Jena 1928

Priesner, Claus und Figala, Karin: Alchemie. Lexikon einer hermetischen Wissenschaft. München 1998

Reinalter, Helmut (Hg.): Aufklärung und Geheimgesellschaften. Freimaurer, Illuminaten und Rosenkreuzer. Ideologie – Struktur und Wirkungen. Internationale Tagung, 22.–23. Mai 1992 an der Leopold-Franzens-Universität Innsbruck. Bayreuth 1992

Reinalter, Helmut (Hg.): Der Illuminatenorden. Ein politischer Geheimbund der Aufklärungszeit. Frankfurt/M. 1997

Reinalter, Helmut (Hg.): Freimaurer und Geheimbünde im 18. Jahrhundert in Mitteleuropa. Frankfurt/M. 1983

Reinalter, Helmut: Geheimbünde in Tirol. Bozen 1982

Reinalter, Helmut: Joseph II. und die Freimaurer im Lichte zeitgenössischer Broschüren. Wien 1987

Rosenkreuz als europäisches Phänomen im 17. Jahrhundert. Akten
    und Beiträge anlässlich des Kongresses Wolfenbüttel 23.–25. No-
    vember 1994. Hg. von der Bibliotheca Philisophia Hermetica.
    Amsterdam 2002

Ruh, Kurt: Geschichte der abendländischen Mystik. 4 Bde. Mün-
    chen 1990

Schottner, Alfred: Das Brauchtum der Steinmetzen in den spätmit-
    telalterlichen Bauhütten und dessen Fortleben und Wandel bis
    zur heutigen Zeit. 2. Aufl. Münster, Hamburg, Berlin 1996

Schütt, Hans-Werner: Auf der Suche nach dem Stein der Weisen.
    Die Geschichte der Alchemie. München 2000

Schüttler, Hermann: Die Mitglieder des Illuminatenordens: 1776–
    1787/93. München 1991

Schüttler, Hermann (Hg.): Johann Joachim Christoph Bode. Jour-
    nal von einer Reise von Weimar nach Frankreich. Im Jahr 1787.
    München 1994

Sefer Jezirah, Stuttgart-Bad Cannstatt 1994

Senner, Walter: Albertus Magnus. Zum Gedenken nach 800 Jahren.
    Neue Zugänge, Aspekte und Perspektiven. Berlin 2001

Speer, Andreas, Lydia Wegener (Hg.): Meister Eckhart in Erfurt.
    Berlin, New York 2005

Städele, Alfons: Die Briefe des Pythagoras und der Pythagoreer.
    Meisenheim a. Glan 1980

Steiner, Gerhard: Freimaurer und Rosenkreuzer – Georg Forsters
    Weg durch die Geheimbünde. Weinheim [u. a.] 1985

Stevenson, David: The Origins of Freemasonry. Scotland's Cen-
    tury, 1590–1710. Cambridge 1988

Templer. Hg. v. Archiv für Altes Gedankengut und Wissen. Sinz-
    heim 2002

Uhlig, Ludwig: Georg Forster. Lebensabenteuer eines gelehrten
    Weltbürgers. Göttingen 2004

Varnhagen von Ense, Karl August von: Gesammelte Schriften.
    Leipzig 1874

Varnhagen von Ense, Karl August von: Werke in fünf Bänden.
    Frankfurt/M. 1994

Wilson, W. Daniel: Geheimräte gegen Geheimbünde. Ein unbekann-
tes Kapitel der romantischen Geschichte Weimars. Stuttgart 1991
Wolley, Benjamin: The Queen's Conjuror. The Life and Magic of
Dr. Dee. London 2001
Yates, Francis A.: Aufklärung im Zeichen des Rosenkreuzes. Stutt-
gart 1997
Young, George Frederic: Die Medici. Coburg 1946
Zimmermann, Albert (Hg.): Albert der Große. Seine Zeit, sein
Werk und seine Wirkung. Köln 1980
Zimmermann, Rolf Christian: Das Weltbild des jungen Goethe.
Elemente und Fundamente. Bd. 1. München 2002

II IM SOG DER POLITIK

Allgemeine Ordensnachrichten. Vertrauliche Ordensnachrichten.
Großloge Germanenorden. Typoskript, 1912–1924
Baigent, Michael, Richard Leigh: Der Tempel und die Loge. Ber-
gisch Gladbach 1990
Baigent, Michael, Richard Leigh: Verschlußsache Jesus. Bergisch
Gladbach 2005
Baigent, Michael, Richard Leigh: Der heilige Gral und seine Erben.
Bergisch Gladbach 2005
Ben-Itto, Hadassa: »Die Protokolle der Weisen von Zion« – Anato-
mie einer Fälschung. Berlin 1998
Beyer, Bernhard: Das Lehrsystem des Ordens der Gold- und Rosen-
kreuzer. München 1978
Bibliothek wertvoller Memoiren. Aus der Dekabristenzeit. Erinne-
rungen hoher russischer Offiziere. Hamburg 1907
Blaß, Stefanie: Die Ochrana: Funktion und Organisation der poli-
tischen Polizei in Rußland zwischen 1880 und 1917. Kiel 1997
Bluntschli, Johann Caspar: Die Kommunisten in der Schweiz nach
den bei Weitling vorgefundenen Papieren. Zürich 1843
Brunschvig, Georges: Der Privatklager im bernischen Strafverfah-
ren. Diss. Bern 1944

Büsch, Otto (Hg.): Die frühsozialistischen Bünde in der Geschichte der deutschen Arbeiterbewegung vom »Bund der Gerechten« zum »Bund der Kommunisten«; 1836–1847. Ein Tagungsbericht. Berlin 1975

Carmin, E. R.: Das schwarze Reich. Geheimgesellschaften. Hamburg 2005

Cassels, Lavender: Der Erzherzog und seine Mörder. Sarajevo, 28. Juni 1914. Wien 1988

Charpentier, Louis: Die Geheimnisse der Kathedrale von Chartres. München 2001

Figes, Orlando: Nataschas Tanz. Eine Kulturgeschichte Rußlands. Frankfurt/M. 2003

Figner, Vera: Nacht über Rußland. Lebenserinnerungen einer russischen Revolutionärin, Reinbek bei Hamburg 1988

Fulcanelli: Mysterium der Kathedralen. Basel 2004

Georgiević, Vladan: Das Ende der Obrenović. Leipzig 1905

Gernet, Jacques: Die Chinesische Welt. Frankfurt/M. 1987

Golowin, Sergius: Die Magie der verbotenen Märchen. Hamburg 1973

Graf Keßler, Harry: Tagebücher 1918–1937. Frankfurt/M. 1961

Graf Keßler, Harry: Walther Rathenau. Sein Leben und sein Werk. Berlin 1928

Grawitz, Madeleine: Bakunin. Ein Leben für die Freiheit. Hamburg 1999

Haefelin, Jürgen: Wilhelm Weitling. Biographie und Theorie. Der Zürcher Kommunistenprozess von 1843. Bern 1986

Hahn, Jeong-Sook: Sozialismus als »bäuerliche Utopie«? Agrarsozialistische Konzeption der Narodniki und Neonarodniki im 20. Jahrhundert in Rußland. Diss. Tübingen 1994

Hancock, Graham: Die Wächter des heiligen Siegels. Bergisch Gladbach 2005

Hermann, Ingo: Hardenberg. Der Reformkanzler. Berlin 2003

Heymann, Fritz: Der Chevalier von Geldern. Geschichte jüdischer Abenteurer. Königstein/Ts. 1985 (zuerst 1937)

Hingley, Ronald: Die russische Geheimpolizei. Bayreuth 1972

Hingley, Ronald: Nihilists. Russian Radicals and Revolutionaries in the Reign of Alexander II. London 1967

Hoffmann-Harnisch, Wolfgang: Terror und Ochrana. Leipzig und Wien 1931

Houben, Heinrich Hubert (Bearb.): Der Lebensroman des Wit von Dörring nach seinen Memoiren. Leipzig 1912

Hundt, Martin: Geschichte des Bundes der Kommunisten 1836–1852. Frankfurt/M. 1993

König, Peter-R.: Der O.T.O. Phänomen Remix. München 2001

König, Peter-R.: Ein Leben für die Rose. München 1995

La Hodde, Lucien de: The Cradle of Rebellions. A History of the Secret Societies of France. New York 1864

Mohler, Armin: Die konservative Revolution in Deutschland 1918–1932. Ein Handbuch. Graz, Stuttgart 1999

Möller van den Bruck, Arthur: Das Dritte Reich. Hamburg 1931

Papus: Die Kabbala. Leipzig 1910

Parrinder, Geoffrey: West African Religion: a Study of the Beliefs and Practices of Akan, Ewe, Yoruba, Ibo, and Kindred Peoples. 2nd. ed. London 1961 (zuerst 1949)

Pipes, Richard: Die russische Revolution. 3 Bde. Berlin 1992

Pipes, Richard: Rußland vor der Revolution. Staat und Gesellschaft im Zarenreich. München 1977

Prawdin, Michail: Netschajew – von Moskau verschwiegen. Frankfurt/M. 1961

Prutz, Hans: Geheimlehre und Geheimstatuten des Tempelherrenordens. Eine kritische Untersuchung. München 1979

Rathenau, Walther: Gesammelte Schriften in fünf Bänden. Berlin 1918

Rogalla von Biberstein, Johannes: Die These von der Verschwörung 1776–1945. Flensburg 1992

Rose, Detlev: Die Thule-Gesellschaft. Legende. Mythos. Wirklichkeit. Tübingen 1994

Salomon, Ernst von: Die Geächteten. Reinbek bei Hamburg 1962

Salomon, Ernst von: Der Fragebogen. Hamburg 1951

Sammons, Jeffrey L. (Hg.): Die Protokolle der Weisen von Zion.

Die Grundlage des modernen Antisemitismus – eine Fälschung. Text und Kommentar. Göttingen 1998

Sawinkow, Boris: Erinnerungen eines Terroristen. Nördlingen 1985

Schiemann, Theodor: Geschichte Russlands. Vom Tode Alexander I. bis zur Julirevolution. Berlin 1908

Schraepler, Ernst: Handwerkerbünde und Arbeitervereine 1830–1853: Die politische Tätigkeit deutscher Sozialisten von Wilhelm Weitling bis Karl Marx. Berlin [u. a.] 1972

Schweitzer, Yoram, Shaul Shay: The Globalization of Terror: The Challenge of Al-Qaida and the Response of the International Community. New Jersey 2003

Sebottendorf, Rudolf Freiherr von: Die geheimen Übungen der türkischen Freimaurer. Freiburg i. Br. 1954

Sebottendorf, Rudolf Freiherr von: Bevor Hitler kam. Urkundliches aus der Frühzeit der nationalsozialistischen Bewegung. München 1933

Wit genannt von Dörring, Ferdinand Johannes: Fragmente aus meinem Leben und aus meiner Zeit. Leipzig 1830

Wolkonskaja, Marija: Erinnerungen. Frankfurt/M. 1989

Würthle, Friedrich: Dokumente zum Sarajewo-Prozeß. Eine Quellenkritik. Wien 1978

Ziemke, Thies: Marxismus und Narodničestvo. Entstehung und Wirken der Gruppe »Befreiung der Arbeit«. Frankfurt/M. 1979

III WAHRHEIT UND DICHTUNG: DIE MACHT DER GEHEIMBÜNDE

Allen, John L.: Opus Dei. Mythos und Realität – Ein Blick hinter die Kulissen. München 2006

Boberski, Gnaiger, Haidinger, Schaller, Weichinger: Mächtig. Männlich. Mysteriös. Geheimbünde in Österreich. Salzburg 2005

Bundeslagebild Organisierte Kriminalität. 2000–2004. Wiesbaden 2005

Discepoli di verità: Ihr habt getötet. Der Machtkampf der Logen im Vatikan. Berlin 2004

Dixie, John: Die Cosa Nostra. Frankfurt/M. 2006

Flormann, Willi, Peter Krevert: In den Fängen der Mafia-Kraken. Organisiertes Verbrechen in Deutschland. Hamburg, Berlin, Bonn 2001

Galli, Giorgio: Staatsgeschäfte. Affären, Skandale, Verschwörungen. Das unterirdische Italien 1943–1990. Hamburg 1994

Hertel, Peter: Geheimnisse des Opus Dei. Geheimdokumente – Hintergründe – Strategien. Freiburg im Breisgau 1995

Mettner, Matthias: Die katholische Mafia. Kirchliche Geheimbünde greifen nach der Macht. München 1995

Millenari: Wir klagen an: Zwanzig römische Prälaten über die dunklen Seiten des Vatikans. Berlin 2000

Schützeichel, Harald (Hg.): Opus Dei. Ziele, Anspruch und Einfluß. Darmstadt 1992.

Siebert, Renate: Im Schatten der Mafia. Die Frauen, die Mafia und das Gesetz. Hamburg 1997

Sterling, Claire: Verbrecher kennen keine Grenzen. Die internationale Mafia übernimmt die Macht. München 1994

Stille, Andreas: Die Richter. Der Tod, die Mafia und die italienische Republik. München 1997

Ulrich, Andreas: Das Engelsgesicht. Die Geschichte eines Mafiakillers in Deutschland. München 2005

Yallop, David A.: Im Namen Gottes? Der mysteriöse Tod des 33-Tage-Papstes Johannes Paul I. Tatsachen und Hintergründe. Reinbek bei Hamburg 2001

BILDNACHWEIS

Die Zahlen beziehen sich auf die Abbildungsseiten
Archiv für Kunst und Geschichte (AKG), Berlin: 84, 295, 371, 398
Associated Press / AP Images, Frankfurt: 369
Archiv des Autors: 10, 23, 109, 110, 111, 122, 138, 252, 271, 282, 292, 331, 339,
340, 351, 367, 368

REGISTER

Eine der besten Biografien,
um den neuen Papst zu verstehen

Klaus-Rüdiger Mai
BENEDIKT XVI.
Joseph Ratzinger:
Sein Leben –
sein Glaube – seine Ziele
256 Seiten
Gebunden mit Schutzumschlag
ISBN 978-3-7857-2236-7

Die Geschichte dieses außergewöhnlichen und oft umstrittenen Mannes – von seinen Kindheitstagen in Bayern, seinem rasanten Aufstieg bis in die ersten Wochen nach seiner Wahl zum Papst.

Mit seiner Ernennung zum Oberhaupt einer der mitglieder-stärksten Organisationen der Erde scheint ein Wandel in ihm vor-zugehen. Wer ist dieser Mann, was hat ihn geprägt, woran glaubt er, wohin wird er eine Milliarde Gläubige führen? Wie wird er Einfluss auf die Geschicke der Welt in den nächsten Jahren neh-men?

Gustav Lübbe Verlag

*2000 Jahre Vatikan. Die überaus schillernde
Geschichte der ältesten Institution
der Erde bis in die Gegenwart. Umfassend,
kompetent und
blendend erzählt.*

Klaus-Rüdiger Mai
DER VATIKAN
Geschichte einer Weltmacht
im Zwielicht
512 Seiten
ISBN 978-3-7857-2329-6

Der Vatikan ist Symbol für die Politik und Macht der katholischen
Kirche. Seit rund 2000 Jahren nimmt sie entscheidenden Einfluss
auf das Leben von Milliarden von Menschen auf der ganzen Erde.
Aus der Geschichte ist diese Macht nicht wegzudenken, aus der
Gegenwart erst recht nicht. Der Vatikan ist Keimzelle größter hu-
manitärer Unternehmungen der Menschheit, Hort bedeutendster
Kulturgüter, eine der einflussreichsten Finanzmächte dieses Glo-
bus'. Aber auch düstere Kapitel durchziehen die Geschichte dieses
»Gottesstaates«. Die katholische Kirche ist nicht unfehlbar.

Mit vielen Schwarzweißabbildungen, Karten, Übersichten und
einer vollständigen Liste aller Päpste.

Gustav Lübbe Verlag